Psychologie

Quellen und Materialien
Ein Lehr- und Arbeitsbuch für die Oberstufe

von
Botho Kickhöfer

Bayerischer Schulbuch-Verlag · München

Gedruckt auf chlorfrei gebleichtem Papier

1994
1. Auflage

Beratende Mitarbeit und Auswahl der
literarischen Texte: Dr. Jörg Wormer
Herstellung: Wolfgang Felber
Satz: Cicero Lasersatz GmbH, Augsburg
Druck: Wagner GmbH, Nördlingen
ISBN 3-7627-7080-8

Inhalt

* Titel vom Herausgeber

Zur Arbeit mit diesem Buch

Die bsv-Psychologie ermöglicht die Behandlung psychologischer Themen anhand von Originaltexten. Neben dem Einsatz des Werkes im Unterricht selbst läßt sich mit der bsv-Psychologie Unterrichtsstoff vertiefend nachbereiten. Darüber hinaus eignet sich das Arbeitsbuch ebenso zu unterrichtsbegleitender Lektüre wie es hilft, sich auch selbständig in ein bestimmtes Gebiet einzuarbeiten. Schließlich bezieht die bsv-Psychologie durch Beispiele und Arbeitsanregungen immer wieder die Lebenswelt von Schülerinnen und Schülern ein.
Jedem Einzelkapitel geht ein literarischer Text voraus, der den Zugang zu einem psychologischen Thema erleichtert. Ergänzend oder alternativ dazu bietet sich ein spielerischer, handlungsorientierter Einstieg an, wie er im Anhang (S. 289) vorgeschlagen wird.
Um bereits beim ersten Durchlesen Grundzüge von Fachtexten zu erfassen, ist es hilfreich, von Anfang an auf unbekannte Wörter zu achten; ihre Erklärung findet sich am Ende des jeweiligen Textes.
Als nächster Schritt bietet sich an, den Text anhand der Arbeitsanregungen, die gewöhnlich drei Schwierigkeitsgrade aufweisen, zu erschließen. Den Anfang bilden einfache, textbegleitende Aufgaben. Dazu lassen sich sukzessiv Antworten im Text finden. Die anschließenden Aufgaben fordern dazu auf, Zusammenhänge mit eigenen Worten wiederzugeben. So läßt sich eine Verbindung zwischen eigener Erfahrungswelt und wissenschaftlicher Begrifflichkeit herstellen. Es folgen Aufgaben, die dazu gedacht sind, den jeweiligen Text inhaltlich mit der eigenen Lebenswelt kritisch zu vergleichen. Ein anschließendes Gespräch kann die Ergebnisse der Arbeit vertiefen und festigen.
Die eingerahmten Texte verstehen sich als Anregung zur Diskussion bzw. zur Weiterführung des jeweiligen Themas.

Dr. Botho Kickhöfer
Sommer 1994

ALLTAGSPSYCHOLOGIE UND WISSENSCHAFTLICHE PSYCHOLOGIE

Nora – Henrik Ibsen

Nora: Ach, das ist lieb von dir. *Geht wieder an den Weihnachtsbaum; Pause.* Wie hübsch die roten Blumen sich machen. Sag, ist das wirklich so schlimm, was dieser Krogstad verbrochen hat?

Helmer: Er hat Unterschriften gefälscht. Hast du einen Begriff davon, was das heißt?

Nora: Kann er's nicht aus Not getan haben?

Helmer: Ja oder – wie so mancher andere – aus Leichtsinn. Ich bin nicht so herzlos, daß ich einen Menschen um einer solchen vereinzelten Handlung willen unbedingt verurteilen würde.

Nora: Nein, – nicht wahr, Torvald?

Helmer: Manch einer kann sich moralisch wieder aufrichten, wenn er sein Vergehen offen bekennt und seine Strafe abbüßt.

Nora: Strafe –?

Nora: Aufführung des Bayerischen Staatsschauspiels, München 1981

Helmer: Den Weg jedoch betrat Krogstad nicht. Mit Kniffen und Schlichen schwindelte er sich durch, und eben das hat ihn moralisch ruiniert.

Nora: Glaubst du, daß –?

Helmer: Nun denke dir, wie solch ein schuldbewußter Mensch nach allen Seiten hin lügen und heucheln und sich verstellen muß; wie er vor seinen Nächsten, ja selbst vor seiner eigenen Frau und vor seinen eigenen Kindern eine Maske tragen muß. Vor den Kindern, Nora, das ist gerade das Entsetzlichste.

Nora: Weshalb?

Helmer: Weil ein solcher Dunstkreis von Lüge in die ganze Familie Ansteckungs- und Krankheitsstoff bringt. Jeder Atemzug, den die Kinder in einem solchen Hause tun, ist erfüllt von Keimen irgendeiner bösen Tat.

Nora näher hinter ihm: Bist du dessen sicher?

Helmer: Liebste, das habe ich als Advokat oft genug erfahren. Fast alle früh verdorbenen Menschen haben lügenhafte Mütter gehabt.

Nora: Warum gerade – Mütter –?

Helmer: Am häufigsten kommt es von der Mutter her. Aber vom Vater kann es sich natürlich ebenso vererben. Das weiß jeder Jurist. Und doch ist dieser Krogstad Jahre hindurch imstande gewesen, seine eigenen Kinder durch Lüge und Verstellung zu vergiften; und deshalb nenne ich ihn moralisch verkommen.

Ibsen, Henrik: Nora. In: ders.: Dramen. Bd. 1. München: Winkler 1973, S. 786

In dem vorangegangenen Textausschnitt zeigt Torvald Helmer alltagspsychologisches Vorgehen. Mehrere Stufen sind dabei erkennbar:
Zunächst beschreibt (a)[1] Helmer einen Sachverhalt, nämlich die Tatsache, daß Krogstad Unterschriften gefälscht hat. Er sucht sodann nach groben Erklärungsansätzen (b_1) für Krogstads Tat: „... aus Not“, „... aus Leichtsinn“. Helmer geht schließlich noch ein Stück weiter im Psychologisieren (b_2): Er konstruiert einen ursächlichen Zusammenhang zwischen Tat und Herkunft. Nach seiner Theorie sind kriminelle Taten entweder direkt erbbedingt („am häufigsten kommt es von der Mutter her“) bzw. milieubedingt: Eine von Lügen verschmutzte Luft werde von Kindern eingeatmet, die daraufhin zu Lügnern würden. Diese Erklärung beinhaltet bereits eine Vorhersage (c) für das Verhalten der Kinder des Täters und zieht eine Konsequenz für das eigene Handeln (d) nach sich: Er will den Kontakt mit ihm in Zukunft meiden.
Wie die folgenden Texte zeigen, ist dieses Vorgehen nicht nur der Weg der Alltagspsychologie. Die eben beschriebenen Vorgehensweisen finden sich auch in der wissenschaftlichen Psychologie, doch werden Sie bei der Lektüre auch viele Unterschiede zwischen Alltags- und wissenschaftlicher Psychologie feststellen.

[1] Die in Klammern angegebenen Buchstaben folgen der Aufteilung der Vorgänge in Text 1.1 „‚Psychologisches‘ Erklären im Alltag“ von D. Ulich, S. 11f.

1 Psychologie des Alltagslebens und wissenschaftliche Psychologie: Einige Gemeinsamkeiten und wichtige Unterschiede – Dieter Ulich

(...) Fragen wir im Alltag, wenn z.B. ein Kind in der Schule versagt, nicht auch nach „Zusammenhängen“, „Bedingungen“ und „Folgen“? Welche Gemeinsamkeiten und Unterschiede bestehen also zwischen unserem Denken und Handeln im Alltag und der Vorgehensweise der Psychologie? Indem wir die Gemeinsamkeiten und Unterschiede hervorheben, kennzeichnen wir nicht nur den Wissenschaftscharakter der Psychologie, sondern wir betreiben gleichzeitig auch ein wenig „Psychologie des Alltagslebens“. Zur besseren Verdeutlichung werde ich die *Unterschiede* zunächst *übertreiben*.

Die Interessen des „Alltagsmenschen“ und der wissenschaftlichen Psychologie treffen sich bei allen Fragen, in denen es um die Kenntnis und die Beeinflussung von Menschen geht, einschließlich der Selbst-Erkenntnis und der Selbst-Steuerung. Im folgenden konzentriere ich mich auf Gemeinsamkeiten und Unterschiede des Vorgehens bei der „Erklärung“ von Verhalten und Erleben.

Ulich, Dieter: Einführung in die Psychologie. Stuttgart, Berlin, Köln: Kohlhammer 1989, S. 34ff.

1.1 „Psychologisches“ Erklären im Alltag – Dieter Ulich

Ausgangspunkt sei (...) ein Beispiel: Eine Mutter sieht auf dem Spielplatz, daß ihr Kind Angst hat, eine Rutsche hinunterzurutschen. Die Mutter steht also vor einem Problem. Auf die Frage einer Nachbarin hin sagt sie, das Kind sei eben noch zu klein für die Rutsche. Diese Antwort können wir als eine Erklärung des Problems ansehen. Im weiteren Gespräch mit der Nachbarin zeigt sich, daß die Mutter zunächst gar nicht so anders vorgeht und argumentiert, als ein Wissenschaftler dies tun würde:

a) sie *beschreibt* etwas: sie beobachtet ein bestimmtes Verhalten ihres Kindes, vergleicht es mit dem Verhalten anderer Kinder, sie klassifiziert das Verhalten, indem sie es als Ausdruck einer bestimmten Emotion, nämlich Angst, identifiziert;
b) sie *erklärt* etwas: das geringe Lebensalter des Kindes sei Ursache für die Furcht;
c) sie *prognostiziert* etwas: es werde noch ein Jahr dauern, bis das Kind sich auf die Rutsche trauen würde;
d) sie *beeinflußt* etwas: sie will in Zukunft auch andere Spielplätze aufsuchen, die weniger hohe Rutschen aufweisen, und so dem Kind schrittweise die Furcht nehmen.

Die Mutter stellt auch „Zusammenhänge“ her, z.B. zwischen dem (Vermeidungs-)Verhalten des Kindes und seinem Lebensalter, zwischen der Situation und dem Verhalten, zwischen dem Verhalten und einer zugrundeliegenden Emotion. Sie benennt Bedingungen und Folgen, sie kann Ursache-Wirkungs-Zusammenhänge erkennen bzw. vermuten. Sogar eine „Theorie“ hat diese Mutter, nämlich über den Zusammenhang von Lebensalter und Mut, bezogen auf motorische Unternehmungen: Je älter die Kinder, desto größer der Mut. – Verhält sich nun die

Mutter wie ein Wissenschaftler, oder verhalten sich die Psychologen wie Alltagsmenschen, und welche Unterschiede verbleiben?

Die zweifellos vorhandene Parallelität zwischen alltäglichem und wissenschaftlichem Handeln scheint in einem, beiden Bereichen gemeinsamen, Bedürfnis nach „Orientierung“ (Erklärung) und „Ordnung“ begründet zu sein. Als Alltagsmenschen können wir nur in einer einigermaßen überschaubaren, geordneten Welt vernünftig leben, die uns Orientierung erlaubt, die Leben und Zusammenleben voraussehbar und planbar macht. Neben Bedürfnissen nach Abwechslung, nach Befriedigung unserer Wünsche, nach der Beibehaltung von Gewohnheiten, nach Reichtum und Schönheit haben wir auch ein Bedürfnis nach Orientierungs- und Handlungs*sicherheit*. Es beunruhigt uns oft, wenn Fragen offen bleiben, wenn etwas unerklärlich erscheint, wenn etwas unberechenbar ist. Probleme versuchen wir meist rasch zu beseitigen; wir sind oft schnell mit Erklärungen zur Hand, wir lassen nicht gern etwas im Ungewissen.

In der Tat wäre es z. B. außerordentlich schwierig, mit jemandem vertrauensvoll umzugehen, der morgen schon ein anderer sein könnte. Ich muß mich auf die Sicherheit meines Autos ebenso verlassen können wie auf die Stabilität des Hauses, das ich bewohne. Indem ich meiner dinglichen und sozialen Umwelt Dauerhaftigkeit und Zuverlässigkeit zuschreibe, schaffe ich „Ordnung“, treffe ich eine Unterscheidung zwischen eher unwahrscheinlichen und eher wahrscheinlichen Ereignissen und Handlungen anderer. Dann kann ich mich auf meine Mitmenschen und die Zukunft besser einrichten; ich orientiere mich am Erwartbaren. Dabei hilft mir, daß mein Leben tatsächlich von bestimmten Ordnungsprinzipien wie z. B. Wertvorstellungen, Gesetzen und Regeln bis hin zu den wechselnden Jahreszeiten, Tageszeiten und Arbeitsformen bestimmt ist. Auch Routine und Gewohnheiten, sowohl meine eigenen wie die der anderen, haben eine ordnungsstiftende Funktion.

Weil wir keine Instinkte haben, um uns in unserer komplexen Welt zurechtzufinden und zu überleben, brauchen wir Strategien zur Vereinfachung dieser Welt und unserer Beziehungen zu ihr sowie zur Auswahl von Wichtigem, Erwartbarem, von Handlungsalternativen. Zu diesen „vertrauensbildenden“ Erleichterungen unseres Lebens gehören eben Regeln, Gesetze, Institutionen und auf der individuellen Ebene bestimmte Gewohnheiten, die Zuschreibung „stabiler“ Eigenschaften, die Zuschreibung von Verantwortung. Ebenfalls gehören dazu vielerlei Strategien und „Theorien“ zur Erklärung der Welt, oder, auf unser Beispiel bezogen, zur Erklärung von kindlicher Angst. Wir wollen z. B. in einer „gerechten Welt“ leben, in der jeder das erhält, was er „verdient“.

Auch die Psychologie möchte – im weitesten Sinne – unsere Orientierungs- und Handlungssicherheit erhöhen, indem sie „Ordnungen“ aufzeigt. Sie will Erklärungen bereitstellen und dazu nachweisen, daß es Zusammenhänge zwischen bestimmten psychischen Erscheinungen wie z. B. zwischen Frustration und Aggression gibt, die man oft auch als Bedingungs-Folge-Beziehungen interpretieren kann. Die von der Psychologie aufgestellten Behauptungen über Zusammenhänge haben grundsätzlich dasselbe Ziel wie „naive“ Zusammenhangsvermutungen, nämlich das Wahrscheinliche bzw. Erwartbare (wenn drei Jahre alt: Furcht) vom weniger Wahrscheinlichen, weniger Erwartbaren (wenn fünf Jahre alt: keine Furcht) zu trennen. Die Psychologie präzisiert und begründet das Erwartbare jedoch in anderer Weise, als wir dies für gewöhnlich im Alltag tun, wie im folgenden erkennbar wird.

Ulich 1989, S. 34ff.

Worterklärungen und Arbeitsanregungen s. S. 16f.

Der erste Eindruck trügt selten

Intuitives Urteil über Mitmenschen trifft häufig ins Schwarze

Schon bei einer flüchtigen Begegnung legen Menschen sich ein relativ weitreichendes Urteil über die Wesensmerkmale einer anderen Person zurecht. Dieser erste Eindruck beruht häufig auf subtilen und unscheinbaren Signalen, die nicht immer der willentlichen Kontrolle des „Senders" unterworfen sind. Wie neue wissenschaftliche Befunde zeigen, birgt die intuitive Diagnose mehr Realitätsgehalt, als die Psychologen bisher akzeptieren wollten.

Die Psychologie bemühte sich lange Zeit um den Nachweis, daß die alltägliche Menschenkenntnis durch vorgefaßte Meinungen, Stereotypen und Täuschungen fehlgeleitet wird. Allerdings fanden Seelenforscher in den vergangenen Jahren immer wieder Belege dafür, daß die intuitive Wahrnehmung oft von einem bemerkenswerten Einfühlungsvermögen geleitet wird. Darauf weisen die beiden Harvard-Psychologen Nalini Ambady und Robert Rosenthal im Fachblatt *Psychological Bulletin* hin (Bd. 111, 1992, S. 256). So entschlüsselten Versuchspersonen zielsicher die zur Schau gestellten Emotionen, als man ihnen mit einem „Tachistoskop" für Sekundenbruchteile den mimischen Ausdruck fremder Individuen zublitzte.

Der beste Weg, um die Genauigkeit des ersten Eindrucks zu testen, besteht im Vergleich mit einem möglichst objektiven Richtwert. Zu diesem Zweck präsentierte man Versuchspersonen in mehreren neuen Studien Videomitschnitte, die von ein paar Sekunden bis hin zu ein paar Minuten währten. In den Aufzeichnungen waren unter anderem „normale" Individuen, Lehrer im schulischen Alltag oder Psychotherapeuten bei der Behandlung von Patienten zu sehen. Die Probanden sollten sich ein Urteil über die Wesenszüge, die pädagogische Befähigung oder die psychotherapeutische Sensibilität der dargestellten Fremden bilden. Diese intuitive Einschätzung wurde schließlich mit einem objektivierten Standard verglichen, der aus psychologischen Testwerten, der Bewertung des Lehrers durch die Klasse oder dem sachverständigen Urteil von Berufskollegen bestand.

Ambady und Rosenthal faßten 44 neue Untersuchungen dieser Art zu einer sogenannten Meta-Analyse zusammen. Bei diesem Verfahren werden die gesammelten Daten so kombiniert, daß sie wie eine einzige große Studie behandelt werden können. Die Ergebnisse lassen klar erkennen, daß der Intuition weitaus mehr „Durchblick" innewohnt, als es die Wissenschaft bisher wahrhaben wollte. Richtige Einschätzungen waren wesentlich häufiger, als durch Zufall oder Raten zu erwarten gewesen wäre. Der erste Eindruck stimmte in mehr als zwei Dritteln aller Fälle mit der Diagnose überein, die den Psychologen als objektiver Maßstab galt.

Überraschenderweise hatte auch die Länge der Darbietung keinen Einfluß auf die Güte der abgeleiteten Schlußfolgerung, berichten die Forscher. Nach 30 Sekunden Inspektionszeit fällten die Juroren ein ebenso zutreffendes Urteil wie nach einer Minute oder nach fünf Minuten. Nicht einmal in den Studien, in denen die Probanden sich lang und breit mit den Zielpersonen beschäftigen konnten, änderte sich dieser Trend. So scheinen „ganz normale" Menschen auf den ersten Blick ein hohes Maß an psychologischer Substanz herausfiltern zu können. (...)

Die neuen Ergebnisse beweisen im übrigen, daß das menschliche Verhalten oft sehr gut vorhersehbar ist. Ohne es zu merken, geben die meisten Menschen eine Fülle von Informationen über ihr Befinden preis. Allerdings sind Eigenschaften wie Intellekt, Kreativität oder geistige Interessen wohl kaum auf Anhieb zu erkennen.

Rolf Degen. In:
Süddeutsche Zeitung, 30. 4. / 1. 5. 1992

1.2 Unterschiede zwischen Alltags- und wissenschaftlicher Psychologie* – Dieter Ulich

(...) Wir kehren wieder zu unserem Spielplatz-Bereich zurück: Wodurch unterscheidet sich hier das wissenschaftlich-psychologische Vorgehen von dem der Mutter? (Wie oben schon angekündigt, ist die folgende Gegenüberstellung übertreibend, „idealtypisierend".)

Erster Unterschied: Der Wissenschaftler würde sich mit der allerersten Erklärung der Mutter nicht zufrieden geben. Denn zum einen könnte diese Erklärung falsch sein, und zum anderen sind stets mehrere Erklärungsmöglichkeiten zu berücksichtigen und zu prüfen. Der Wissenschaftler ist also mißtrauisch, und er versucht die verschiedenen Annahmen anhand von Erfahrungsdaten zu überprüfen. Die Erklärung der Mutter ist für ihn also nichts weiter als *einer* von mehreren Erklärungs*versuchen*. Diese nennt man auch Hypothesen, nämlich vorläufige Antworten auf vorläufige Fragen.

Im Gespräch mit einer weiteren Nachbarin stellt der Wissenschaftler fest, daß das Kind am Vortag von der Rutsche gefallen war und sich dabei weh getan hatte. Vielleicht ist also diese Erfahrung für das ängstliche Verhalten des Kindes eher ursächlich als das von der Mutter als Grund angegebene Alter. Auch diese zweite Vermutung muß der Wissenschaftler überprüfen, z. B. durch direkte Beobachtung des Kindes, Gespräche mit dem Kind, Vergleiche mit ähnlichen Fällen usw. Das wissenschaftliche Vorgehen durchläuft also folgende Phasen: Problembestimmung, Erklärungsversuche, Überprüfung der Erklärungsversuche.

Zweiter Unterschied: Die Mutter ist nur an *ihrem* Kind interessiert. Sie hat zwar verschiedene allgemeine „Theorien", von denen sie annimmt, daß diese für alle oder die meisten Kinder bzw. andere Menschen gelten. Eine dieser Theorien betrifft den Zusammenhang zwischen Lebensalter und „Mut". Aber das Problem, das sie beschäftigt, steht nicht für eine Vielzahl anderer ähnlicher Probleme. Sie will lediglich wissen, warum *ihr* Kind sich nicht traut, die Rutsche hinunterzurutschen. Für den Wissenschaftler hingegen stehen hinter dem konkreten Fall *allgemeine* Fragen, nämlich: Welche Zusammenhänge gibt es zwischen Lebensalter und „Mut", welche zwischen bestimmten negativen Erfahrungen wie Schmerz und den entsprechenden möglichen Folgen wie z. B. Ängstlichkeit? (...)

Wissenschaftliche Aussagen müssen also einen gewissen Grad an *Allgemeinheit* haben, selbst wenn sich diese Aussagen nur auf eine einzelne Person beziehen. Und diese Allgemeinheit muß anhand von Erfahrungsdaten begründet sein. In der Regel wird sich aber der forschende Psychologe nicht nur für ein einzelnes Kind interessieren. Dieses Kind ist für ihn ein „Fall", es steht für viele andere Kinder ähnlichen Alters, ähnlicher Herkunft, ähnlicher Intelligenz, ähnlichen Erfahrungshintergrundes. Der Wissenschaftler möchte zunächst Erkenntnisse produzieren, die übertragbar sind auf ähnliche Kinder mit ähnlichen Merkmalen. Er wird seine Untersuchungen dann so anlegen, daß er die Befunde verallgemeinern kann auf weitere Kinder in ähnlichen Situationen, unter

ähnlichen oder auch anderen Bedingungen, zu anderen Zeitpunkten, vielleicht auch in anderen Gesellschaften und Kulturen. Ginge er also von nur einem Kind aus, so würde er – über die Erklärung des konkreten Falles hinaus – fragen, ob der gefundene Zusammenhang „schmerzhafte Erfahrungen führen zu Ängstlichkeit" auch für andere Kinder z. B. eines anderen Lebensalters, unter anderen Bedingungen, in anderen Gesellschaften usw. gilt. (...)
In den empirisch vorgehenden Human- und Sozialwissenschaften unterscheidet sich wissenschaftlich begründetes Wissen vom Alltagswissen nicht grundsätzlich im *Inhalt*, wohl aber nach der *Zielstellung* der Erkenntnisgewinnung und in der Art des *methodischen Vorgehens* bei der Kenntnisgewinnung. Wissenschaftliche Aussagen sind zwar besser an der Wirklichkeit überprüft, sie geben aber inhaltlich oft nichts anderes wieder als der psychologische Hausverstand. So führen etwa viele Lernexperimente über die Wirkung von Lob und Strafe bzw. „Verstärkung" zu ganz ähnlichen Lernprinzipien und Empfehlungen, wie sie im pädagogischen Alltagswissen schon seit Jahrhunderten bereitliegen. Aber: Der Wissenschaftler hat ein anderes Ziel, nämlich verallgemeinerbare Erkenntnisse zu erbringen, und er geht dabei in einer erfahrungsbezogenen, systematischen, regelgeleiteten und kontrollierten Weise vor, die sich im Alltag so nicht findet. Die Mutter in unserem Beispiel verhält sich also *nicht* wie ein Wissenschaftler, und dieser hat andere Interessen als die Mutter, auch wenn es in beiden Fällen um Erklärung geht und damit um Orientierung und Ordnung.

Ulich 1989, S. 34 ff.

Worterklärungen und Arbeitsanregungen s. S. 16 f.

1.3 Aufgaben der Psychologie* – Dieter Ulich

(...) Die Psychologie (stellt) sich im wesentlichen die folgenden vier Aufgaben:
Beschreiben: Dies meint das Erfassen, Registrieren und Festhalten von psychischen Sachverhalten, Zuständen oder Vorgängen. Beschreiben setzt die Definition der verwendeten Begriffe voraus sowie die Eingrenzung der zeitlichen und thematischen Ausschnitte aus einem Geschehen, auf die sich die Beschreibung richten soll. Beschreibung soll systematisch und theoriegeleitet vorgehen. Man verwendet dazu meist bestimmte Instrumente: Kategoriensysteme, Beobachtungsbogen, Fragebogen, Tests (...)
Erklären: Dies meint die Beantwortung der Frage nach dem Zustandekommen von Zuständen, Fähigkeiten, Merkmalen usw. Wie kam es dazu, welche Ursachen sind z. B. für die Entstehung einer depressiven Lebensgrundstimmung verantwortlich zu machen? Welche Bestimmungen führen zu welchen Folgen? Bei jedem psychischen Sachverhalt (z. B. Deprimiertheit) ist stets ein ganzes Bündel von möglichen Bedingungen anzunehmen, die sich je nach den Umständen, den betroffenen Personen, deren Lebenslage, der je gegebenen Situation und Umwelt unterschiedlich auswirken können. Ein festgestellter Zusammenhang z. B. zwischen Furcht vor beruflichem Mißerfolg und Deprimiertheit sagt allerdings noch nicht unbedingt etwas über die Verursachung aus. Eine beide Sachverhalte gleichermaßen verursachende, gemeinsame Bedingung könnte z. B. die völlig übersehene schlechte Ehebeziehung sein. (...)
Prognose: Diese soll die Frage „Was wird geschehen, wenn ..." beantworten. Womit muß ich rechnen, was kann ich erwarten, wenn eine Person oder Personengruppe in eine bestimmte Situation gerät, also z. B. beruflichen Mißerfolg erlebt, bestimmte Merkmalsausprägungen aufweist, also z. B. zur Selbstüberschätzung neigt, eine bestimmte Behandlung durch andere erfährt, also z. B. gedemütigt wird, von anderen keine Unterstützung erhält, in ihrem Lebenslauf schon viele negative Erfahrungen gemacht hat usw. Die Kenntnis bestimmter Ausgangsbe-

dingungen, Zusammenhänge und momentaner Gegebenheiten erlaubt mir unter günstigen Umständen, Verhalten und Erleben bzw. deren Veränderung vorherzusagen.

Veränderung im Sinne einer eingreifenden Tätigkeit: Es gibt zwei wesentliche Formen der Veränderung in der Psychologie. In der Forschung meint Veränderung die gezielte Beeinflussung von Personen dadurch, daß man sie bestimmten Situationen wie z. B. Isolation aussetzt, deren Wirkung auf ihr Verhalten und Erleben man untersuchen will, hier z. B.: Desorientierung und Apathie. So ruft man vor allem in Experimenten gezielt bestimmte Reaktionen bei Personen hervor, indem man ihnen bestimmte Aufgaben stellt, sie auffordert, bestimmte Handlungen auszuführen, Geräte zu bedienen, Fragebogen auszufüllen usw. Je mehr dabei der momentane Zustand der Person, ihre Meinung über sich selbst, ihre Fertigkeiten und Einstellungen beeinflußt werden, desto eher sind wir berechtigt, von Eingriff, Intervention, Veränderung zu sprechen. Dies gilt insbesondere dann, wenn man den Einfluß gezielter langfristiger Veränderungen untersuchen will wie z. B. bei einer Überprüfung der Effektivität unterschiedlicher therapeutischer Techniken.

Die zweite Form der Veränderung meint Formen der Einflußnahme durch den praktisch arbeitenden Psychologen. Hier stehen nicht Erkenntnisgewinnung und -sicherung im Vordergrund, sondern die Bearbeitung psychischer Probleme im weitesten Sinne durch Gespräch, Beratung, Therapie. Ziele können dabei sein: Vorbeugung, Korrektur, Förderung, Anregung von Lernprozessen, Verbesserung der Fähigkeiten zur praktischen Lebensbewältigung. Veränderung einer Person schließt die aktive Beeinflussung von deren Umwelt und deren Bezugspersonen häufig mit ein.

Ulich 1989, S. 20f.

Worterklärungen zu 1.1 – 1.3

prognostizieren: vorhersagen
Frustration: Enttäuschung
präzisieren: genau(er) bestimmen
empirisch: erfahrungsgemäß, erfahrungswissenschaftlich
explizit: ausdrücklich
exemplarisch: beispielhaft
explizieren: ausführen, erklären
akzidentell: zufällig
habituell: gewöhnlich

Arbeitsanregungen zu 1.1 – 1.3

1. a) Wiederholen Sie in eigenen Worten, worin in Ulichs alltagspsychologischem Beispiel
   Beschreibung,
   Erklärung,
   Prognose,
   Beeinflussung und
   Theorieansatz
   liegen.

   b) Zum Begriff „vertrauensbildende Erleichterungen" der Alltagspsychologie:
   Geben Sie Beispiele für solche Erleichterungen, möglichst auch eigene!
   Aus welchen Gründen bedürfen wir dieser «Erleichterung»?

c) Welches gemeinsame Ziel haben naive und wissenschaftliche Zusammenhangsvermutungen bzw. -behauptungen?

2. a) Inwiefern ist das Vorgehen der wissenschaftlichen Psychologie anders als das der Alltagspsychologie?

b) Neben dem Vorgehen wird vom Autor ein weiterer wichtiger Unterschied zur Alltagspsychologie angeführt; erläutern Sie diesen!

3. a) Angenommen, Sie wollen eine Unterrichtsstunde Psychologie *beschreiben*. Worauf müssen Sie bei der Vorbereitung achten?

b) Wenn wir etwas erklären wollen, können wir entweder sagen:
(1) „Es besteht ein Zusammenhang zwischen A und X" (Furcht und Deprimiertheit), oder:
(2) „A ist die Ursache für X" (die Ehebeziehung ist verantwortlich für Furcht und Deprimiertheit).
Erläutern Sie, worin der Unterschied zwischen den Erklärungsmustern (1) und (2) besteht.

c) Wieso ist eine Vorhersage nur unter „günstigen Bedingungen" möglich? Welche ungünstigen Bedingungen könnten eine Vorhersage erschweren?

d) Skizzieren Sie möglichst knapp und präzise in eigenen Worten die beiden erwähnten Veränderungsformen.

1.4 Gegenstand der Psychologie – Hans Aebli

(...) Die erste objektive Gegebenheit der Psychologie ist für uns das Verhalten. Es setzt die biologischen Prozesse, z. B. die Tätigkeit der Organe, fort und schließt diese in sich. Das Besondere der psychologischen Betrachtungsweise besteht darin, daß sie die Bedingtheit des Verhaltens durch die frühere Erfahrung des Organismus, durch die komplexe Verarbeitung von Information und durch eine Vielzahl von Zielsetzungen untersucht. Von diesen Prozessen sieht der Physiologe und der Anatom ab, um sich näher an den materiellen Bedingungen der Lebensvorgänge zu bewegen.

Verhalten beobachtet der Psychologe an fremden Organismen und an sich selbst (...).

Nun ist der Verhaltensbegriff sehr weit. Er umfaßt willkürliche und unwillkürliche, bewußte und unbewußte Reaktionen des Menschen. So ist eine Panikreaktion oder das Erröten bei Verlegenheit ein Verhalten, ebenso die neurotische Reaktion, deren Sinn dem Menschen in der Regel nicht bewußt ist. Wir führen daher den Begriff der *Tätigkeit* oder des *Tuns* ein, um innerhalb der Menge der Verhaltensweisen die Teilmenge der absichtsvollen und daher bewußten Verhaltensweisen abzugrenzen. (...)

Tun ist also absichtsvolles, zielgeleitetes Verhalten. Von Cranach (1980) hat es (...) hervorgehoben. Dabei muß man allerdings sofort eine Einschränkung anbringen. Die Mittel, mit deren Hilfe er seine Ziele erreicht, setzt der Mensch häufig nicht bewußt ein. Man kann es auch anders sagen: Die Teil- und Zwischenziele seines Tuns und damit die Mechanismen seines Verhaltens sind dem Menschen häufig nicht bewußt. So braucht man ihn nur zu fragen, wie er eigentlich die Sätze seiner Rede konstruiere, oder wie er es anstelle, von einem Stuhl aufzustehen, um die fast vollständige Unkenntnis der Mechanismen des eigenen Verhaltens zu erkennen. (...) Wir sprechen in diesen Fällen von Tätigkeiten: von Wahrnehmungstätigkeiten und von automatisierten Tätigkeiten (...).

„Handeln" bezeichnet Bereiche des Tuns mit hohem Grad der Bewußtheit und der Zielgeleitetheit, auch im einzelnen. Ein Beispiel wäre das Bauen eines Hauses. Die Realisierung eines Handlungsablaufs erfordert viele Teilhandlungen. Eine jede hat ihr Ziel: einen Bauplatz finden, ihn kaufen, einen Architekten finden, ihm den Planungsauftrag erteilen, den Plan bereinigen, die Finanzierung sichern, die Baubewilligung einholen usw. Jede dieser Teilhandlungen hat ihre Mittel, die im Gegensatz zu den Wahrnehmungstätigkeiten und den Automatismen bewußt ausgewählt und eingesetzt werden. Der Anteil der Automatismen ist hier gering. Sie treten erst auf der untersten Stufe der Realisierung der Handlung auf: beim Sprechen, Schreiben, Gehen, Stehen usw. Innerhalb des Handelns unterscheiden wir das praktische Handeln vom Sprechhandeln. (...) *Kognitive Prozesse* treten im Rahmen der Wahrnehmungstätigkeiten und des Handelns auf. Sie haben die Aufgabe, deren Struktur zu sichern und auszubauen bzw. neue Strukturen des Handelns und Wahrnehmens zu elaborieren. Die einfachsten kognitiven Prozesse, die wir noch nicht Denken nennen, stellen nichts anderes als ein bewußtes, d. h. aufmerksames Wahrnehmen und Handeln dar. So z. B. der Sänger im Chor oder der Musiker im Orchester. (...) Dann aber gibt es jene Momente, in denen die Stimmen eines Chors oder eines Orchesters auseinanderzufallen drohen, sei es im Rhythmus, sei es in der Harmonie. Die sich anbahnende Dissonanz weckt die Sänger und Instrumentalisten auf. Sie beginnen genauer auf den Dirigenten, auf die Nachbarstimmen zu achten. Sie bemühen sich, den Rhythmus, die richtige Tonhöhe wieder zu finden. Es ist ein Zustand der kognitiven Alarmbereitschaft, der erhöhten Aufmerksamkeit und Bewußtheit des Handlungsvollzugs. Hier setzt Kognition ein, bzw.: Es verstärkt sich das kognitive Element in der Handlung. Kognition hat zum Ziele, die Struktur des Handlungsablaufs zu sichern und mögliche Dissonanzen zu beheben.

An der Tätigkeit hat sich nichts geändert. Es bleibt beim Singen und Spielen. Wir können also nicht davon sprechen, daß hier neue Prozesse, z. B. Denken, ins Spiel treten. Kognition beginnt mit Aufmerksamkeit, mit der Bewußtheit des Handelns. Die Aufmerksamkeit hat die gute Ordnung des Geschehens zum Gegenstand. Allerdings: Das Handeln erhält in diesen Momenten eine neue, besondere Zielsetzung. Unter den vielen Zielen, die es in der Regel gleichzeitig verfolgt (dem Dirigenten gefallen, die Zuschauer beeindrucken, den musikalischen Gehalt realisieren, den Sinn der Worte deutlich werden lassen ...), tritt ein formales Ziel in den Vordergrund: die Struktur zu sichern, die gute Ordnung der harmonischen und der rhythmischen Beziehungen im Stück zu retten. Das hat nichts mehr mit dem Dirigenten und den Zuhörern, auch nichts mehr mit dem besonderen Gehalt des Stückes zu tun. Es ist ein abstraktes, formales Bemühen. Das ist das Wesen der Kognition. Sie hat die Strukturen und ihre Ordnung zum Gegenstand. Das ist es auch, was dem Intellektuellen, d. h. dem kognitiv interessierten Menschen, immer wieder den Vorwurf der Kälte einträgt: daß ihn Aspekte von Erscheinungen, die andere bewegen, kalt lassen, und daß er sich bloß für den strukturellen Aspekt der Sache interessiert. Für diesen vermag er sich dann allerdings zu erwärmen. Das zeigt, daß es ein *selektives* Sich-Erwärmen und auch Kaltbleiben gibt.

Vor einer Handlung, die sich zu verwirren droht, gibt es eine andere mögliche Maßnahme: innehalten, drei Schritte zurücktreten, denken. Weil eine Handlung in der Regel verschiedene Ziele verfolgt und vielen Ansprüchen genügen muß, ist es häufig nicht möglich, während ihres Ablaufs die notwendige Aufmerksamkeit zur Sicherung und Verbesserung der guten Ordnung der Handlungsstruktur frei zu machen. (...) In einem berühmten Beispiel von Dewey (1910) bleibt der Mensch, der in New York zu einer gewissen Zeit an einem bestimmten Ort sein sollte, stehen und denkt nach, wie er am schnellsten und auf dem kürzesten Weg zu seinem Ziel komme: zu Fuß, mit der Untergrundbahn, mit einer Taxe, und auf welchem Weg? Er vollzieht die verschiedenen Wege innerlich und vergleicht sie untereinander. Das ist *Reflexion:* Innehalten in der praktischen Tätigkeit und Austausch des praktischen Tuns gegen eine Tätigkeitsform, die die Strukturanalyse erleichtert. Das kann sein: Ersatz der praktischen Handlung durch ihren innerlichen, vorstellungsmäßigen Vollzug, Übersetzung verschiedener möglicher Handlungsabläufe in Worte, Zuhilfenahme einer anschaulichen Darstellung, in der die raumzeitlichen Beziehungen simultan vergegenwärtigt werden können (z. B. auf einem Stadtplan), Abstraktion von unproblematischen Aspekten der Handlung und Zentrierung auf die problematischen (...)

Aebli, Hans: Denken: Das Ordnen des Tuns. Bd. I. Stuttgart: Klett 1980, S. 18ff.

Worterklärungen zu 1.4

komplex: vielschichtig
Physiologe: Wissenschaftler, der sich mit Vorgängen des menschlichen Organismus beschäftigt
Anatom: Wisenschaftler, der sich mit Form und Körperbau der Lebewesen beschäftigt
neurotisch: an einer heilbaren psychischen Beeinträchtigung leidend
Automatismus: Tätigkeit, die vom Bewußtsein unkontrolliert abläuft
Realisierung: Verwirklichung
kognitiv: erkenntnismäßig
elaborieren: ausarbeiten
Struktur: gegliederter Aufbau, innere Gliederung
Dissonanz: Mißklang, (nach Auflösung strebender) Spannungsklang
formal: die (äußere) Form betreffend
harmonisch: den Harmoniegesetzen entsprechend
abstrakt: vom Dinglichen gelöst, rein begrifflich
selektiv: auswählend
Aspekt: Blickwinkel, Betrachtungsweise
strukturell: den gegliederten Aufbau betreffend
Analyse: Auflösung eines Ganzen in seine Glieder, eines Vorgangs in seine Momente
simultan: gleichzeitig
Reflexion: das auf sich selbst zurückgeworfene (Nach-)Denken, Überlegung
Abstraktion: hier: das Beiseitelassen
Zentrierung: das In-den-Mittelpunkt-rücken

Arbeitsanregungen zu 1.4

1. Wie wird „Verhalten“ im weitesten Sinne definiert?
2. Worin besteht die psychologische Betrachtungsweise von „Verhalten“?
3. Auch der psychologische Verhaltensbegriff ist weit gefaßt.
   Geben Sie eigene Beispiele und begründen Sie, inwiefern es sich jeweils um Verhalten im psychologischen Sinn handelt.
4. Wie unterscheidet sich
   a) „Tun“ von „Verhalten“ und
   b) „Handeln“ von „Tun“?
5. Welche Ihrer schulischen Arbeitsvorgänge fallen unter den Begriff „Tun“ und welche unter „Handeln“? Begründen Sie Ihre Antwort.
6. Kognitive Prozesse und Handeln:
   a) Womit beginnen kognitive Prozesse?
   b) Welches formale Ziel verfolgt ein bewußtes Handeln, das kognitiv geleitet ist?

7. Die höchste Form kognitiver Prozesse heißt Reflexion.
   a) Vergegenwärtigen Sie sich die deutsche Bedeutung von „Reflexion".
   b) Worin sehen Sie die Bedeutung von Reflexion für menschliches Verhalten und Handeln?
8. Bilden Sie jeweils einen vollständigen Satz unter Verwendung der angegebenen Begriffe:
   a) Verhalten – Erfahrung – Ziele
   b) Tun – (Zwischen-)Ziel(e) – Mittel – Wahrnehmungstätigkeiten – automatische Tätigkeiten
   c) Handeln – Teilhandlungen – Ziele
   d) Kognitive Prozesse und Wahrnehmungstätigkeiten – Handeln – bewußt
      Kognitive Prozesse und Struktur des Handlungsablaufs
      Kognitive Prozesse und Reflexion
9. Versuchen Sie – im Sinne von Aeblis Ausführungen – eine Definition des Gegenstandes von Psychologie, möglichst in zwei kurzen Sätzen.

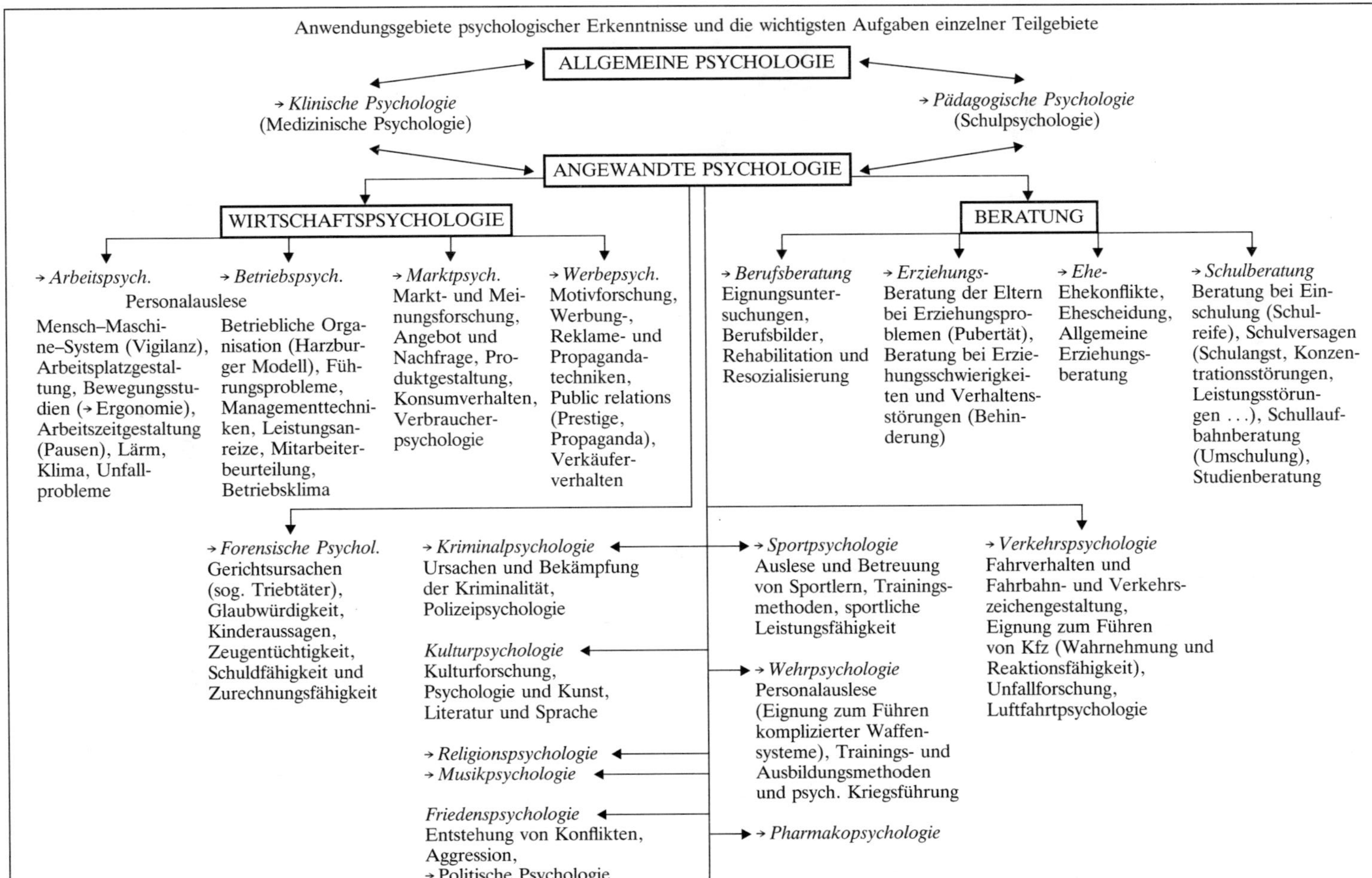

Michel, Christian/Novak, Felix: Kleines Psychologisches Wörterbuch. Freiburg i.B.: Herder 1975, S. 20f.

2 Die systematische Beobachtung: Beispiel einer wissenschaftlichen Methode

2.1 Bedingungen wissenschaftlicher Beobachtung* – Peter Atteslander

2.1.1 Definition*

(...) Alltägliches und wissenschaftliches Beobachten ist die zielgerichtete Erfassung der aktuellen Umwelt durch die Sinnesorgane (nicht nur durch die Augen!) und die Registrierung des Erfaßten in Informationseinheiten.
Zielgerichtet heißt dabei, daß die Aufmerksamkeit sich nicht auf die Umwelt als ganze richtet, sondern mit je spezifischem Grund auf bestimmte Sachverhalte. Im alltäglichen Beobachten ist der Grund und damit das Ziel der Aufmerksamkeit nicht immer bewußt. Registrieren heißt das Festhalten des Erfaßten zur Reproduktion, z.B. als Bilder, als Bewegungsabläufe, als Sätze, die in unserem Gedächtnis so gespeichert sind, daß wir sie aufmalen, durch Gestik oder als Erzählung wiedergeben können. Informationseinheiten heißt, daß das Medium, in dem wir Beobachtetes festhalten oder wiedergeben, informationshaltig bzgl. dessen ist, was wir beobachtet haben.

Atteslander, Peter: Methoden der empirischen Sozialforschung.
Berlin: de Gruyter 1984, S. 144

Worterklärungen und Arbeitsanregungen s. S. 28f.

2.1.2 Formen*

(...) Die Beobachtung ist im Gegensatz zur Befragung nicht auf eine Interaktion angewiesen, die von beiden Seiten – Beobachter und Beobachtete – als Beobachtungssituation verstanden wird. Der Partner einer Befragung, der Befragte, muß immer wissen, daß er Informationen an den Befrager geben soll, sonst könnte er nicht antworten; der Partner der Beobachtung – der Beobachtete – muß nicht notwendig wissen, daß der Beobachter Informationen sammeln will. Befragung hat daher immer einen explizit auffordernden Charakter, Beobachtung kann abwartend sein; Befragung muß immer offen geschehen, Beobachtung kann auch verdeckt sein, das heißt, daß die Beobachteten trotz der Anwesenheit einer bestimmten Person nicht wissen, daß sie von ihr beobachtet werden.
Damit können wir auch schon zwei Arten der Beobachtung unterscheiden, die zielgerichtet als wissenschaftliche Methode eingesetzt werden können: die *offene und die verdeckte Beobachtung*. Verdeckte Beobachtung heißt dabei immer auch, daß der Beobachter mindestens einen vis-a-vis-Kontakt zu den Beobachteten aufnimmt, also immer eine wenn auch noch so rudimentäre Interaktion stattfindet. Sie hat lediglich für die Beobachteten nicht die Bedeutung einer

zielgerichteten Informationssuche durch den Beobachter. Auch verdeckte Beobachtung ist also immer auch Interaktion zwischen erkenntnisfähigen Subjekten. (...)

Niemals kann ein Mensch alle Reize der Umwelt aufnehmen und zu Informationseinheiten verarbeiten; er muß immer auswählen. Bei der Befragung ist diese Auswahl vergleichsweise einfach: man konzentriert sich auf die verbalen Signale. Alltagsbeobachtung hat keine solche Vorgaben. Kinder interessieren sich z. B. weniger für eine Filmhandlung als für die Fliege, die bei der Vorführung gerade über die Leinwand krabbelt, und achten oft weniger auf den Inhalt einer Ermahnung als auf den Tonfall und die begleitende Mimik und Gestik. Systematisches, d. h. auf eine Problemstellung bezogenes Beobachten erfordert bei aller Vielfalt möglicher Reize eine systematische Auswahl, und das heißt erhebliche Reduktion dieser Vielfalt (...)

Beobachtung ist (...) eine völlig alltägliche Angelegenheit, da sie ja die vorgängige Alltagsmethode ist, Wissen über die Umwelt zu erlangen. In unserem Kulturkreis hat das Alltags-Beobachten aber meist einen unmittelbar praktischen Sinn: das eigene Handeln auf aktuelle, wenn auch oft nur geringfügige Veränderungen in der Umwelt einstellen zu können. Ein gutes Beispiel bietet der Straßenverkehr, man beobachtet ihn und kann – gerade deswegen – aktiv an ihm teilnehmen. Ähnliches gilt aber auch für das Familienleben, eigentlich alle sozialen Konstellationen, die uns eine aktive Teilnahme erlauben, in denen wir also eine Position einnehmen und eine soziale Rolle ausfüllen können.

Geht die Beobachtung einher mit der Ausfüllung einer Rolle, die in einer sozialen Konstellation bereits vorhanden ist, so spricht man von *aktiv teilnehmender Beobachtung*. Beschränkt sich die Teilnahme jedoch nur auf das Beobachten selbst (bzw. ist die Teilnahme dadurch bestimmt), spricht man von *passiv teilnehmender Beobachtung*.

Eine aktiv teilnehmende Beobachtung besteht z. B., wenn sich der Beobachter als Hilfsarbeiter in einer Fabrik anheuern läßt, als solcher dort arbeitet und zugleich zu wissenschaftlichen Problemstellungen Beobachtungen durchführt. Eine passiv teilnehmende Beobachtung bestünde entsprechend dann, wenn der Beobachter in der Fabrik keine der dort vorhandenen Arbeitsrollen ausfüllt, sondern zentraler Zweck seines Aufenthalts die Beobachtung zu wissenschaftlichen Problemstellungen ist.

Aktiv teilnehmende Beobachtung kann auch offen sein, und ist dies häufig. Sie hat verständlicherweise aus der Sicht der Beobachteten eine andere Bedeutung als die passiv teilnehmende, bei der der Beobachter „nur aufpaßt“, bei aktiver Teilnahme muß er seine Rollennormen erfüllen, muß etwas Praktisches tun usw. Wir werden (...) jedoch zeigen, daß auch die passive Teilnahme für die Beobachteten durchaus positive Bedeutung haben kann.

Bei der Beobachtung muß man auf jeden Fall sehr nah an das Leben der zu Beobachtenden heranrücken und deswegen kann sie auch aufdringlich sein.

Die Zeitnähe der Beobachtung zu ihrem „Gegenstand“ läßt diese Methode für bestimmte Sachverhalte hervorragend geeignet sein, nämlich diejenigen, die sich auszeichnen durch den zeitlichen Aufbau ihrer Teilsachverhalte aufeinander. Dies sind z. B. soziale Prozesse mit einem definierten Anfang und Ende, insbesondere soziales Handeln in vis-a-vis-Situationen und Ähnliches. Für alle sozialwissenschaftlichen Problemstellungen, die sich mit intendierten, aber vor allem nicht intendierten Handlungsfolgen befassen, ist die Beobachtung geeignet wie keine andere Methode sonst, da sie direkt die Informationen über die Handlungen bis hin zu ihren Folgen liefern kann. Oder anders gesagt: Beobachtung ist die ursprüngliche Methode der Erfassung dynamischer Sachverhalte.

[Wir wollen] (...) noch ein drittes Merkmal darstellen, nach dem Grundformen des Beobachtens unterschieden werden können. Dies betrifft die Registrierung in Informationseinheiten, also die Wiedergabe, und das ist im Normalfall die schriftliche Aufzeichnung. Sie kann, genau wie bei der Befragung, je nach verfolgter Zielsetzung, *mehr oder weniger strukturiert* sein.

Allerdings kann die Beobachtung im Gegensatz zur Befragung die zu erfassenden Sachverhalte nicht durch entsprechende Vorgaben vorstrukturieren (Fragenreihenfolge und -wortlaut, vorgelegte Antwortmöglichkeiten). Das Material begegnet auch der strukturierten Beobachtung in diesem Sinn zunächst unsortiert. Dennoch kann strukturiert aufgezeichnet werden. *Strukturiert* bedeutet dabei, daß die beobachteten Handlungssequenzen, Handlungsteile, Personen oder sonstige Sachverhalte nach vorab festgelegten Kategorien sortiert und nur diese aufgezeichnet werden, die durch die Kategorien positiv abgedeckt sind. Gibt es z. B. nur Kategorien zur Gestik, so wird am Verhalten nur das beachtet, was sich als Gestik ausdrückt, nicht z. B. die Mimik. *Unstrukturiert* heißt dabei, daß beim Verhalten von Personen die klassischen Journalisten-Fragen bei der Aufzeichnung beantwortet werden (wer, was, wann, wo, Anlaß, Grund), die genaueren Inhalte dabei aber zunächst nur von der Problemstellung vorgegeben sind. Ein Beispiel für nicht-wissenschaftliches strukturiertes Aufzeichnen ist die Nachzeichnung eines Schachspiels, eines für unstrukturiertes Aufzeichnen eine Fußballreportage oder ein Tagebuch. Im Alltag sind natürlich unstrukturierte Aufzeichnungen weitaus gebräuchlicher. Denn sie müssen nicht die Funktion quantitativ meßbarer Zusammenhänge erfüllen, für die strukturierte Aufzeichnungen normalerweise gebraucht werden. Ferner muß strukturiertes Aufzeichnen an Ort und Stelle geschehen, was im Alltag häufig nicht möglich ist.
Beobachtungsformen können anhand folgender Merkmalsdimensionen unterschieden werden:
- Offenheit der Beobachtung für die Beobachter (offen – verdeckt),
- Teilnahme des Beobachters an der jeweiligen sozialen Konstellation (aktiv – passiv),
- Strukturiertheit der Aufzeichnung (strukturiert – unstrukturiert).

Merkmals-dimension	Formen I	 II	 II	 IV
Offenheit Teilnahme Strukturiertheit	verdeckt aktiv unstrukturiert	offen passiv strukturiert	offen passiv unstrukturiert	offen aktiv unstrukturiert

Abb. 1 *Gebräuchliche Formen der Beobachtung*

Atteslander 1984, S. 147

Worterklärungen und Arbeitsanregungen s. S. 28 f.

2.1.3 Kriterien wissenschaftlicher Beobachtung*

(...) Ziel wissenschaftlichen Beobachtens wie jeder wissenschaftlichen Methode ist es, zu Protokollsätzen zu gelangen, anhand derer Hypothesen überprüft werden können. Als Protokollsätze verstehen wir bei der Beobachtung die Aufzeichnung des Beobachters, wobei es hier zunächst nicht ausschlaggebend ist, ob sie in strukturierter oder unstrukturierter Form vorliegen. Zur Hypothesenprüfung sind diese Aufzeichnungen dann geeignet, wenn sie zuverlässig und valide sind (...).
Zuverlässigkeit heißt, daß verschiedene Personen bei gleicher Problemstellung und gleichen Bedingungen zu gleichen oder doch annähernd gleichen Beobachtungsaufzeichnungen kommen. Die Zuverlässigkeitsprüfung ist am besten möglich, wenn verschiedene Personen zeitgleich den gleichen Sachverhalt beobachten können, z. B. ein Schachspiel, ein Fußballspiel vor und nach der Pause. Diese Voraussetzung ist aber häufig nicht gegeben. Denn in vielen Situationen ist die Anwesenheit nur eines Beobachters möglich. Bei dynamischen Sachverhalten, vor allem bei Konflikten, kann nicht damit gerechnet werden, daß sich Situationen genau

wiederholen. Das Fußballspiel vor der Pause unterscheidet sich von dem nach der Pause nicht nur durch den Seitenwechsel, sondern auch dadurch, daß tatsächlich anders gespielt wird. Wäre die Beobachtungsaufzeichnung für das Spiel vor der Pause identisch mit der für das Spiel nach der Pause, so wäre mit großer Wahrscheinlichkeit mindestens eine Aufzeichnung falsch. Gerade bei dynamischen Sachverhalten kann eine Zuverlässigkeitsprüfung nur retrospektiv erfolgen, d. h. als Beantwortung der Frage, ob verschiedene Beobachter bzgl. der vergangenen Situationen zu gleichen Aufzeichnungen hätten kommen müssen, wenn die – meist nicht vorhandene – Möglichkeit gleichzeitigen Beobachtens bestanden hätte. Das Gütekriterium der Zuverlässigkeit muß also bei der Beobachtung häufig durch das Kriterium der *Nachvollziehbarkeit* ersetzt werden.

Eine Beobachtungsaufzeichnung ist dann nachvollziehbar, wenn ihre Entstehungsbedingungen offengelegt werden. Offenlegen bedeutet zum einen die Auflistung aller Schritte bis hin zur Beobachtungsaufzeichnung selbst, also von der Problemstellung, der Wahl der Untersuchungseinheiten, der jeweiligen Beobachtungsform, der Umweltreize, denen Aufmerksamkeit geschenkt wird, der Beziehung zwischen Beobachter und Beobachteten, bis hin zur eigentlichen Technik des Aufzeichnens (...). Offenlegen bedeutet andererseits, daß die Gründe genannt werden, die zum jeweiligen Schritt geführt haben (z. B. die Gründe für die Entscheidung für verdeckte statt offene Beobachtung).

Validität bedeutet, daß tatsächlich das erfaßt wird, was theoretisch (von der Problemstellung her) gemeint ist. Validität betrifft das Verhältnis von Problemstellung zum Gegenstand einer Untersuchung und schließt damit die Adäquanz der Methode für die Problemstellung einerseits und den Gegenstand andererseits mit ein. (...)

[Dabei] sind zwei Problembereiche zu beachten, die beide aus der Reflexivität/Selbstreflexivität menschlichen Handelns resultieren und Fragen für die Validität einer Beobachtung aufwerfen.

Der erste Problembereich hat (...) mit der Frage zu tun, wie stark der Vorgang der Beobachtung das, was man untersuchen will, verändert. Wird z. B. danach gefragt, wie häufig Fußgänger normalerweise die Verkehrsampel an einer bestimmten Stelle mißachten, so wird der Einsatz eines uniformierten Polizisten zur Beobachtung absolut ungeeignet sein, realitätsgerechte Beobachtungsergebnisse zu erzielen. Nun greift jede Beobachtung – wegen ihrer Unmittelbarkeit – in gewisser Weise in das ursprüngliche Gefüge ein, und wie stark sie es tut, wird mit letzter Sicherheit nie zu klären sein. Dennoch muß bei jeder wissenschaftlichen Beobachtung diese Frage gestellt werden, und man sollte das Vorwissen über den Gegenstand dazu nutzen, um einzuschätzen, welche konkrete Ausformung der Beobachtung den ursprünglichen Zusammenhang noch am wenigsten beeinträchtigen wird. Die Erfahrung sagt, daß überall da, wo Menschen große oder kleine Geheimnisse (z. B. was sie an Verbotenem tun) wahren wollen, Beobachtung hoch valide ist, wenn zwischen Beobachter und Beobachteten ein aufrichtiges Vertrauensverhältnis hergestellt ist. Vertrauensbildende Maßnahmen sind also entscheidende Voraussetzungen für ein hohes Maß an Validität.

Der zweite Problemkreis hat damit zu tun, daß menschliches Handeln immer mit Bedeutung/Intention/Sinn verbunden ist (...)

Diese Verbindung von Umweltreizen und dem geeigneten Handeln mit Bedeutung, Sinn oder Intention, die die Beobachteten selbst bewußt oder unbewußt leisten, gehört häufig, nicht immer, zum Gegenstand sozialwissenschaftlicher Untersuchungen. Wenn sie Untersuchungsgegenstand sind, in der Problemstellung danach gefragt wird, dann ist das Untersuchungsverfahren valide, wenn es Informationen beschafft, die tatsächlich etwas über diejenigen Intentionen besagen, die die Akteure mit ihrem Handeln verbinden. Dazu müssen wir Vorstellungen über die „Bedeutung" des Beobachteten entwickeln, das heißt interpretieren, und kontrollieren können, ob diese Interpretationen richtig sind. Dies sei an einem Beispiel erläutert.

Angenommen, wir sind Beobachter im Rahmen einer Verkehrszählung. Wir stellen die Anzahl von Personen pro Zeiteinheit fest, die eine bestimmte Stelle passieren. Ob sie dies tun, um einkaufen zu gehen, Freunde besuchen o. ä., interessiert uns nicht. Uns interessiert nicht einmal, ob sie dabei Verkehrsregeln übertreten. Wir fragen nicht nach einer Bedeutung dieses Tuns für die „Gezählten" selbst. Nun eilt plötzlich eine ungewöhnlich große Zahl von Menschen ungewöhnlich schnell an der von uns zu beobachtenden Stelle vorbei. (...) Wenn wir eine Erklärung dafür suchen, verlassen wir zwar die Problemstellung der Verkehrszählung, aber wir suchen nun danach, was die Menschen zu diesem seltsamen Tun gebracht hat, also in welchem Bedeutungszusammenhang es steht. Dieser kann rein subjektiv-individuell sein, z. B. daß zwar alle der Meinung sind, es brenne dort und dort, aber der eine eilt aus Schaulust dorthin, der andere, um zu helfen. Wenn wir uns jedoch nicht um Informationen bemühen, kommen wir vielleicht auf die Idee, die Laufenden betrieben Stadt-Jogging. Andererseits ist es für die richtige Bedeutungszuweisung belanglos, ob es tatsächlich brennt oder nicht, sondern nur, daß die Laufenden tatsächlich meinen, es brenne. Valide ist unsere Interpretation auf jeden Fall dann, wenn wir den wirklichen Bedeutungszusammenhang herausgefunden haben.

Bedeutung kann sich auch sozial verobjektiviert haben, z. B. in Form von Normen oder Regeln, an denen sich die Teilnehmer orientieren. Wir erinnern dazu an das Beispiel vom Schachspiel. Oben sagten wir schon, daß uns ein Einzelspiel nur verständlich ist, wenn wir auch die Schachregeln kennen. (Als objektiv bedeutsam werden auch manchmal Strukturtatbestände bezeichnet und in eine Beobachtung mit einbezogen, wie z. B. der soziodemographische Aufbau einer bestimmten Personengruppe.)

Subjektive Bedeutung im ersten Beispiel und die objektive Bedeutung im zweiten Beispiel sind in diesen Fällen relativ leicht zugänglich: wir können die Vorbeieilenden nach dem Zweck ihrer Eile fragen, bzw. wir nehmen ein Schachlehrbuch zur Hand. Oft aber sind subjektive wie objektive Bedeutungszusammenhänge den Beteiligten sehr wenig bewußt, sie strukturieren ihr Verhalten gleichsam hinter ihrem Rücken, und oft auch dem Beobachter schwer zugänglich. Hier setzt dann oft das ein, was man im schlechten Sinne „hineininterpretieren" nennt, d. h., man zieht unbewußt die eigenen vertrauten Deutungsmuster und Erfahrungen mit „ähnlichen" Situationen zu Rate.

Zentral wichtig dafür, daß Beobachtungsaufzeichnungen bei sozialwissenschaftlichen Untersuchungen hinsichtlich der Validität prüfbar sind, ist es also aufzudecken, worauf wir unsere Interpretation bei der Zuweisung von Bedeutung jeweils begründen.

Wir wollen im folgenden Abschnitt aufzeigen, welche Möglichkeiten bestehen, Beobachtungsaufzeichnungen in dieser Hinsicht zu validieren.

Atteslander 1984, S. 150ff.

Worterklärungen und Arbeitsanregungen s. S. 28f.

2.1.4 Vier Schritte zur wissenschaftlichen Beobachtung

Dem Beobachter stehen zur Erstellung einer Interpretation alle Signale zur Verfügung, die seine Sinnesorgane aufnehmen. Wer akademisch gebildet ist oder wird, ist oder wird darauf trainiert, besonders den verbalen Signalen zu vertrauen, ob sie nun akustisch oder optisch vorliegen, und er übersieht zu schnell, daß er durchaus in der Lage ist, auch andere Signale sinnvoll zu nutzen. Ein sehr simples Beispiel kann dies verdeutlichen: Man drehe beim Fernsehen den Ton ab. Dreht man dem Nachrichtensprecher den Ton ab, so erfährt man allenfalls aus seiner Mimik, ob er von etwas spricht, was der Fernsehteilnehmer ernst nehmen soll, ein politisches Problem oder ein tragisches Ereignis, oder von etwas, was nicht so ernst genommen werden soll, eine Modenschau, ein Hundewettrennen. Bei einem Action-Film, Western oder Krimi, weiß man in der Regel auch ohne Ton, worum es geht, wer „gut“ und wer „böse“ ist. Denn diese Filme leben förmlich von der visuellen Darstellung der Story. Es ist also durchaus möglich, mit Hilfe anderer als verbaler Signale zu bewußt reflektierten Interpretationen zu gelangen. Wir wollen dies an folgender Übung darstellen (sie wurde mit Erfolg in einem Einführungskurs in die Methoden der empirischen Sozialforschung an der Universität Augsburg durchgeführt):

Man lasse sich einige wenige Bilder von einer Stadt zeigen, die man noch nie besucht hat. Der Name der Stadt darf dabei nicht bekannt werden, ferner darf auf keinem der Bilder ein Schriftzug zu sehen sein. Man versuche, etwas Charakteristisches über die Stadt zu sagen. Aber ohne jede Anleitung wird einem kaum etwas Besonderes auffallen. Man beantworte daher im *ersten Schritt* die Fragen nach Einwohnerzahl, Alter der Stadt, Haupterwerbsquellen und Einkommensverteilung. Auch dies wird auf Anhieb kaum zutreffend gelingen, da die Erfassung der Bilder nur durch diese Fragen geleitet wird, aber man schaut genauer hin. Im *zweiten Schritt* versuche man daher, diese Fragen im Hinblick auf einen *Vergleich* mit der Stadt zu beantworten, in der man selbst lebt: z. B. mehr Einwohner, jünger usw. Für die so gewonnene Einschätzung (= Interpretation der Bilder) bleibt man aber den Beweis schuldig. Deswegen gebe man im *dritten Schritt* an, welche auf den Bildern sichtbaren Elemente zu der jeweiligen Einschätzung geführt haben. Dabei wird die zunächst getroffene Einschätzung wahrscheinlich verbessert, also entweder erneuert oder verfeinert. Eine weitere Verbesserung der Einschätzung erfolgt dann im *vierten Schritt,* bei dem systematisch das Bildmaterial nach Elementen abgesucht wird, die der bisherigen Einschätzung widersprechen. Lassen sich keine finden, um so besser, andernfalls muß die Einschätzung wiederum revidiert werden. Derjenige, der die Bilder vorgelegt hat, wird nun erstaunt sein, wie zutreffend und genau der Beobachter über die Stadt Bescheid weiß!

Die genannten Schritte können wir dem bisher Gesagten zuordnen und verallgemeinern. Der *erste Schritt* ist die Grundanleitung, überhaupt zu bedeutsamen Interpretationen zu gelangen. *Wissenschaftliche Beobachtung muß immer durch explizit formulierte Fragen angeleitet sein,* zu welchen Dimensionen die Beobachtung Protokollsätze liefern soll. Da der Beobachter auch die Folgeschritte einhalten soll, muß beachtet werden, wieviel Zeit dem Beobachter zur Verfügung steht, zu den einzelnen Dimensionen etwas Gehaltvolles in Erfahrung zu bringen. In unserem Beispiel hat der Beobachter viel Zeit, sich das wenige Bildmaterial zu betrachten. Wenn er jedoch ein Verhalten in seinem zeitlichen Fluß beobachten soll, so kann ihm nur die Berücksichtigung weniger Dimensionen abverlangt werden. Dies gilt auch entsprechend für den Raum und die Anzahl der Akteure, die er überblicken soll, und natürlich für die Kombination Raum–Zeit.

Der *zweite Schritt* ist die Verallgemeinerung des konkret aufgenommenen einzelnen Sachverhalts, d. h. die Einordnung in einen Typ oder eine Klasse „ähnlicher“ Sachverhalte. Das bewußte *Vergleichen* mit bereits bekannten, sogar vertrauten Sachverhalten erleichtert einerseits diesen Schritt sehr, da man ja bewußt nach Ähnlichkeiten und Verschiedenheiten sucht. Andererseits ist es enorm wichtig, weil ein Vergleich immer ein Drittes erfordert. Dadurch wird der Beobachter zur Distanzierung sowohl von Vertrautem wie aktuell Beobachtetem genötigt. Es hindert ihn an der blinden Übertragung vertrauter Deutungsmuster auf seinen Beobachtungsgegenstand und am „Ertrinken“ in seinem Gegenstand, d. h. der unreflektierten Übernahme der Sichtweise der Beobachteten. (. . .)

Im *dritten Schritt* geht es darum, offenzulegen, welche der aufgenommenen Signale zur Klassifizierung des Gegenstandes anhand der gefragten Dimensionen geführt haben. Hierbei muß der

Beobachter auch die von ihm für bedeutungsvoll erachteten averbalen Signale direkt in verbale übertragen. Das dabei auftretende Problem der Informationsveränderung, bzw. des Informationsverlustes wurde oben dargestellt.

Da der Beobachter mit dem dritten Schritt zunächst für sich selbst die Begründung seiner Interpretation offenlegt, gibt er sich selbst die Möglichkeit, seine Einschätzung zu verbessern. Dieses Ziel wird aber vor allem mit dem *vierten Schritt* verfolgt, der systematischen Suche nach Signalen, die nicht zur vorgefaßten Interpretation passen. Mit diesem Schritt trennen sich alltägliches Beobachten und Beobachtung in einem wissenschaftlichen Zusammenhang endgültig. Das alltägliche Beobachten muß die erbrachten Interpretationen nicht als erst noch zu prüfende Hypothese behandeln, die wissenschaftliche Beobachtung ist diesem Prinzip jedoch auch und gerade im Prozeß des Beobachtens verpflichtet. *Die vorgefaßten Interpretationen müssen ad hoc dem Falsifikationsversuch ausgesetzt werden.* Mit diesem Schritt findet also ein ganzer Forschungsablauf in sehr verkleinertem Maßstab statt. Wie oft und intensiv ein solcher Falsifikations- und Revisionsversuch der einzelnen Interpretation stattfindet, ist natürlich eine Zeitfrage und eine Frage des Zugangs zu entsprechenden Informationen. Ganz fehlen darf dieser Schritt jedoch niemals.

Wenn ein Beobachter eine Interaktion verfolgt, ist er natürlich nicht in der Lage, alle genannten, insbesondere die beiden letzten Schritte gleichzeitig zu vollziehen. Aber wenn er interpretiert, und jede Aufzeichnung ist schon ein Stück Interpretation, muß er in möglichst geringem zeitlichen Abstand dazu den dritten und vierten Schritt vollziehen. Bei strukturierter Beobachtung geschieht dies antizipatorisch anhand der Pretests, bei unstrukturierter Beobachtung sollte der Beobachter die Zeitintervalle zwischen den einzelnen von ihm zu erfassenden Interaktionssequenzen zu diesem Schritt nutzen.

Atteslander 1984, S. 150 ff.

Worterklärungen zu 2.1.1 – 2.1.4

Interaktion: zwischenmenschliches Handeln, soziales Handeln
explizit: ausdrücklich
vis-a-vis: von Angesicht zu Angesicht
rudimentär: unausgebildet, nur im Ansatz vorhanden
Reduktion: Verminderung
intendieren: anstreben
dynamisch: in Bewegung befindlich
Handlungssequenz: Handlungs(ab)folge
retrospektiv: rückblickend
Adäquanz: Angemessenheit
Reflexivität: Rückbezüglichkeit
soziodemographisch: die Beschreibung der sozialen (und wirtschaftlichen) Erscheinungen in einer Bevölkerung
ad hoc: (wörtlich: zu diesem Zweck, Gegenstand), aus dem Stegreif
Falsifikation: wissenschaftliche Widerlegung
antizipatorisch: geistig vorwegnehmend
Pretest: Vortest

Arbeitsanregungen zu 2.1.1 – 2.1.4

1. Erläutern Sie die folgenden Definitionsbestandteile von Beobachtung:
   - zielgerichtet
   - registrieren
   - Informationseinheiten.

2. Welche Unterschiede zwischen Beobachtung und Befragung nennt der Autor?
3. Benennen Sie die Gemeinsamkeit und den Unterschied zwischen offener und verdeckter Beobachtung.
4. Inwiefern kann man sagen: beobachten beinhaltet reduzieren?
5. Geben Sie eigene Beispiele für aktiv teilnehmende und passiv teilnehmende Beobachtung, jeweils in offener oder aber verdeckter Form.
6. Entnehmen Sie dem Text, wofür Beobachtung besonders geeignet ist.
7. Stimmen Sie der Aussage zu, daß das Aufzeichnen einer Fußballreportage ein Beispiel eines unstrukturierten nicht-wissenschaftlichen Beobachtungsvorganges ist? Begründen Sie ihre Stellungnahme.
8. Unter welchen Bedingungen ist die Zuverlässigkeit von Protokollsätzen am besten gegeben?
9. Aus welchem Grunde muß das Gütekriterium Zuverlässigkeit häufig durch das der Nachvollziehbarkeit ersetzt werden?
10. Entnehmen Sie dem Text die Kriterien für „Nachvollziehbarkeit".
11. Validität:
    a) Wiederholen Sie die Definition mit eigenen Worten.
    b) Welches Beispiel einer unangemessenen Methode gibt der Autor?
    c) Wozu führt eine solch unangemessene Methode?
    d) Um Validität zu erreichen, muß der Beobachter die Bedeutung der Handlung des Beobachteten verstehen. Belegen Sie diesen Satz mit einem Beispiel aus dem Text.
    e) Geben Sie eigene Beispiele für objektive Bedeutungen.
12. Erläutern Sie einem Fachfremden die vier Schritte zur wissenschaftlichen Beobachtung, indem Sie die Demonstration der Bilder einer unbekannten Stadt mitverwenden.

2.2 Strukturiertes und unstrukturiertes Beobachten – Peter Atteslander

Strukturiertes Beobachten

Strukturierte Beobachtung setzt (...) die genaue, durch die Theorie begründete, Vorgabe der Kategorien voraus, zu denen durch die Beobachtung Informationen gesammelt werden sollen. Hierzu müssen also die aus der Problemstellung heraus für wichtig erachteten Merkmalsdimensionen bestimmt werden, für jede zu erfassende Merkmalsdimension müssen nun die eigentlichen Kategorien definiert werden. Hierbei kann es pro Dimension im Gegensatz zur Befragung keine Mehrfachnennung geben. Die Kategorien müssen ferner die Dimension vollständig beschreiben und sich gegenseitig ausschließen, was auch ihre Eindeutigkeit voraussetzt. Mit den Kategorien wird auch die jeweils kleinste zu erfassende Einheit festgelegt; die durch strukturierte Beobachtung gesammelten Informationen sind also Daten. (...)
Wir wollen das hier gesagte am Beispiel einer strukturierten Beobachtung veranschaulichen und dann auf das Problem der Validität eingehen. Das Beispiel entstammt der (...) Krankenhausuntersuchung (...), es handelt sich um die strukturierte Beobachtung der Stationsvisite.
Sie sollte der Prüfung folgender Hypothese dienen: Patienten sind unter aufgezählten Bedingungen stark behindert, ihre Anliegen in Interaktionen mit dem Personal einzubringen. Die Beobachtung ging so vor sich:

Pro Visitetag wurde für jeden bei der Visite beobachteten Patienten ein Erhebungsbogen ausgefüllt, der folgende Dimensionen enthielt: Position der teilnehmenden Ärzte und Schwestern, Dauer der Zuwendung bis zu 1/4

Minute genau, Sprecher und Adressat, Sprechakte mit der kleinsten Einheit Satz (in gesprochener Sprache!), und diese unterteilt in Aussage- oder Befehlssatz (als „/" registriert) und Fragesatz (als „–" registriert). Ein ausgefüllter Erhebungsbogen sah dann z. B. so aus:

Pat.-Nr. 23 | Position: St. A., St. Schw | Dauer: 2 1/4 | Datum: n.n. | Station: 2

A → P	P → A	A → S	S → A	S → P	P → S
/–//	/–	///–////	–//	//	/

Abb. 2 *Beispiel eines Erhebungsbogens für strukturierte Beobachtung*

Der erste „/"–Strich links kann dann nur so gelesen werden: „Auf Station 2 (der Untersuchung) sagte am n. n. während der Stationsvisite, die für den Patienten Nr. 23 eine Zuwendungszeit von 2 1/4 min. betrug, der Stationsarzt zum Patienten Nr. 23 einen Aussage- oder Befehlssatz." Diese Information ist ein Datum, alle anderen Striche müssen entsprechend gelesen werden und sind dementsprechend die Daten aus dieser Beobachtung. Informationen, die möglicherweise auch registrierbar gewesen wären, wie „der Stationsarzt teilte mit dem Satz ‚guten Morgen' mit" oder „der Stationsarzt sprach den Satz in freundlichem Ton", sind in diesen Daten nicht enthalten. Dies muß kein Mangel sein und war es in diesem Fall auch nicht. Denn die Hypothese der Deprivation von Patienten konnte auch ohne diese Zusatzinformationen durch die Ergebnisse vorläufig bestätigt werden: Die verbale Kommunikation während der Visite fand, so ergab die Auszählung, hauptsächlich zwischen Arzt und Schwester statt, der einzelne Patient konnte im Durchschnitt nicht mehr als eine Frage pro Visite stellen. Das Verfahren war sinnvoll, weil zwei Voraussetzungen zutrafen: Die Menge des Gesprochenen und der Sprecher-Adressaten-Zusammenhang während der Visite war der tatsächlichen Bedeutung der Visite und der Kommunikation darin für die Beteiligten nach ein valider Indikator für mögliche Deprivation. Die zweite Voraussetzung betrifft die zuverlässige Machbarkeit des Verfahrens. Sie soll zuerst erläutert werden.

Die Beobachter mußten sich jeweils unauffällig, aber so günstig postieren, daß sie alles Gesprochene mitbekamen. Sie mußten alle Sätze (in gesprochener Sprache!) identifizieren und einem Sprecher-Adressaten-Paar zuordnen, wenn die Ergebnisse brauchbar sein sollten. Dazu bedurfte es der Konzentration der Beobachter in der Situation selbst und zur Erzielung einer hohen Zuverlässigkeit zudem einer gewissen Übung. (...)

Validität der eigentlich zu erhebenden Daten kann aber nur bei Zutreffen folgender Annahme bestehen: Zwischen den Pretests und dem Ende der eigentlichen Datenerhebung finden keine Strukturveränderungen im Feld statt, die die tatsächliche Bedeutungsstruktur für das Feld verändern. Dies konnte im vorliegenden Fall der Visite angenommen werden. Würden aber z. B. zur Untersuchung der Tätigkeitsstruktur und ihrer Bedeutung für Pflegepersonal und Patient die Kategorien für die strukturierte Beobachtung an einer Station mit Funktionspflege gebildet, so könnten sie schwerlich an eine Station mit Gruppenpflege herangetragen werden, da die Unterschiede des Bedeutungszusammenhangs einzelner Tätigkeiten für Personal und Patient zu groß sind. Strukturierte Beobachtung ist also ungeeignet zur Erfassung von Unterschieden in Bedeutungsstrukturen und, bezogen auf die Dimension Zeit, von Strukturveränderungen, also von dynamischen Sachverhalten mit regeloffenen Anteilen oder Regelungsänderungen!

Die strukturierte Beobachtung erfüllt deswegen häufig nur den Zweck, Hypothesen bezüglich der Häufigkeit oder Verteilung bestimmter Verhaltensakte einer Prüfung zuzuführen. Sie wird angewendet für immer wiederkehrende Arbeitsabläufe, Verhalten in Kleingruppen mit gegebener Aufgabenstellung und ähnliche Gegenstandsbereiche. Spezifische Arten solcher strukturierten Beobachtung sind die *Zeitverlaufsstudie,* die *Multi-Moment-Aufnahme* und das *Interaktiogramm*. Wir wollen diese kurz erläutern, da sie häufig verwendet werden.

Nehmen wir als Beispiel für eine *Zeitverlaufsstudie* den Arbeitstag von Krankenschwestern. Der Beobachtungsbogen enthält auf einer Achse die Zeit, unterteilt in für den Beobachter praktikable Einheiten, z. B. 5 oder 10 Minuten. Auf der anderen Achse sind Tätigkeitskategorien eingetragen, z. B. Bettenmachen, Verordnungen ausführen, Medikamente sortieren. Pro Arbeitstag und Schwester wird ein Beobachtungsbogen ausgefüllt. Somit erhält man, je nach Anzahl der Schwestern und Beobachtungstage und Repräsentativität der Auswahl, Daten zur Verteilung von Tätigkeiten im Tagesverlauf, bzw. zum zeitlichen Gewicht der Tätigkeiten bei der Arbeit der einzelnen Schwestern. Bekanntlich spielen solche Sachverhalte eine große Bedeutung bei der tariflichen Eingruppierung, und Zeitverlaufsstudien werden häufig zu diesem Zweck angewendet.

Nun ist es oft störend, wenn jemand über etliche Tage hinweg konstant bei der Arbeit beobachtet wird. (Dies gilt natürlich auch für Tätigkeit in der Freizeit, aber bleiben wir der Einfachheit halber bei der Arbeitszeit.) Dazu gibt es zwei Lösungen.

Die eine ist die Ersetzung der Fremdbeobachtung durch die Eigenbeobachtung. Dies setzt ein hohes Maß an Selbstdisziplin bei den Beteiligten voraus, bzw. der dazu nötigen Motivierung. Kontrollen bezüglich der Zuverlässigkeit in der Selbstbeobachtung sind dennoch unerläßlich.

Die andere Lösung ist die *Multi-Moment-Aufnahme.* Zu nach einem Zufallsprinzip ausgewählten Zeitpunkten wird die von der zu beobachtenden Person gerade ausgeführte Tätigkeit registriert. Ist mit dem Wechsel der Tätigkeit auch ein Wechsel des Standorts verbunden, was z. B. für Pflegekräfte typisch ist, dann ist die Untersuchungseinheit nicht eine Person, sondern ein Beobachtungsstandort. Z. B. wird registriert, wer zu den ausgewählten Zeitpunkten im Stationszimmer als Beobachtungsstandort was tut. Ein solches Verfahren ist natürlich im Gegensatz zur personenorientierten Multi-Moment-Aufnahme oder der Zeitverlaufsstudie ungeeignet zur tariflichen Eingruppierung.

Interaktiogramme sind strukturierte Fremdbeoachtungen, bei denen Verhalten erfaßt wird, das sich auf andere Personen bezieht. Die oben erläuterte Beobachtung der Kommunikation in der Stationsvisite ist ein Beispiel für ein einfaches Interaktiogramm. *Atteslander* entwickelte für das Führungsverhalten ein eigenes Interaktiogramm.

Unstrukturiertes Beobachten

(...) Bei der unstrukturierten Beobachtung gilt es, (...) zwei Sachverhalte strikt zu trennen, die bei der strukturierten Beobachtung in eins gehen: Die Systematik der Aufzeichnung und die Gelegenheit zur Aufzeichnung. (...)

Das Prinzip von Beispiel und Gegenbeispiel gibt eine Anleitung zur Systematisierung von unstrukturierten Beobachtungsaufzeichnungen auch für den Einzelforscher. Diese Systematisierung läßt sich formulieren in folgende Fragen:

- Welche Informationen zur Problemstellung habe ich, welche sonstigen Informationen habe ich?
- Wie lauten meine Interpretationen?
- Welcher allgemeine theoretische Zusammenhang erlaubt mir diese Interpretation?
- Auf welche Informationen stütze ich meine Interpretationen tatsächlich?
- Habe ich Informationen (gesucht), die gegen die Interpretationen sprechen?
- Wie lauten meine neuen Interpretationen?

Der Beobachter muß bei seinen Aufzeichnungen nun markieren, welche dieser Fragen er gerade beantwortet. Wie dies geschieht, ist dabei ein rein technisches Problem, es muß nur systematisch und nachvollziehbar geschehen. (...)

Sehr viel mehr Schwierigkeiten bereitet das Problem der Gelegenheit zur Aufzeichnung. Bei strukturierter Beobachtung sollte die Aufzeichnung immer zeitlich parallel zur Erfassung des beobachteten Sachverhalts geschehen. Somit gibt es zeitliche Distanz allenfalls zwischen dem einzelnen Verhaltensakt und seiner Zuordnung zu einer Kategorie. Z. B. mußte bei der Visite ein Satz erst gesagt worden sein, ehe er einer Sprecher-Adressat-Kategorie zugeordnet werden konnte. Bei der unstrukturierten Beobachtung ist die zeitliche Parallelität von Erfassung und Aufzeichnung zwar manchmal möglich, aber sie gehört nicht zwingend dazu. Insbesondere kann sie bei der verdeckten Beobachtung in der Regel nicht stattfinden. Sind die Sachverhalte, zu denen Aufzeichnungen gemacht werden sollen, nicht mehr zugänglich, weil sie sich nicht wiederholen (Verhaltensabläufe), oder nicht feststehen (z. B. räumliche Veränderungen) oder der Beobachter keinen Zeugen mehr hat, so ist er auf sein Gedächtnis angewiesen. In der gesamten sozialwissenschaftlichen Forschung ist bekannt, daß dies eine Quelle von Auslassungen und Fehlern ist, und häufig wird daraus der Schluß gezogen, solche Beobachtungsaufzeichnungen seien auf Zuverlässigkeit hin nicht einzuschätzen und deswegen bestenfalls zur Erzeugung von Hypothesen tauglich, ihr wissenschaftlicher Gebrauchswert gehe also nicht über den von Aufzeichnungen in einem nichtwissenschaftlichen Zusammenhang hinaus. Wir sind anderer Meinung und wollen dies begründen. Wir gehen davon aus, daß sich Gedächtnis soweit trainieren und abrufen läßt, daß hinreichend zuverlässige Aufzeichnungen geführt werden können.

Man kann zunächst *während* der Erfassung Spuren in sein Gedächtnis einziehen, die nicht ohne weiteres durch (unbewußte) selektive Wahrnehmung verschüttet werden. Gilt es z. B., sich räumliche Anordnung zu merken oder räumliche Veränderungen, so kann man durch den zu erfassenden Raum ein gedankliches Fadenkreuz legen, z. B. eine Senkrechte und Waagrechte und zwei Diagonale. Den so entstandenen gedanklichen acht Raumteilen ordnet man die darin befindlichen Gegenstände oder Personen (respektive den Wechsel von Raumteil zu Raumteil) zu. Diese Ordnung ruft man dann bei der Aufzeichnung wieder ab. Für die Erfassung von Verhaltenssequenzen, also den für Sozialwissenschaften besonders interessanten und durch Beobachtung direkt zugänglichen Gegenstand gilt Ähnliches. Man orientiert sich zum Beispiel an der Person, die die Verhaltenssequenz eröffnet, und ordnet jedem Beitrag zur Sequenz, der ausschließlich von ihr ausgeht, entlang der Zeit die Nummern 1 bis N zu. Bei der Aufzeichnung rekonstruiert man diese Beiträge entlang den Nummern, und ordnet ein, was von anderen Personen zwischen den Beiträgen getan wurde. Oder man nimmt das Hinzutreten oder Weggehen von Personen als markante Zeitpunkte, die entsprechend numerisch geordnet werden. Oder man gibt – besonders geeignet bei Sequenzen mit offenem Ausgang – zunächst der eröffnenden Person und ihrem Verhalten die Nummer 1, nach einem bestimmten Zeitraum dem gerade dann stattfindenden Verhalten und deren Person die Nummer 2 usw.

(...) Bei einigem Training wird ein Beobachter das jeweils für sich individuell beste System solchen Spurenlegens herausfinden und dann auch die Lücken erheblich vermindern können. In einer guten Aufzeichnung müssen aber sowohl das System wie diese Lücken angegeben sein. So kann die Zuverlässigkeit der Aufzeichnung geprüft werden, zumindest aber ihr Ausmaß angegeben werden, auch wenn die Angabe meist ordinal und selten in % erfolgen kann.

Atteslander 1984, S. 177 ff.

Worterklärungen zu 2.2

Dimension: hier: Umfang, Bereich
valide/Validität: gültig/Gültigkeit
Hypothese: Annahme, die noch durch Beweise untermauert oder verworfen werden muß

Interaktion: Wechselbeziehung
Deprivation: Beraubung (von sinnlichen Eindrücken)
Indikator: Anzeiger
Pretest: vorangehender Test
Multi...: viele
Repräsentativität: Stellvertretungsfähigkeit (statistischer Begriff)
konstant: beständig
Interpretation: Auslegung, Deutung
selektiv: auswählend
respektive: beziehungsweise
Verhaltenssequenzen: Verhaltens(ab)folgen
rekonstruieren: wieder aufbauen
markant: auffallend
ordinal: nach Rangordnung

Arbeitsanregungen zu 2.2

1. Welche Hypothese sollte in der Stationsvisiten-Beobachtung geprüft werden?
2. Welche Merkmalsdimensionen wurden vorher festgelegt?
3. Wieso ist ein Satz wie „Der Stationsarzt sprach den Satz in freundlichem Ton" kein Datum?
4. Worauf mußte geachtet werden, damit das Verfahren als zuverlässig bewertet werden konnte?
5. Für welche Gegenstände ist die strukturierte Beobachtung geeignet? Aus welchen Gründen?
6. Charakterisieren Sie die Grundlagen einer Zeitverlaufsstudie.
7. Was verstehen wir unter einer Multi-Moment-Aufnahme?
8. Führen Sie die besprochenen Arten strukturierter Beobachtung an.
9. Wodurch kann ein Abweichen von der Systematik der unstrukturierten Beobachtung vermieden werden?
10. Geben Sie mindestens vier der Fragen wieder, die einer Anleitung zur Systematisierung unstrukturierter Beobachtungsaufzeichnungen dienen können.
11. Wieso ist die Gelegenheit zur Aufzeichnung bei der unstrukturierten Beobachtung häufig ein Problem?
12. Geben Sie mehrere Verfahren an, die zu zuverlässigen Aufzeichnungen bei der unstrukturierten Beobachtung führen können.
13. Was macht nach Atteslander den Wert von selbstgelegten Gedächtnisspuren aus?

2.3 Ein Beispiel aus der Praxis: Fragenkatalog zur Verhaltensstruktur von Kindern* – Bernd Hübner / Georg Rocholl

(= Verbindung von Kategorien-System und Begriffssystem)

1. Kognitives Verhalten
– Wie ist die akustische und optische Wahrnehmungsfähigkeit?
(laut – leise; hoch – tief; differenziert – oberflächlich)
– Wie ist das Erinnerungsvermögen?
(stark – schwach)

- Welche Begriffsbestimmungen räumlicher Art sind schon vorhanden? (hoch – tief; vorn – hinten; über – unter; u. a.)
- Welche Größenbezeichnungen können schon genannt werden? (groß – klein; lang – kurz; u. a.)
- Welche Mengenbezeichnungen können genannt werden? (viel – wenig; mehr – weniger; Zahlen von 0 bis 10)
- Welche Farben und Formen können genannt werden? (Grundfarben – Mischfarben, Kreis, Dreieck, Rechteck)
- Wie ist der Phantasie- und Kreativitätsbereich entwickelt?

2. Psychisches Verhalten
- Zeigt das Kind Ängste, Unsicherheiten? (zieht sich zurück, wehrt sich nicht, weint sehr schnell)
- Ist es kontaktgehemmt? Zeigt es Schuldgefühle?
- Wie ist die emotionale Grundstimmung? (froh, heiter, traurig)
- Wie ist seine Vitalität entwickelt? (aktiv – passiv)
- Wie ist seine Ich-Struktur? (selbstbewußt, unsicher)

3. Soziales Verhalten
- Wie ist die Beziehung zwischen Kind und Erzieher? (abhängig – unabhängig, aktiv – passiv)
- Wie ist die Beziehung zwischen Kind und Gruppe? (Außenseiter, Führer, Mitläufer, Aggressor, integriert)
- Wie ist die Beziehung zu einzelnen Kindern? (keinen Kontakt zu anderen Kindern, Freundschaft, kontaktfähig usw.)

4. Lernverhalten – Motivationsverhalten
- Wie kann sich das Kind konzentrieren? (ausgeprägt – weniger ausgeprägt)
- Wie ist die Arbeitshaltung? (selbständig, benötigt Hilfe des Erziehers)
- Wie ist die Arbeitsweise? (konzentriert sich intensiv auf ein Spiel – kann sich nur kurz mit einer Sache beschäftigen)
- Wie ist sein Interesse entwickelt? (interessiert sich für besondere Spiele – ist sehr lustlos)

5. Motorisches Verhalten
- Zeigt das Kind körperliche Auffälligkeiten? (Bewegungsstörungen im grob- bzw. feinmotorischen Bereich)
- Wie ist die Hand-Auge-Koordination entwickelt?
- Wie geht es mit Material um? (geschickt – plump)
- Wie ist seine Mimik und Gestik entwickelt? (auffällig – normal)

6. Sprachliches Verhalten
- Sind Sprachstörungen zu beobachten?
  (stottert, stammelt, lispelt, poltert)
- Welches Sprachvokabular hat es?
  (umfangreich, eingeschränkt, phantasievoll)
- Wie ist die Sprachstruktur?
  (logisch-kausal, weniger logisch, konfus)
- Wie ist das Sprachverhalten?
  (sprachgewandt, sprachgehemmt)

7. Spielverhalten
- Welche Interaktionsform bevorzugt das Kind?
  (Einzelspiel, Partnerspiel, Gruppenspiel)
- Wie ist die Konzentration beim Spiel?
  (ausgeprägt, unstetig)
- Welches Spielmaterial und welcher Spielbereich werden bevorzugt?
  (Handlungsmaterial, Rollenspielrequisiten usw.)
- Welche Rolle übernimmt es im Spiel?
  (Führerrolle, Mitläufer, Außenseiter o. a.)

Hübner, Bernd/Rocholl, Georg: Soziales Praktikum. Frankfurt a. M.: Luchterhand 1984, S. 84ff.

2.4 Beispiele typischer Beobachtungsfehler*

2.4.1 Self-fulfilling prophecy* – Robert Rosenthal / L. Jacobson

Beispiel 1:*

Robert Merton (1948) erzählt folgende Geschichte. An einem Mittwochmorgen des Jahres 1932 kommt Cartwright Millingville zur Arbeit. Sein Büro ist die Last National Bank, und er besetzt den Posten des Präsidenten. Er bemerkt, daß an den Schaltern der Kassenbeamten für einen Mittwoch ziemlich viel Verkehr herrscht. Lange Kundenschlangen sind ungewöhnlich in der Wochenmitte, wenn der Zahltag fern liegt. Voll Mitgefühl hofft Millingville noch, daß die Menschen nicht alle entlassen und deshalb ausgezahlt worden sind, und dann widmet er sich seinen üblichen Präsidentenpflichten. Die Last National Bank ist ein solides und liquides Unternehmen. Ihr Präsident weiß das, ihre Aktionäre wissen das, und wir wissen das. Aber die Leute in den Schlangen vor den Kassenschaltern wissen das nicht. Tatsächlich glauben sie, daß die Bank vor dem Zusammenbruch steht, und daß es, wenn sie nicht schnell ihre Einlagen abheben, bald nichts mehr abzuheben gibt; und so stehen sie jetzt in der Schlange und warten darauf, ihre Ersparnisse abheben zu können. Bis zu dem Zeitpunkt, an dem sie dies glaubten und nach diesem Glauben handelten, irrten sie sich vollkommen. Aber nachdem sie es einmal glaubten und danach handelten, „wußten“ sie eine Wahrheit oder Wirklichkeit, die Cartwright Millingville unbekannt war, den Aktionären unbekannt war und uns unbekannt war. Sie kannten diese Wahrheit oder Wirklichkeit, weil sie diese Wahrheit oder Wirklichkeit bewirkten. Ihre Erwartung, ihre Prophezeiung führte zu deren Erfüllung. Die Bank machte Bankrott.

Rosenthal, Robert/Jacobson, L.: Pygmalion im Unterricht. Lehrererwartungen und Intelligenzentwicklung der Schüler. Weinheim, Berlin, Basel: Beltz 1971 (1968). S. 13

Beispiel 2:*

Die Oak School ist eine öffentliche Grundschule in einer mittelgroßen Stadt. Sie liegt in einem Stadtteil, in dem vorwiegend Mitglieder der Unterschicht wohnen. Die Schule hat eine Minoritätsgruppe mexikanischer Kinder, die etwa ein Sechstel der gesamten Schülerzahl ausmacht. Jedes Jahr verlassen etwa 200 der 650 Kinder die Oak School, und jedes Jahr werden etwa 200 Kinder neu aufgenommen.

Die Oak School arbeitet mit Leistungskursen. Jede der sechs Klassenstufen ist in einen schnellen, einen mittleren und einen langsamen Zug gegliedert. Entsprechend ihrer Fähigkeit im Lesen werden die Kinder den verschiedenen Zügen zugeordnet. Die mexikanischen Kinder sind im langsamen Zug stark überrepräsentiert.

Theoretisch wäre eine Untersuchung darüber wünschenswert gewesen, ob die positiven oder negativen Erwartungen der Lehrer zu einer entsprechend gesteigerten oder verringerten intellektuellen Fähigkeit führen. Aus moralischen Erwägungen entschieden wir uns jedoch, nur die These, daß die positiven Erwartungen der Lehrer zu einer gesteigerten intellektuellen Leistung führen, experimentell zu testen.

Alle Kinder der Oak School nahmen an einem gewöhnlichen nichtverbalen Intelligenztest teil. Den Lehrern gegenüber wurde dieser Test als ein Test dargestellt, auf Grund dessen man ein intellektuelles „Aufblühen" oder eine überdurchschnittlich schnelle intellektuelle Entwicklung voraussagen könnte. Mit dem angewandten IQ-Test wurden drei verschiedene Punktwerte ermittelt: Gesamt IQ, verbaler IQ und Reasoning IQ. In den „verbalen" Aufgaben wurde vom Kind verlangt, daß es Bilder mit einer Beschreibung, die der Lehrer gab, verbinden mußte. In den Reasoning Aufgaben mußte das Kind zeigen, welches von fünf Mustern sich von den vier übrigen unterschied. Der Gesamt IQ ergab sich aus der Summe des verbalen und Reasoning IQ.

Ganz am Anfang des Schuljahres, nachdem in der ganzen Schule der Vortest durchgeführt worden war, wurden den achtzehn Klassenlehrern der Klassen eins bis sechs die Namen derjenigen Kinder angegeben, die in dem bevorstehenden Schuljahr eine überdurchschnittliche intellektuelle Entwicklung aufweisen würden. Diese Voraussagen basierten angeblich auf den Ergebnissen des Intelligenz-Entwicklungstests. Zwanzig Prozent der Oak School-Kinder wurden als angebliche Schnellentwickler ausgegeben. In Wirklichkeit waren für jede Klasse die besonderen Kinder nach einer Tabelle von Zufallszahlen ausgewählt worden. Ein Unterschied zwischen den besonderen und den gewöhnlichen Kindern existierte somit nur im Bewußtsein der Lehrer.

Nach einem Semester, nach einem ganzen Schuljahr und nach zwei Schuljahren wurden alle Kinder der Oak School mit dem selben IQ-Test abermals getestet. Während der ersten beiden Wiederholungstests befanden sich die Kinder in der Klasse desjenigen Lehrers, dem man die positiven Erwartungen hinsichtlich der intellektuellen Entwicklung einiger seiner Schüler suggeriert hatte. Bei dem letzten Wiederholungstest waren alle Kinder in Klassen übergegangen, deren Lehrer keine besondere intellektuelle Entwicklung bei irgendeinem Kind erwarteten. Mit diesem Abschlußtest wollten wir feststellen, ob möglicherweise entstandene Erwartungsvorteile von dem Fortbestehen des Kontaktes mit dem Lehrer abhängig waren, der die besonders positiven Erwartungen hegte.

Die IQ-Steigerung zwischen Vortest und Wiederholungstest wurde für die Kinder der Experimental- und der Kontrollgruppe getrennt berechnet. Als Erwartungsvorteil wurde die positive Differenz zwischen der IQ-Steigerung der „besonderen" Kinder und der Steigerung der Kontrollgruppenkinder definiert. Nach einem Jahr konnte ein bedeutender Erwartungsvorteil festgestellt werden, der bei den Kindern der ersten und zweiten Klasse besonders groß ausfiel. Der Vorteil, der darauf zurückzuführen war, daß man von den Kindern eine intellektuelle Leistungssteigerung erwartet hatte, zeigte sich bei diesen jüngeren Kindern im Gesamt IQ, im verbalen und im Reasoning IQ. Die Kontrollgruppenkinder dieser Klassenstufen zeigte ebenfalls einen günstigen IQ-Anstieg: 19 Prozent der Kinder wiesen einen Anstieg von zwanzig oder mehr Punkten im Gesamt IQ auf. Bei den besonderen Kindern konnten jedoch 47 Prozent zwanzig oder mehr Punkte Steigerung im Gesamt IQ vorweisen.

Während des darauffolgenden Jahres bis zur Nachuntersuchung verloren die jüngeren Kinder der ersten beiden Klassen ihren Erwartungsvorteil. Die Kinder der oberen Klassen zeigten jedoch während des Folgejahres einen zunehmenden Erwartungsvorteil. Die jüngeren Kinder, die anscheinend leichter zu beeinflussen waren, brauchten wahrscheinlich einen dauernden Kontakt mit der Einflußperson, um die Verhaltensänderung aufrecht erhalten zu können. Die älteren Kinder, die anfänglich schwer zu beeinflussen waren, waren wahrscheinlich besser in der Lage, ihre Verhaltensänderung autonom beizubehalten, nachdem sie einmal erreicht war.

Die Unterschiede zwischen Jungen und Mädchen im Ausmaß des Erwartungsvorteils waren hinsichtlich der Steigerung im Gesamt IQ nicht sehr wesentlich. Nach dem ersten und auch nach dem zweiten Jahr zeigten die Jungen, von denen eine intellektuelle Entwicklung erwartet worden war, einen größeren Anstieg im verbalen IQ. Die Mädchen, von denen man eine intellektuelle Entwicklung erwartet hatte, wiesen dagegen eine höhere Steigerung des Reasoning IQ auf. Die positiven Erwartungen der Lehrer haben jedem Geschlecht anscheinend in dem Intelligenzbereich am meisten geholfen, in dem es bereits im Vortest außerordentliche Ergebnisse erzielt hatte. In der Oak School hatten die Jungen gewöhnlich einen höheren verbalen und die Mädchen einen höheren Reasoning IQ.

Wir können uns daran erinnern, daß die Oak School in einen schnellen, mittleren und langsamen Zug gegliedert war. Anfänglich waren wir der Meinung gewesen, daß die positiven Lehrererwartungen sich am günstigsten für die Kinder des langsamen Zuges auswirken würden. Dieses war jedoch nicht der Fall. (...) Nach dem zweiten Jahr zeigte es sich jedoch, daß die Kinder des mittleren Zuges am meisten von den positiven Erwartungen hinsichtlich ihrer Intelligenzleistung profitiert hatten. Es scheint verwunderlich, daß gerade die durchschnittlich begabten Kinder einer Schule, deren Schüler aus der Unterschicht stammen, am meisten von den gesteigerten Lehrererwartungen profitieren.

Nach dem Experimentaljahr und auch nach dem zweiten Jahr zeigten die mexikanischen Kinder einen größeren Erwartungsvorteil als die nicht-mexikanischen Kinder, obwohl dieser Unterschied statistisch nicht signifikant war. Ein interessanter Minoritätsgruppeneffekt wurde jedoch trotz des kleinen Samples signifikant. Für jedes mexikanische Kind wurde das Ausmaß des Erwartungsvorteils dadurch berechnet, daß man von seiner IQ-Steigerung zwischen Vortest und Wiederholungstest die IQ-Steigerung der Kontrollgruppenkinder in seiner Klasse abzog. Dieser Erwartungsvorteil wurde daraufhin mit dem „mexikanischen“ Aussehen dieser Kinder korreliert. Nach einem und nach zwei Jahren zeigte sich, daß die Jungen, die „mexikanischer“ aussahen, mehr von den positiven Erwartungen ihrer Lehrer profitiert hatten. Die vorexperimentellen Erwartungen der Lehrer von der Intelligenzleistung dieser Jungen waren wahrscheinlich die geringsten von allen gewesen. Die Tatsache, daß diese Jungen auf der Liste von potentiellen Schnellentwicklern auftauchten, hat die Lehrer möglicherweise in Erstaunen versetzt. Auf das Erstaunen folgte vielleicht Interesse und das somit intensivierte Warten auf Anzeichen einer Steigerung der Intelligenz hat in irgendeiner Weise tatsächlich zu einer gesteigerten intellektuellen Leistung geführt.

Rosenthal/Jacobson 1971, S. 215 ff.

Worterklärungen zu 2.4.1

Minorität: Minderheit
überrepräsentiert: überdurchschnittlich stark vertreten
nichtverbal: ohne zu sprechen, d. h. mit Zeichen, Gestik, Mimik
Intelligenzquotient: Bezeichnung für ein Verhältnismaß der Intelligenz, das aus der Beziehung $\frac{\text{Intelligenzalter}}{\text{Lebensalter}} \cdot 100$ errechnet wird. Das Intelligenzalter wird dabei aus der Anzahl der Aufgaben errechnet, die für die jeweilige Altersgruppe als lösbar ermittelt wurde. Löst ein Kind z. B. neben den Aufgaben seiner Altersgruppe auch solche einer höheren, so übersteigt sein Intelligenzalter sein Lebensalter und sein Quotient liegt über 100.
Reasoning: Urteilen, Beweisführung, Erörterung
suggerieren: beeinflussen, einreden
Experimentalgruppe: hier: die Gruppe, über die bei den Lehrern ein Erwartungsvorteil erzeugt worden war
Kontrollgruppe: hier: die Gruppe ohne Erwartungsvorteil
autonom: unabhängig
signifikant: (statistisch) bedeutsam
sample: wörtlich: Probe; Auswahl aus der Grundgesamtheit
korrelieren: zusammenhängen, sich wechselseitig beeinflussen
potentiell: möglich(e, er, es)

Arbeitsanregungen zu 2.4.1

1. Das ursprüngliche Beispiel für sich-selbst-erfüllende Prophezeiung stammt von Merton. Geben Sie es in eigenen Worten wieder.
2. Welche These sollte mit der Untersuchung in der Oak School geprüft werden?
3. Schildern Sie kurz die Bestandteile des Intelligenzquotienten-Tests.
4. Wie wurden die „besonderen" Kinder ermittelt?
5. Geben Sie die Definition des Erwartungsvorteils wieder.
6. Berichten Sie einem Bekannten die Ergebnisse des Experiments:
   a) Wieviel Prozent der Kontrollgruppenkinder und der Experimentalgruppenkinder steigerten ihre Punkte im Gesamt-Intelligenzquotienten um 20 und mehr?
   b) Wodurch erklärt sich der Verlust des Erwartungsvorteils bei den jüngeren sowie die Zunahme des Erwartungsvorteils bei den älteren Kindern?
   c) Wie erklären sich die Ergebnisse bei Jungen und Mädchen?
   d) Welche der drei Leistungsgruppen erzielte Fortschritt durch den Erwartungsvorteil? Suchen Sie eine Erklärung dafür.
   e) Je mexikanischer, desto entwicklungsfähiger, so könnte man das letzte Ergebnis zusammenfassen, immer vorausgesetzt, es ist ein Erwartungsvorteil bei den Lehrern erzeugt worden.
   Wie erklären die Autoren dieses Ergebnis?

2.4.2 Halo-Effekt* – Edward L. Thorndike

In einer Studie aus dem Jahre 1915 über Mitarbeiter zweier größerer Unternehmen schien es so, als ob die Einschätzungen ein und desselben Menschen in einer Vielzahl unterschiedlicher Charakterzüge wie Intelligenz, Fleiß, technischem Geschick, Zuverlässigkeit usw. hochgradig und sehr gleichförmig korreliert hätten. Somit galt es als wahrscheinlich, daß die Beurteiler nicht fähig waren, die verschiedenen Seiten der Persönlichkeit und der Leistung des einzelnen herauszuarbeiten und eine jede unabhängig von den anderen zu beurteilen. *Ihre Beurteilungen wurden offensichtlich von einer deutlichen Tendenz beeinflußt, vom einzelnen insgesamt eher gut oder insgesamt eher schlecht zu denken und ihre Beurteilungen der Eigenschaften durch dieses allgemeine Gefühl zu färben.* Dieser gleiche, ständig wiederkehrende Fehler, nämlich die Beurteilung besonderer Grundzüge mit einem „Halo“ aufzufüllen, der dem Individuum in seiner Gesamtheit zukommt, zeigte sich auch in den Beurteilungsbögen für Offiziere, die ihre militärischen Vorgesetzten erstellt hatten.

Der offizielle Beurteilungsbogen (...) forderte getrennte Beurteilungen für „Körperliche Merkmale“, „Intelligenz“, „Führungsqualitäten“ und „persönliche Eigenschaften“ (d. h. Charaktereigenschaften). *Die Anweisungen verlangten ausdrücklich, daß jede dieser vier Kategorien unabhängig von den anderen beurteilt werden sollte,* wie es in den unten zitierten Anweisungen deutlich wird.

Dennoch waren die Korrelationen von „Intelligenz“ mit „Körperliche Merkmale“, „Führungsqualitäten“ und „Persönliche Eigenschaften“ (...) jeweils .51, .58 und .64[1]. Diese Korrelationen sind alle höher als sie die Wirklichkeit (...) wohl ergeben könnte. Sie sind auch zu gleichartig. *In Wirklichkeit müßten die Werte für „Intelligenz“ und „Persönlichkeit“ (oder: „Intelligenz“ und „Führungsqualitäten“) eine dreimal engere Korrelation ergeben als die Werte für „Intelligenz“ und „Körperliche Merkmale“.*

Wie man eine Tabelle entwirft:
(...) 3. Machen Sie sich eine Liste von ungefähr einem Dutzend Offiziere Ihres eigenen Rangs und nicht über dem durchschnittlichen Alter dieses Rangs. Die Offiziere sollten Männer sein, mit denen Sie gedient haben oder die Sie gut kennen. Schließen Sie auch Offiziere mit ein, deren Eignung schlecht oder durchschnittlich ist, und solche, die überaus tüchtig sind. (...)
4. Sehen Sie ihre Liste nur im Hinblick auf „Körperliche Merkmale“ durch. Lassen Sie jede andere Eigenschaft jedes einzelnen Offiziers außer acht, außer der Art, durch die er seine Untergebenen mit seinem Äußeren, seiner Haltung, Ordentlichkeit, Stimme, seiner Energie und seinem Durchhaltevermögen beeindruckt. Wählen Sie den Offizier aus, der alle anderen in diesem Merkmal übertrifft, und geben Sie seinen Namen an der obersten Markierungsstufe unter „Körperliche Merkmale“ ein. Jetzt wählen Sie den, dem diese Merkmale am auffälligsten fehlen, und geben seinen Namen an der untersten Markierungsstufe ein. Wählen Sie nun den Offizier aus, der ungefähr in der Mitte zwischen den beiden vorher Ausgewählten zu sein scheint und der den allgemeinen Durchschnitt repräsentiert; geben Sie seinen Namen dort ein, wo „Mitte“ markiert ist. Wählen Sie dann den aus, der halbwegs zwischen Mitte und unten rangiert; geben Sie seinen Namen an der Markierungsstufe „niedrig“ ein.
5. In derselben Weise erstellen Sie Tabellen für jede der anderen vier Kategorien („Intelligenz“, „Führungsqualität“, „persönliche Eigenschaften“ und „Allgemeine Diensttauglichkeit“).

Wie man die Tabelle benutzt:
6. Beurteilen Sie Ihren Untergebenen zuerst in Hinblick auf die Kategorie „Körperliche Merkmale“ (...)
7. Beurteilen Sie Ihren Untergebenen entsprechend hinsichtlich jeder der anderen wesentlichen Kategorien (...)

(...) Mr. Knight vom Lehrerbildungsinstitut hat genau denselben Effekt im Fall von 129 Lehrern beobachtet, die von ihrem Vorgesetzten (...) beurteilt worden waren. Diese Beurteilungen (...) wurden dazu benutzt, Gehalt und Beförderungen festzusetzen. Die „Allgemeine Anerkennung als Lehrer“ hat Korrelationen von .68 mit „Intellekt“, .79 mit „Ausübung von Disziplin“ und .63 mit „Stimme“. (...)

Die Korrelationen, die in der ursprünglichen Studie (...) dargestellt wurden, zeigen den gleichen Effekt. Es wurde berichtet, daß „Allgemeine Anerkennung als Lehrer“ folgendermaßen korreliert:

[1] [Demnach könnte man aus „Intelligenz“ ein körperliches Merkmal wie z. B. Größe oder Schönheit ableiten; und zwar fast mit derselben Wahrscheinlichkeit, mit der man aus „Intelligenz“ „Führungsqualitäten“ ableiten kann (.58); d. Hrsg.]

Mit allgemeiner Erscheinung	.47
Mit Gesundheit	.56
Mit Stimme	.53
Mit Intellekt	.62
Mit Initiative und Selbstvertrauen	.77
Mit Anpassungsfähigkeit und Einfallsreichtum	.80
Mit Genauigkeit	.74
Mit Fleiß	.69
Mit Begeisterung	.71
Mit Integrität und Aufrichtigkeit	.63
Mit Selbstbeherrschung	.66
Mit Pünktlichkeit	.66
Mit Takt	.69
Mit Gerechtigkeitssinn	.61
Mit wissenschaftlicher Ausbildung	.41
Mit Unterrichtsvorbereitung	.38

(Die letzte Korrelation ist die niedrigste der 45 dargestellten Korrelationen.) (...) Die Korrelation eines wissenschaftlichen Intelligenztests mit „Allgemeiner Fähigkeit als Lehrer" und mit „Fähigkeit, Disziplin auszuüben" liegt für die hier untersuchten Individuen jeweils nicht über 0,3. (Bei einer Prozentangabe wären dies 30%.)

Thorndike, Edward L.: A constant error in psychological Ratings. In: The Journal of Applied Psychology 4 (1920), S. 25ff. Hervorhebungen und Übersetzung vom Herausgeber.

Worterklärungen zu 2.4.2

korrelieren/Korrelation: Korrelation ist die Beziehung zwischen zwei (und mehr) Ereignissen, die bei experimenteller Wiederholung nach den Gesetzen der Wahrscheinlichkeitsrechnung nicht zufällig auftritt; der Zusammenhang ist dann „überzufällig" oder „bedeutsam". Der Koeffizient einer Korrelation r = 0, wenn zwischen zwei Merkmalen [z. B. Intelligenz (= X) und körperlicher Beschaffenheit (= Y)] keinerlei Zusammenhang besteht, die Merkmale also unabhängig voneinander sind. Liegen Kenntnisse über Merkmal X (Intelligenz) einer Person vor, kann keinerlei Vorhersage über Merkmal Y (körperliche Beschaffenheit) getroffen werden.
Besteht aber ein Zusammenhang (= r) zwischen X und Y, wie etwa zwischen Fahrgeschwindigkeit und Bremsweg, dann ist r > 0. Liegt r bei 0,80 oder 0,90, so kann das eine Merkmal (oder die eine Eigenschaft) weitestgehend aus dem anderen (aus der anderen) abgeleitet bzw. vorhergesagt werden. Der höchstmögliche Zusammenhang ist r = 1,0 (ein ursächlicher Zusammenhang ist damit aber noch nicht bewiesen).
Halo (engl.): Hof um ein Gestirn, Hof um eine Lichtquelle, Heiligenschein; hier: gleichförmige Einschätzung

Arbeitsanregungen zu 2.4.2

1. Beschreiben Sie in eigenen Worten, was es bedeutet, wenn verschiedene Fähigkeiten hoch korrelieren.
2. Welche Anweisung an die Beurteiler ist im Rahmen der beschriebenen Untersuchung besonders wichtig?
3. Die Wahrscheinlichkeit, den Wert einer Fähigkeit aus dem Wert einer anderen richtig vorherzusagen, wäre nach den zitierten Untersuchungen ziemlich hoch. Welcher Zusammenhang ist aber bei den Offizieren mit Sicherheit als viel zu hoch ermittelt worden? (Begründen Sie Ihre Antwort).
4. „Allgemeine Anerkennung als Lehrer" wird hier mit anderen Eigenschaften in statistischen (Korrelations-)Zusammenhang gebracht.
   Welche drei Zusammenhänge scheinen Ihnen aus welchen Gründen besonders merkwürdig? (Berücksichtigen Sie bei Ihrer Beantwortung auch den letzten Absatz des Artikels.)
5. Vergegenwärtigen Sie sich noch einmal den letzten Satz des Artikels, und bewerten Sie dann die in dem Artikel wiedergegebenen Korrelationen.
6. Welche Folgerungen würden Sie ziehen, wenn Sie für Beurteilungen (mit)verantwortlich wären? Begründen Sie Ihre Stellungnahme.
7. Welche Folgerungen können wir aus Thorndikes Bericht für unseren Alltag ziehen?

WAHRNEHMUNG

Das Jahr der Liebe – Paul Nizon

(...) Ich befand mich in diesem Schachtelzimmer einer winzigen Wohnung, die an der Rue Simart im 18. Bezirk lag, aber wo war das? Wo in der Stadt, in der Welt? Ich wußte es immer weniger. Ich in Paris? Ich in Paris, Frankreich, Europa, Welt, Universum?
Hier war ich der Verschwindende, die Laus, das Atom, und dieses Hier konnte mich auf Schritt und Tritt auslöschen; es konnte mich in das fremdeste, ein ohnmächtiges Dunkel verstoßen, das mit keiner Ortskenntnis, keiner „Erkenntnis" aufzuhellen war. Wenn ich abends im erleuchteten Bus herumfuhr, in dieser Tuchfühlung mit den vielen, die jetzt von ihrem Arbeitsplatz heimkehrten; inmitten dieser Feierabendmüden, in diesen Kleider- und Körpergerüchen, zwischen Zeitunglesenden, Frauen, die von prallgefüllten Taschen erdrückt wurden und darunter vielleicht eine Hübsche, Verwegene; einmal war's eine ungeheuer anziehende Farbige in einem um die Knie engen Rock und einer schulterbetonenden Jacke, und die Haare, einseitig nach hinten gekämmt, gaben diese Schläfenpartie frei, und die Augen wie dunkle Edelsteine, die in der Alabasterfassung des Augenweißes schwammen, scheuten ohne zurückzuschauen bei der geringsten Berührung durch einen fremden Blick, und an den überaus feingeformten Ohren hingen schwere Gewichte von silbernen Behängen, die die Ohrläppchen nach unten zogen und bei der geringsten Regung des Kopfes rieselten, bimmelten, sie saß ganz entrückt wie hinter Glas im vollgestopften Bus, und als sie aufstand und entschwand, plumpste eine dicke Frau auf den freigewordenen Sitz, eine graue Person, die immerzu nach der über ihre kurzen Beine wegrutschenden Einkaufstasche grabschte; und durch den Motorenlärm im Innern, durch die einschläfernden Fahrgeräusche, die eine eigene Stille schufen, erreichte mein Ohr das eindringliche Gerede von Schwarzen, es war ein unbekümmertes gutmütiges Palavern (oder es tönte nur so) in der für den schwarzen Mann unverkennbaren kehligen Stimmlage und dem plötzlichen Umschlagen und Überschwappen der Stimme in einen hohen vogelartigen Kreischlaut, als versage die Stimme; (...) und ich dachte, jetzt fahre ich diese Strecke zum wievielten Mal, ich füttere meine Augen mit immer demselben Augenfutter, aber von Kennen kann keine Rede sein, es ist allerhöchstens ein ganz oberflächliches Wiedererkennen, LA CLÉ AU JUSTE PRIX, und jedermann, der da im Bus mitfuhr, gewann von demselben Straßenstück, derselben Straße ein völlig verschiedenes Bild, so viele Bilder wie Augenpaare, ich sah jetzt die Straße als etwas Unerforschliches vor mir, als ein Livingstone & Stanley-würdiges Schwarzafrika, undurchdringlich, und aus diesem Undurchdringlichen blendeten all diese Augen einen immer anderen Augenschein aus, so weit das Licht reicht, ich sah die Höhlungen, Klüftungen, die von all diesen Lichtkegeln zerstückelte, in Licht und Schatten, in Schallwellen zerschnipselte Straße, die aber für alle denselben Namen trug, Rue Guy Môquet zum Beispiel, wer war er gewesen, ein Name färbt ab auf eine Straße, Rue Guy Môquet (auch Môcquet geschrieben) in den Augen der beiden Juden, in den Augen der Frau mit der wegrutschenden Tasche, in den Augen des vor sich hinbrütenden Arabers; (...) vom ‚Boul Mich' runter und über die Brücke auf die Île Saint-Louis, das ländliche Palastgehabe der Häuser längs des Quai Bourbon, gewaltige gepflästerte Innenhöfe mit Bäumen, in den Bäumen Statuen, Bronzestatuen überlebensgroß, die schwere in das Portal eingelassene Holztür, draußen die Quaimauer, ich streichle die Mauer im Schlendern, hier ist das Trottoir eng, ein schmaler Gehsteig, ich beuge mich über die Mauer, drunten am Wasser der Uferweg für Hunde, Paare, Fischer, ja, und Clochards; neulich einen auf einer Bank liegen gesehen, ein Zerlumpter, er schlief, und durch seine Hose lief der Urin, bildete ein Rinnsal unter der Bank, lief strähnig davon, zur Seine hin; die ich vom

Pont Alexandre aus grüße, wenn ich von der Esplanade des Invalides komme, an deren einer Flanke die Häuser wirken, als hingen sie an Fäden vom Himmel herunter, luftleichte Silhouetten; aber von der Brücke aus das strömende Wasser, nichts Schöneres als von einer Brücke aus in einen Strom zu pinkeln, ein Hochgefühl; und jetzt kommt ein Vergnügungsboot, Bâteau Mouche, und all die aus der Glasverschalung glotzenden Touristengesichter mit dem geöffneten verzückten Mund, Fischgesichter; und der Wasser lassende arme Mann auf der Bank, der nichts sieht, er hat's im Schlafe;
weiter zum Hôtel de Ville, das Abendgedränge in der Rue de Rivoli, die hier schmutzig ist, der reine Bazar; Bazar, denke ich, richtig: gegenüber dem Bazar de l'Hôtel de Ville mitten im Gedränge eine noch junge Frau, die mit einem Kind an der Hand davonlief, vor zwei Männern davonlief, sie schreit „laissez-moi donc, merde", schreit sie, die Männer versuchen, ihr den Weg abzuschneiden, stellen sie, greifen nach ihr; schon werden andere aufmerksam, drehen sich um, was geht hier vor? Kidnapping, Verbrechen, und das mitten im Abendgedränge; das mitgezerrte Kind, das unschuldige Gör, man kann es nicht mitansehen, schon ist die Gruppe von der Menge eingekeilt, die Verfolger werden verlegen, einer zieht ein Sendegerät aus der Tasche, Polizei? was? ein Detektiv? jetzt hört man das Wort Ladendiebstahl, die Frau hat geklaut, ein paar Handschuhe; sie schreit immerzu „lachez-moi", die Leute mischen sich ein, fast alle sind auf der Seite der Frau, die Häscher ins Unrecht versetzt, verunsichert, trotzdem zerren sie von neuem an der Frau, das Kind wimmert, jetzt heult es los, armes Wurm, die Menge wird wütend; jetzt entwischt die Frau, die Verfolger wollen hinterher, die Menge verstellt ihnen den Weg, laßt sie doch laufen, ihr Schweine, was ist schon dabei, laßt sie laufen, ihr ungehobelten Esel; die beiden geben auf, „merde", sagen auch sie und zucken die Schultern; die Frau ist mit dem Kind die Treppen zur Metro hinunter verschwunden, entkommen;

die Menge diskutiert noch, eine Gutangezogene meint, das geht doch nicht, wo kommen wir hin, wenn alle stehlen; ach, halt's Maul, sagt eine Deftige, dich geht's jedenfalls nichts an; blöde Kuh, schreit die Rechtschaffene; dumme Gurke, die andere; die Leute zerstreuen sich; Schluß, sage ich mir, Schluß jetzt; nicht an die Stadt denken, du kriegst sie doch nicht zusammen, du kannst sie nicht denken, die Stadt, versuchst du es, dann ist immer nur Verlust zu buchen, nie HABEN; du wirst sie nie haben, dachte ich und preßte die Nase an das Fenster, wo waren wir?
eben fuhren wir an einer kleinen Bar vorüber, einer Bar wie es Tausende gibt, da ist die runde oder längliche Theke unterm Neonlicht, es ist immer Manegenstimmung, immer Zirkusfarbigkeit in so einer Bar, weiß nicht, woher das kommt, vielleich weil das Licht der Röhre auf dem unterlegten Rot und im Widerschein der kremigen Wände diese Wirkung hervorruft; und an der Bar die paar Männer und Frauen beim Bier, einem kleinen Weißen, einem *ballon de rouge,* einem *calva,* bevor sie heimgehen, sie zögern es hinaus, noch einen, rasch; sie stehen wie unter einem Heiligenschein unter der Leuchte an dieser Theke mit dem Glockenspiel der Flaschen im Hintergrund, stehen auf dem gekachelten Boden mit den Zigarettenkippen und Brotresten, andächtig im Licht, im Andachtstraum, als wäre hier der einzige Unterstand, und jetzt ist die Bar einfach alles: Garküche, Kneipe, Barbierladen, Drogerie, Notfallstation, Verhörraum, Wartesaal, Lazarett und Kapelle, TRÖSTUNG; alles in einem, die beste Zuflucht auf Erden, noch einen, noch einen *ballon de rouge;* sie stehen da wie Erleuchtete, das Wunder geht um; (...)

* Nizon, Paul: Das Jahr der Liebe. Frankfurt a. M.: Suhrkamp 1981, S. 155 ff.

Eine Busfahrt durch Paris. Wir erleben mit dem Autor die Straße, die in Licht und Schatten getaucht, in „Schallwellen zerschnipselt" ist, und haben teil an den beschriebenen Gerüchen, Geräuschen und Handlungen.
Die wissenschaftliche Erforschung von Wahrnehmung ist von der Vielfalt, wie sie hier wiedergegeben wird, noch weit entfernt: Geräusche und Gerüche werden nur selten einbezogen, über Selbstwahrnehmung (Interozeption), wie sie bei Nizon parallel läuft und direkt angesprochen wird (z. B. „von der Brücke ...") erfahren wir in der Regel wenig.
Der Sinn, den wir gewiß am häufigsten bewußt verwenden, das Sehen, ist dagegen immer wieder und recht genau untersucht worden, ebenso manch grundlegende Aspekte von Wahrnehmung, die auch dem Autor von „Das Jahr der Liebe" vertraut zu sein scheinen:
Wie die moderne Wissenschaft sieht er die Wahrnehmung als einen aktiven Prozeß, etwa wenn er seine Augen „mit Augenfutter füttert". Als Schriftsteller weiß er um die Subjektivität und die Selektivität der Wahrnehmung („so viele Bilder wie Augenpaare"), erkennt aber auch einen objektiven Wahrnehmungsanteil (wie z. B. Straßennamen), der der Orientierung in der Außenwelt dient (kennen – wiedererkennen), selbst die ökologische Theorie der Angebote (von Gibson) scheint ihm bekannt: Die Bar macht Angebote als „... Kneipe, ... Wartesaal, ... TRÖSTUNG".
Wie Wahrnehmung in der Psychologie gesehen wird, zeigen die folgenden Texte.

1 Funktion von Wahrnehmungsprozessen – Rainer Guski

Wozu braucht der Mensch Wahrnehmung? Und was muß der Mensch wahrnehmen können, um zu überleben? Er muß sich vor allem in seiner Umwelt orientieren, andere Lebewesen oder Objekte in seinem Handlungsbereich entdecken, lokalisieren und ihre Bedeutung erkennen; er muß sich gezielt auf der Erde fortbewegen können usw.; er muß dabei nicht *jede* prinzipiell verfügbare Information aufnehmen können, sondern nur die, die für *sein* Überleben in seinem Ökosystem wichtig ist.

Guski, Rainer: Wahrnehmung. Stuttgart: Kohlhammer 1989, S. 9

1.1 Was ist Wahrnehmung?

Jedes Kind lernt, daß wir *fünf Sinne* haben, mit deren Hilfe wir die Welt erfahren: den Gesichtssinn, den Gehörsinn, den Geruchssinn, den Geschmackssinn und den Tastsinn. Schon bald erfährt das Kind aber, daß die Sache mit den fünf Sinnen nicht so ganz stimmen kann, weil z. B. Geruch und Geschmack stark voneinander abhängig sind und besser als ein gemeinsames Sinnessystem bezeichnet werden sollten. Und können wir nicht auch Wärme spüren? Berührung oder Druck, Schmerzen, die eigene Körperlage im Raum, die Anspannung unserer Muskeln, Beschleunigung und Drehung? Welche Sinnesorgane sind dafür „zuständig"? Zumindest ist uns klar, daß die alte, von Aristoteles stammende Unterscheidung der fünf Sinne nicht befriedigend ist, und in der Tat gibt es schon lange differenziertere Unterscheidungssysteme. Eines der bekanntesten stammt von dem britischen Physiologen Sherrington (1906), der sich an der Lage und der Wirkungsrichtung der sensiblen Körperelemente orientiert: Er unterscheidet *Interozeptoren* (die Organempfindungen vermitteln), *Propriozeptoren* (die über die Stellung der Gelenke, Muskelspannung, Lage des Körpers, lineare und Dreh-Bewegung des Körpers informieren) und *Exterozeptoren* (die Informationen über die Umwelt vermitteln). Die Exterozeptoren unterteilt Sherrington in „Kontaktrezeptoren" (Tast-, Geschmacks-, Druck-, Berührungs-, Temperatur- und Schmerzsinn) und „Distanzrezeptoren" (Gesichts-, Gehör- und Geruchssinn). Wenn wir von Wahrnehmung sprechen, sprechen wir meist von der Tätigkeit der Exterozeptoren – und hier auch überwiegend nur von den „Distanzrezeptoren".
Sehr verbreitet ist die Ansicht, daß wir mit Hilfe unserer Sinnesorgane „Empfindungen" bekommen, die gewissermaßen „Vorstufen" bewußter Wahrnehmung und Erfahrung sind: eher qualitative und wenig differenzierte Eindrücke als „harte" Fakten. Beispielsweise sprechen wir davon, daß wir Schmerz empfinden, wenn eine Nadel uns sticht oder daß wir einen Raum als warm oder kalt empfinden. Während J. Gibson (1966) das Wort „empfinden" im Sinne von „etwas (innerhalb oder außerhalb von mir) finden" oder „etwas entdecken" versteht und deutlich die Auffassung „Empfindung haben" ablehnt, ist der Begriff „Empfindung" in der Geschichte der Psychologie meist als „Empfindung haben" verstanden und folglich vom Begriff „Wahrnehmung" getrennt worden (. . .): man betrachtete Empfindungen als „einfache" interne Erfahrungen des Menschen, hervorgerufen durch „einfache" Reize, während Wahrnehmungen eher als „komplexe" Erfahrungen verstanden wurden, hervorgerufen durch „komplexe", meist „bedeutungsvolle" Reize. Verbunden mit dieser Vorstellung war meist der Gedanke, daß

Empfindungen eng mit den Sinnesrezeptoren verbunden sind, während Wahrnehmungen stärker durch höhere Gehirnaktivitäten beeinflußt werden.

Auch wenn die Unterscheidung zwischen Empfindung und Wahrnehmung noch in vielen Lehrbüchern und Lexika steht, erscheint sie uns heute aus zwei Gründen problematisch: erstens ist es kaum möglich, Kriterien anzugeben, nach denen zwischen „einfachen" und „komplexen" Reizen oder Reaktionen unterschieden werden kann, zweitens wäre es sehr willkürlich und physiologisch nicht begründbar, die Tätigkeit der Rezeptoren von der Tätigkeit des restlichen Gehirns abzukoppeln. Deshalb wollen wir uns mit dieser künstlichen Trennung auch nicht weiter aufhalten.

Die moderne Psychologie spricht kaum von Empfindungen, wohl aber von *Wahrnehmungen,* und bezeichnet damit die Aufnahme vorhandener Information in das Gehirn eines Lebewesens. Diese Informationen sind teilweise *in uns* vorhanden (z. B. über die Anspannung unserer Muskeln), teilweise *außerhalb von uns* (z. B. über die Annäherung eines Autos). In den Lehrbüchern der Psychologie wird meist nur der Teil der Wahrnehmung behandelt, der die Aufnahme von extern (in der Umwelt) vorhandener Information bewirkt – und meist geht es dann nur um das Sehen; viel kürzer kommt das Hören, und die übrigen Sinnessysteme werden gar nicht behandelt.

Die Aufnahme all dieser Information geschieht bei Menschen und Tieren mit Hilfe von *Rezeptorsystemen* – das ist mehr als die bloßen „Sinnesorgane": während man unter Sinnesorganen vor allem die Sinneszellen versteht, die ohne eigenes Dazutun z. B. Licht oder Schall in neurale Information wandeln, versteht man unter Rezeptorsystemen komplexe Systeme, mit deren Hilfe sich die Lebewesen Information selbst beschaffen. Wahrnehmen ist in der Regel ein *aktiver Prozeß,* an dem nicht nur die jeweiligen Organe beteiligt sind, die die physische Energie der Innen- oder Außenwelt in die chemische bzw. elektrische Energie des Lebewesens wandeln, sondern auch die Organe, die die *Bewegungen* des Lebewesens steuern und z. B. dafür sorgen, daß sich die Augen auf *bestimmte* Dinge in der Außenwelt richten können.

Der Zusammenhang zwischen *Bewegung* und *Wahrnehmung* ist für die Wahrnehmungspsychologie in zweifacher Hinsicht wichtig: erstens im Hinblick auf die genannte Beweglichkeit der an der Wahrnehmung beteiligten Organe (die ja bedeutet, daß wir ganz gezielt die Aufnahme bestimmter Informationen bewerkstelligen können und andererseits versuchen können, andere Informationen gezielt nicht aufzunehmen). Zweitens im Hinblick auf den Zweck von Wahrnehmungsvorgängen: das Wahrnehmen dient nicht primär der Befriedigung eines abstrakten Bedürfnisses nach Informationskonsum, sondern primär der Steuerung zielgerichteter Bewegungen.

Guski 1989, S. 9 ff.

Worterklärungen und Arbeitsanregungen s. S. 48 f.

1.2 Wozu wahrnehmen?

Damit sind wir bei der Kernfrage dieses Kapitels: was nützt uns die Fähigkeit, bestimmte Energieformen der Umwelt verarbeiten zu können? Warum können wir nur bestimmte Lichtwellen sehen und Schallwellen hören, andere nicht? Warum können Hunde höhere Töne hören als wir? Warum gibt es überhaupt Gemeinsamkeiten und Unterschiede zwischen den verschiedenen Lebewesen hinsichtlich der Leistungsfähigkeit ihrer Sinnessysteme? Auch wenn wir gegenwärtig noch nicht auf alle diese Fragen eine exakte Antwort geben können, so wissen wir doch, daß wir die Antwort im Zusammenhang mit dem *Ort* und der *Art* des menschlichen Lebens und Handelns suchen müssen.

Die stammesgeschichtliche Entwicklung der Lebewesen (...) gibt deutliche Hinweise darauf, daß sich die Wahrnehmungssysteme *zusammen* mit den Bewegungssystemen entwickelt haben; anders ausgedrückt: die Wahrnehmungssysteme haben sich über Jahrmillionen den veränderten Umgebungsbedingungen und veränderten Handlungsmöglichkeiten genauso angepaßt wie sich umgekehrt die Handlungsmöglichkeiten den veränderten Umgebungsbedingungen und Wahrnehmungsmöglichkeiten angepaßt haben. Man kann es noch anders ausdrücken und sagen, daß Wahrnehmung, Umwelt und Handeln zusammen ein *System* bilden, dessen Teile sich in Beziehung zueinander entwickelt haben. Dabei haben sich zwar die Wahrnehmungs- und Handlungsmöglichkeiten weitgehend der Umwelt angepaßt, aber der Mensch verändert seine Umwelt nicht erst seit heute – zumindest hat er sich durch Wanderungen seine Umwelten ausgesucht.

Wenn hier die Frage nach dem Zweck der Wahrnehmung vor allem im Hinblick auf das menschliche Handeln beantwortet wird, dann ist „Handeln" auch im übertragenen Sinne zu verstehen: im Sinne menschlicher Tätigkeit. Und eine sehr spezifische menschliche Tätigkeit ist das *Erkennen.* In seinem viel beachteten Buch „Sinnliche Erkenntnis" schreibt Klaus Holzkamp (1973, S. 159): „Wahrnehmung muß von Anfang an als sinnliche Erkenntnis begriffen werden; Theorien über Wahrnehmung sind demnach stets „Erkenntnis-Theorien" ..."

Zu fragen ist zunächst, welche Beziehung[en] zwischen dem Subjekt Mensch und den ihn umgebenden Objekten bestehen, z. B. ob die Dinge in der Welt auch dann existieren, wenn wir sie gerade nicht wahrnehmen, und es gab berühmte Gelehrte, die darauf eine verneinende Antwort gegeben haben (wie etwa Berkeley im 18. Jahrhundert). Heute wird die Frage in der Regel bejaht, wenngleich aus sehr verschiedenen Gründen: einerseits aus der auch in diesem Buch vertretenen Position heraus, daß sich Wahrnehmungs- und Erkennensmöglichkeiten in Interaktion mit einer bestimmten Welt entwickelt haben, was bedeutet, daß es eine bestimmte, unabhängig von den Wahrnehmungsmöglichkeiten existierende Welt geben muß. Eine andere Position leitet sich aus der Tatsache her, daß die Beziehungen zwischen objektiven Gegebenheiten (z. B. der Größe eines Gegenstandes in physischen Begriffen) und subjektiven Wahrnehmungen (hier der wahrgenommenen Größe des Gegenstandes) *regelhaft* sind – zum Beispiel werden unter sonst gleichen Bedingungen (gleicher Abstand zum Betrachter, gleiche Beleuchtung usw.) physische größere Objekte auch als psychisch größer wahrgenommen, und die einzelnen Menschen unterscheiden sich darin nicht wesentlich. Eine dritte (materialistische) Grundposition versteht Wahrnehmung als Widerspiegelung der Realität im Bewußtsein der Menschen, vermittelt durch Sinnesorgane und Nerventätigkeit.

Guski 1989, S. 12f.

Worterklärungen und Arbeitsanregungen s. S. 48f.

1.3 Was wahrnehmen?

Der Mensch hat sich auf der Erde entwickelt und bewegt sich dort. Dieser banale Satz hat entscheidende Konsequenzen: wir leben nicht *in* der Erde (wo es dunkel ist und man graben müßte), nicht in der Luft (wo man fliegen müßte und die Erdoberfläche primär von oben sähe) oder im Wasser (wo man schwimmen, mit speziellen Licht- und Schalleffekten rechnen müßte), sondern *auf* der Erde, wo Licht von oben kommt und uns üblicherweise ein Boden trägt, auf dem wir umhergehen können. Die Dinge oder Lebewesen, mit denen wir üblicherweise zu tun haben, befinden sich ebenfalls *auf* der Erde – nicht in der Erde, der Luft oder im Wasser. Der Umstand, daß wir uns fortbewegen können, hat ebenfalls entscheidende Konsequenzen: wir müssen in der Lage sein, unsere Bewegungen auf der Erde so zu steuern, daß unser Überleben gesichert ist. Für eine Pflanze, die im Erdboden festgewachsen ist, wäre ein ausgeprägtes visuelles, taktiles oder auditives Wahrnehmungssystem nicht besonders nützlich – sie könnte dann z. B. früher bemerken, daß eine Kuh kommt und sie fressen könnte, aber sie könnte dagegen nichts unternehmen.

Eine wesentliche Voraussetzung für unsere Fortbewegung ist die *Kontrolle über unser Gleichgewicht.* Der aufrechte Gang erscheint uns so selbstverständlich, daß wir in der Regel nicht darüber nachdenken, welche präzise Leistung wir hier auch dann ausführen, wenn wir in schwierigem Gelände herumklettern oder in einem fahrenden Zug herumlaufen, um nur zwei Beispiele zu nennen. Wenn wir unser Gleichgewicht halten, dann steuert die Wahrnehmung von Körper-inneren und Körper-äußeren Zuständen (z. B. der Informationen aus dem Vestibularapparat und den großen Gelenk-Muskeln, den Druckrezeptoren an den Füßen und vor allem aus dem Fluß optischer Information) unsere Bewegungen, korrigiert Haltung und Gewichtsverlagerung. Diese Wahrnehmung läuft unbewußt ab.

Bevor wir uns zielgerichtet fortbewegen können, müssen wir uns *orientieren,* d. h. wir müssen Informationen darüber aufnehmen, wo wir uns im Raum befinden. Dazu finden ständig kleine Drehbewegungen der Augen und des Kopfes statt (manchmal auch größere), die vor allem dazu dienen, uns ein räumliches Bild von der unmittelbaren Umgebung zu schaffen. Dabei müssen wir uns vor allem über die Beschaffenheit des Bodens informieren, auf dem wir uns

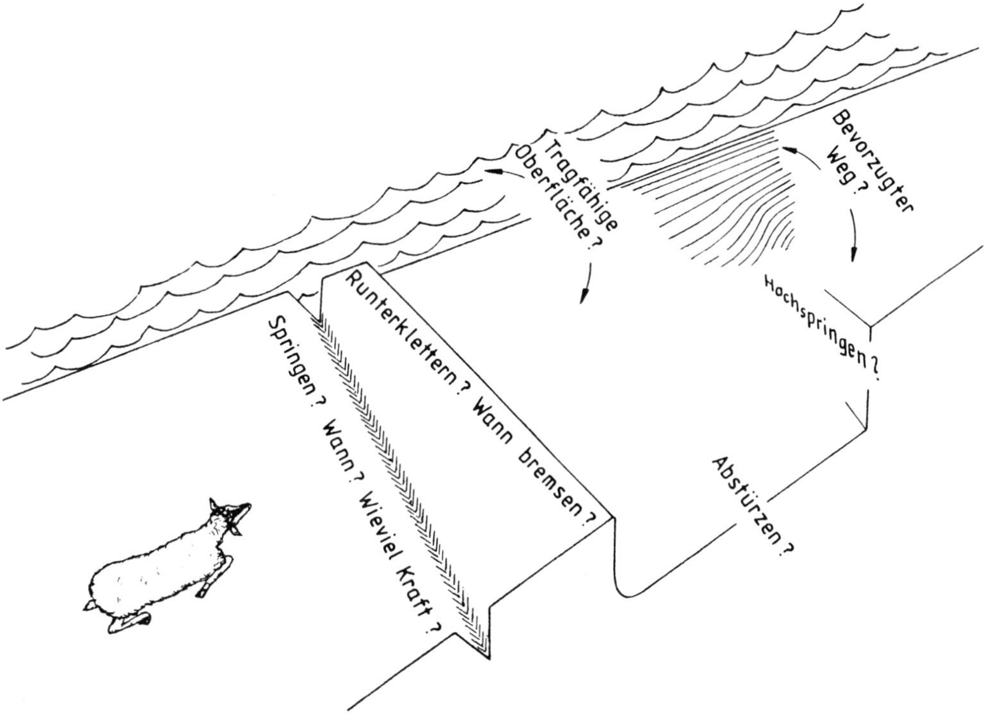

Abb. 1 *Landtiere müssen bei der Fortbewegung eine Reihe sehr prosaischer „Probleme" mit Hilfe der Wahrnehmung lösen (...)*

befinden, und über die Art und Lage (bzw. Bewegungen) der uns unmittelbar umgebenden Objekte oder Lebewesen. Wir müssen erkennen können, ob sich uns etwas nähert, von wo es kommt, wie groß es ist im Verhältnis zu uns, ob und welche Handlungsmöglichkeiten wir dem gegenüber haben usw.

Wenn wir uns bewegen, müssen wir „vorausschauen“ können: wir müssen wahrnehmen können, *ob* uns der Boden vor uns wirklich tragen kann, *wie sicher* er uns tragen kann, ob ein Hindernis oder Abgrund in Zielrichtung vorhanden ist, ob wir durch ein Gewässer laufen oder schwimmen können, ob wir über es hinwegspringen können. Dabei müssen wir also nicht nur wahrnehmen können, ob z. B. ein Stein da ist oder nicht; wir müssen erkennen können, ob wir über diesen Stein leicht, schwer oder gar nicht klettern können. Wir müssen weiterhin erkennen können, welche alternativen Bewegungsmöglichkeiten wir in diesem Umfeld haben: können wir ein Hindernis umgehen, können wir klettern, springen, rutschen?

Wenn wir feststellen, daß Wahrnehmen sehr stark mit Handeln verbunden ist, dann bedeutet das nicht in jedem Fall, daß wir immer absichtsvoll in der Welt herumlaufen und immer eine bestimmte Handlung ausführen wollen (z. B. Essen oder Tennisspielen), sondern daß wir auch *explorierend* in der Welt umherlaufen, d. h. ziellos und eventuell mit der vagen Absicht, etwas Neues zu entdecken, das für uns von Interesse sein könnte. Auch diese Neugiertätigkeit kann funktionell interpretiert werden: sie vermittelt uns Informationen über die Beschaffenheit der Welt, in der wir leben, über Objekte, Lebewesen und Handlungsmöglichkeiten in ihr. Und wir haben gelernt, daß solche Informationen später nützlich sein können. Wir werden aber auch beim Explorieren nur solche Informationen aufnehmen können, für die unsere Wahrnehmungssysteme eingerichtet sind.

Guski 1989, S. 13 ff.

Worterklärungen zu 1.1 – 1.3

lokalisieren: örtlich bestimmen
Rezeptor: Sinnesnerv; Teil des Sinnesorgans
Interozeptor: die Innenwahrnehmung vermittelndes sensibles Körperelement
Propriozeptor: die Lage im Raum vermittelndes sensibles Körperelement
Exterorzeptor: die Außenwahrnehmung vermittelndes sensibles Körperelement
Interaktion: wechselseitiger Zusammenhang
visuell: das Sehen betreffend
taktil: berührungsmäßig
auditiv: das Hören betreffend
Vestibularapparat: Gleichgewichtsorgan im Ohr
explorieren: erkunden

Arbeitsanregungen 1.1–1.3

1. Wozu braucht der Mensch Wahrnehmung?
2. Notieren Sie das Unterscheidungssystem für Wahrnehmungsvorgänge nach Sherrington.
3. Welche Gründe sprechen nach Guski gegen die begriffliche Trennung von „Empfindung“ und „Wahrnehmung“?
4. Entnehmen Sie dem Text eine Kurzdefinition von „Wahrnehmung“.
5. Formulieren Sie in eigenen Worten, was den Unterschied zwischen den Begriffen „Rezeptorsysteme“ und „Sinnesorgane“ ausmacht.
6. Welche Zusammenhänge zwischen Bewegung und Wahrnehmung sieht der Autor?
7. Worin liegt der Sinn von Wahrnehmung?

8. Geben Sie die drei angeführten Grundpositionen über das Verhältnis Subjekt (Mensch) – Objektwelt (Umwelt) wieder.
9. „Wir leben auf der Erde, und wir bewegen uns fort."
   Dieser banale Satz beinhaltet eine Reihe wichtiger Konsequenzen. Zählen Sie einige auf.
10. Erinnern Sie sich an Situationen, in denen Ihnen das Gleichgewicht-Halten im aufrechten Gang als schwieriges Problem einmal bewußt wurde? (Z. B. bei „eingeschlafenem" Fuß, Verletzungen, starkem Nebel, Drogeneinfluß, oder ...)
    Suchen Sie (in Partnerarbeit) die dabei jeweils vor allem betroffenen (nur mehr eingeschränkt tauglichen) sensiblen Körperelemente.
11. Zielgerichtete Fortbewegung stellt hohe Ansprüche an unsere Wahrnehmung. Stellen Sie einige wichtige zusammen.

2 Wahrnehmung und Umwelt. Der ökologische Ansatz in der visuellen Wahrnehmung[*] – James J. Gibson

2.1 Einführung

(...) Wie sehen wir die Umwelt um uns herum? Wie sehen wir ihre Oberflächen, ihre Flächenanordnung, ihre Farben und Texturen? Wie sehen wir, wo wir selbst in dieser Umgebung sind? Wie sehen wir, ob wir uns fortbewegen und wenn, wohin? Wie sehen wir, wofür die Dinge gut sind und wie man sie gebrauchen kann, z. B. eine Nadel zum Einfädeln, ein Auto zum Fahren? Warum sehen die Dinge für uns so aus, wie sie es tun? (...)

Man hört immer wieder die Behauptung, daß das Sehen vom Auge abhängt, das mit dem Gehirn verbunden ist. Ich werde dagegen die Auffassung vertreten, daß das natürliche Sehen von den Augen in einem Kopf abhängt, der auf einem Körper sitzt und vom Untergrund getragen wird. Das Gehirn fungiert nur als das zentrale Organ für ein solches vollständiges visuelles System.

Wenn das visuelle System keinen Einschränkungen unterworfen ist, dann schauen wir umher, gehen auf das uns Interessierende zu, gehen um es herum, um es von allen Seiten zu betrachten und bewegen uns solcherart von einem Ausblick zum anderen. Das ist natürliches Sehen und genau das ist es, worüber das vorliegende Buch handelt.

Die üblichen Lehr- und Handbücher nehmen an, daß der Sehvorgang dann am einfachsten ist, wenn das Auge wie eine Kamera ruhig gehalten wird, so daß ein Bild entsteht, das dem Gehirn übermittelt werden kann. Der Sehvorgang wird so untersucht, daß man den Betrachter zunächst einen Punkt fixieren läßt und dann um diesen Fixationspunkt kurzzeitig einen Reiz oder ein Reizmuster darbietet. Ich bezeichne dies als *Schnappschußsehen* (snapshot vision). Wird die Darbietungszeit verlängert, drängt es das Auge, über das dargebotene Reizmuster zu wandern und die Teile nacheinander einzeln zu fixieren, – es sei denn, der Betrachter wird daran gehindert. Diese Art des Sehens möchte ich *Lochsehen* (aperture vision) nennen, denn es ähnelt ein wenig dem Schauen in die Umwelt durch ein Astloch in einem Bretterzaun. Der Experimentator nimmt dabei an, daß jede einzelne Fixation einer Belichtung des Films in der Kamera entspricht, so daß das, was dann schließlich ins Gehirn kommt, so etwas, wie eine Folge von Schnappschüssen ist.

Auch die Kopfstütze im Labor hindert den Beobachter, seinen Kopf zu drehen und umherzuschauen, obwohl nur dies dasjenige liefern könnte, was ich als *Umgebungssehen* (ambient vision) bezeichnen möchte. Darüber hinaus hindert ihn die Vorrichtung natürlich auch am Aufstehen und Herumgehen, was erst ein ortsbewegliches, *umherwanderndes Sehen* (ambulatory vision) ermöglichen würde. Sind dies überhaupt Arten des Sehens? Ich bin der Ansicht, daß sie es sind. Dies ist tatsächlich diejenige Art des Sehens, die wir für den Alltag brauchen, nicht so sehr die bildhafte Tiefenwahrnehmung. Wir müssen alles rund um einen bestimmten Beobachtungsort sehen und auch verschiedene Beobachtungsorte einnehmen. Das Kernproblem an der Sache ist, ob das Alltagssehen wirklich aus einzelnen Einheiten, wie aus Schnappschüssen zusammengefügt ist. Ich zweifle im Ernst daran, daß der Sehvorgang dann am einfachsten sein soll, wenn der Experimentator versucht, das Auge so arbeiten zu lassen, als ob es eine Fotokamera wäre, selbst dann, wenn die Einzelaufnahmen in rascher Folge gemacht werden.

Umherschauen und Herumgehen passen sicher nicht in die übliche Vorstellung von der visuellen Wahrnehmung. Aber man sollte bedenken, daß ein Lebewesen, sobald es über Augen verfügt, den Kopf nach allen Seiten dreht und sich von Ort zu Ort bewegt. Das einzelne, sozusagen erstarrte Blickfeld kann nur verarmte Information über die Welt liefern. Das visuelle System hat sich kaum zu diesem Zweck entwickelt. Eher leuchtet ein, daß visuelles Erfassen panoramaartig ist und dies auch während langdauernder Fortbewegung. (...)

Zuallererst muß die Umwelt beschrieben werden; denn man muß sich zunächst darauf einigen, was wahrgenommen werden soll, bevor man überhaupt über Wahrnehmung sprechen kann. Es handelt sich dabei nicht um die Welt der Physik, sondern um die Welt auf der ökologischen Ebene. Zweitens muß die in einem beleuchteten Medium verfügbare Information beschrieben werden. Hier geht es nicht einfach nur um das Licht als Reiz für Rezeptoren, sondern um die Information, die in diesem Licht liegt und die erst das Sytem aktivieren kann. Erforderlich ist eine ökologische Optik anstelle der klassischen Optik. Drittens (erst hier kann man von eigentlicher Psychologie sprechen) muß der Prozeß der Wahrnehmung dargestellt werden. Er besteht nicht in der Verarbeitung sensorischer Eingänge, sondern im Extrahieren der Invarianten aus dem Reizfluß. Die alte Idee, daß Empfindungen am Sinneseingang erst durch geistige Verarbeitung in Wahrnehmungen verwandelt werden, wird strikte zurückgewiesen. Es wird ein radikal neuer Weg des Denkens über Wahrnehmung vorgeschlagen. (...)

Gibson, James J.: Wahrnehmung und Umwelt. Der ökologische Ansatz in der visuellen Wahrnehmung. München: Urban und Schwarzenberg 1982, S. 1 ff.

Worterklärungen zu 2.1

Textur: Oberflächenstruktur
visuell: das Sehen betreffend
Rezeptor: Sinnesnerv
sensorisch: die Sinnesorgane betreffend
extrahieren: entnehmen
Invarianten: gleichbleibende, unveränderliche Größen

Arbeitsanregungen zu 2.1

1. Worin unterscheidet sich Gibsons „visuelles System“ vom traditionellen Verständnis des Sehens?

2. Nach Gibson ist die bildhafte Tiefenwahrnehmung (mittels Schnappschuß- und Lochsehens) nicht die im Alltag bedeutsame Art der visuellen Wahrnehmung.
   a) Welche Gründe führt er dafür an?
   b) Welche Alternative bietet er?
3. Welche Prozesse gehen nach Gibson der eigentlichen Wahrnehmungspsychologie voraus?
4. Welche genaue inhaltliche Bestimmung der Wahrnehmungspsychologie gibt der Autor?

2.2 Die Theorie der Angebote

2.2.1 Zum Begriff*

(...) Unter den *Angeboten* (affordances) der Umwelt soll das verstanden werden, was sie dem Lebewesen *anbietet* (offers), was sie *zur Verfügung stellt* (provides) oder *gewährt* (furnishes), sei es zum Guten oder zum Bösen. Während das Zeitwort *to afford* im englischen Wörterbuch zu finden ist, sucht man das Hauptwort *affordance* vergebens; ich habe es selbst geprägt. Ich meine damit etwas, das sich auf die Umwelt und das Lebewesen gleichermaßen bezieht und zwar auf eine Art, die kein gebräuchliches englisches Wort auszudrücken vermag. Zum Ausdruck bringen soll es die Komplementarität von Lebewesen und Umwelt. (...)
Wenn eine Oberfläche auf der Erde annähernd horizontal (anstatt konvex oder konkav), genügend ausgedehnt (relativ zur Größe des Lebewesens) und die Substanz starr (relativ zum Gewicht des Lebewesens) ist, dann *bietet* diese Oberfläche *Unterstützung an*. Sie ist eine tragende Oberfläche und wir bezeichnen sie als Unterlage, als Grund oder als Boden. Sie erlaubt Vierbeinern und Zweibeinern einen aufrechten Stand; man kann auf ihr stehen, auf ihr gehen und über sie laufen. Man kann nicht in sie einsinken, so wie schwere Landlebewesen durch die Oberfläche des Wassers oder eines Sumpfes sinken. (Das Gehaltenwerden bestimmter Wasserinsekten durch die Wasseroberfläche ist etwas anderes).
Man beachte, daß es sich bei den vier genannten Eigenschaften – horizontal, eben, ausgedehnt und starr – um die *physikalischen* Eigenschaften einer Oberfläche handeln würde, hätte man sie mit den in der Physik üblichen Skalen und Einheiten gemessen. Als ein Angebot an eine bestimmte Spezies von Lebewesen, ihnen als tragende Bodenfläche zu dienen, müssen sie jedoch *relativ zu diesen Lebewesen* gemessen werden. Sie sind für diese Lebewesen einmalig und nicht einfach abstrakte physikalische Eigenschaften. Sie stehen im Einklang mit der Körperhaltung und mit dem Verhalten der betreffenden Lebewesen. Somit kann also ein Angebot nicht so gemessen werden, wie in der Physik gemessen wird. (...)

Gibson 1982, S. 137 f.

Worterklärungen und Arbeitsanregungen s. S. 57f.

2.2.2 Die Umweltnischen

In der Ökologie gibt es den Begriff der *Nische*. Gemeint ist, daß eine bestimmte Art von Lebewesen eine bestimmte Nische in der Umwelt besetzt oder nützt. Sie ist nicht ganz dasselbe wie der *Lebensraum* (habitat) einer Art; die Nische bezieht sich mehr darauf, *wie* ein Lebewesen lebt, als *wo* es lebt. Ich würde sagen, daß eine Nische eine bestimmte Menge von Angeboten ist.

Die natürliche Umwelt bietet viele Möglichkeiten zu leben an, und tatsächlich haben ja auch verschiedene Lebewesen unterschiedliche Lebensweisen. Die Nische impliziert eine bestimmte Art von Lebewesen und das Lebewesen impliziert eine bestimmte Art von Nische. Die beiden sind also komplementär, wobei man allerdings nicht vergessen darf, daß die Umwelt als Ganzes, mit ihren unbegrenzten Möglichkeiten, vor den Lebewesen da war. Die Erdoberfläche und ihre physikalischen, chemischen, meteorologischen und geologischen Gegebenheiten und das Bereitsvorhandensein pflanzlichen Lebens machten tierisches Leben erst möglich. Sie mußten invariant sein, damit sich die Lebewesen entwickeln konnten.
Auf der Erde gibt es alle Arten von Nahrungsstoffen und von Möglichkeiten, zu Nahrung zu kommen; alle Arten von Behausungen und Verstecken, wie Höhlen, Löcher und Felsspalten; alle Arten von Materialien, um sich Behausungen wie Nester, Dämme oder Hütten zu *bauen;* alle Arten von Fortbewegung, die die Umwelt ermöglicht, wie schwimmen, kriechen, gehen, klettern und fliegen. Von diesen Angeboten ist Gebrauch gemacht worden, die Nischen wurden besetzt. Allerdings gibt es, nach allem, was wir wissen, sicher noch viele Angebote der Umwelt, die *nicht* genutzt worden sind, also Nischen, die noch nicht besetzt sind.
(...)

Gibson 1982, S. 138

Worterklärungen und Arbeitsanregungen s. S. 57f.

2.2.3 Die Veränderung der natürlichen Umwelt durch den Menschen

In den vergangenen Jahrtausenden ist das Antlitz der Erde durch den Menschen verändert worden, wie jedermann jetzt zu begreifen beginnt. Die Flächenanordnung ihrer Oberflächen wurde verändert durch Abmähen und Roden, durch Einebnen, Bepflastern und Bebauen. Es gibt noch natürliche Wüsten und Gebirge, Sümpfe und Flüsse, Wälder und Steppen, doch werden diese immer weiter eingeengt und durch vom Menschen hergestellte Flächenanordnungen umgestaltet. Aber auch die *Substanzen* der Umwelt wurden zum Teil verändert; die natürlichen Stoffe der Erde wandelte man um in die verschiedensten künstlichen, wie Bronze, Eisen, Beton oder Brot. Sogar das *Medium,* für uns die Luft und für die Fische das Wasser, wird allmählich verändert, trotz der Erneuerungszyklen, die in den Jahrmillionen vor dem Menschen für die Aufrechterhaltung eines Gleichgewichtszustandes gesorgt haben.
Warum hat der Mensch die Formen und die Substanzen seiner Umwelt verändert? Um das zu ändern, was sie ihm anbietet! Er hat sich leichter verfügbar gemacht, was ihm nützt und weniger drückend, was ihm schadet. Allerdings hat er dadurch, daß er sich das Leben leichter machte, den meisten anderen Lebewesen das Leben erschwert. Im Laufe der Jahrtausende ist es ihm immer leichter geworden, Nahrung zu beschaffen, sich warm zu halten, des Nachts zu sehen, in seiner Umwelt herumzukommen und seinen Nachwuchs aufzuziehen.
Hierbei handelt es sich aber nicht um eine *neue* Umwelt, sozusagen um eine künstliche, sondern um dieselbe alte Umwelt, nur daß sie der Mensch umgestaltet hat. Es wäre falsch, so zwischen der natürlichen und der künstlichen Umwelt zu unterscheiden, als ob es zwei Umwelten gäbe; schließlich müssen Kunstprodukte aus den natürlichen Stoffen hergestellt werden. Falsch wäre es auch, die kulturelle Umwelt von der natürlichen zu scheiden, so als ob es eine Welt der geistigen Produkte getrennt von der Welt der materiellen Produkte gäbe. Es gibt nur eine einzige Welt, so vielfältig sie auch ist, und in ihr leben alle Lebewesen, wenn auch wir Menschen sie zu unserem Nutzen verändert haben. Wir haben das so verschwenderisch und

gedankenlos getan, daß der Ausgang möglicherweise fatal sein wird, wenn wir unser Vorgehen nicht überdenken.

Die grundlegenden Sachverhalte der Umwelt, die Substanzen, das Medium und die Oberflächen, sind für alle Lebewesen die gleichen. Wie mächtig der Mensch auch noch werden mag, die Grundtatsachen der Erde, der Luft und des Wassers – der Lithosphäre, der Atmosphäre und der Hydrosphäre samt den sie trennenden Grenzflächen wird er nicht verändern. Für Landlebewesen wie uns sind die Erde und der Himmel Grundstrukturen, von denen alle niedrigen Strukturen abhängen. Die können wir nicht verändern. Wir alle passen in die Substrukturen der Umwelt auf die verschiedene Weise hinein, denn durch diese wurden wir ja tatsächlich geformt. Die Welt, in der wir leben, hat uns hervorgebracht.

Gibson 1982, S. 140

Worterklärungen und Arbeitsanregungen s. S. 57f.

2.2.4 Einige Angebote der irdischen Umwelt

Wir wollen uns nun näher damit befassen, was die Angebote des Mediums, der Substanzen, der Oberflächen und deren Flächenanordnungen, von Objekten, Lebewesen und Personen, sind und zum Schluß noch einen Fall betrachten, der für die ökologische Optik von besonderem Interesse ist, und zwar die Möglichkeit des Sichversteckens, die die verdeckenden Kanten anbieten (...).

Das Medium

Die Luft gestattet das Atmen, sie bietet den lebensnotwendigen Sauerstoff an. Ferner macht sie das Angebot der ungehinderten Fortbewegung relativ zum Untergrund, der dazu den Halt bietet. Bei Beleuchtung und Nebelfreiheit bietet sie die Möglichkeit des visuellen Wahrnehmens. Sie erlaubt aber auch die Wahrnehmung der Quellen flüchtiger Substanzen mittels Duftfeldern. Die Luftzwischenräume zwischen den Hindernissen und den Objekten bieten Platz für die Fortbewegungsbahnen und sind die Orte, an denen sich das Verhalten abspielt. (...)

Die Substanzen

Wasser ist substantieller als Luft und hat dieser gegenüber immer eine Oberfläche. Uns ermöglicht es das Atmen nicht, uns macht es das Angebot, es zu trinken. Da es flüssig ist, gestattet es das Ausgießen aus einem Behälter, und weil es ein Lösungsmittel ist, bietet es die Möglichkeit des Waschens und des Badens. Größeren Lebewesen mit Zellgewebe hoher Dichte bietet es keinen Halt. Die optische Information, die Wasser kennzeichnet, liegt in den Charakteristika seiner Oberfläche, vor allem sind es die einzigartigen Fluktuationen, die durch die Kräuselungen hervorgerufen werden (...).

Feste Stoffe, die substantieller als Wasser sind, besitzen charakteristische Oberflächen (...). Eine Reihe von ihnen bieten sich als Nahrung an, andere wieder nicht, was davon abhängt, welcher Art ein Lebewesen angehört. Einige Substanzen sind auch giftig. Früchte und Beeren haben einen höheren Nährwert, wenn sie reif sind, was durch die Farbe ihrer Oberflächen ausgewiesen wird. Allerdings wird der Nährwert von Substanzen häufig falsch wahrgenommen.

Feste Stoffe bieten sich, je nach ihrer Festigkeit, auch für die verschiedensten Formen einer Verarbeitung (manufacture) an. Einige, wie etwa Feuerstein, können behauen werden; andere, wie Ton, können geformt werden; wieder andere nehmen nach einer Verformung ihre ursprüngliche Gestalt wieder an; und wieder andere widersetzen sich ganz stark jeder Deformation. Verarbeitung bedeutete ursprünglich, worauf die englische Bezeichnung „manufacture“ hinweist, eine manuelle Tätigkeit wie die Handhabung (manipulation) auch. Die Dinge wurden *von Hand* angefertigt. Eine Substanz zu identifizieren bedeutet in diesen Fällen, wahrzunehmen, was man mit ihr tun kann, wozu sie gut ist, ihren Nutzen wahrzunehmen; und dabei sind die Hände beteiligt.

Die Oberflächen und ihre Flächenanordnungen

Ich habe bereits gesagt, daß eine horizontale, flache, ausgedehnte und starre Oberfläche Unterstützung bietet. Sie ermöglicht die Aufrechterhaltung des Gleichgewichts und die Beibehaltung einer bestimmten Körperstellung relativ zur Schwerkraft, die senkrecht zur Erdoberfläche wirkt. Auf einer derartigen Oberfläche stürzt das Lebewesen nicht und rutscht nicht ab, wie ihm das an einem steilen Berghang passieren würde. Die Einhaltung des Gleichgewichts und die Aufrechterhaltung einer bestimmten Körperstellung sind Vorbedingungen für andere Verhaltensweisen und Tätigkeiten wie die Fortbewegung oder die verschiedensten Hantierungen. (...) Der Boden, der Grund ist in einem ganz wörtlichen Sinne die *Grundlage* für das Verhalten aller Landlebewesen. Aber ebenso ist er die Grundlage ihres visuellen Wahrnehmens, ihrer sogenannten Raumwahrnehmung. Am Anfang der Geometrie stand, von Euklid in eine abstrakte Form gebracht, das Studium der Erde, nicht aber die Beschäftigung mit den Achsen des leeren Raumes, wie ihn Descartes abstrahierte. Die Anbietung der Unterstützung und die Geometrie der Horizontalebene müssen deshalb keinesfalls in zwei verschiedenen Abteilungen abgehandelt werden; sie sind nicht so voneinander getrennt, wie bisher angenommen. (...)

Eine *senkrechte,* flache, ausgedehnte und starre Oberfläche, etwa eine Mauer oder eine Felswand, stellt für jede Fortbewegung zu Fuß eine Barriere dar. Abhänge mit Böschungswinkeln zwischen der Horizontalen und der Vertikalen bieten, wenn sie nur leicht geneigt sind, die Möglichkeit des Gehens, aber nur noch die Möglichkeit des Kletterns, wenn sie steil sind; in diesem Fall dürfen sie allerdings nicht glatt sein und müssen Griffe und Tritte für Hände und Füße haben. Ist ein abwärts geneigter Hang sehr steil, bietet er auch die Möglichkeit des Hinunterfallens. Der Rand einer Klippe ist ein Ort, an dem man abstürzen kann; er ist gefährlich und sieht auch gefährlich aus. Man nimmt das Angebot einer bestimmten Flächenanordnung wahr, wenn man die Flächenanordnung wahrnimmt.

Die Objekte

Die Angebote all dessen, was man etwas nachlässig als *Objekte* bezeichnet, sind außerordentlich verschiedenartig. Es muß aber in Erinnerung gerufen werden, daß ich diesen Ausdruck in einer eingeschränkten Bedeutung verwende und daß ich zwischen *festverbundenen* und *abgesonderten* Objekten unterscheide. Wir befassen uns hier nicht mit den im leeren Raum befindlichen Newtonschen Objekten, die alle abgesondert sind, sondern mit der Einrichtung der Erde, von der einiges fest mit ihr verbunden ist, also ohne zu brechen nicht versetzt werden kann.
Abgesonderte Objekte müssen in ihrer Größe mit der des betreffenden Lebewesens vergleichbar sein, um Verhaltensmöglichkeiten anbieten zu können. Diejenigen aber, die größenmäßig vergleichbar sind, bieten eine ganz erstaunliche Vielfalt von Verhaltensmöglichkeiten an, besonders dann, wenn das Lebewesen Hände hat. Objekte können mit der Hand hergestellt und sie können gehandhabt werden. Einige bieten an, hochgehoben und weggetragen zu werden, sie sind tragbar; bei anderen ist das nicht der Fall. Einige sind greifbar, andere wiederum nicht. Damit ein Objekt greifbar ist, muß es zwei sich gegenüberliegende Oberflächen haben, die nicht mehr als eine Handspanne voneinander entfernt sind. Einen Würfel mit einer Kantenlänge von 12 cm kann man ergreifen, nicht aber einen mit einer Kantenlänge von 25 cm (...). Ein großes Objekt muß einen „Griff" haben, um Ergreifen anzubieten. Man beachte, daß die seine Greifbarkeit bestimmende Größe eines Objekts in der optischen Anordnung ausgewiesen wird. Wenn dem aber so ist, dann kann es *nicht* stimmen, daß erst eine taktile Größenempfindung mit der visuellen Größenempfindung assoziiert werden muß, damit dieses Angebot wahrgenommen werden kann.
Stöcke, Fasern, Folien, Behälter, Kleider und Werkzeuge sind abgesonderte Objekte, die zum Handhaben auffordern. (...)

Andere Menschen und Tiere

Die reichhaltigsten und kompliziertesten Angebote der Umwelt stammen von anderen Lebewesen, bei uns besonders von anderen Personen. Auch bei diesen handelt es sich natürlich um abgesonderte Objekte mit topologisch geschlossenen Oberflächen, deren Formen sie jedoch, unter Beibehaltung ein und derselben Grundgestalt, dauernd verändern. Sie bewegen sich von Ort zu Ort, verändern ihre Körperstellung, nehmen bestimmte Substanzen zu sich und geben andere wieder von sich; all das sind sozusagen *belebte* Bewegungen, denn sie werden von ihnen selbst in Gang gesetzt und selbständig ausgeführt. Ihre Körper unterliegen den Gesetzen der Mechanik, sind diesen Gesetzen aber auch wieder *nicht* unterworfen, denn sie werden von ihnen nicht *beherrscht.* Sie sind so verschieden von den gewöhnlichen Objekten, daß das Kind praktisch sofort lernt, sie von Pflanzen und toten Dingen zu unterscheiden. Wenn man sie befühlt, wird man auch von ihnen befühlt, schlägt man sie, schlagen sie zurück; kurz gesagt, sie *interagieren* mit dem Beobachter und auch untereinander. Verhalten bietet Verhalten an, fordert zu Verhalten auf. Eigentlich sind alle Fragestellungen der Psychologie und der Sozialwissenschaften nichts anderes als Variationen dieses einen Grundthemas. Alles Verhalten – sei es das Sexualverhalten oder das Pflegeverhalten, das Kampfverhalten oder das Kooperationsverhalten, das ökonomische oder das politische Verhalten – ist von der Wahrnehmung (manchmal auch von der Fehlwahrnehmung) dessen abhängig, was andere Personen anbieten.

Was der Mann der Frau anbietet steht in umgekehrtem Verhältnis zu dem, was die Frau dem Mann anbietet; und was das Kind der Mutter anbietet in umgekehrtem Verhältnis zu dem, was die Mutter dem Kind anbietet; was das Opfer dem Räuber anbietet ist mit dem verknüpft, was der Räuber dem Opfer bietet; und was der Käufer dem Verkäufer bietet ist nicht von dem zu trennen, was der Verkäufer dem Käufer anbietet; und so weiter. Die Wahrnehmung solcher wechselseitiger Angebote ist ein außerordentlich komplexer, aber doch gesetzmäßig ablaufender Vorgang. Sie beruht auf der Extraktion von Information aus Berührungen, aus Schall, aus Geruch und Geschmack und aus dem umgebenden Licht. Sie basiert genauso auf Reizinformation wie die weit weniger komplizierte Wahrnehmung der Unterstützung, die uns der Boden unter unseren Füßen anbietet. Denn schließlich können die anderen Lebewesen, auch die anderen Menschen, Information über sich selbst nur insoweit abgeben, als sie berührbar, hörbar, riechbar, schmeckbar und sichtbar sind.

Die andere Person, der *Andere* im Gegensatz zum *Ich,* ist ein ökologisches Objekt, das eine Haut hat, auch wenn es bekleidet ist. Sie ist ein Objekt, wenn auch nicht *nur* ein Objekt – mit Recht sprechen wir von ihr *nicht* als einer *Sache.* Aber die andere Person hat eine Oberfläche, die Licht reflektiert, und in diesem Licht ist die Information zu finden, die das kennzeichnet, was sie ist, wozu sie einlädt, was sie verspricht, was von ihr droht und was sie tut.

Orte und Verstecke

Der Lebensraum eines bestimmten Lebewesens enthält *Orte.* Ein Ort ist kein Objekt mit fest umrissenen Begrenzungen, sondern ein Gebiet (...). Die verschiedenen Orte eines Lebensraumes können die verschiedensten Angebote haben. An einigen Orten findet man für gewöhnlich Nahrung, an anderen nicht. Es gibt Orte, die gefährlich sind, so die Ränder von Klippen oder die Plätze, an denen Raubtiere auf der Lauer liegen. Ebenso gibt es aber auch Orte, an denen man vor Raubtieren sicher ist. Einer unter diesen Orten ist der Wohnplatz, an dem sich Partner und Junge aufhalten, und bei dem es sich meistens um eine teilweise Umschließung handelt. Lebewesen sind in der Lage, den Weg zu solchen bedeutsamen Orten zu finden; sie haben die Fähigkeit zum Ortslernen, wie der Psychologe sagt.

Sehr wichtige Orte sind jene, die Deckung bieten, die *Verstecke.* Durch den ökologischen

Angebote, die Autoreifen machen

Ansatz in der visuellen Wahrnehmung wird das Besondere an ihnen nun verständlich; aber sie werfen auch erkenntnistheoretische Fragen und solche der sozialen Wahrnehmung auf. Dem Sichverbergen vor anderen Beoachtern und dem Verstecken von abgesonderten Objekten vor anderen Beobachtern liegen unterschiedliche Motive zugrunde. Wie jedes Kind bald herausfindet, ist ein gutes Versteck für die eigene Person nicht unbedingt auch ein gutes Versteck für einen Schatz. Ein abgesondertes Objekt kann man so verstecken, daß nicht nur andere Beobachter, sondern auch man selbst es nicht sieht. Dagegen kann man den eigenen Körper zwar vor anderen Beobachtern, nicht aber vor sich selbst verbergen (...). Bei Tieren und kleinen Kindern kann man beides beobachten: sie verstecken sowohl Objekte, wie beispielsweise Nahrung, als auch sich selbst.

Eines der Gesetze der umgebenden optischen Anordnung besagt, daß an jedem festen Beobachtungsort einige Bestandteile der Umwelt offen liegen und die restlichen verdeckt sind. In Umkehrung dieses Satzes gilt natürlich auch, daß der Beobachter selbst, betrachtet man seinen Körper als Bestandteil der Umwelt, von einigen festen Beobachtungspunkten aus gesehen unverdeckt und von den übrigen Punkten aus verdeckt ist. Ein Beobachter ist nicht nur in der Lage zu sehen, ob andere Beobachter vor ihm verborgen sind oder nicht, sondern auch, ob er selbst vor anderen Beobachtern verborgen ist oder nicht. Zweifellos üben sich Kleinkinder beim Guck-Guck-Spiel und größere Kinder beim Versteckspiel in dieser Art der Wahrnehmung. *Sich verstecken* heißt, den eigenen Körper an einen Ort bringen, der von den Beobachtungsorten anderer Beobachter aus gesehen verdeckt ist. „Gut" zum Verstecken ist ein Ort dann, wenn er von möglichst vielen Beobachtungsorten aus gesehen verdeckt ist.

Gibson 1982, S. 141 ff.

Worterklärungen zu 2.2.1 – 2.2.4

Komplementarität: gegenseitige Ergänzung
Spezies: besondere Art einer Gattung
implizieren: mit beinhalten, einschließen
invariant: (gleichbleibend) unveränderlich
phänomenal: außergewöhnlich, unglaublich
Dichotomie: Zweigeteiltheit
identifizieren: gleichsetzen, genau wiedererkennen
taktil: berührungsmäßig
visuell: das Sehen betreffend
assoziieren: (gedanklich) etwas miteinander verknüpfen
topologisch: Lage und Anordnung betreffend
Extraktion: Entnahme
intermittierend: zeitweilig aussetzend, wechselnd
kontinuierlich: ununterbrochen, fortdauernd

Arbeitsanregungen zu 2.2.1 – 2.2.4

1. Fassen Sie in einem Satz zusammen, worin das Neue in der Theorie der Angebote besteht.
2. Wie begründen Sie, daß erst die Invarianzen der physikalischen, meteorologischen und pflanzlichen Gegebenheiten tierisches Leben ermöglichten?
3. Gibt es in der für Sie direkt einsehbaren Umwelt noch vom Menschen Unberührtes?
4. Geben Sie jeweils vom Autor erwähnte Angebote wieder, die a) das Medium Luft, b) die Substanzen, c) die horizontalen und senkrechten Oberflächen sowie d) die Objekte machen.

5. Suchen Sie zu den in 4a) bis 4d) aufgeführten Angeboten eigene, von Gibson nicht erwähnte.
6. Worin bestehen a) die Gemeinsamkeiten, und worin besteht b) der entscheidende Unterschied zwischen den bisher behandelten Angeboten und denen, die von Tieren und Menschen ausgehen?
7. Welche Angebote sehen Sie in Orten und Verstecken?

3 Zur Organisation der Wahrnehmung* – Theodore M. Newcomb

3.1 Wahrnehmung als selektives Verhalten

(...) Im allgemeinen unterscheidet man beim Verhalten zwischen zwei Formen der Selektion. Bei der ersten Form, die mehr ins Auge springt, handelt es sich um die Ausführung des Verhaltens, d. h. jede Art beobachtbaren Verhaltens, wie z. B. Gehen, Sprechen, finster Dreinsehen, eine Rechenaufgabe schriftlich lösen. Derartige Verhaltensweisen sind in den meisten Fällen selektiv bedingt. Aus einem großen Repertoire von Verhaltensweisen greift z. B. eine Person, die einer Beerdigung beiwohnt, einige wenige heraus: Sie steht still dort und hat den Kopf gesenkt. Bei einem Fußballspiel wählt dieselbe Person aus ihrem Repertoire ganz andere Verhaltensweisen, sie spendet Beifall und pfeift. Diese erste Form der Selektion (Ausführung des Verhaltens) hängt aber von der zweiten ab, von der Wahrnehmung, d. h. von

Selektion: Allgemeine Informationen werden blockiert, verwertbare gezielt wahrgenommen.

der Aufnahme dessen, was zur sinnlichen Wahrnehmung zur Verfügung steht, ebenso mit der Strukturierung dessen, was an Erfahrungen auf dem Wege über die Sinnesorgane aufgenommen wird.

Die Wahrnehmung ist ebenfalls selektiv bedingt. Man nimmt niemals alle Seiten einer Situation wahr, und selbst das, was man wahrnimmt, ist auf verschiedene Weise „zusammengesetzt". Wenn wir z. B. eine bestimmte Person ansehen, dann mag jemand nur solche Charakteristika bemerken (auswählen), die darauf hindeuten, daß es sich um eine alte Frau handelt; ein anderer nimmt vielleicht Eigenschaften wahr, die nach seiner Ansicht „typisch jüdisch" sind; ein dritter Beobachter bemerkt ihr freundliches, mütterliches Gesicht. Die Personen, die diese verschiedenen Dinge wahrnehmen, wählen bestimmte, ihrer Wahrnehmung entsprechende Verhaltensweisen aus, etwa Hilfe anbieten, seinen Vorurteilen Ausdruck geben oder freundlich lächeln. So wird z. B. auch das Verhalten eines ergrauten Holzfällers ganz anders sein als das eines gelehrten Botanikers, obwohl beide in den gleichen Wald gehen. Sowohl das, was sie wahrnehmen, als auch das, was sie tun, ist selektiv bedingt. Was der Holzfäller bemerkt und was er tut, beides ist ein Teil derselben Gerichtetheit seines Verhaltens, die sich insgesamt völlig von der des Botanikers unterscheidet. Mit dem Begriff „Motivation" beschreiben wir die insgesamt gegebene Konsistenz des Wahrnehmungsverhaltens jedes Menschen. Diese Konsistenz könnte es unmöglich geben, fände nicht eine Selektion dessen statt, was man wahrnimmt. (...)

Obwohl sie für eine psychologische Analyse wichtig erscheint, besagt die Unterscheidung zwischen Ausführung des Verhaltens und Wahrnehmung doch nicht, daß es sich um zwei getrennte Dinge handelt. Wahrnehmen heißt, eine Situation im Hinblick darauf abschätzen, was man alles tun könnte; die Ausführung des Verhaltens realisiert dann eine der wahrgenommenen Möglichkeiten. Die Ausführung des Verhaltens mag auf sich warten lassen, nichtsdestoweniger bereitet Wahrnehmung die Ausführung des Verhaltens vor.

Unter psychologisch unerfahrenen Leuten ist die Ansicht wahrscheinlich weit verbreitet, man sehe das, was objektiv gegeben sei und was die Struktur des menschlichen Auges und des menschlichen Gehirns zulasse. Wahrnehmung wird durch diese Ansicht zu etwas gänzlich Passivem, zu einer Registrierung dessen, „was da ist". Die tatsächlichen Erkenntnisse über die Wahrnehmung aber machen es unmöglich, diese simple Auffassung des gesunden Menschenverstandes zu teilen. Bei den meisten Wahrnehmungsakten sind nämlich zumindest drei aktive Prozesse im Spiel.

Newcomb, Theodore M.: Sozialpsychologie. Meisenheim: Hain 1959, S. 66f.

Worterklärungen und Arbeitsanregungen s. S. 64f.

3.2 Aktive Prozesse der Wahrnehmung*

Weglassen

Wahrnehmung begreift Weglassen ein. Man kann nicht jede Einzelheit wahrnehmen, nicht jeden potentiellen Reiz, der eventuell „registriert" werden könnte. Solange wir wach sind, sind in jedem Augenblick zahllose Reize vorhanden, die wir wahrnehmen könnten, aber in Wirklichkeit nicht wahrnehmen. Nur weil wir einige wenige hervorstechende Merkmale herausgreifen und andere weglassen, erscheinen uns die meisten Situationen sinnvoll. Aufschlußreich ist in diesem Zusammenhang, was ein Mann, der nach 30 Jahren Blindheit sein Sehvermögen wiedererlangte, aussagte: „Als ich wieder sehen konnte, sprangen mich die Dinge gleichsam an. Ein normaler Mensch weiß aus langer Erfahrung, was er nicht anzusehen braucht. Unwich-

tige Dinge oder solche, die nur verwirren, nimmt er einfach nicht wahr. Dies hatte ich vergessen und versuchte, alles auf einmal zu sehen, folglich sah ich beinahe gar nichts." (...)
Bereits im Jahre 1904 berichtete der deutsche Psychologe Külpe über Experimente, die ähnliche Schlußfolgerungen zuließen. Er gab seinen Versuchspersonen sinnlose Silben, dabei benutzte er verschiedene Farben und verschiedene Raumaufteilungen. Bei vielen Versuchen sagte er den Versuchspersonen vorher, daß sie über eine bestimmte Eigenschaft des Materials Aussagen machen sollten (das Material wurde nur für den Bruchteil einer Sekunde dargeboten). Die Versuchspersonen sollten z. B. über die Farbe, über die Anzahl der Buchstaben oder über die Raumverteilung berichten. Die Merkmale, die in der anfänglichen Aufgabenstellung nicht erwähnt wurden, blieben entweder völlig unbeachtet oder wurden nur zufällig bemerkt. Versuchspersonen, die die Anzahl der dargebotenen Buchstaben so genau wie möglich anzugeben versuchten, konnten, wenn sie gleich nach dem Versuch bezüglich der Farben befragt wurden, so gut wie keine Auskunft geben. Was bei der Wahrnehmung weggelassen wird, hängt zum großen Teil von den Einflüssen der im Augenblick wirksamen Motivation ab.

Ergänzen

Zweitens gehört zur Wahrnehmung neben dem vorher erwähnten Weglassen gewöhnlich Hinzufügen oder Ergänzen. Besonders nach einem „schnellen" Blick (aber keineswegs nur dann) „rundet" man gemeinhin das „Bild ab", man setzt Einzelheiten hinzu, die in Wirklichkeit nicht vorhanden waren, die aber sozusagen „eigentlich da sein sollten", man nimmt einfach an, daß sie gegeben waren. Auf diese wohlbekannte Erscheinung geht das Bonmot zurück: „Wir sehen die Dinge nicht so wie sie sind, sondern wie wir sind." Walter Lippmann wies im Jahre 1922 darauf hin, daß wir politische Ereignisse nicht danach beurteilen, wie sie sich wirklich zugetragen haben (das ist gewöhnlich ohnehin nicht möglich), sondern dem „Bild" entsprechend, das wir uns davon gemacht haben. Solche Wahrnehmungen, die wir sowohl durch Weglassen von Einzelheiten, die nicht mit unserem Bild übereinstimmen, vereinfachen wie auch durch Hinzufügen von Einzelheiten „das Bild abrunden", nannte Lippmann „Stereotype". In diesem Falle wirken Weglassen und Ergänzen, wie meistens, zusammen.
Mit dieser weitverbreiteten Ergänzungstendenz befassen sich viele experimentelle Untersuchungen. Man bittet die Versuchspersonen gewöhnlich, sich an etwas zu erinnern, was sie vorher wahrgenommen haben; man kann also schwerlich sagen, ob die Verzerrung der Wahrnehmung im Augenblick des Wahrnehmens oder später beim Erinnern eintrat. Das Endergebnis war in jedem Falle gleich. Bartletts Arbeiten über das Erinnern von Bildmaterial und Geschichten zeigen, daß stets sowohl Weglassen als auch Ergänzen auftreten (1932). Arbeiten, die sich mit der Art und Weise der Verbreitung von Gerüchten beschäftigen, weisen auf gleiche Tendenzen hin (...). Eine Untersuchung über die Einstellung weißer Kinder der Südstaaten Negern gegenüber ist in diesem Zusammenhang recht aufschlußreich (...). Einige Kinder, denen man kurz vorher das Bild eines netten Südstaaten-Hauses gezeigt hatte, antworteten auf Fragen, es handele sich um das Bild eines Negers, der niedere Arbeiten verrichte. Andere Kinder antworteten dasselbe, als man sie fragte, „was tat der Neger auf dem Bild?" Das Bild zeigte aber gar keine Personen.

Strukturieren

Der dritte und wichtigste Vorgang bei der Wahrnehmung ist der des Strukturierens, d. h. des Organisierens alles dessen, was wahrgenommen werden kann.
Objektive und subjektive Faktoren: Wie eine gegebene Situation wahrnehmungsmäßig organisiert wird, hängt von zwei völlig verschiedenen Faktorenarten ab. Unter *objektiven Faktoren* verstehen wir mehr oder weniger eindringliche Merkmale einer Situation, deren wahrneh-

mungsmäßige Strukturierung bei allen „normalen“ Individuen gleich ist. Unter gewöhnlichen Bedingungen stechen intensive Reize am meisten hervor, Reize, die zeitlich oder räumlich nahe beieinander liegen, werden gruppiert. *Subjektive Faktoren* ändern sich den jeweiligen individuell-psychischen Bedingungen entsprechend. Besonders starke Auswirkung auf unsere Wahrnehmung haben Motivationskonstellationen; wir neigen dazu, unsere Wahrnehmung unseren Hoffnungen und Befürchtungen anzupassen. Subjektive Faktoren sind aber nicht notwendigerweise ein Teil des Wahrgenommenen, sie werden der wahrgenommenen Situation gleichsam „aufgezwängt“. Die Wahrnehmung einiger Situationen wird durch subjektive Faktoren allerdings recht wenig beeinflußt, z. B. die Wahrnehmung einer Pferdefigur, die scharf gegen einen Hintergrund abgesetzt ist. Wie ein Tintenklecks oder eine Wolkenbank wahrnehmungsmäßig strukturiert werden, mag stark von subjektiven Faktoren abhängen. Solche durch subjektive Faktoren leicht beeinflußbaren Gegebenheiten werden als „mehrdeutig“ bezeichnet.

Mehrdeutigkeit ist aber nicht eine Frage des alles-oder-nichts, sondern eine Frage des Grades. Objektive Faktoren können in verschiedenem Grade eindringlich sein, sie können sehr oder wenig durch subjektive Faktoren beeinflußbar sein. Viele Arbeiten über die Suggestion erläutern die Abhängigkeit, die zwischen beiden Faktoren besteht. Luchins (1945) gab seinen Versuchspersonen Zeichnungen, die in verschiedenem Grade schwierig und mehrdeutig waren, hinsichtlich der Bedeutung der Zeichnungen machte er mehrere Vorschläge. Er kam zu folgendem Ergebnis: Je mehrdeutiger die Zeichnungen waren, um so größer war die Wahrscheinlichkeit, daß der Vorschlag angenommen wurde. War die Zeichnung in hohem Grade mehrdeutig, dann wurde so gut wie jede Suggestion hingenommen, war sie aber mehr oder weniger unverkennbar, dann kam eine „vernunftwidrige“ Suggestion nicht mehr an. In diesem Experiment war Suggestion einfach ein Mittel, um die subjektiven Faktoren beeinflussen zu können, sie beeinflußte die objektiven Eigenschaften der Zeichnungen natürlich nicht. Suggestion mag allerdings bewirken, daß die Versuchsperson sich auf gewisse objektive Merkmale stärker als auf andere konzentriert. Falls andere objektive Merkmale außer acht gelassen werden, wirken die Merkmale, auf die sich die Versuchsperson konzentriert, um so eindringlicher.

Unsere tägliche Erfahrung wird durch diesen wissenschaftlichen Beweis bestätigt. Ein lautes Geräusch wirkt im allgemeinen recht eindringlich, ist man aber in eine Arbeit vertieft, dann tut man eine sich in der Nähe ereignende Explosion eventuell als Zuschlagen einer Tür ab, oder man hört gar nichts. Selbst im Falle intensivster Reize entsprechen sich objektive Situation und die Art und Weise, in der der Reiz erlebt wird, nicht im Verhältnis 1 zu 1. Der Einfluß objektiver Faktoren verändert sich und wird begrenzt durch den Einfluß subjektiver Faktoren und umgekehrt.

Man kann die oben erwähnten Prozesse des Weglassens und Ergänzens auch als Aspekte des umfassenderen Strukturierungsvorganges ansehen. Strukturierung gibt einer Situation ihre sinnvolle Bedeutung. Ohne Strukturierung wäre jede Wahrnehmung chaotisch. Bei diesem Prozeß werden einige Merkmale weggelassen, andere ergänzt, eins oder einige werden hervorgehoben, der Rest wird dem Ganzen untergeordnet – all dies geschieht im Interesse der Anpassung des Organismus an die augenblickliche Umwelt. Wenn Verhalten auf ein besonderes Ziel gerichtet sein soll, dann muß die entsprechende Situation diesem Ziel entsprechend besonders erfaßt werden; dies ist das eigentliche Wesen perzeptioneller Strukturierung.

Figur und Grund: Aus experimentellen Untersuchungen geht eindeutig hervor, daß Strukturierung der Wahrnehmung immer auch eine Unterscheidung zwischen „Figur“ und „Grund“ (oder Hintergrund) einbegreift. Derjenige Teil der Reizsituation, der hervorsticht, ist die Figur, der Rest, von dem die Figur abgesetzt ist, der Grund. Zuweilen, wenn z. B. ein heller Blitzstrahl sich von einem dunklen Himmel abhebt, bestimmen objektive Faktoren, was Figur (der Blitzstrahl) und was Grund (Wolken und Himmel) ist. In anderen Fällen, wie z. B. in den Untersuchungen Külpes, bestimmen vorhandene Motive oder die individuelle Struktur, was Figur und was Grund ist.

Der Leser ist wahrscheinlich mit optischen Täuschungen und Täuschungsfiguren vertraut, z. B. mit den beiden schwarzgehaltenen Gesichtsprofilen auf einem weißen Untergrund, die so zueinander stehen, daß der weiße Zwischenraum die Form einer Vase bekommt. Man sieht entweder zwei Profile (schwarze Figur und weißer Grund) oder eine Vase (weiße Figur und schwarzer Grund), niemals aber sieht man beides gleichzeitig. Dasselbe zeigte sich bei der Wahrnehmung sozialen Verhaltens. In einer Untersuchung Sherifs (1936) hörten die Versuchspersonen zwei Kurzgeschichten gleichzeitig, die eine wurde durch einen Lautsprecher übertragen, die andere von jemandem vorgelesen, der sich im Raum aufhielt. Die beiden Geschichten waren ungefähr gleich lang, behandelten ähnliche Themen und wurden mit nahezu gleicher Lautstärke vorgetragen. Fast jede Versuchsperson berichtete, sie habe entweder der einen oder der anderen Geschichte zugehört, nicht einem Durcheinander von beiden Geschichten. Die Versuchspersonen waren in der Lage, der einen Stimme gleichsam als Figur, der anderen gleichsam als Grund zuzuhören.

Gemeinhin glauben wir nur das zu sehen oder zu hören, was als Figur wahrgenommen wird. In Wirklichkeit aber ist der Grund unerläßlich für die Figur, die überdies von der Beschaffenheit des Grundes sehr stark beeinflußt wird. Was wir wirklich wahrnehmen, ist also nicht nur eine Figur, sondern diese Figur in ihrer Beziehung zum Grund. Ein Blatt Papier, das auf gelbem Hintergrund blaugrün erscheint, sieht auf blauem Hintergrund gelbgrün aus. Ein Kleid, das für ein Tanzvergnügen zu dunkel ist, kann für eine Beerdigung zu hell sein. Und ein Leitartikel, der im Wall Street Journal radikal klingt, wirkt im Daily Worker reaktionär.

Die Beschaffenheit des Grundes, von der die Figur so tiefgreifend beeinflußt wird, kann entweder objektiv oder subjektiv bestimmt werden, z. B. durch die Farbe des Hintergrundes, auf dem das blaugrüne Papier zu sehen ist, oder subjektiv, z. B. durch die Erwartung des Lesers, im Wall Street Journal keinen radikalen Leitartikel zu finden. Situationen, in denen subjektive Faktoren keine Rolle spielen, gibt es so gut wie gar nicht.

Zu den subjektiven Determinanten des Grundes, auf dem eine Figur wahrgenommen wird, gehören auch Urteilsmaßstäbe, die aus früheren Wahrnehmungen herrühren. Eines der klassischen Experimente des großen französischen Psychologen Binet (1900) ist sehr aufschlußreich in diesem Zusammenhang. Er gab einer Gruppe von Jungen eine Reihe von Linien, die schwarz auf weißen Karton gezeichnet waren, und zwar bei jedem Versuch jeweils eine. Er trug den Jungen auf, die Länge der Linien so genau wie möglich wiederzugeben. Bis zur fünften Linie waren alle länger als die vorhergehende, nach der fünften waren die restlichen 31 Linien gleich lang. Alle 42 Versuchspersonen überschätzten die Länge der Linien, die gleich nach der fünften dargeboten wurden, einige Versuchspersonen machten sogar eine Zeitlang alle Linien länger als die vorhergehende. Offenbar kann die Länge einer Linie ohne Hilfe eines Vergleichsmaßstabes nicht beurteilt werden. Die Maßstäbe, nach denen die Jungen die sechste, siebte und achte Linie beurteilten, waren visuell nicht gleichzeitig vorhanden, als Ergebnis vorhergehender Wahrnehmungen übten sie trotzdem ihren Einfluß aus. In diesem Falle schließt der Grund, auf dem die Figur wahrgenommen wird, präexistente Urteilsmaßstäbe ein.

Bezugssysteme: Der Ausdruck „Bezugssystem" wird gemeinhin als Hinweis auf den Grund benutzt, der die Strukturierung der Wahrnehmung in Wahrheit beeinflußt. In seiner weitesten Bedeutung schließt der Terminus aber alle Faktoren, objektive und subjektive, ein, die überhaupt einen Einfluß auf die Wahrnehmung der Figur auszuüben vermögen. In den meisten Fällen gebraucht man ihn aber, um einen einzelnen Aspekt des Wahrnehmungsgrundes zu kennzeichnen, von dem man annimmt, er beeinflusse die gesamte strukturierte Wahrnehmung.

Man könnte z. B. sagen, um auf ein vorher erwähntes Beispiel zurückzukommen, ein Holzfäller sehe in einem Baum verkäufliches Nutzholz, ein Botaniker dagegen sehe einen Baum in einem gänzlich anderen Bezugssystem: nämlich im Zusammenhang mit einer botanischen Familie, der auch der Baum angehört. Solche Feststellungen beinhalten nicht alle Aspekte des Wahrnehmungsgrundes eines der beiden Wahrnehmenden. Immerhin weisen sie auf die wesentlichsten selektiven Einflüsse hin (Ergänzen und Weglassen), die bei der Strukturierung der Wahrnehmung wirksam sind. Ein Bezugssystem dient also als perzeptioneller Zusammenhang, der einen selektiven Einfluß auf die Art und Weise ausübt, wie etwas wahrgenommen wird.

Wahrnehmung ist also eine Verhaltensweise, in der Objekte zur Vorbereitung auf andere Verhaltensweisen „eingeschätzt" werden. Jedes Objekt, jedes Ereignis, jede Situation wird notwendigerweise in bezug auf etwas „eingeschätzt", und was immer dieses „etwas" auch sei, es bildet das Bezugssystem für die Wahrnehmung des jeweiligen Objekts, Ereignisses oder der jeweiligen Situation. Die Wahrnehmung beeinflußt also die Richtung anderer Verhaltensformen. Wenn man ein Haus als zu klein bezeichnet, einen Menschen als roh und ungebildet, irgendeine Speise als ungenießbar, dann tut man es nach einem Maßstab für Größe, Roheit, Unbildung und Schmackhaftigkeit. Diese Maßstäbe bilden das Bezugssystem, dementsprechend wir unsere Urteile bilden, diese Urteile wiederum bestimmen die Richtung unseres Verhaltens – wie z. B. aus dem Hause ausziehen, den ungebildeten Menschen meiden oder die Speise zurückgehen lassen. Bei Anwendung anderer Bezugssysteme würde unser Verhalten gänzlich anders aussehen; wir würden das Haus nicht aufgeben, die Bekanntschaft des vorher als ungebildet und roh bezeichneten Menschen pflegen und die erwähnte Speise mit Genuß zu uns nehmen. Auf Objekte reagierendes motiviertes Verhalten wird also bestimmt durch die Bezugssysteme, in denen die Objekte wahrgenommen werden.

In sehr vielen Fällen werden aber die Bezugssysteme selbst durch bestehende Motive bestimmt. Die gleichen fünf Spielkarten in unserer Hand nehmen wir verschieden wahr, je nachdem ob wir nun Rommé spielen oder Poker. (...)

Ein Bezugssystem kann auch das quantitative Urteil beeinflussen. Unsere Alltagserfahrung zeigt uns, daß jemand, der an ein großes Haus oder an ein großes Einkommen gewöhnt ist, ein Haus und ein Einkommen als klein bezeichnet, das von jemandem, der an ein kleines Haus und Einkommen gewöhnt ist, für groß gehalten wird. Sherif hat in einem bedeutsamen Experiment gezeigt, wie solche subjektiven Maßstäbe entstehen (1935). Für seine Untersuchung wählte Sherif einen sehr mehrdeutigen Reiz, nämlich einen feststehenden Lichtpunkt in einem absolut dunklen Raum, der sich zu bewegen scheint. Da sich der Lichtpunkt in Wirklichkeit aber nicht bewegt, sind alle Urteile über die Größe der angenommenen Bewegung von subjektiven und nicht von objektiven Faktoren abhängig. (Diese Illusion einer Bewegung nennt man in der Fachsprache „autokinetisches Phänomen"). Die Versuchspersonen wurden, zuweilen allein, zuweilen in Gruppen, gebeten anzugeben, um wieviel Zoll sich das Licht bei jeder Darbietung bewege. Sherif stellte fest, daß jede Versuchsperson, die allein war, sehr schnell eine eigene Norm oder einen eigenen Bereich aufstellte, in dem alle Schätzungen gemacht wurden. Eine Versuchsperson hatte einen Variationsbereich von 1–3 Zoll, eine andere Versuchsperson einen von 9–11. Die ersten Schätzungen wiesen teilweise große Unterschiede auf, spätere Schätzungen hielten sich eng an die einmal aufgestellte Norm. In jedem Falle wurden die Schätzungen über das Ausmaß der Bewegung persönlichen Maßstäben entsprechend gemacht. Diese erworbenen Maßstäbe dienten als subjektive Bezugssysteme, die die Wahrnehmung eines „wieviel" beeinflußten. (...)

Ein Bezugssystem kann aber auch die Wahrnehmung des „Was" beeinflussen. Vielleicht lag der Leser einmal an einem Strand, träumte vor sich hin und bemerkte ein kleines schwarzes

Objekt, das sich langsam in der Luft über ihm bewegte. Dieses Objekt konnte vielleicht ein Insekt sein, nur einige Zoll entfernt. Es konnte auch ein Vogel sein, einige hundert Fuß entfernt, vielleicht gar ein Flugzeug, einige tausend Fuß hoch. Die erste Wahrnehmung dieser Dinge bzw. ihres „Was" ist vielleich von subjektiven Faktoren abhängig, die Teil des augenblicklichen Bezugssystems sind – z. B. abhängig davon, ob man gerade nach einer Mücke schlug oder von einem Flugzeug träumte.

Experimentelle Untersuchungen wie auch unsere alltägliche Erfahrung zeigen uns also, daß Individuen Dinge in einer Art und Weise wahrnehmen, wie sie nicht notwendigerweise wahrgenommen werden müssen. Was auch immer bestimmt, daß etwas auf diese Weise wahrgenommen wird, wenn es auch völlig anders hätte wahrgenommen werden können, es bildet für die entsprechende Wahrnehmung das Bezugssystem. Oft verfestigen sich diese Bezugssysteme, so daß ein Individuum gewisse Dinge in charakteristischer Weise wahrnimmt. Beständige Bezugssysteme bilden (...) einen wesentlichen Teil der Einstellungen. (...)

Newcomb 1959, S. 68 ff.

Worterklärungen zu 3.1 – 3.2

selektiv: auswählend
Konsistenz: Haltbarkeit, Beschaffenheit eines Stoffes
perzeptionell: wahrnehmungsmäßig
präexistent: schon vorher vorhanden

Arbeitsanregungen zu 3.1 – 3.2

1. Geben Sie
   a) ein Textbeispiel und
   b) ein eigenes Beispiel
   dafür, daß der Prozeß der Motivation ein Prozeß der Selektion ist.
2. Suchen Sie eigene, möglichst aussagekräftige Beispiele für die Selektivität der Wahrnehmung.
3. Geben Sie ein Textbeispiel für Ergänzen.
4. Unter welcher Bedingung werden Reize gruppiert (= zu Gruppen zusammengefaßt)?
5. Nach der modernen Wahrnehmungsforschung sind intensive Reize insbesondere solche, die sich verändern, während Gleichbleibendes (Invariantes) tendenziell nicht wahrgenommen wird. Welchen Vor- und welchen Nachteil sehen Sie darin?
6. Ist ein Einfluß objektiver Faktoren ohne jede Beeinflussung durch subjektive Faktoren denkbar? Begründen Sie Ihre Aussage.
7. Was hat die Erhöhung des Grades der Mehrdeutigkeit eines Wahrnehmungsobjekts zur Folge?
8. „Wir neigen dazu, unsere Wahrnehmung unseren Hoffnungen und Befürchtungen anzupassen." (Newcomb, s. S. 61)
   Belegen Sie diese Aussage mit Ergebnissen der Rosenthal-Studien über self-fulfilling prophecy, die Sie auf S. 35 ff. finden.
9. Ebenso ist auch der Halo-Effekt (s. S. 38 ff.) ein Beobachtungs-, also Wahrnehmungsfehler.
   Versuchen Sie mit Hilfe von Newcombs Aussagen über objektive und subjektive Faktoren der Wahrnehmung diesen Fehler zu erklären.
10. Was bezeichnet Newcomb als „das eigentliche Wesen perzeptioneller Strukturierung"?

11. „Ein Kleid, das für ein Tanzvergnügen zu dunkel ist, kann für eine Beerdigung zu hell sein." Wofür steht diese Aussage? Was soll sie verdeutlichen?
12. Urteilsmaßstäbe aus früheren Wahrnehmungen beeinflussen nachfolgende Wahrnehmungen. Mit welchem Versuch belegt Newcomb diesen Satz?
13. Das Bezugssystem für die Wahrnehmung eines Objektes bestimmt
    a) die selektiven Einflüsse,
    b) das resultierende Verhalten,
    c) das quantitative Urteil und
    d) u. U. sogar, was überhaupt wahrgenommen wird.
    Belegen Sie a) bis d) mit Beispielen aus dem Text und aus Ihrer eigenen Erfahrung.

4 Zur wechselseitigen Beeinflussung zwischen verschiedenen Wahrnehmungssystemen* – Rainer Guski

(...) betrachten wir die (...) wechselseitige (...) Beeinflussung zwischen *verschiedenen* Wahrnehmungssystemen. Zu den berühmtesten Beispielen intermodaler Interaktion gehört der häufige Wechsel in der Führungsrolle zwischen visuellem und auditivem System: wenn der Mensch schläft, hat er die Augen geschlossen und ist durch visuelle Stimulation kaum zu wecken, wohl aber durch auditive, und wenn er wach ist, wird seine visuelle Aufmerksamkeit durch plötzlich auftretende Geräusche in die Richtung der Geräuschquelle gelenkt – auch wenn sich diese Geräuschquelle hinter ihm befindet und er vor sich andere Dinge betrachtet. Befindet sich aber die Geräuschquelle *vor* ihm in unverstellter Sicht, dann wird er die Schallquelle dort lokalisieren, wo er eine *sieht,* auch wenn das Geräusch aus einer anderen Richtung kommt. Und wenn sich ein Mensch stark auf die Aufnahme visueller Informationen konzentriert (z.B. beim Lesen) dann kann es geschehen, daß er auditive Informationen einfach „überhört".

Die *Lenkung des auditiven Systems* durch das visuelle ist besonders in alten Kinos und bei Mono-Fernsehsendungen bzw. -Fernsehgeräten zu beobachten: in der Frühzeit des Tonfilms wurde der Ton monophon (d.h. über nur *einen* Tonkanal) aufgenommen und über eine Lautsprechergruppe wiedergegeben, die sich in der Mitte der Leinwand befand. Wenn nun ein Schauspieler am rechten oder linken Rand der Leinwand den Mund öffnete und aus der Mitte der Leinwand seine Stimme erklang, lokalisierte jeder Zuschauer den Auftretensort des Geräusches im Mund des Schauspielers – also rechts oder links auf der Leinwand. Systematische Untersuchungen solcher Effekte haben gezeigt, daß die Geräuschquelle nur bei extremen Diskrepanzen zwischen auditiver und visueller Lokalisation an einem „Kompromißort" lokalisiert wird, der aber nicht genau der Mitte zwischen visuellem und auditivem Auftretensort entspricht, sondern etwas mehr in Richtung des visuell erfahrbaren Ortes liegt. Im allgemeinen wird der Ort der Schallquelle dort angegeben, wo eine plausible Quelle sichtbar ist.

Komplementär zum eben geschilderten Beispiel der Lenkung des auditiven Systems durch das visuelle gibt es Beispiele für die *Lenkung des visuellen Systems* durch das auditive: wenn plötzliche und unerwartete Geräusche auftreten, dann wenden wir unseren Kopf und unsere Augen sofort in die Richtung, aus der der Schall kommt – die visuelle Tätigkeit wird unterbrochen und auf die Quelle des akustischen Ereignisses gelenkt. Diese Funktion scheint angeboren zu sein: Beispielsweise dreht ein nur 3 Minuten altes Baby seine Augen mit 80-prozentiger

Sicherheit in die Richtung desjenigen Ohres, an dem ein leises Geräusch gemacht wird. Ist das Geräusch aber sehr laut, kommt es vielfach zu motorischen Schreckreaktionen und zu Augenbewegungen in die entgegengesetzte Richtung. Da solche Augen-Ohr-Zusammenhänge schon bei der ersten Darbietung auftreten, können sie nicht gelernt sein. Die ersten Vermutungen, es handle sich hier um einfache reflektorische Prozesse, werden heute abgelöst durch etwas komplexere Vorstellungen, nachdem sich herausgestellt hat, daß Kleinstkinder auch dann, wenn sie Geräusche im Dunkeln hören, mit den Augen den Raum absuchen. Hinzu kommen neurophysiologische Daten, die eine Reaktion der *visuellen* Hirnrinde bei *akustischer* Reizung feststellen. Man nimmt heute an, daß es eine angeborene Koordination zwischen der auditiven und der visuellen Verarbeitung räumlicher Information in dem Sinne gibt, daß die auditive Stimulation ein visuelles Suchprogramm auslöst, um die möglichen Schallquellen visuell zu lokalisieren. (...)
Insgesamt weisen die hier geschilderten Untersuchungsergebnisse darauf hin, daß unsere Wahrnehmung zwar nicht absolut wahrheitsgetreu, aber prinzipiell einem Realitätsprinzip folgt: wenn in unserer Nähe ein Geräusch auftaucht, dann muß es eine reale Ursache haben – es muß ein Lebewesen oder Objekt geben, von dem dieses Geräusch ausgeht. Lebewesen und Objekte sind sichtbar, also muß eines dieser Dinge im Sehfeld rings um uns herum das Geräusch entstehen lassen. Und unter normalen Wahrnehmungsbedingungen wird die Quelle auch entdeckt, wobei sich Auge und Ohr gegenseitig stützen, eventuell analoge Informationen geben. Die Nicht-Übereinstimmung zwischen visueller und auditiver Information ist ein Sonderfall, für den unsere Wahrnehmungssysteme sich nicht entwickelt haben. Tritt ein solcher Fall auf, dominiert das visuelle System.

Guski 1989, S. 160 ff.

Worterklärungen zu 4

Interaktion: Wechselbeziehung
intermodal: zwischen verschiedenen Arten
visuell: das Sehen betreffend
auditiv: das Hören betreffend
lokalisieren: örtlich bestimmen
Diskrepanz: Zwiespältigkeit, Mißverhältnis

Arbeitsanregungen zu 4

1. Geben Sie je zwei Beispiele für
   a) die Führungsrolle des visuellen über das auditive und
   b) die Führungsrolle des auditiven über das visuelle System.
2. Wieso können die frühestkindlichen Augen-Ohr-Zusammenhänge nicht erlernt sein?
3. Belegen Sie, daß unsere Wahrnehmung
   a) nicht absolut wahrheitsgetreu ist, aber
   b) prinzipiell dem Realitätsprinzip folgt.

Beeinträchtigungsformen der visuellen Wahrnehmung

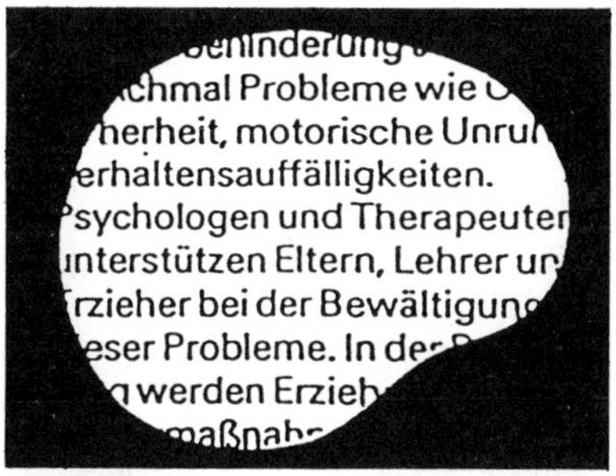

Normalsehender

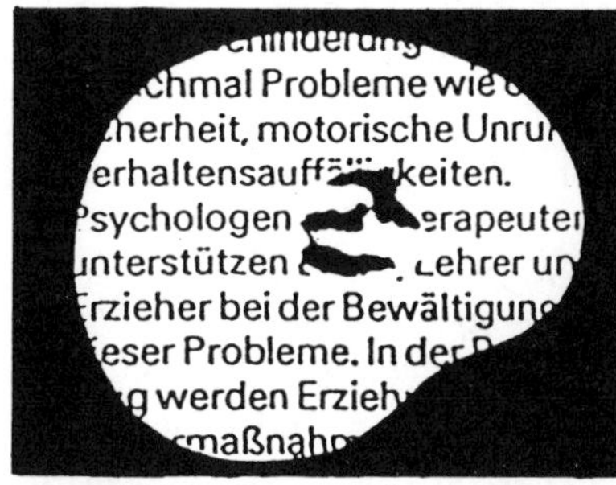

Zentraler Netzhautausfall

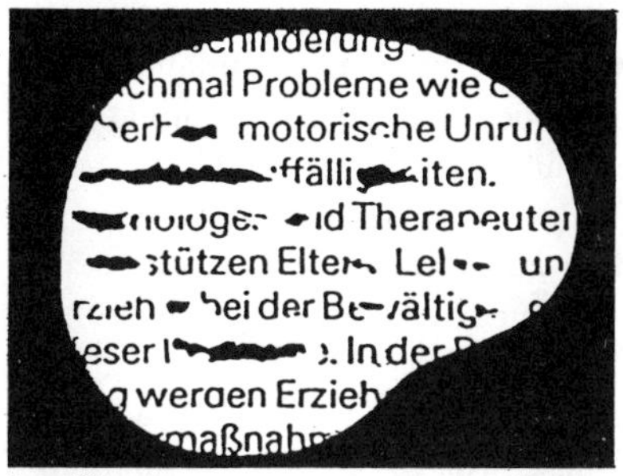

Inselförmige Gesichtsfeldausfälle

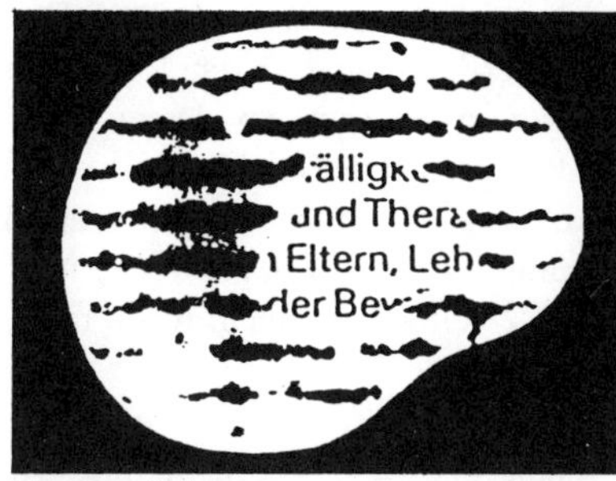

Konzentrischer Gesichtsfeldausfall

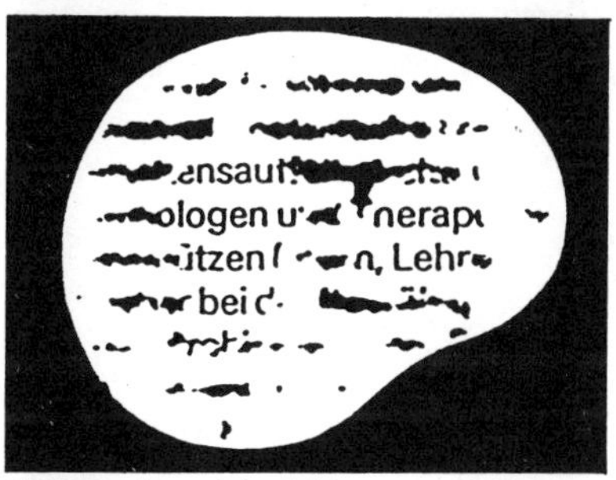

Flintenrohrgesichtsfeld mit kleiner Insel temporal

Hornhauttrübung

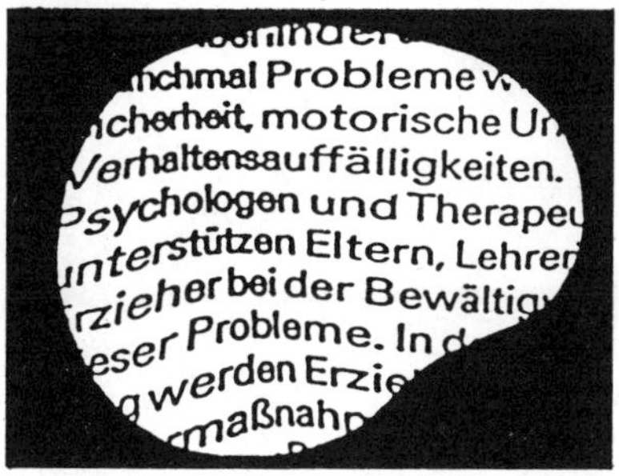

Astigmatismus (Verzerrung)

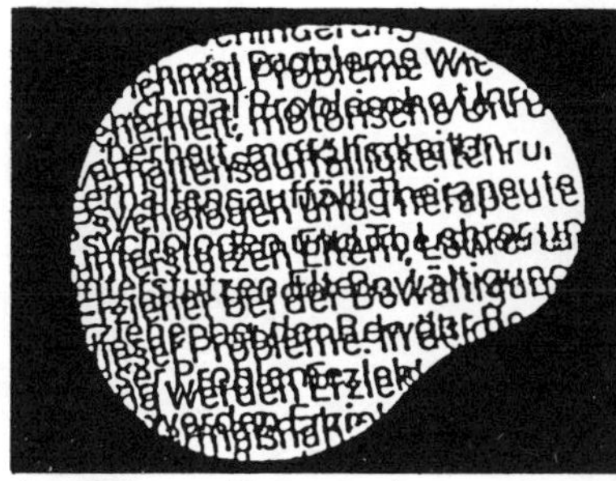

Augenzittern (Nystagmus)

Sehbehindertenzentrum Südbayern, Unterschleißheim

BEHALTEN UND VERGESSEN, DENKEN UND PROBLEMLÖSEN

Amnesie in Litteris – Patrick Süskind

Buch gelesen, Inhalt vergessen: So geht es auch dem Autor des weltberühmten Romans „Das Parfum". Oder ist der Erfahrungsbericht doch eine Kurzgeschichte?

Wie war die Frage? Achsoja: Welches Buch mich beeindruckt, geprägt, gestempelt, gebeutelt, gar „auf ein Gleis gesetzt" oder „aus der Bahn geworfen" hätte.

Aber das klingt ja nach Schockerlebnis oder traumatischer Erfahrung, und diese pflegt der Geschädigte sich allenfalls in Angstträumen zu vergegenwärtigen, nicht aber bei wachem Bewußtsein, geschweige denn schriftlich und vor aller Öffentlichkeit, worauf, so scheint mir, bereits ein österreichischer Psychologe, dessen Namen mir momentan entfallen ist, in einem sehr lesenswerten Aufsatz, an dessen Titel ich mich nicht mehr mit Bestimmtheit erinnern kann, der aber in einem Bändchen unter der Sammelüberschrift „Ich und Du" oder „Es und Wir" oder „Selbst Ich" oder so ähnlich erschienen ist (ob neuerdings bei Rowohlt, Fischer, dtv oder Suhrkamp wiederaufgelegt, wüßte ich nicht mehr zu sagen, wohl aber, daß der Umschlag grün-weiß oder hellblau-gelblich, wenn nicht gar grau-blau-grünlich war), zu Recht hingewiesen hat.

Nun, vielleicht ist die Frage ja gar nicht nach neuro-traumatischen Leseerfahrungen gerichtet, sondern meint eher jenes aufrüttelnde Kunsterlebnis, wie es in dem berühmten Gedicht „Schöner Apollo" … nein, es hieß, glaube ich, nicht „Schöner Apollo", es hieß irgendwie anders, der Titel hatte etwas Archaisches, „Junger Torso" oder „Uralter schöner Apoll" oder so ähnlich hieß es, aber das tut nichts zur Sache … – wie es also in diesem berühmten Gedicht

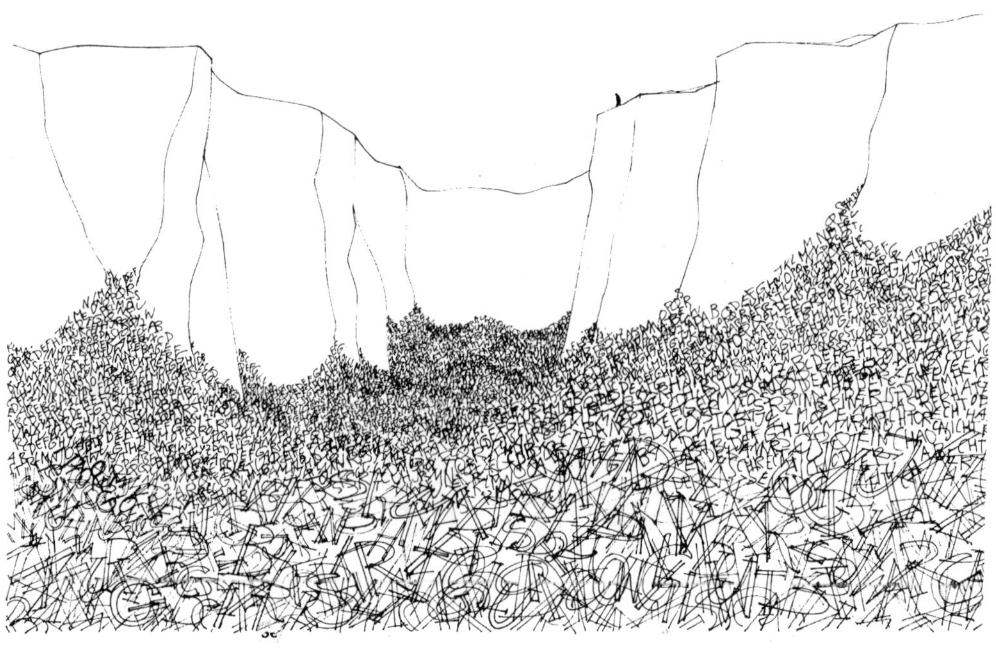

von ... von ... – ich kann mich im Augenblick nicht auf seinen Namen besinnen, aber es war wirklich ein sehr berühmter Dichter mit Kuhaugen und einem Schnauzbart, und er hat diesem dicken französischen Bildhauer (wie hieß er schon gleich?) eine Wohnung in der Rue de Varenne besorgt – Wohnung ist kein Ausdruck, ein Palazzo ist das, mit einem Park, den man in zehn Minuten nicht durchmessen kann! (man fragt sich beiläufig, wovon die Leute das damals alles bezahlt haben) – wie es jedenfalls seinen Ausdruck in diesem herrlichen Gedicht findet, das ich in seiner Gänze nicht mehr zitieren könnte, dessen letzte Zeile mir jedoch als ein ständiger moralischer Imperativ ganz unauslöschlich im Gedächtnis eingegraben steht, sie lautet nämlich: „Du mußt dein Leben ändern."

Wie verhält es sich also mit jenen Büchern, von denen ich sagen könnte, ihre Lektüre hätte mein Leben geändert?

Um dieses Problem zu erhellen, trete ich (es ist nur wenige Tage her) an mein Bücherregal und lasse den Blick an den Bücherrücken entlangwandern. Wie immer bei solchen Gelegenheiten – wenn nämlich von einer Spezies allzu viele Exemplare auf einem Fleck versammelt sind, und sich das Auge in der Masse verliert – wird mir zunächst schwindlig, und um dem Schwindel Einhalt zu gebieten, greife ich aufs Geratewohl in die Masse hinein, picke mir ein einzelnes Bändchen heraus, wende mich damit ab wie mit einer Beute, schlage es auf, blättere darin und lese mich fest.

Bald merke ich, daß ich einen guten Griff getan habe, einen sehr guten sogar. Das ist ein Text von geschliffener Prosa und klarster Gedankenführung, gespickt mit interessantesten nie gekannten Informationen und voll der wunderbarsten Überraschungen – leider will mir im Moment, da ich dies schreibe, der Titel des Buches nicht mehr einfallen, ebensowenig wie der Name des Autors oder der Inhalt, aber das tut, wie man gleich sehen wird, nichts zur Sache oder vielmehr: trägt im Gegenteil zu ihrer Erhellung bei. Es ist, wie gesagt, ein hervorragendes Buch, was ich da in Händen halte, jeder Satz ein Gewinn, und ich stolpere lesend zu meinem Stuhl, lasse mich lesend nieder, vergesse lesend, weshalb ich überhaupt lese, bin nur noch konzentrierte Begierde auf das Köstliche und völlig Neue, das ich hier Seite um Seite entdecke. Gelegentliche Unterstreichungen im Text oder mit Bleistift an den Rand hingekritzelte Ausrufezeichen – Spuren eines lesenden Vorgängers, die ich in Büchern ansonsten nicht eben schätze – stören mich in diesem Falle nicht, denn so spannend läuft die Erzählung dahin, so munter perlt die Prosa, daß ich die Bleistiftspuren gar nicht mehr wahrnehme, und wenn ich es doch einmal tue, dann nur in zustimmendem Sinne, denn es erweist sich, daß mein lesender Vorgänger – ich habe nicht den geringsten Schimmer einer Ahnung, wer es sein könnte – es erweist sich, sage ich, daß jener seine Unterstreichungen und Exklamationen just an jenen Stellen angebracht hat, die auch mich am stärksten begeistern. Und so lese ich, von der überragenden Qualität des Textes und der spirituellen Kumpanei mit meinem unbekannten Vorgänger doppelt beflügelt, weiter, tauche immer tiefer in die erdichtete Welt, folge mit immer größerem Erstaunen den herrlichen Pfaden, auf denen der Autor mich führt ...

Bis ich an eine Stelle komme, die wohl den Höhepunkt der Erzählung bildet, und die mir ein lautes „Ah!" entlockt. „Ah, wie gut gedacht! Wie gut gesagt!" Und ich schließe für einen Moment die Augen, um dem Gelesenen nachzusinnen, das mir gleichsam eine Schneise in das Wirrwarr meines Bewußtseins geschlagen hat, mir völlig neue Perspektiven eröffnet, neue Erkenntnisse und Assoziationen zuströmen läßt, ja, mir tatsächlich jenen Stachel des „Du mußt dein Leben ändern!" einsticht. Und automatisch fast greift meine Hand zum Bleistift, und „du mußt dir das anstreichen", denke ich „ein ‚Sehr gut' wirst du an den Rand schreiben und ein dickes Rufzeichen dahintersetzen und mit ein paar Stichworten die Gedankenflut notieren, die die Passage in dir ausgelöst hat, deinem Gedächtnis zur Stütze und als dokumentierte Reverenz an den Autor, der dich so großartig erleuchtet hat!"

Aber ach! Als ich den Bleistift auf die Seite niedersenke, um mein „Sehr gut!“ hinzukritzeln, da steht dort schon ein „Sehr gut!“, und auch das stichworthafte Resümee, das ich notieren will, hat mein lesender Vorgänger bereits verzeichnet, und er hat es in einer Handschrift getan, die mir wohlvertraut ist, nämlich in meiner eigenen, denn der Vorgänger war niemand anders als ich selbst. Ich hatte das Buch längst gelesen. (...)

Süskind, Patrick: Amnesie in Litteris. In: Tintenfaß Nr. 20, © by Diogenes Verlag AG, Zürich

Nicht immer hält eine schriftliche Notiz den Vergessensprozeß auf, wie Süskind zeigt. Was bei Süskind „nur“ peinlich ist, kann im Alltag aber – jeder weiß es – äußerst unangenehme und schädliche Folgen haben. Ob man sich vor solch unerwünschten „Verlusten“ und ihren Konsequenzen schützen kann, beschäftigt die Menschen seit jeher und ist Gegenstand der Gedächtnisforschung. Diese liefert in der Tat einige aufschlußreiche Ergebnisse:
Schriftliche Notizen, eine Form „symbolischer Repräsentation“ verringern nachweislich das Ausmaß des Vergessens. Die Erkenntnisse über Gedächtnisstrategien, z. B. das Gruppieren oder das Herausfiltern der Hauptidee, sind für jeden Lernenden wichtig. Daß das Wissen um Gedächtnisprozesse die Behaltensmöglichkeiten beträchtlich steigern kann, ist jedoch noch keineswegs allgemein bekannt (vgl. 1.3). Eng mit dem Thema Behalten und Vergessen verknüpft ist die Frage nach der Denkfähigkeit des Menschen, die wiederum zur Fähigkeit des Menschen, Probleme zu lösen, führt.

1 Behalten und Vergessen*

(...) Der Einfluß, den die symbolische Repräsentation auf das Beobachtungslernen ausübt, wird durch eine Reihe von Untersuchungen erhärtet, die sich sowohl hinsichtlich des Alters der Versuchspersonen wie auch hinsichtlich des Inhalts der modellierten Aktivitäten unterscheiden. In einem Experiment sahen Kinder einen Film, in dem ein Modell mehrere komplexe Verhaltenssequenzen zeigte. Während der Darbietung paßte eine Gruppe nur genau auf, eine andere kodierte die neuen Reaktionen des Modells in sprachlichen Entsprechungen, und eine dritte Gruppe zählte rasch, während sie den Film sah, wodurch verhindert werden sollte, daß sie die Modellierungsreize impliziert kodierte. Eine anschließende Untersuchung des Beobachtungslernens erbrachte, daß die Kinder, die die modellierten Verhaltensmuster sprachlich kodiert hatten, signifikant mehr Nachbildungsreaktionen reproduzierten als jene, die die Modellreaktionen nur visuell aufgenommen hatten. Diese Kinder wiederum hatten sich mehr angeeignet als die Kinder, die mit konkurrierender Symbolisierung beschäftigt waren. Kinder aus der Gruppe, die verbalisiert hatte, reproduzierten einen großen Anteil (60%) der modellierten Reaktionen, die sie in Wörtern kodiert hatten, während sie nur einen geringen Anteil (25%) der Reaktionen zeigten, die sie versäumt hatten zu kodieren. (...)
Weitere Beweise dafür, daß die Art, in der die Modellreaktionen erworben und behalten werden, dem Einfluß der symbolischen Kodierung unterliegt, hat Gerst (1971) geliefert. Collegestudenten sahen einen Film, in dem ein Modell komplexe motorische Reaktionen ausführte – es handelte sich um schwierige Bewegungen aus der Taubstummensprache. Unmittelbar nachdem die Versuchspersonen alle modellierten Reaktionen gesehen hatten, mußten sie einer von vier symbolischen Beschäftigungen für die Dauer von einigen Minuten nachgehen. Eine Gruppe vergegenwärtigte sich die Reaktionen durch möglichst genaue Vorstellungen; eine zweite Gruppe kodierte die Modellierungsreize in konkreten sprachlichen Ausdrücken, indem sie die einzelnen Elemente der Reaktionen und

ihre Elemente beschrieb; die dritte Gruppe suchte prägnante Bezeichnungen, die das charakteristische der Reaktionen erfaßten. (Eine Reaktion von der Form einer Brezel zum Beispiel mochte als Dirigent bezeichnet werden, der seinen Taktstock im Finale einer Symphonie bewegt.) Die Versuchspersonen der Kontrollgruppe waren mit Kopfrechnen beschäftigt, damit sie die dargestellten Ereignisse nicht symbolisch kodieren konnten. Die Versuchspersonen reproduzierten die modellierten Reaktionen unmittelbar nach der Kodierung. Dann wurden sie 15 Minuten lang einer ablenkenden Aufgabe unterzogen, die sie daran hintern sollte, die Modellreaktionen symbolisch zu wiederholen.

Alle drei Kodierungsoperationen kamen dem Beobachtungslernen zugute. Die knappen Bezeichnungen und die Vorstellungskodes erwiesen sich als gleichermaßen geeignet, um die modellierten Reaktionen sofort reproduzieren zu können. Beide waren in dieser Hinsicht der konkreten sprachlichen Form überlegen. Der verzögerte Test, in dem untersucht wurde, wie weit die Nachbildungsreaktionen behalten wurden, zeigte, daß die knappe Bezeichnung das beste Kodierungssystem für die Gedächtnisrepräsentation ist. Die Versuchspersonen aus dieser Gruppe behielten signifikant mehr Nachbildungsreaktionen als diejenigen, die Vorstellungsbilder oder konkrete Verbalisationen verwendet hatten.

Die relative Überlegenheit des summarischen Bezeichnungskodes zeigt sich noch deutlicher, wenn die Nachbildungsleistungen nach einem genauen Maßstab bewertet werden, der festlegt, daß alle Reaktionselemente in genau der Reihenfolge reproduziert werden müssen, in der sie ursprünglich modelliert wurden. Im Gedächtnistest waren Versuchspersonen, die die Modellierungsreize in prägnanten Bezeichnungen kodiert hatten, in der Lage, beinahe doppelt so viele richtig geordnete Reaktionen wie die anderen Gruppen zu reproduzieren. Darüber hinaus wurden modellierte Reaktionen, deren summarischen Kode die Versuchspersonen behalten hatten, sehr viel vollständiger (52%) reproduziert als die Reaktionen, deren Kode vergessen worden war (7%). (...)

Bandura, Albert: Lernen am Modell. Ansätze zu einer sozialkognitiven Lerntheorie. Stuttgart: Klett-Cotta 1976, S. 25 ff.

1.1 Das Dreispeichermodell des Gedächtnisses* – W. Metzig / Martin Schuster

(...) Nun soll das Wissen über das Gedächtnis systematisch fundiert werden. Das Dreispeichermodell unterscheidet zwischen 3 Gedächtnissystemen, die interagierend arbeiten, und dient als Modell für eine ganze Reihe der beobachteten Tatsachen des Lernverhaltens. Es handelt sich um die Unterscheidung zwischen sensorischem Speicher, Kurzzeitspeicher und Langzeitspeicher. In der einen oder anderen Form existiert diese Unterscheidung schon recht lange. Bereits die deutsche Gedächtnispsychologie um die Jahrhundertwende kannte Fakten, die einen unterschiedlichen Verlauf der Behaltensleistung für sehr neues oder für bereits vor sehr langer Zeit gelerntes Lernmaterial nachwies (...). In letzter Zeit wurde die scharfe qualitative Unterscheidung zwischen den Speichersystemen angegriffen (...). In den einschlägigen Lehrbüchern der allgemeinen Psychologie (...) sowie der Gedächtnispsychologie (...) wird das sog. Dreispeichermodell jedoch beibehalten. Die Gründe, die zur Unterscheidung von 3 unterschiedlich arbeitenden Gedächtnissystemen führen, werden im folgenden ausgeführt. Dabei werden die Zeitcharakteristika der Systeme im Vordergrund stehen. Ganz offensichtlich gibt es Informationen, die über die Lebensspanne hinweg erhalten bleiben, z. B. Jugenderinnerungen, die nicht verblassen. Andererseits existiert auch ein sehr kurzfristiges Behalten, etwa für eine bei der Auskunft erfragte Telefonnummer, die bald vergessen ist, oder aber ein noch schnelleres

Verblassen, wie etwa bei den Details eines Straßenbildes, denen wir keine weitere Aufmerksamkeit schenken. Im folgenden wird es eine Rolle spielen, in welchem Format Informationen gespeichert sind. Handelt es sich um gespeicherte verbale Statements, um Wortklänge oder um Bilder. Darüber hinaus wird gefragt, welche Ordnung die Informationen in den genannten Speichersystemen haben. Hier soll zunächst einmal die klassische Dreiteilung des menschlichen Gedächtnisses vorgestellt werden.

Metzig, W./Schuster, Martin: Lernen zu lernen. Anwendung, Begründung und Bewertung von Lernstrategien. Berlin, Heidelberg, New York: Springer 1982, S. 8ff.

1.1.1 Sensorischer Speicher

In einem recht originellen Experiment (...) kann man die Existenz eines Speichersystems nachweisen, das die in den Sinnesorganen eintreffende Information vollständig, aber sehr kurzfristig speichert.
Zeigt man Vpn [Versuchspersonen] sehr kurzfristig die Buchstabenmatrix (Abb. 1) und bittet sie, anzugeben, an welche Buchstaben sie sich erinnern, so können die Vpn in der Regel 3–4 Buchstaben richtig wiedergeben. Dieses Ergebnis könnte 2 Gründe haben:
- mehr Informationen wurden in der kurzen Zeit nicht aufgenommen,
- während die Buchstaben aus dem sensorischen Speicher abgerufen werden, geht schon wieder Information verloren.

Sperling testete die letzte Möglichkeit, indem er *nach* der kurzzeitigen Darbietung einen zufällig ausgewählten Buchstaben durch einen schwarzen Balken „markierte“ und fragte, welcher Buchstabe an der markierten Stelle projiziert wurde. Hätten die Vpn bei der Darbietung der Buchstaben insgesamt nur 3–4 Buchstaben aufgenommen, so müßte unter der neuen Versuchsbedingung zu erwarten sein, daß die Vpn den erfragten Buchstaben in einigen Fällen angeben können, in anderen aber nicht. Tatsächlich jedoch konnten die Vpn den erfragten Buchstaben *immer* angeben. Das heißt, daß kurz nach Darbietung die gesamte visuelle Information gespeichert ist, aber während des Analyseprozesses der Buchstabenextraktion wieder verloren geht. Dieser Speicher ist dem Nachbild, das wir bei besonders greller Beleuchtung eines Gegenstandes oder beim Blick in eine Lampe oder die Sonne deutlich erleben, vergleichbar (es gibt Autoren, die dieses Gedächtnissystem mit dem Nachbild in den Zellen der Retina gleichsetzen).
In dem sensorischen Speicher befindet sich also Information, die uns nicht bewußt wird. Nur ein Teil der Information des sensorischen Speichers, in der zweiten Versuchsbedingung immer der Buchstabe, den die Vpn zuerst angeben sollten, wird nach einer weiteren Verarbeitung der Information bewußt. Wir können also bereits durch dieses einfache Experiment einige Merkmale dieses Speichers angeben (s. Abb. 2, S. 74):
- Er speichert die Informationen der Sinne (Auge, Ohr usf.).
- Die Speicherungsdauer ist sehr kurz.
- Die Informationen, die gespeichert sind, werden nicht alle bewußt, d. h., sie sind präattentiv (vor der Aufmerksamkeit).
- Die gespeicherte Informationsmenge ist sehr hoch.

Auf dieser sehr frühen Stufe der Speicherung gilt: Informationen, denen wir keine Aufmerksamkeit zuwenden, gehen wieder verloren (...). Gerade auf diesen Punkt weisen die professionellen Gedächtniskünstler häufig hin. Lorayne und Lucas (1974) betonen, daß es ein Hauptziel der Gedächtnistechniken ist, die gesamte Aufmerksamkeit auf die zu lernende Information zu

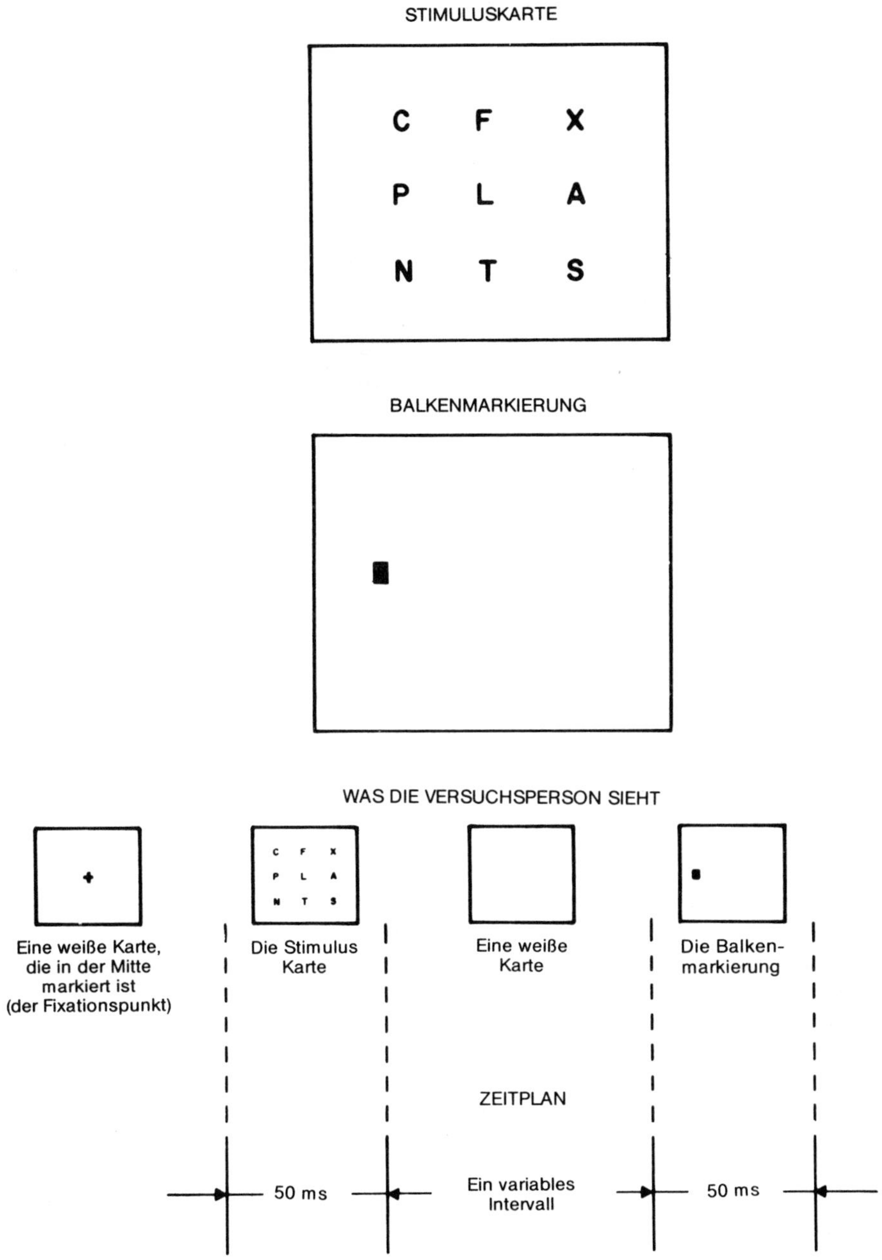

Abb. 1 *Das Versuchsmaterial und die Reihenfolge der Darbietung des Versuchsmaterials in Sperlings Experiment. (...)*

lenken. (...) Informationen, die unseren Interessen entsprechen, wenden wir automatisch die Aufmerksamkeit zu. Wird in einer Partygruppe über Hausbauen oder Kunstsammeln oder Musik gesprochen, so richten solche Personen ihre Aufmerksamkeit auf dieses Gespräch, die daran besonders interessiert sind. So verwundert es auch nicht, daß gerade in den Bereichen

Abb. 2 *Der sensorische Speicher kann mit einem Echo verglichen werden, das die eingegebene Information über eine kurze Zeitspanne erhält. Während des Ablesens der Information aus dem sensorischen Speicher zerfällt die Information bereits wieder, und neue Informationen können aufgenommen werden. In einigen modernen Werken über das Gedächtnis wird explizit vom „echoischen Speicher" gesprochen (...).*

unserer Hobbys oder Interessen das Lernen so leicht und fast automatisch verläuft, während es uns extrem schwerfällt, die Aufmerksamkeit auf einen esoterischen Text über Philosophie oder über eine bestimmte Epoche der Geschichte zu lenken. Wir neigen dazu, an andere Dinge zu denken (gelegentlich daran, wie schlimm es sein könnte, in der Prüfung durchzufallen) und lernen die Information nur äußerst mühsam, weil wir ihr nur einen Teil unserer Aufmerksamkeit zuwenden. (...)

Metzig/Schuster 1982, S. 9 ff.

Worterklärungen und Arbeitsanregungen s. S. 79f.

1.1.2 Kurzzeitspeicher

Auch Informationen, die wir aufmerksam, bewußt wahrnehmen, sind keineswegs vor dem Vergessen bewahrt. Das klassische Beispiel ist die Telefonnummer, die man bei der Auskunft erfragt, aber wieder vergißt, weil man zwischendurch anderweitig beschäftigt war.
Beim Lernen einer Liste von Wörtern (oder auch von sinnlosen Silben, die lange Zeit das bevorzugte Lernmaterial der Gedächtnisforschung waren) ergibt sich die schon lange bekannte

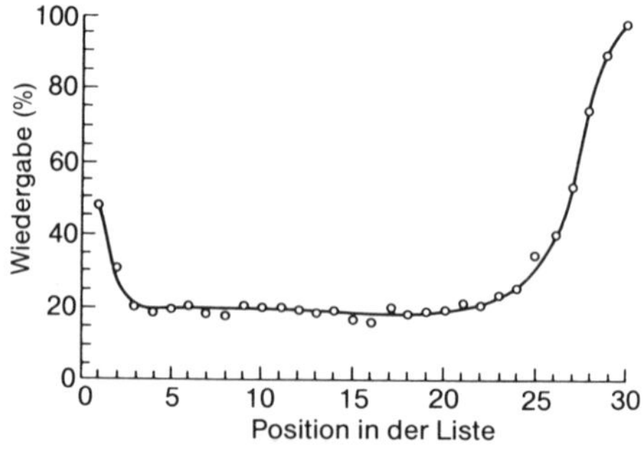

Abb. 3 *Positionskurve. Die ersten und die letzten Elemente einer zu lernenden Liste werden am besten behalten. (...)*

Positionskurve (Abb. 3). Die ersten und letzten Elemente der Liste werden besser behalten. Hier könnten wir wiederum daran denken, ein Speicher mit einer relativ schnellen „Verblassungszeit" sei in Operation, der die letzten Elemente der Liste zum Zeitpunkt des Abrufes noch enthält. Das ist einfach zu prüfen. Man kann nach dem Lernen der Liste Zeit verstreichen lassen, in der man die Vpn durch eine ablenkende Aufgabe zwingt, die Liste nicht zu wiederholen, und prüfen, ob dann die letzten Elemente der Liste immer noch besser gelernt sind. Murdock (1962) zeigt, daß dies nicht der Fall ist.

Abb. 4 *Der Kurzzeitspeicher enthält eine bestimmte Anzahl von Speicherplätzen, die im einzelnen unterschiedliche Mengen von Informationen enthalten können, wie etwa eine Schublade unterschiedlich große Gegenstände enthalten kann (...).*

Die Kapazität dieses Kurzzeitspeichers scheint nicht allzu hoch zu sein. Eine Demonstration, die recht eindrucksvoll ist, belegt dies: Wenn man eine Gruppe von Personen bittet, sich eine Menge von Zahlen zu merken und nun in langsamer Reihenfolge einzelne Ziffern vorliest, so wird von der 7.–9. Ziffer erhebliche Unruhe entstehen, die Personen sind von der Aufgabe überlastet. Miller (1956) zeigt in seinem Aufsatz *The magical number seven,* daß ungefähr 7 ± 2 Elemente in dem Kurzzeitspeicher niedergelegt werden können. Dabei haben die Elemente eine merkwürdige Eigenschaft. Es ist gleichgültig, ob es sich um sieben Zeichen, sieben Buchstaben, sieben Worte oder sieben Sätze handelt; ganz unabhängig vom Umfang der Information können 7 Elemente abgespeichert werden. Dies kann man sich am besten verdeutlichen, wenn man sich die Einzelplätze des Kurzzeitspeichers als Schubladen vorstellt, in denen immer nur ein Gegenstand abgelegt werden kann (Abb. 4). Es kommt darauf an, ob ein Sachverhalt zu einem Element zusammengefaßt werden kann, wenn er einen Speicherplatz im Kurzzeitspeicher einnehmen soll. Bekannt wurde ein Beispiel mit dem Wort Wind (Abb. 5).

Abb. 5 *Das Wort Wind braucht unterschiedlich viele Speicherplätze, je nachdem, ob es als eine Anzahl von Linien (10 Speicherplätze), als Buchstaben (4 Speicherplätze) oder als ein Wort (1 Speicherplatz) gesehen wird.*

Werden die Buchstaben als diagonale und horizontale Linien dargeboten und eine Person kann nicht lesen, so benötigt sie zur Repräsentation des Wortes 10 Speicherplätze, kann man die Linien dagegen auf bekannte Buchstaben reduzieren, so sind nur noch 4 Speicherplätze notwendig, und ist dem Leser die deutsche Sprache bekannt, kann er das Wort Wind erkennen und benötigt nur noch einen Speicherplatz (...).

Wieviel Kurzzeitspeicherplätze eine Information benötigen wird, hängt davon ab, was bereits als Gesamtelement in einem anderen Speicher vorliegt. Die Speichereinheit des Kurzzeitspeichers wird als „chunk“ bezeichnet. Man weiß, daß der Kurzzeitspeicher immer ungefähr 7 Elemente enthalten kann, aber je nach Vorwissen und Integration der Information kann die im Kurzzeitspeicher gespeicherte Informationsmenge enorm schwanken. (...)

Über die Verweildauer der Information im Kurzzeitspeicher gibt es noch Kontroversen. Einige Ergebnisse sprechen dafür, daß sich dieser Speicher wie eine Push-down-Einheit verhält, d.h., daß jeweils für ein neu hinzukommendes Element ein altes vergessen wird. Andererseits scheint die Verweildauer der Information in diesem Speicher auch nicht unbegrenzt zu sein. Schätzungen ergeben 2–3 min. Dabei ist allerdings immer vorauszusetzen, daß der übliche Zufluß neuer Informationen besteht.

Im Gegensatz zum sensorischen Speicher sind wir bei der Informationsaufbewahrung im Kurzzeitspeicher dem Vergessen nicht so hilflos ausgeliefert. Es stehen Kontrolltechniken zur Verfügung, die verhindern, daß die im Kurzzeitspeicher befindliche Information vergessen wird (...). Die oben erwähnte Telefonnummer z.B. können wir im Gedächtnis behalten, indem wir sie uns immer wieder leise vorsagen. Werden wir allerdings dabei unterbrochen, geht sie verloren. Lindsay und Norman (1981) sprechen von „Erhaltungswiederholung“, welche die Information immer wieder neu in das Kurzzeitspeichersystem einspeist.

Möglicherweise werden einige Informationen im Kurzzeitspeicher nicht mehr in ihrer Ausgangsform gespeichert. Buchstabenverwechslungen bei kurzzeitiger visueller Darbietung zeigen, daß die Buchstaben nach phonetischen, also nach Gesichtspunkten des Sprachklangs und nicht nach Gesichtspunkten der optischen Ähnlichkeit verwechselt werden. Zumindest in diesem Fall also wird die optische Eingangsinformation in ein verbales, phonemisches Format transformiert. Genau so, wie wir uns die Zahlinformation der Telefonnummer als Wort vorsagen und nicht als Vorstellung von Anhäufungen unterschiedlich großer Gruppen oder einfach als visuelle Vorstellung der Ziffern vergegenwärtigen. (...)

Die Wiederholung von Information allein muß aber keineswegs zum endgültigen Behalten führen, wie ein Experiment von Rack (1957) zeigt:

Den Versuchspersonen des Experiments wurde eine Liste mit sinnlosen Silben vorgegeben, die sie lernen sollten. In einem nächsten Durchgang wurde diese Liste abgefragt. Dabei gab es Silben, die korrekt behalten wurden, und Silben, die falsch oder gar nicht wiedergegeben wurden. Die falschen oder vergessenen Silben wurden ohne Wissen der Vpn durch neue ersetzt. Eine Kontrollgruppe lernte zum Vergleich die alte unveränderte Liste wieder. Wenn die reine Wiederholung einer Silbe einen „einschleifenden“ Effekt hat, auch wenn die Silbe noch nicht gelernt ist, müßte die Kontrollgruppe, bei der ja in den verschiedenen Durchgängen die nicht gelernten Silben immer gleich bleiben, wesentlich besser lernen. Das war jedoch nicht der Fall, die Unterschiede zwischen Kontroll- und Versuchsgruppe waren geringfügig, woraus folgt, daß die reine Wiederholung keinen längerfristigen Lerneffekt bewirken muß (s. Tabelle 1).

Kintsch (1977) faßt mehrere Untersuchungen mit dem gleichen Ergebnis zusammen: Die reine Wiederholung führt nicht zu einer längerfristigen Einprägung. Dies ist für die pädagogische Praxis von großer Bedeutung, weil gerade im deutschen Raum in Grundschulen das Wiederholen eine große Rolle spielte. (Diese Rolle wurde allerdings durch neuere, mehr auf Logik

Tabelle 1 *Fiktives Beispiel für jeweils eine Vp aus Kontroll- und Versuchsgruppe, die sich zufällig im ersten Durchgang gleich verhielten*

	Liste 1	Test	Liste 2	
Experimental-gruppe	lom	richtig	lom	Falsche Items werden ersetzt
	ere	falsch	mes	
	zes	falsch	maf	
Kontroll-gruppe	lom	richtig	lom	Falsche Items werden wiederholt
	ere	falsch	ere	
	zes	falsch	zes	

ausgerichtete Erziehungsziele abgelöst). Iwanowa (...) kann für das Lernen mit erwachsenen Vpn feststellen, daß es keineswegs zum besten Lernerfolg führt, wenn der Lernstoff in der gesamten zur Verfügung stehenden Zeit wiederholt wird, sondern daß der Lernerfolg bei der Teilung der Gesamtzeit in die Möglichkeiten Selbstprüfen (Reproduktion) und Wiederholung im Verhältnis 60 zu 40 am besten ausfällt.

Die Beobachtung, daß eine Wiederholung die zu lernende Information erhält, kann zu Mißverständnissen führen. Man bemerkt nicht, daß die Information zwar kurzfristig verfügbar ist, langfristig aber nicht mehr erinnert werden kann. Die Autoren haben die Erfahrung gemacht, daß Prüflinge, die über ihren Prüfungserfolg enttäuscht waren, häufig angaben, den Lernstoff immer wieder wiederholt zu haben. Zu diesem Mißverständnis mag auch die Formulierung beitragen, die Lehrer in Schulen oft wählen, wenn sie ankündigen, daß der Lernstoff noch wiederholt werden müsse, bzw. daß bis zur Beherrschung eines Stoffs noch Wiederholung nötig sei oder ein Schüler die Information zu Hause noch einmal wiederholen solle.

Metzig/Schuster 1982, S. 12ff.

Worterklärungen und Arbeitsanregungen s. S. 79f.

1.1.3 Langzeitspeicher

Einige Informationen sind so gespeichert, daß wir sie nicht mehr vergessen, z. B. die Muttersprache, der eigene Name, aber auch umfangreiche Erinnerungen an vergangene Ereignisse bis in die frühe Kindheit hinein. Dieser Tatsache wird in unserem Dreispeichermodell durch den Langzeitspeicher Rechnung getragen. (Das Modell ist hier sicher vergröbernd dargestellt, man kann innerhalb das Langzeitspeichers noch andere Komponenten abheben, z. B. unterscheidet Tulving episodisches und semantisches Gedächtnis[1].)

Im allgemeinen denkt man bei der Langzeitspeicherung an eine chemische Veränderung von „Informationsmolekülen", wie sie bei der Erforschung der genetischen Information entdeckt wurden. Eine Ausschaltung der gesamten elektrischen Aktivität des Gehirns, z. B. durch den elektrokonvulsiven Schock oder als Unfallfolge kann zwar die Inhalte, die gerade aufgenommen wurden (etwa den Inhalt des Kurzzeitspeichers) löschen, nicht aber die langfristigen Eintragungen. Chemische Veränderungen im Alter können die Aufnahmefähigkeit des Langzeitspeichers verringern (...). Den Psychologen interessieren natürlich die Merkmale des Langzeitspeichers bei der Informationsverarbeitung, denn gerade die langfristige Hilfestellung ist eine Hilfestellung beim dauerhaften Einprägen.

[1] vgl. S. 80; d. Hg.

Scheinbares Lernen
Dieses Phänomen verursacht viele Probleme beim Lernen. Während eines Vortrags oder während des Lesens ist der gerade aufgenommene Stoff im Kurzzeitspeicher und leicht reproduzierbar. Man hat das Gefühl, man hätte den Stoff bereits gelernt und brauchte keine weiteren Lernanstrengungen mehr zu unternehmen. Nach einigen Stunden allerdings ist der Lernstoff wieder vergessen. Wenn man aber sicher war, alles zu können und eine weitere Kontrolle nicht mehr für nötig hält, kann es passieren, daß man in der Situation, in der man die Information wiedergeben möchte, mit Überraschung feststellen muß, daß man sich an nichts mehr erinnert.
Eine Selbstprüfung (...) muß auch nach längeren Intervallen vorgenommen werden, um zu sichern, daß die Information tatsächlich im Langzeitspeicher niedergelegt ist.

Wenn immense Informationsmengen wie im menschlichen Gehirn gespeichert sind, muß es eine Ordnung geben, die das Suchen einer bestimmten Information ermöglicht. Hier wird oft der Vergleich zu einer Bibliothek gewählt (Abb. 6; ...). Das Ordnungssystem des menschlichen Gedächtnisses ist aber weitaus flexibler als etwa das Ordnungssystem einer Bibliothek. Es fällt uns (bei ausreichender Kenntnis des Sachgebiets) keineswegs schwer, ein dickes rotes Buch über Psychologie zu benennen oder eines, das im Cover die Farben weiß/blau verwendet. Aus einer Bibliothek können wir Bücher nach Autor und höchstens noch nach Sachgebiet suchen. Die Frage nach dem roten Buch mit mehr als 300 Seiten über Farbpsychologie würde einen Bibliothekar fassungslos zurücklassen. Mit Assoziationsversuchen (...) oder Simulationsexperimenten (...) versucht man, die Ordnung der Wissensbasis zu erforschen. Dabei gibt es viele Probleme, unter anderem ist noch nicht einmal geklärt, welche Art Information im Langzeitspeicher eigentlich niedergelegt wird. Handelt es sich um verbale (Proposition) oder um visuelle Information? (...) Auf jeden Fall spielt die Einordnung eines Wissenselements in die komplexe Struktur des gesamten Wissens eines Menschen eine Rolle. Eine Information muß so eingeordnet sein, daß sie im Fall einer Suche gefunden wird. Das kann dadurch erleichtert werden, daß sie in verschiedenste Zusammenhänge eingeordnet wird (multiple Enkodierung). Das kann aber auch, wie Ausubel (1974) fordert, die Einordnung an der notwendigen und sinnvollen Stelle sein.

Abb. 6 *Im Langzeitspeicher ist die Information einer Bibliothek vergleichbar geordnet und vermutlich in chemischen „Engrammen" niedergelegt. Viele Phänomene der Speicherung und der Wiedergabe von Information im menschlichen Gedächtnis lassen sich durch die Analogie zur Bibliothek und zu den Problemen der Informationsspeicherung in einer Bibliothek verstehen.*

Ohnehin scheint es gar nicht das Problem zu sein, eine Information abzuspeichern, das Problem ist vielmehr, sie hinterher wieder zu finden. Experimente (...) und Studien unter Hypnose legen den Gedanken nahe, daß im Gedächtnis sehr viele Eintragungen sind, die nicht mehr abgerufen werden können. So wird ein Ziel der im folgenden zu beschreibenden Gedächtnistechniken darin bestehen, eine eindeutige und leicht wiederherzustellende Zuordnung eines neuen Inhalts zu den bereits existierenden Gedächtnisinhalten zu schaffen.
Man versucht gelegentlich zu unterscheiden, welche Lernhilfen beim Lernen, also bei der Einspeicherung, und welche Techniken beim Abruf, also beim Erinnern der Information, wirksam werden. Einen Ort in der komplexen Struktur des Vorwissens finden zu können, erfordert natürlich, daß eine Information sinnvoll ist, also in einer bestimmten Beziehung zu den bereits gespeicherten Informationen steht. Viele der Informationen, die wir uns merken wollen, wie Termine, Fremdwörter sind für uns aber zunächst einmal nicht sinnvoll, so daß ein erster Schritt der Anpassung der Information auf die Anforderungen des Langzeitspeichers darin besteht, willkürliche Informationselemente auf die eine oder andere Art zu einem Sinn zu führen. Dies bezeichnet man i.allg. als „elaborative“ Kodierung. Der Information wird etwas hinzugefügt, sie wird elaboriert, um so besser in die „Fächer“ des Langzeitspeichers hineinzupassen.
Das mag im konkreten Fall etwas merkwürdig klingen, weil man der zu lernenden Information noch weitere hinzufügt. Natürlich – das wurde bereits bei der Besprechung des Kurzzeitspeichers klar – gibt es auch das Gegenteil, die „reduktive Kodierung“, bei der die Menge der neuen Informationen so auf bereits bestehende Wissensstrukturen bezogen wird, daß die Gesamtmenge der zu speichernden Informationen verringert wird. Die menschliche Suche nach Regeln, nach Gesetzmäßigkeiten im Verhalten der Umwelt ist Ausdruck des ständigen Versuchs, die Komplexität der zu verarbeitenden und der dabei zu speichernden Information zu reduzieren. Insofern gehört die „reduktive Kodierung“ zum Verhaltensinventar des Lernenden. Möglichkeiten zu reduktiver Kodierung werden spontan entdeckt, so daß ein Buch über Lerntechniken in dieser Hinsicht wenig Überraschendes anzubieten hat. Ratschläge zum Zusammenfassen von wichtiger Information, zur Reduktion auf Kernsätze sind schon Bestandteile der ältesten Anweisungen zum Lernen.

Metzig/Schuster 1982, S. 16ff.

Worterklärungen zu 1.1.1 – 1.1.3

sensorisch: sinnesmäßig
immens: unermeßlich
Simulationsexperiment: Experiment unter vorgetäuschten Bedingungen
multipel: vielfältig
elaboriert: ausgearbeitet
reduktiv: zurückführend, verringernd

Arbeitsanregungen zu 1.1.1 – 1.1.3

1. Geben Sie die Textstellen an, die für das Vorhandensein eines sensorischen Speichers sprechen.
2. Charakterisieren Sie in drei bis vier Sätzen den sensorischen Speicher.
3. Was können Sie über die Kapazität des Kurzzeitspeichers sagen? Wovon hängt sie ab?
4. Erläutern Sie den Begriff „Erhaltungswiederholung“.

5. Unter welchen Bedingungen ist Wiederholung wirkungsvoll?
6. Nach den Autoren gibt es zwei verschiedene Kodierungsarten:
   a) Erläutern Sie die „elaborative“ und die „reduktive“ Kodierung (Textbezug!) unter Verwendung eigener Beispiele.
   b) Welche Bedeutung für Behaltensprozesse haben elaborative und reduktive Kodierung?
7. Welche Informationen über sensorischen, Kurzzeit- und Langzeitspeicher werden für Ihre künftigen Lernprozesse (z. B. bei einem Lehrervortrag oder einer Prüfungsvorbereitung) Bedeutung erhalten? Begründen Sie Ihre Aussage.

Episodisches und semantisches Gedächtnis

Sowohl in der Gedächtnisforschung der Allgemeinen Psychologie als auch in derjenigen der Entwicklungspsychologie hat sich die Unterscheidung von zwei Formen des Langzeitgedächtnisses durchgesetzt: episodisches und semantisches Gedächtnis (...).

(a) Unter episodischem Gedächtnis versteht man „die Speicherung und Reproduktion von zeitlich datierten, räumlich lokalisierten und persönlich erfahrenen Ereignissen oder Episoden“ (Brown 1975, S. 108).

Das episodische Gedächtnis ist für Kinder zunächst die Hauptform des Gedächtnisses. Es prägen sich Erfahrungen und Ereignisse mit ihrem räumlichen und zeitlichen Kontext ein. Dabei macht die zeitliche Einordnung zunächst größere Schwierigkeiten als die räumlich-anschauliche Ordnung. Möglicherweise ist das sog. eidetische Gedächtnis eine Sonderform des episodischen Gedächtnisses. Es zeichnet sich dadurch aus, daß der Proband nach kurzem intensiven Betrachten eines Reizmusters (z. B. eines Bildes) in der Lage ist, aus der Erinnerung sehr genau die Details des Musters bzw. der Darstellung wiederzugeben. Untersuchungen zeigen, daß die Wiedergabe auch noch nach Wochen erstaunlich gut ist (...). Das eidetische Phänomen tritt bei Kindern viel häufiger auf als bei Jugendlichen und Erwachsenen (...). Möglicherweise wird es benutzt, weil andere effiziente Strategien des Einprägens, die nur das Wesentliche festhalten und eine Ordnung der Gedächtniselemente herbeiführen, noch nicht zur Verfügung stehen. In der Tat ist das eidetische Gedächtnis nicht von besonderem Vorteil, da es viel zu unökonomisch ist, Gedächtnisinhalte in größerem Umfang auf diese Weise zu speichern.

(b) Das semantische Gedächtnis behält die Information nicht so spezifisch wie das episodische. Hier wird die Information klassifiziert und gruppiert, z. B. nach Bedeutungszusammenhängen, nach begrifflicher Über- und Unterordnung, aber auch nach phonetischen Merkmalen. Zum semantischen Gedächtnis gehören das meiste schulische und berufliche Wissen, das Wissen über Regeln und Anweisungen, das begriffliche Wissen und das Wissen über Sprichwörter, bildliche Redensarten und andere Formen kultureller Weisheit. Das semantische Gedächtnis entwickelt sich später als das episodische und gewinnt allmählich die Oberhand. So antworten jüngere Kinder bei Verarbeitung von Information stärker auf den Kontext des Reizes, während ältere Kinder stärker auf seinen semantischen „dekontextualisierten“ Gehalt reagieren (Entwistle 1966, Petrey 1977).

Rolf Oerter/Martin Schuster-Oeltzschner.
In: Oerter, Rolf/Montada, Leo: Entwicklungspsychologie. Ein Lehrbuch. München, Weinheim: Psychologie-Verlags-Union ²1987, S. 539f.

1.2 Wirkungen von Lernpausen und ihr Einfluß auf retro- und proaktive Hemmung* – W. Metzig / Martin Schuster

(...) Jeder hat beim Lernen schon einmal festgestellt, daß seine Leistungsfähigkeit nachläßt. Das spürt man daran, daß zunehmend unwillkürliche kurze Unterbrechungen auftreten; man gähnt, sieht aus dem Fenster, läßt die Gedanken kurz abschweifen, putzt sich die Nase, kratzt sich am Kopf, spielt mit dem Kugelschreiber etc. Diese Aktivitäten, die unwillkürlich ausgeführt werden, wenn die psychologische Erregung durch die gleichförmige Reizung, die vom Lernmaterial ausgeht, unter das für Lernen notwendige Ausmaß sinkt, sind nützlich zur Stimulierung des Organismus. Unter diesem Gesichtspunkt scheint das in der Schule häufig geforderte Stillsitzen zum Lernen nicht günstig zu sein (...). Wenn solche Unterbrechungen jedoch zu häufig auftreten, vielleicht noch begleitet durch die Feststellung, beim Lesen eines Satzes nicht mehr zu wissen, welche Gedanken der vorhergehende Satz enthielt, dann sind die geplanten Arbeitsperioden zu lang. Bis diese Anzeichen bemerkt werden, ist jedoch meist schon relativ viel schlecht genutzte Lernzeit vergangen und die Motivation zum Lernen erheblich beeinträchtigt. Deshalb sollten die Pausen eingeplant werden, zumal die Erwartungen einer bald vorgesehenen geplanten Pause noch einmal einen Motivationsschub bewirkt. Die Einplanung von Pausen, d.h. auch des Pausenendes, erzeugt eine Lerneinstellung, die das Wiederaufnehmen der Arbeit nach der Pause erleichtert.

Pausen reduzieren außerdem retro- und proaktive Lernhemmungen. Als retroaktive Hemmung wird eine Lernstörung bezeichnet, die sich darin äußert, daß zwischen Lernen und Reproduktion eines Lernstoffs eingeschobene neue Lernprozesse die Reproduktion des ersten Lernstoffes erschweren. Das experimentelle Paradigma (Tabelle 2) dieser Störung verdeutlicht diesen Sachverhalt (...):

Tabelle 2 *Retroaktive Hemmung. Die Experimentalgruppe lernt Aufgabe A schlechter als die Kontrollgruppe*

	Lernen	Lernen	Reproduktion
Experimentalgruppe	Aufgabe A	Aufgabe B	Aufgabe A
Kontrollgruppe	Aufgabe A	–	Aufgabe A

Proaktive Hemmung tritt auf, wenn bereits gelernter Stoff die Reproduktion eines später gelernten Stoffes erschwert (Tabelle 3).

Die Effekte bei retroaktiver Hemmung sind stärker als bei proaktiver. Je ähnlicher die Aufgaben A und B sind und je geringer der zeitliche Abstand zwischen den beiden Aufgaben ist, um so stärker ist die Hemmung. Beide Formen der Hemmung treten beim Lernen von sinnlosen Silben auf. Bei bedeutungshaltigem Lernstoff sind sie dagegen schwerer nachzuweisen. Dennoch empfehlen wir, sehr ähnliche Stoffe nicht direkt nacheinander zu lernen. Neben der Vermeidung von hemmenden Wirkungen kann ein Wechsel der Aufgabenart das Absinken der Motivation durch psychische Sättigung vermeiden helfen.

Tabelle 3 *Proaktive Hemmung. Die Kontrollgruppe reproduziert mehr Informationen der Aufgabe B*

	Lernen	Lernen	Reproduktion
Experimentalgruppe	Aufgabe A	Aufgabe B	Aufgabe B
Kontrollgruppe	–	Aufgabe B	Aufgabe B

Tabelle 4 *Lernpausen. (Nach Rückriem et al. 1977, S. 51)*

Pausentyp	Dauer	Abstand	Pausentätigkeit
1. Unterbrechung	1 min	Nach Bedürfnis	Zurücklehnen
2. Minipause	5 min	Nach 30 min	Freiübungen o. ä.
3. Kaffeepausen	15–20 min	Nach 2 h	Kaffee trinken usw.
4. Erholungspause	60–120 min	Nach 4 h	Essen, Schlafen usw.

Welche Empfehlungen lassen sich für die Pausenregelung geben? In der Literatur werden 4 Typen von Lernpausen unterschieden (Tabelle 4).

Zwei 4-h-Blöcke entsprechen dem Arbeitstag eines Arbeitnehmers und sollten nicht überschritten werden. Auch hier ist es wichtig, den eigenen Anspruch an die Arbeitszeit pro Tag nicht zu hoch anzusetzen. Effektives Lernen will gelernt sein, nicht jeder kann auf Anhieb am Tag 8 h geistige Arbeit verrichten. Eine langsame Steigerung der Arbeitszeit pro Tag sollte auf jeden Fall unter Berücksichtigung der Pausenregelung versucht werden. Es ist uneffektiv, die Arbeitszeit zu verlängern, indem man Pausen einspart. Verteiltes Lernen ist effektiver als massiertes, und Pausen gehören zum Lernprozeß und unterstützen ihn.

Allerdings kommt es auch hier darauf an, *wie* die Pause genutzt wird. Generell gilt, daß Pausen für den Lernprozeß um so nützlicher sind, je mehr sich die Pausentätigkeit vom Lernverhalten unterscheidet. Wenn in den Lernphasen gelesen wird, wirkt sich das Zeitungslesen in der Pause nicht günstig aus. Minipausen und Kaffeepausen sollen, wie die spontanen Lernunterbrechungen, der Gewöhnung entgegenwirken. Gymnastische Übungen, die Erledigung alltäglicher Arbeiten (Rasieren, Schuheputzen, Kaffeekochen etc.) sind geeignete Pausenaktivitäten, während angenehme Tätigkeiten dazu führen können, daß man die Arbeit nicht wieder aufnimmt. Es ist dann leichter, sich wieder dem Lernen zuzuwenden, als wenn man sich von seinem Kriminalroman losreißen muß. Angenehme Pausenaktivitäten können andererseits zur Belohnung für bisher geleistete Arbeit verwendet werden, wenn sie entsprechend dem Lernerfolg eingesetzt werden. Nach der Theorie der operanten Konditionierung tritt Verhalten (Arbeiten, Lernen) mit größerer Wahrscheinlichkeit wieder auf, wenn ihm positive Konsequenzen folgen. Die Erstellung eines Arbeitsplans mit eingeplanten Belohnungen erleichtert die Selbstkontrolle und unterstützt den Aufbau und die Aufrechterhaltung von Lernverhalten (...).

Metzig/Schuster 1982, S. 27 ff.

Worterklärungen zu 1.2

retroaktiv: rückwärts wirkend, rückwirkend
proaktiv: nach vorne wirkend
Proband: Teilnehmer eines Experiments

Arbeitsanregung zu 1.2

Erläutern Sie einem Fachfremden anhand eines eigenen – möglichst selbst erlebten – Beispiels, worin retro- und proaktive Hemmung jeweils bestehen.

Die Leichtigkeit des Lernens

Ein bißchen Luxus als Belohnung

Wer kann sie nicht aufsagen, die Sätze aus dem Werbefernsehen, die von Gummibärchen handeln, die die Kinder froh machen (und die Erwachsenen ebenso), und dem Orangensaft aus der Packung, der fast so gut schmeckt wie selbstgepreßt? Das zufällige Lernen, beispielsweise beim Einkaufen oder Fernsehen, fällt verhältnismäßig leicht. Es ist vergleichbar mit dem spielerischen Lernen von Kindern. In beiden Beispielen findet das Aufnehmen neuen Wissens unbeabsichtigt, unterbewußt und somit ohne Anstrengung statt.

Im Gegensatz hierzu fordert die Ausbildungs- und Berufswelt ein betont zielstrebiges und effizientes Lernen. Solcher Leistungsdruck kann zu Anspannungen, Verkrampfungen und schließlich zum Aufbauen von Lernblockaden führen. Spätestens dann fällt es schwer, motiviert zu bleiben und den Anforderungen zur eigenen und zur Zufriedenheit des Vorgesetzten gerecht zu werden.

Wichtig für den Erfolg eines Lern- oder Arbeitszieles ist es, das Ziel genau zu beschreiben und gegebenenfalls in mehrere Unterziele zu gliedern. Erst diese Vorbereitung ermöglicht die Abschätzung des tatsächlichen Arbeitsumfanges und eine auf das Ziel ausgerichtete Arbeitsweise. Hilfsmittel sollten griffbereit liegen und alle eventuell ablenkenden Gegenstände aus dem Umfeld entfernt werden.

Auch die Einrichtung eines „Gedankenpapierkorbs“ kann sehr sinnvoll sein. Spontan aufkommende Ideen verführen leicht zum Abschweifen in andere Themenbereiche und stören so das konzentrierte Arbeiten am gesetzten Ziel. Ein „Gedankenpapierkorb“ dient dazu, solche Ideen durch Aufschreiben zu erhalten, so daß anschließend zielstrebig am eigentlichen Thema weitergearbeitet werden kann. Hilfreich für die Aufrechterhaltung dieser Motivation ist eine schriftliche Notiz, die die Unterziele in der angesetzten Reihenfolge auflistet.

Eine derartige Aufstellung erfüllt zwei Zwecke: Zum einen behalten Sie einen klaren Überblick über Ihr Vorhaben, zum anderen gibt es Ihnen ein gutes Gefühl, nach Erledigung einer Aufgabe diese von der Liste streichen zu können.

Belohnungen wirken immer angenehm motivierend. Je nach Schwierigkeitsgrad der Arbeit sollte auch die belohnende Geste mehr oder weniger umfangreich ausfallen: ein kleiner Spaziergang, ein kleines Stück Luxus, das man sich sonst nicht leisten würde, vielleicht sogar eine Reise nach einer bestandenen Prüfung.

Stellen Sie ein positives Lern-Selbstbild auf. Phrasen wie „Das schaffe ich nie“ oder „Das kann ich nicht“ sollten in ein „Denen werde ich es zeigen“ oder „Und nun schaffe ich es gerade“ umgewandelt werden.

Der Glaube an die eigene Leistungsfähigkeit ist das beste Mittel, Lernblockaden abzubauen und sich selbst auf lange Sicht immer wieder zu übertreffen. Ist eine Mauer erst einmal zum Fallen gebracht worden, entwickelt sich ein stolzes Selbstvertrauen, das beim weiteren Lernen unentbehrlich wird. Statt zu denken „Das alles muß ich noch erledigen“, kann man sich auch innerlich auf die Schulter klopfen und sich anerkennend sagen: „All das habe ich schon geschafft“.

Sollte es dennoch weiterhin mit der Motivation hapern, kann von der selbständigen Arbeit, die sich als unbefriedigend herausgestellt hat, zur Gruppenarbeit übergegangen werden. Das Lernen in einem Arbeitskreis kann die Motivation bedeutend erhöhen und zugleich helfen, Abneigungen gegen Lernstoffe, Wissensgebiete oder vorgesetzte Personen rational im Gespräch abzubauen. Hilfreich ist ergänzend die ehrliche Selbstanalyse, die zeigt, warum eine kontinuierliche Motivation nicht erreicht wird. Das selbstverständliche Herausfinden der eigenen Kritikpunkte wirkt kreativ und gleichzeitig motivationsfördernd.

Auch Methoden der Autosuggestion können positiven Einfluß haben. Ähnlich dem Autogenen Training wird sich bei dieser Suggestionstechnik in gleichbleibend ruhigen Sätzen Spaß und Freude an der Arbeit zugesprochen, so daß die Motivation anschließend aus der Person selbst heraus wächst.

Ein weiteres Mittel zur Motivationsförderung ist die leicht umzusetzende Wiederholung des Gelernten. Neben der Verlagerung des Wissens vom Kurzzeit- in das Langzeitgedächtnis vermittelt die Lernstoffwiederholung die Bestätigung, daß die gedankliche Auseinandersetzung mit der Materie sinnvoll und vor allem erfolgreich war. Die notwendige Motivation für das spätere Weiterarbeiten an derselben Materie ist dann schon so gut wie sicher.

Birgit Kohlrausch. In: Süddeutsche Zeitung, 16. 1. 1992

1.3 Metagedächtnis* – John H. Flavell

(...) Metagedächtnis meint das Wissen und Kennen von allem, was mit Gedächtnis zu tun hat. Wir haben zwei Hauptstrategien von Metagedächtnis unterschieden: Zuerst die Sensibilität, das Gespür für Situationen, die eine besondere Anstrengung hinsichtlich einer Informationsspeicherung oder eines -abrufs erfordern. Die Aufforderung dazu kann implizit wie explizit erfolgen. So können sogar schon sehr kleine Kinder versuchen, eine Frage zu beantworten, die ihr Gedächtnis prüft. Das heißt, sie scheinen einen expliziten Aufruf für eine Abrufanstrengung zu verstehen und versuchen auch, entsprechend zu reagieren. Allerdings scheinen sie erst viel später einen expliziten Aufruf für eine Anstrengung zum Speichern zu verstehen und in angemessener Weise zu befolgen – eine Instruktion, sich *jetzt* etwas gut einzuprägen, um für ein *späteres* Erinnern vorbereitet zu sein. Das implizite Gegenstück dazu wäre, ohne jede Instruktion, spontan daran zu denken, Information zu speichern, von der man annimmt, man müsse sich später an sie erinnern, oder aber spontan daran zu denken, Information abrufen, von der man glaubt, sie könne jetzt für eine Erinnerung nötig und nützlich sein. Es ist fast nichts über die Entwicklung solcher innerer Überlegung und Anstöße zum eigenen Speichern und Abrufen bekannt.

Die andere Hauptkategorie hinsichtlich des Metagedächtnisses ist das Wissen über die Person-, die Aufgaben- und die Strategievariablen, die zusammen die Gedächtnisleistung beeinflussen. Im Falle der Personvariablen haben die Untersuchungen zwei Entwicklungen gezeigt: Zum einen kann das sich entwickelnde Kind in zunehmendem Maße seine eigenen Gedächtnisfähigkeiten, insbesondere seine eigene Gedächtnisspanne, realistischer und zutreffender einschätzen. Zum andern wird es fähig, seine unmittelbaren Gedächtniszustände und -erfahrungen besser zu lenken und zu interpretieren, das heißt zu spüren oder zu merken, daß etwas, was es im Moment nicht ins Gedächtnis zurückrufen kann, dennoch irgendwo vorhanden ist und wiedererkannt würde, wenn es ihm begegnen würde.

Es gibt auch schon Beweise dafür, daß das Kind vieles darüber lernt, was eine Gedächtnis*aufgabe* leichter macht. Es entdeckt, daß eine Anzahl Items um so leichter zu lernen sind, je weniger es sind, je vertrauter sie sind und je mehr sie untereinander sinnvoll verbunden, also kategorisiert werden können. In ganz ähnlicher Weise gelangt es auch dazu zu erkennen, daß gewisse Erfordernisse von Abruftests anspruchsvoller sind als andere. Es ist beispielsweise ein schwierigerer Abruftest, wenn eine Geschichte Wort für Wort wiedererzählt werden muß, als wenn dies in eigenen Worten geschehen kann.

Kinder werden im weiteren auch immer fähiger, sich plausible Speicherungs- und Abrufstrategien als mögliche Maßnahmen bei hypothetischen Gedächtnisproblemen auszudenken und diese zu artikulieren. Jüngere und ältere Kinder tendieren gleichermaßen dazu, äußere Gedächtnishilfen inneren vorzuziehen, wenn bei den letztgenannten keine Hilfestellung geboten wird. Sie denken zum Beispiel, Notizen oder auch andere Personen seien durchaus brauchbare Gedächtnishilfen. (...)

Flavell, John H.: Kognitive Entwicklung. Stuttgart: Klett-Cotta 1979 (1977), S. 265f.

Worterklärungen zu 1.3

implizit: mit inbegriffen
explizit: ausdrücklich
Instruktion: Anleitung, Vorschrift
Item: aus dem Englischen übernommene Bezeichnung für eine Einzelaufgabe im Rahmen von Experimenten oder Tests
plausibel: einleuchtend, glaubhaft
hypothetisch: (nur) angenommen

Arbeitsanregungen zu 1.3

1. Welche zwei Hauptstrategien von Metagedächtnis unterscheidet Flavell?
2. Was versteht der Autor unter „innerer Überlegung zum eigenen Speichern und Abrufen"?
3. In welchen Lebenssituationen ist ein besonderes Gespür für Situationen, die Informationsspeicherung erfordern, von herausragender Bedeutung?
4. Neben der Sensibilität ist die andere Hauptkategorie des Metagedächtnisses das Wissen über die – drei – Variablen; schreiben Sie diese heraus, und erklären Sie jede einzelne mit einem selbst formulierten Satz.

Wissen und Gedächtnis. Experiment: Jugend*

Barclay (1979) bezog in seine Gedächtnisuntersuchung Schüler der sechsten, zehnten und zwölften Klasse sowie eine Gruppe von Universitätsstudenten ein. Zunächst wurde die Gedächtnisstrategie erfaßt. Die Probanden sollten sechs Bilder, die sie der Reihe nach von links nach rechts per Tastendruck aufrufen konnten, lernen und in der Reihenfolge 5, 6, 1, 2, 3, 4 aufsagen. Es war ihnen freigestellt, wie lange sie bei einem Bild verweilten, bis sie zum nächsten gingen. Die offenkundig effizienteste Strategie wurde von der ältesten Gruppe benutzt. Diese Universitätsstudenten zeigten ein Anwachsen der Reaktionszeit bei den Bildern 1–4, d. h., sie wiederholten bei jedem folgenden Bild die vorausgegangenen mit (kumulatives Wiederholen). Die Bilder 5 und 6, die als erste reproduziert werden sollten, betrachteten sie nur kurz. Von den Sechstkläßlern benutzte kein Proband diese Strategie, während die älteren Gruppen sukzessive größere Pausen bei der Bildfolge 1 bis 6 einschalteten. Nur wenige benutzten die oben beschriebene kombinierte Strategie.
In der nächsten Phase des Experiments wurden die Schüler über die noch nicht spontan genutzte kombinierte Strategie informiert, indem der Versuchsleiter durch kumulatives Hersagen bei der Bilddarbietung 1–4 und anschließendes rasches Darbieten der letzten beiden Bilder vormachte, wie zu verfahren sei. Daraufhin stieg die Nutzung der Strategie bei den Probanden der Versuchsgruppe stark an, während eine Kontrollgruppe keine Veränderung in ihrem Verhalten zeigte.
Es folgte eine dritte Phase des Experiments, bei der eine Reihe weiterer Aufgaben gestellt wurde, und eine vierte Phase, während der deutlich andere Gedächtnisaufgaben folgten, die jedoch ebenfalls die gleiche Strategie vorteilhaft einzusetzen erlaubte. Von den neun Sechstkläßlern benutzte nur einer die Strategie bei der Generalisierungsaufgabe vollständig und ein anderer teilweise (Anstieg der Wiederholungszeit bis zum sechsten Bild). Von den Zehntkläßlern setzte bereits die Hälfte die Strategie zumindest partiell ein (ebenfalls Anstieg der Wiederholungszeit bis zum letzten Bild), während bei den Zwölftkläßlern nur noch einer die Strategie überhaupt nicht nutzte (drei mit vollständiger, fünf mit partieller Nutzung).
Das Experiment zeigt, daß Gedächtnisstrategien auch im späteren Jugendalter spontan aufgebaut werden und daß Instruktion die Übernahme erleichtert. Weiterhin entspricht die Reihenfolge bei der Übernahme den theoretischen Erwartungen (...).

Rolf Oerter/Martin Schuster-Oeltzschner: In: Oerter/Montada 1987, S. 564

2 Denken und Problemlösen*

2.1 Das Wesen menschlicher Intelligenz* – George H. Mead

(...) Lebewesen, die sich auf einer niedrigeren Entwicklungsstufe als der Mensch befinden, reagieren auf manche Eigenschaften – wie etwa ein Hund auf Gerüche – mit einer Feinheit, die menschliche Fähigkeiten übersteigt. Es würde jedoch über die Fähigkeiten eines Hundes gehen, einem anderen Hund zu indizieren, was er gerochen hat. Er könnte nicht den anderen Hund schicken, damit dieser den entsprechenden Geruch auch wahrnimmt. Ein Mensch aber kann angeben, wie ein anderer Mensch zu identifizieren ist. Er kann indizieren, auf welche Eigenschaften hin eine bestimmte Reaktion erfolgt. Diese Fähigkeit unterscheidet ein solch reflektiertes Wesen wie den Menschen von den niederen Tierarten, wie intelligent diese auch sein mögen. Der Mensch ist, im Gegensatz zum Tier, ein rationales Wesen. – Ich wollte nur zeigen, daß (...) das Unterscheidungskriterium die Indizierung der Eigenschaften ist, die zu einer solchen Reaktion gegenüber einem Objekt führen. Genau dies unterscheidet einen Detektiv von einem Bluthund, der sein Opfer gleich über den Haufen rennt: er kann die Eigenschaften angeben, die zu der betreffenden Reaktion führen. Es liegen hier zwei Arten von Intelligenz vor; beidemal handelt es sich um spezialisierte Intelligenz: der Detektiv könnte nicht, was der Bluthund, und der Bluthund nicht, was der Detektiv kann. Die Intelligenz des Detektives ist der des Hundes insofern überlegen, als er angeben kann, welche besonderen Eigenschaften bei ihm zu der Reaktion führen, den Mann zu stellen[1]. (...)
Der Mensch zeichnet sich dadurch aus, daß er sein Reizfeld zu analysieren vermag. Dies ermöglicht es ihm, bestimmte Reize bevorzugt zu erfassen und so die Reaktion zu entwickeln, die zu diesem Reiz gehört, indem er diesen Reiz aus den anderen herausgreift und mit wieder anderen kombiniert. Man bemerkt bestimmte Elemente, von denen jedes bestimmte Reaktionen hervorruft; man versucht nun, diese Reaktionsprozesse in den Griff zu bekommen, indem man seine Aufmerksamkeit auf die entsprechenden Reize lenkt. Man kann dabei nicht nur die bereits verfügbaren Reaktionen kombinieren; das kann ein niedrigeres Lebewesen auch; der Mensch kann vielmehr in sein Handeln eindringen, es theoretisch zerlegen, seine Aufmerksamkeit auf bestimmte Elemente lenken, er kann die Reaktionen, die diesen besonderen Reizen entsprechen, beibehalten und miteinander kombinieren, um eine neue Handlung aufzubauen. Wenn man etwas lernt bzw. jemandem eine Tätigkeit beibringt, handelt es sich um ein solches Phänomen. Man indiziert der betreffenden Person bestimmte Phasen oder Eigenschaften des Objekts, die dann eine bestimmte Art von Reaktion auslösen. Allgemein sagen wir, daß Bewußtsein nur den sensorischen, nicht aber den motorischen Prozeß begleitet. Wir können

[1] Intelligenz und Wissen liegen innerhalb des Verhaltensprozesses. Denken ist ein komplizierter Prozeß, die Welt so darzustellen, daß sie dem Verhalten dienlich ist und das Individuum seine Lebensziele erreichen kann. (...) Denken heißt, sich über etwas klarwerden – über eine Sache nachdenken heißt, sie sich klarmachen, bevor man handelt (1924).

unmittelbar nur den sensorischen, nicht aber den motorischen Prozeß kontrollieren. Wir können unsere Aufmerksamkeit auf ein bestimmtes Element in einem Bereich richten und dadurch den Reiz so erfassen, daß wir auch die Reaktion kontrollieren können. Auf diese Weise bekommen wir unsere Handlung unter Kontrolle; wir kontrollieren unsere Reaktion nicht direkt über die motorischen Bahnen.

Die niederen Arten können ihre Aufmerksamkeit nicht auf ein bereits analysiertes Element im Reizfeld lenken und damit ihre Reaktion kontrollieren. Aber zu einem Menschen kann man sagen: „Sieh einmal dorthin, sieh dir das einmal an"; und er kann seine Aufmerksamkeit auf dieses bestimmte Objekt fixieren. Er kann seiner Aufmerksamkeit eine bestimmte Richtung geben und damit die besondere Reaktion herausfinden, die dieser Aufmerksamkeit entspricht. Auf diese Art und Weise brechen wir unsere komplexen Handlungen auf und ermöglichen damit Lernvorgänge. Der Prozeß wird also analysiert, indem die Aufmerksamkeit auf bestimmte Reize gelenkt wird, die eine bestimmte Handlung auslösen; durch diese Analyse wird eine Rekonstruktion der Handlung möglich. Ein Tier dagegen nimmt nur mittels Versuch und Irrtum Kombinationen vor, und die Kombination, die Erfolg hatte, bleibt einfach erhalten. Die Geste, wie sie sich im Verhalten der menschlichen Gruppe entwickelt, dient definitiv dazu, genau diese Elemente zu indizieren und sie damit in den Bereich absichtsvoller Aufmerksamkeit zu bringen. Freilich gibt es eine fundamentale Ähnlichkeit zwischen absichtsvoller und willkürlicher Aufmerksamkeit. Ein helles Licht oder ein besonderer Geruch kann den Organismus vollständig unter Kontrolle nehmen und insofern andere Aktivität hemmen. Eine vorsätzliche Handlung hängt jedoch davon ab, daß bestimmte Eigenschaften, die auf die Handlung schon hinweisen, die auf die Handlung und damit auch auf die dazugehörige Reaktion gerichtet sind, indiziert werden. Eine solche Analyse ist Grundvoraussetzung für menschliche Intelligenz und wird durch Sprache ermöglicht. (...)

Auguste Rodin: *Der Denker*

Bei stimmlichen Gesten ist es oft der Fall, daß ein Individuum die Reaktion eines anderen in sich hervorruft; so spielt ein Kind etwa die Rolle der Eltern, eines Lehrers oder Predigers. Unter diesen Bedingungen löst die Geste bestimmte Reaktionen beim Individuum aus, die es auch bei dem anderen Menschen auslöst, und dadurch isoliert die Geste diese bestimmte Eigenschaft des Reizes. Die Reaktion des anderen liegt also schon im Individuum, das den Reiz isoliert. Wenn man einen Menschen, der sich in Gefahr befindet, warnt, versetzt man sich selbst in die Haltung des Weglaufens, obwohl man diese Handlung selbst nicht ausführt. Man ist ja selbst nicht in Gefahr, aber man hat die Elemente der betreffenden Reaktion in sich; diese Elemente nennen wir Bedeutungen. (...)

Ich will unsere Ausführungen noch um einen Faktor erweitern: um die Beziehung von zeitweiligem Zustand des Nervensystems zu Voraussicht und Auswahl.

Das Zentralnervensystem ermöglicht es, implizite – bezogen auf ein beliebiges Objekt oder beliebige Objekte – noch vor der tatsächlichen Durchführung einer bereits begonnenen Handlung eine Anzahl von möglichen alternativen Reaktion einzuleiten; dadurch wird eine intelligente oder reflektierte Auswahl jener alternativen Reaktion möglich, die effektiv zur Wirkung kommen soll.[2]

Die menschliche Intelligenz wählt mit Bedacht mittels des psychologischen Mechanismus im Zentralnervensystem eine unter den verschiedenen alternativen, durch die Problematik einer Umweltsituation gegebenen Reaktionen aus; wenn das Nervensystem eine komplexe Reaktion auswählt – also eine Reihe, Kette, Gruppe oder Folge von einfachen Reaktionen –, kann es diese Reihe oder Kette von einfachen Reaktionen so organisieren, daß das Individuum das betreffende Umweltproblem auf angemessenste und harmonischste Weise lösen kann.

Bei der Bestimmung des gegenwärtigen Verhaltens in einer beliebigen Umweltsituation treten also für künftige Reaktionen alternative Möglichkeiten auf; sie gehören zu den Faktoren oder Bedingungen, die über das augenblickliche Verhalten entscheiden; auf Grund dieser Tatsache unterscheidet sich intelligentes Verhalten streng von reflexartigem, instinktivem und habituellem Verhalten – unterscheidet sich eine verzögerte von einer unmittelbaren Reaktion. (...)

Die Hemmung einer Handlung ist Voraussetzung für intelligentes Verhalten. Der einzelne könnte niemals seine manifesten Reaktionen auf soziale Situationen, die ihn mit Anpassungsproblemen konfrontieren, organisieren, für sich überprüfen und schließlich auswählen, wenn äußere Reaktionen oder Antworten nicht so lange verzögert werden könnten, als dieser Prozeß des Organisierens, impliziten Überprüfens und endgültigen Selektierens dauert; all dies wäre nicht möglich, wenn diese oder jene Reaktion auf bestimmte Umweltreize unmittelbar erfolgen müßte. Ohne Verzögerung einer Reaktion gäbe es keine bewußte oder intelligente Kontrolle über Verhaltensweisen; denn nur durch diesen Prozeß der selektiven Reaktion – und dieser ist nur möglich durch Verzögerung der Reaktion – wirkt die Intelligenz bestimmend für das Verhalten. Ja, dieser Prozeß ist für die Intelligenz konstitutiv. Das Zentralnervensytem sorgt dabei nicht nur für den notwendigen physiologischen Mechanismus, sondern auch für die notwendigen Bedingungen zur Verzögerung der Reaktion, die Voraussetzung für diesen Prozeß ist. Intelligenz ist im Grunde die Fähigkeit, die Probleme gegenwärtigen Verhaltens von dessen möglichen Konsequenzen in der Zukunft, soweit sie sich aus vergangener Erfahrung erschließen lassen, zu trennen; d. h., Intelligenz ist die Fähigkeit, die Probleme des augenblicklichen Verhaltens mit der Perspektive oder der Beziehung sowohl zur Vergangenheit als auch zur Zukunft zu lösen; dazu gehört Erinnerung ebenso wie Vorausblicken. (...)

Mead, George H.: Sozialpsychologie. Neuwied: Luchterhand 1969, S. 225 ff.

Worterklärungen zu 2.1

identifizieren: gleichsetzen, genau wiedererkennen
indizieren: anzeigen, auf etwas hinweisen
reflektiert: überlegt
rational: verstandesmäßig, Verstandes-
sensorisch: sinnesmäßig
motorisch: die Bewegung betreffend
Reizfeld: die umgebende Welt
analysieren: gedanklich in seine Bestandteile zerlegen, auflösen

[2] Es ist vorteilhaft, diese Reaktionen vorbereitet zu haben, bevor wir mit dem Objekt zu tun haben. Wenn wir sogleich unmittelbar mit der Welt in Berührung wären, hätten wir keine Zeit zum Überlegen. Es gäbe nur eine Möglichkeit, auf diese Welt zu reagieren. Durch seine Distanzorgane und seine Fähigkeit, Reaktionen zu verzögern, lebt das Individuum in der Zukunft und hat die Möglichkeit, sein Leben auf diese Zukunft hin zu planen.

Rekonstruktion: (gedanklicher) Wiederaufbau, Nachbildung, Nachbilden
rekapitulieren: wiederholen
Geste: Ausdrucksbewegung zum Zweck der Kommunikation, Gebärde
stimmliche Geste: lautsprachliche Äußerung
implizit: mitenthaltend, mitgemeint
Distanzorgane: Organe, die auf entfernte Objekte reagieren (Augen, Ohren)
habituell: gewöhnlich, ständig
determinieren: bestimmen
manifest: äußerlich sichtbar, auf der Hand liegend, offenkundig

Arbeitsanregungen zu 2.1

1. Erläutern Sie, was im Sinne Meads das Unterscheidungskriterium zwischen Mensch und Tier ist.
2. Analysieren Sie skizzenhaft Ihr momentanes Reizfeld.
3. „Wir können unmittelbar nur den sensorischen, nicht aber den motorischen Prozeß kontrollieren“ (Mead). Können Sie diese Aussage aus Ihrer Erfahrung (z. B. beim Fahrrad- oder Autofahren) bestätigen? Begründen Sie.
4. Ein Tier lernt durch Erfolg. Inwiefern ist menschliches Lernen dem tierischen überlegen?
5. Wodurch wird eine Handlung eine vorsätzliche? (Berücksichtigen Sie bei Ihrer Antwort den Text von Mead.)
6. Selbst- und Fremdindikation stimmen weitgehend überein:
   - Wie und mit welchen Beispielen belegt Mead dies?
   - Welchen Vorteil sehen Sie darin?
7. Der Mensch kann nach Mead im Gegensatz zum Tier verzögert und auswählend reagieren. Erläutern Sie einem Fachfremden diese wichtige menschliche Fähigkeit (Mead nennt sie Intelligenz) in eigenen Worten.
8. Im letzten Abschnitt wird in knapper Form der Prozeß des Problemlösens behandelt. Wenn wir die einzelnen Stufen dieses Prozesses der Reihe nach durchgehen, erhalten wir folgenden Ablauf:
   a) Ein Problem ist gegeben, die Reaktion wird verzögert.
   b) Die Erinnerung wird eingeschaltet:
      - Analyse der vergangenen Situation
      - Rekonstruktion der vergangenen Situation
      - Indikation: Wer hat was bewirkt?
   c) Vorausblicken: Was sind mögliche Konsequenzen des eigenen Verhaltens?
   d) Handlung.

   Erinnern Sie sich eines Problems in Ihrem Leben, und spielen Sie die vier Stufen des Problemlösungsprozesses durch.

2.2 Problemlösen durch Umstrukturieren* – Max Wertheimer

(...) Zwei Jungen spielten im Garten Federball. Von meinem Fenster aus konnte ich sie hören und sehen, ohne daß sie mich sahen. Der eine Junge war zwölf, der andere zehn Jahre alt. Sie spielten mehrere Spiele. Der jüngere war weit schwächer, er wurde in jedem Spiel geschlagen. Ich hörte einiges von ihrem Gespräch. Der Verlierer – wir wollen ihn B nennen – wurde immer mißmutiger. Er hatte keinerlei Aussicht. A gab oft so scharf an, daß es ihm schon unmöglich war, den ersten Ball zurückzugeben. Die Lage verschärfte sich. Schließlich warf B seinen

Schläger ins Gras, setzte sich auf einen Baumstamm und sagte: „Ich mag nicht mehr". A versuchte ihn zum Weiterspielen zu überreden. Keine Antwort von B. A setzte sich neben ihn. Beide sahen recht niedergeschlagen aus.

Ich unterbreche hier die Geschichte, um dem Leser eine Frage zu stellen: „Was schlagen Sie vor? Was würden Sie tun, wenn Sie der ältere Junge wären? Haben Sie einen produktiven Vorschlag?"

Wenn man beim Erzählen der Geschichte hier halt macht, beginnen manche Zuhörer sichtlich zu denken. Sie machen Bemerkungen, die zeigen, daß sie ein ernstes Problem sehen, und sie wagen sich mit gewissen Vorschlägen hervor, was der ältere Junge tun sollte.

Die meisten Versuchspersonen tun das nicht, sie sind unzufrieden mit der Unterbrechung der Geschichte, warten auf Fortsetzung, sind verlegen, weil ich nicht weitermache, fragen, wie sich die Sache tatsächlich entwickelte, was die Jungen machten, ob es meine eigenen Jungen waren, warum ich die Geschichte erzählte, warum ich gerade hier unterbrach, ob das ein Experiment sei – ob ich vielleicht später eine Gedächtnisprüfung darüber anstellte, und so fort.

Die Vorschläge, die gemacht werden, sind vielfach bezeichnend für vorherrschende Ansichten über Kinder, über menschliche Wesen überhaupt, über Moral, geläufige Regeln des Zusammenlebens und Lehrmeinungen, denen die Versuchspersonen anhingen. Oft kann man die Lehrmeinungen verschiedener Schulen der Psychologie in ihren weitreichenden Konsequenzen wiedererkennen.

Die gewöhnlichen Typen von Vorschlägen waren wie folgt:

„Man muß dem kleinen Jungen ein Stück Schokolade versprechen."

„Man muß ein anderes Spiel anfangen, sagen wir Schach, in dem der jüngere ebenbürtig oder sogar besser ist ... Oder ihm versprechen, abwechselnd mit Federball ein anderes Spiel zu machen, in dem er bestimmt überlegen ist."

„Man muß ihn anschnauzen, damit er zur Vernunft kommt. Er sollte sich wie ein Mann benehmen und nicht so jämmerlich. Kann er nicht lernen, es hinzunehmen? Er muß es zu nehmen lernen. Man mache von seiner überlegenen Autorität Gebrauch, um den kleineren Jungen zur Vernunft zu bringen."

„Man sollte sich gar nicht soviel Mühe mit ihm machen, er ist ein Jammerlappen. Es wird ihm eine Lehre sein."

„Man sollte ihm ein Spiel mit Vorgabe anbieten."

„Man sollte dem jüngeren Knaben versprechen, daß der ältere von seiner überlegenen Kraft und Gewandtheit keinen vollen Gebrauch macht."

Der Leser mag später diese Vorschläge mit der eigenen Lösung der Jungen vergleichen, nicht bloß im Hinblick auf ihre Eignung – manche dieser Vorschläge sind durchaus angebracht, da sie von tatsächlichen Bedingungen in der wirklichen Lage ausgehen – sondern im Hinblick auf die Art des Denkens, die daran beteiligt ist[1].

Manchmal werden, wie gesagt, die Vorschläge nicht so leichthin und von ungefähr gemacht, aufgrund billiger Erinnerung oder Anwendung, sondern nach ernstlichem Nachdenken mit einem Gefühl dafür, daß das Problem tiefere Fragen berührt. Es wird ernsthaft erwogen, und

[1] Ebenso im Hinblick auf die sich darin äußernde Lebensphilosophie und die zu Grunde liegenden psychologischen Lehren, die oft in der Diskussion herauskommen: z. B. das naive Lust-Unlust-Prinzip, die Lohn- und Strafe-Psychologie, die Unterwerfung unter die Meinung, man könne jemandem seine Einwilligung abkaufen, bis zum reinen Kuh-Handel („Du bist jetzt mein Sklave, nachher bin ich deiner"): andererseits ein sittlicher Aufruf, der oft fruchtbar ist, aber unter gewissen Umständen in ein Verzuckern der bitteren Pille entarten kann.
Oft kommen diese Vorschläge mit einer Art von Zynismus daher; oder sie werden mit glatter Oberflächlichkeit als selbstverständliche, richtig angewandte Psychologie behandelt.

fruchtbare Fragen werden gestellt. Mehrmals enthielten die Denkvorgänge Schritte, ähnlich denen, die sich in den Jungen abspielten.

Ich fahre nun fort mit der Geschichte. Dabei werde ich zusätzlich versuchen, zu beschreiben, was, wie ich denke, im Kopf des Jungen vorgegangen sein muß.

1. „Das tut mir leid. Warum machst du denn nicht mehr mit?“ sagte der ältere Junge mit scharfer zorniger Stimme. „Warum machst du das ganze Spiel kaputt? Findest du das nett, so albern Schluß zu machen?“ Er wollte weiterspielen. Die Weigerung von B machte es unmöglich. Er wollte gern spielen, er wollte gern gewinnen; es war sogar hübsch, seinen Gegner mit geschickten Angaben überlisten zu können. B ist der Spielverderber, er macht es A unmöglich, zu tun, was er so gern möchte.

2. Aber es war nicht so einfach. Zur gleichen Zeit war es A nicht ganz wohl in seiner Haut, er kam sich dabei doch nicht ganz in Ordnung vor. Nach einer Weile, während welcher seltsame Dinge in seinem Gesicht vorgingen – ich wollte, Sie hätten ihn sehen können, wenn er immer wieder einen flüchtigen Seitenblick auf B warf und sich wieder abwandte – sagte er, aber jetzt in ganz anderem Ton, „Es tut mir leid.“ Offenbar hatte ein durchgreifender Wandel stattgefunden – sichtlich tat es jetzt A wirklich leid, daß der andere Junge so unglücklich war. Er hatte gemerkt, was in B vorging, wie die Lage für den anderen Burschen aussah.

Vielleicht hatte ein trauriger, stiller Blick von B geholfen, als B einmal für einen kurzen Augenblick seinen Kopf zu A hinüberwandte. A merkte – es war kein rascher Vorgang, es dauerte einige Zeit –, warum der kleinere Junge traurig war, warum er, ohne Hoffnung sich zu behaupten, sich wie ein Opferlamm vorkam. Zum ersten Mal fühlte A, daß diese Art zu spielen, seine listigen Angaben, für B wie gemeiner Betrug aussahen; daß B sich nicht anständig behandelt fühlte, daß A's Handlungsweise ihm nicht freundschaftlich vorkam. Und A fühlte, daß B irgendwie recht hatte. Nun sah er auch sich selbst in einem anderen Licht. Anzugeben, wie er es getan hatte, ohne B die geringste Möglichkeit zum Zurückgeben zu gewähren, war etwas mehr, etwas anderes als Geschicklichkeit.

3. „Schau her“, sagte er plötzlich, „so ein Spielen ist ja Unsinn.“ Es war jetzt nicht nur Unsinn für B, sondern auch Unsinn für ihn. Unsinn für das Spiel selbst. So hatte sein Kummer eine tiefere Bedeutung gewonnen.

In Erwachsenensprache ausgedrückt war es, als ob er gedacht hätte – er tat es sicher nicht, er fand seinen Weg nur aus dem Gefühl – „Es ist witzlos für zwei Gegner, so zusammen zu spielen. Das Spiel erfordert etwas von Gegenseitigkeit. Eine solche Ungleichrangigkeit paßt nicht zu dem Spiel. Es wird nur zu einem rechten Spiel, wenn beide einige Hoffnung haben, daß es ihnen gelingt. Das Spiel verändert seinen ganzen Charakter, wird eine böse Sache für den einen Spieler, für den anderen, für beide, wenn keine solche Gegenseitigkeit dabei ist; ohne sie ist da nicht mehr wirklich ein Spiel – da jagt nur ein Tyrann sein Opfer im Kreise herum.“

4. Dann änderte sich der Ausdruck seines Gesichts. Er sah aus wie jemand, der mühsam etwas zu erfassen sucht, in dem irgendetwas langsam zu dämmern beginnt, und er sagte: „So ein Spiel ist eine ulkige Sache; in Wirklichkeit bin ich doch gar nicht unfreundlich gegen Dich ...“ Eine unbestimmte Ahnung war in ihm aufgestiegen von dem, was ein Erwachsener die „Ambivalenz“ nennen würde, die in dem Spiel enthalten ist: einerseits ist es so nett, seine Zeit angenehm miteinander zu verbringen, gut Freund miteinander zu sein, andererseits ist da dieses Bemühen, seinen Gegner unterzukriegen, ihn zu schlagen, ihn am Gewinnen zu verhindern, – das unter bestimmten Umständen als glatte Feindseligkeit empfunden werden, ja tatsächlich dazu werden kann.

5. Darauf erfolgte ein wackerer, freier und tief folgerichtiger Schritt. Er murmelte etwas wie: „Muß es ...?“ Sichtlich wünschte er der Schwierigkeit gerade ins Gesicht zu sehen und ehrlich

und ohne Umschweife mit ihr fertig zu werden. Ich deute dieses „Muß es?“ als „Ist dieser Faktor der Feindseligkeit notwendig, wenn er alles verdirbt, was an dem Spiel reizvoll ist?“ In diesem Augenblick erhob sich die Verhaltensfrage: „Wie kann ich es ändern? Ist es nicht möglich, nicht einen gegen den anderen zu haben, sondern ...“ Sein Gesicht erhellte sich, und er sagte: „Ich habe einen Gedanken – wir wollen mal so spielen: Wir wollen mal sehen, wie lange wir den Ball zwischen uns hin- und hergehen lassen können, und zählen, wie oft er hin- und hergeht, ohne zu fallen. Auf wieviel Punkte wir es bringen? Meinst du, wir kommen bis zehn oder zwanzig? Wir wollen mit leichten Angaben anfangen, aber dann wollen wir sie immer schärfer machen ...“

Er sprach glücklich, wie jemand, der eine Entdeckung gemacht hat. Es war etwas Neues für ihn und gleicherweise für B.

B stimmte fröhlich zu: „Das ist ein guter Gedanke. Los!“ Und sie begannen zu spielen. Der Charakter des Spieles war völlig verändert; sie machten Gemeinschaftsarbeit, sie wirkten zusammen, in angestrengter und fröhlicher Tätigkeit. A zeigte nicht mehr die leiseste Neigung, B zu überlisten; es versteht sich, seine Schläge wurden allmählich schwieriger, aber er rief: „Ein schärferer, kannst Du den kriegen?“ in einer mitfühlenden, freundschaftlichen Weise.

Mehrere Tage später sah ich sie wieder spielen. B’s Spiel war auffallend verbessert. Es war ein wirkliches Spiel. Wie man an seinem späteren Verhalten sehen konnte, war es ein großes Erlebnis für A. Er hatte etwas entdeckt, etwas gewonnen, das weit über die Lösung eines kleinen Problems beim Federballspielen hinausging.

Die Lösung in sich selbst sieht vielleicht nicht so bedeutungsvoll aus, solange man sie nur von außen betrachtet. Ich weiß nicht, ob Fachleute für Federball oder Tennis sie als vorschriftsmäßig anerkennen würden[2]. Darauf kommt es nicht an. Diese Lösung war für den Jungen keine rein technische Angelegenheit. Sie enthielt den Übergang von einem oberflächlichen Versuch, eine Störung loszuwerden, zu dem Bemühen, sich der grundlegenden strukturellen Schwierigkeit zu stellen und produktiv mit ihr fertig zu werden[3].

Welches waren die Schritte, die zu dieser Lösung führten? Natürlich ist, wenn man einen einzelnen Fall deutet, die Tatsachengrundlage, die Grundlage für Schlußfolgerungen schmal. Trotzdem wollen wir versuchen, die wesentlichen Punkte zu formulieren.

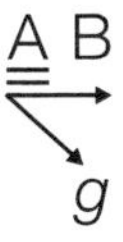

Abb. 7

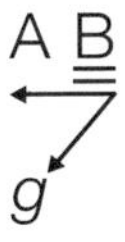

Abb. 8

Abb. 9

Anfänglich sah A die ganze Lage und in ihr B, das Spiel (g), die Störung, mit seinem eigenen Ich als Mittelpunkt. Durch diesen Mittelpunkt waren sie bestimmt in ihrer Bedeutung, Rolle, Stelle, Funktion für das Denken und Handeln. Im Grenzfall wäre bei dieser Einstellung B nichts als jemand, den A braucht,

[2] Ich kenne Schachspieler, die tief bekümmert sind, wenn schöne Stellungen in einem Spiel durch irgendeinen äußerlichen, gedankenlosen Fehlzug verdorben werden. Sie hassen das nicht weniger, wenn es dem Gegner, als wenn es ihnen selber zustößt. Manche haben den Brauch – horribile dictu für Fachleute – solche Fehler zu berichtigen. Warum? Sie lieben ein gutes Spiel, sie haben keine Freude am bloßen Gewinnen, wenn es nur durch einen törichten Fehler ihres Gegners gelingt. Manchmal arbeiten sie sogar zusammen, um das Spiel vollkommener zu machen.
Ich meine allgemein, es sollte mehr Spiele von der Art geben, in der produktive Gemeinschaftsarbeit verlangt wird, anstatt der bloßen Wettkampfspiele.

[3] Sein Vorschlag wäre keineswegs unter allen Umständen ein vernünftiger Vorschlag gewesen. Wäre A ein Raufbold gewesen, der nur seinen eigenen Vorteil suchte, der nur auf das Siegen aus war, ohne jede Rücksicht darauf, was das für seinen Spielgefährten bedeutete, vielleicht sogar stolz auf den Kummer, den er ihm zufügte, und hätte dann B den Vorschlag gemacht – so wäre das ein eindeutig sinnloses Verhalten gewesen. Tatsächlich wäre das Gegenteil angebracht gewesen: ganz aufzugeben oder woanders sich für einen wirklichen Kampf zu üben.

um zu gewinnen; infolgedessen wäre, wenn er ablehnt zu spielen, B der „Störenfried“. Das Spiel wäre „dazu da, daß ich meine Geschicklichkeit beweisen, daß ich gewinnen kann“. B stellt eine Barriere dar, die A's egozentrischen Forderungen, Bestätigungen im Wege steht (Abb. 7).

A verharrte nicht bei dieser einseitigen, oberflächlichen Ansicht. Es dämmerte ihm, wie die Lage für B aussah; für B als Mittelpunkt. In dieser unzentrierten Struktur sah er nun sich selbst als einen Teil, als einen Spieler, der mit dem anderen Spieler in keiner allzu netten Weise umging (Abb. 8).

Ein bißchen später wurde das *Spiel* selbst, seine Ganzeigenschaften und Forderungen, zum Mittelpunkt. Weder er noch der andere war nun der Mittelpunkt, beide wurden im Hinblick auf das Spiel gesehen (Abb. 9).

Logisch ist A (wie A sich selber sieht) bei den drei Zentrierungen verschieden; dasselbe gilt für die anderen Glieder und zugleich für die dynamischen Forderungen, die Lage überhaupt. Das Spiel wird nun klar als Abweichung von dem „guten Spiel“ gesehen[4].

Aber was in der Struktur des Spiels selbst liegt an der Wurzel der Störung? Es besteht da im guten Spiel ein empfindliches funktionales Gleichgewicht: einerseits, seine Zeit zusammen angenehm zu verbringen, Freundschaft zu halten; andererseits „zu versuchen, ihn zu schlagen“. Haltungen, tiefer als bloße äußerliche Regeln anständigen Spiels, machen das empfindliche Gleichgewicht möglich, begründen die Unterschiede zwischen einem guten Spiel und einem erbarmungslosen Kampf oder Wettbewerb, kurz, machen das Spiel zu einem Spiel. Das Gleichgewicht ist psychologisch sehr empfindlich; es kann verloren gehen – wie es in dieser Situation geschah.

Das „gegen“, das „Versuchen, ihn zu schlagen“, das im guten Spiel sinngemäß funktioniert, war zu einem häßlichen Zug geworden, der in die Spielsituation nicht mehr hineinpaßte. Daraus erwuchs: „Was kann dagegen getan werden? Und sofort?“ Hier liegt die Störung. „Ist es nicht möglich, zum Kern der Sache vorzudringen?“ Das führt dazu, die Struktur II in Betracht zu ziehen.

Struktur Ia  oder, bei diesen Jungen, richtiger

Struktur Ib  wird umgeformt in

Struktur II  , aus dem Wettstreit zur Gemeinschaftsarbeit: von ‚Ich gegen Dich‘ zum ‚Wir‘. A und B als Teile sind hier nicht mehr, wie in Struktur I, Gegner, jeder nur für seine Seite vorhanden, sondern zwei menschliche Wesen, die auf ein gemeinsames Ziel hin zusammenarbeiten.

Alle Einzelheiten ändern ihre Bedeutung beträchtlich. Zum Beispiel bedeutet Angeben jetzt nicht mehr, B zu überwältigen, indem man es ihm unmöglich macht, den Ball zurückzugeben. Bei dem ersten Stand der Dinge (I) ist jeder Spieler glücklich, wenn er gewinnt und der Gegner verliert; aber jetzt (II) hat jeder an jedem guten Gang unmittelbar Freude.

Die Schritte, die dann folgen, zeigen den Übergang zu einer Erfassung der Problemlage *aus sich selbst* heraus, anstatt vom Gesichtspunkt der einen oder anderen Seite oder der bloßen Summe beider. Die Lösung wächst heraus aus dem Deutlichwerden der strukturellen Störung; dabei gewinnt die Störung eine tiefere Bedeutung. Die Spannung ist nicht oberflächlich besei-

[4] Es *kann* als solche erst in der letzten Fassung (Abb. 9) gesehen werden. (Übers.)

tigt; vielmehr folgt die neue Richtung aus grundlegenden strukturellen Forderungen, die eine wahrhaft gute Situation verlangen. Sie mögen denken, ich lese viel zu viel in den Geist der Jugend hinein. Ich glaube nicht. Vielleicht haben Sie eine viel zu ärmliche Vorstellung von dem, was in dem Kopf des Jungen vorgehen kann.

Kurz zusammengefaßt, stellen wir im einzelnen fest:

1. Operationen der Umzentrierung: Übergang von einer einseitigen Ansicht zu der Zentrierung, die von der objektiven Struktur der Situation gefordert ist;
2. einen Wechsel in der Bedeutung der Teile (...) – gemäß ihrer strukturellen Stelle, Rolle und Funktion;
3. eine Betrachtung der Lage unter dem Gesichtpunkt der „guten Gestalt", so daß alles zu den strukturellen Forderungen paßt;
4. einen Drang, geradewegs auf den Grund vorzustoßen, ehrlich ins Auge zu fassen, worauf es ankommt, und die Folgerungen zu ziehen.

Ich möchte bemerken, daß der Zug der Geradlinigkeit, Ehrlichkeit, Aufrichtigkeit bei einem solchen Vorgang nicht peripher zu sein scheint. Um es allgemein zu sagen, es ist eine künstliche und enge Auffassung, die das Denken als eine lediglich intellektuelle Operation ansieht, und es völlig abtrennt von Fragen der menschlichen Haltung, des Fühlens und der Gemütserregungen – „weil solche Themen zu anderen Kapiteln der Psychologie gehören". Das ist ganz besonders klar in einem bestimmten Beispiel, in dem Übergang von einer blind egozentrischen Auffassung mit ihren zugehörigen Gefühlen zu den späteren Schritten. Aber selbst scheinbar reine Denkvorgänge schließen eine menschliche Haltung ein – jene Art von Bereitschaft, den Sachverhalten ins Auge zu sehen, sich ihnen rückhaltslos zu öffnen und sich ehrlich und aufrichtig mit ihnen auseinanderzusetzen. Obwohl ich in anderen Kapiteln nur flüchtig auf diese Tatsache hingewiesen habe, scheint sie in vielen Fällen produktiven Denkens wesentlich.

Wertheimer, Max: Produktives Denken. New York, London: Waldemar Kramer ^{2}1964 (1945), S. 148 ff.

Worterklärungen zu 2.2

Ambivalenz: Zwiespältigkeit, Doppelwertigkeit
peripher: nebensächlich, Rand-

Arbeitsanregungen zu 2.2

1. Erläutern Sie unter Bezugnahme auf einzelne Textstellen diejenigen Momente, die bei A eine Änderung in Gang setzen.
2. Wertheimer spricht von „struktureller Störung".
   Worin besteht sie, und was ist für ihn das Gegenteil davon im konkreten Fall?

2.3 Phasen des Problemlöseprozesses* – M. R. Goldfried / A. P. Goldfried

Betrachten wir unsere Umwelt einmal unvoreingenommen, ist schwerlich zu leugnen, daß wir fortwährend vor schwierige Situationen gestellt sind, die wir irgendwie meistern müssen. *D'Zurilla* und *Goldfried* (...) äußerten, daß „unser Alltag voller Probleme ist, die wir lösen müssen, um ausreichend lebenstüchtig zu bleiben" (...) – was in manchen Ohren allzu pessimistisch klingen mag. Aber wer ist nicht schon einmal in einen Verkehrsstau ausgerechnet dann geraten, als er bereits anderswo hätte sein müssen? Oder jemand kann in der Buchhandlung bestimmte Bücher oder Zeitschriften nicht sofort bekommen und deshalb ein schriftliches Referat nicht abschließen. Oder wir müssen uns entscheiden, ob wir ein Stellenangebot annehmen sollen oder nicht. Unser Unvermögen in vielen Fällen dieser Art, eine angemessene Lösung zu finden, macht uns nicht nur unzufrieden, sondern kann auch schwerwiegende Konsequenzen haben, aus denen weitere Probleme in der Zukunft erwachsen.

In ihrem Überblick über Theorie und Forschung über Problemlösungen betonen *D'Zurilla* und *Goldfried* (...) die Bedeutung des Problemlösens für den Umgang mit den realen Lebensschwierigkeiten. Nach der Definition dieser Autoren besteht Problemlösen aus „einem offenen oder kognitiven Verhaltensprozeß, der (a) eine Vielzahl potentiell wirksamer Reaktionsalternativen für die problematische Situation bietet und (b) die Wahl der wirksamsten Reaktion aus diesem Repertoire wahrscheinlicher macht" (S. 108). Das Übungsprogramm für Problemlösungen hat nicht zum Ziel, dem Klienten spezifische Lösungen für spezifische Probleme zu vermitteln, sondern eine allgemeine Strategie, die ihn dazu befähigt, auch ein breites Spektrum schwieriger Situationen zu bewältigen.

Nach *D'Zurilla* und *Goldfried* vollzieht sich der Problemlöseprozeß in fünf Schritten oder Phasen:

1. Allgemeine Einstellung
2. Definieren und Formulieren des Problems
3. Finden von Alternativen
4. Entscheiden und
5. Überprüfen.

Natürlich gibt es viele Menschen, die mit ihren Problemen gut zurechtkommen, ohne sich genau an diese fünf Schritte zu halten. Uns kommt es aber auf Personen mit weniger Fertigkeit an; sie können ihren Entscheidungsprozeß verbessern, indem sie die Problemlöse-Strategie erlernen.

Bevor wir das Training selbst beschreiben, möchten wir kurz auf Theorie und Forschung eingehen, soweit sie für die einzelnen Phasen relevant sind.

Allgemeine Einstellung

Hiermit ist die Grundhaltung gemeint, mit der jemand an die Problemsituation herangeht. Diese allgemeine Einstellung besteht aus

a) der Einsicht, daß Problemsituationen zum normalen Leben gehören
b) der Annahme, daß man solche Situationen aktiv meistern kann
c) der Bereitschaft, Problemsituationen im Augenblick ihres Auftretens wahrzunehmen und
d) der Entschlossenheit, der Versuchung zu impulsivem Handeln zu widerstehen.

Im Zusammenhang mit der kognitiven Umstrukturierung haben wir die ersten beiden kognitiven Aspekte bereits diskutiert; ihre Gegenstücke sind in der oben aufgeführten Liste irrationaler Kognitionen enthalten.

Problemsituationen rechtzeitig zu erkennen, ist nicht so einfach, wie man es sich vielleicht vorstellt. Manchmal stecken wir „mittendrin", noch ohne es zu bemerken. *Miller, Galanter* und *Pribram* (...) nehmen an, daß der Prozeß des Problemerkennens folgendermaßen abläuft:

Normalerweise wursteln wir vor uns hin, was üblich und Sitte ist, sind leicht verwirrt, wenn manchmal nicht das herauskommt, was wir beabsichtigen, machen uns darüber aber keine großen Gedanken, weil es noch soviel anderes zu erledigen gibt. Eines Tages dann verschwört sich alles gegen uns, und wir sehen uns Mißerfolgen gegenüber, wo wir hätten erfolgreich sein müssen – und können uns nicht einfach davonstehlen oder unseren selbst gesetzten Anspruch senken oder um Hilfe bitten oder unsere Wut auslassen. In diesem Augenblick werden wir vielleicht gewahr, daß wir einem Problem gegenüberstehen (...).

Wir erkennen also häufig eine Problemsituation nur daran, daß wir über „irgendetwas" beunruhigt sind. Sobald wir das bemerken, haben wir die Aufgabe, unsere Aufmerksamkeit von der emotionalen Erregung auf die Auslösesituation zu lenken.
Der Aspekt (d) drückt eine zwingende Forderung aus. Angesichts einer wirklich schwierigen Situation – d. h., wenn sich eine Lösung nicht sofort abzeichnet – ist es schwer vorstellbar, wie jemand mit dem Problemlösen überhaupt anfangen kann, ohne zuerst zu überlegen.

Definieren und Formulieren des Problems
In den grundlegenden Forschungsarbeiten zum Problemlöse-Verhalten wird der Versuchsperson gewöhnlich eine relativ eng umschriebene Aufgabe gestellt. Dagegen sind die Problemsituationen im realen Leben nicht immer klar umrissen. Es ist deshalb notwendig, die einzelnen Elemente einer Situation relativ konkret zu definieren. *Bloom* und *Broder* (...) fanden, daß sich gute Problemlöser dadurch auszeichnen, daß sie abstrakte Begriffe in konkrete Beispiele übertragen, während schlechte Problemlöser dies nicht tun. Man kann jedoch nicht eine große Menge Fakten auf Anhieb bewältigen. Indem der Klient die verschiedenen situativen Merkmale formuliert, wird ihm die Richtung des Lösungsprozesses klarer.

Finden von Alternativen
Die für diese Phase des Problemlösens maßgebliche Forschung basiert auf der Technik des „Brainstorming" (...). Als eine Art fokussierter freier Assoziation liegen dieser Methode zwei Prinzipien zugrunde: (1) Zurückstellen jeglichen Bewertens und (2) Quantität schafft Qualität. Das erste Prinzip besagt, daß gute Lösungen mit größerer Wahrscheinlichkeit produziert werden, wenn man sich eine Zeitlang jeglicher Bewertung der Qualität seiner Lösungsvorschläge enthält. Nach dem zweiten Prinzip ist die Wahrscheinlichkeit, daß sich brauchbare Vorschläge unter den Assoziationen befinden, um so höher, je größer die Summe der produzierten Alternativen ist. Zahlreiche Untersuchungen zum Brainstorming haben übereinstimmend ergeben, daß ein Training in dieser Technik tatsächlich die Wahrscheinlichkeit erhöht, qualitativ gute Lösungen zu finden (...).

Entscheiden
Die Grundlagenforschung zur Informationsverarbeitung hat sich der Entscheidungstheorie bedient, um die „Güte" jeder einzelnen Handlungsweise bewerten zu können (...). Diese Theorie ermöglicht im wesentlichen eine funktionale Bewertung jeder Alternative. Im Geschäfts- und Wirtschaftsleben kann eine bestimmte Handlungsweise nach ihrem finanziellen Nutzen bewertet werden. Bei Anwendung dieser Methode auf mehr persönliche oder zwischenmenschliche Probleme könnte der Nutzen einer Reaktionsweise nach der Wahrscheinlichkeit bemessen werden, mit der die betreffende Alternative die in der Definitions- und Formulierungsphase isolierten Detailprobleme löst.

Überprüfen
Hat der Klient das Problem einmal in Angriff genommen, es definiert und die hervorstechenden Merkmale formuliert, hat er sich Lösungsmöglichkeiten ausgedacht und sich für eine bestimmte Handlungsweise entschieden, so muß er die Effektivität des von ihm gewählten Lösungsweges überprüfen. Dies setzt voraus, daß er gemäß seiner Entscheidung handelt und dann abschätzt, inwieweit die schwierige Situation geklärt worden ist.
Das für diese Überprüfungsphase maßgebliche theoretische Modell stammt von *Miller, Galanter* und *Pribram* (...), die darin Aussagen über die Wechselbeziehung zwischen Planen und Handeln machen. Sie schlagen ein TOTE-Modell („Test-Operate-Test-Exit") vor, nach dem

das Ausmaß, in dem die Handlungsergebnisse einem vorgegebenen Kriterium genügen, das offene und verdeckte Verhalten steuert. So hat jeder eine bestimmte Norm für die Angemessenheit seines Verhaltens („Test“) und versucht nun, entsprechend zu handeln („Operate“). Die Konsequenzen dieser Handlungen werden an der Norm gemessen („Test“), und sofern sie erreicht ist, wird die Aktivität beendet („Exit“). Genügt das Handlungsergebnis diesem Normwert nicht, setzt das Individuum seine Aktivität („Operate“) so lange fort, bis das Kriterium erreicht ist.
Während der Überprüfungsphase bestimmt der Problemlöser selbst, nachdem er die von ihm bevorzugte Handlungsweise ausgeführt hat, ob das Problem zufriedenstellend gelöst ist oder nicht. Von seiner Antwort hängt es ab, ob er den Problemlöseprozeß beendet oder fortsetzt in der Hoffnung, eine bessere Lösung zu finden. (...)

Goldfried, M. R./Goldfried, A. P.: Kognitive Methoden der Verhaltensänderung. München, Wien, Baltimore: Urban und Schwarzenberg 1977, S. 118 ff.

Worterklärungen zu 2.3

potentiell: der Möglichkeit nach, möglich
Repertoire: Vorrat
Brainstorming: Sammlung von spontanen Einfällen, um die beste Lösung für ein Problem zu finden
fokussieren: auf einen Brennpunkt (einen Fokus) lenken
Assoziation: Verknüpfung

Arbeitsanregung zu 2.3

Erinnern Sie sich an die Situation, als Sie zuletzt ganz offenkundig ein Problem hatten.
Gehen Sie dann den Artikel durch, indem Sie stets fragen:
a) Wie war meine allgemeine Einstellung (a–d)?
b) Wie war es um meine Fähigkeit bestellt, die verschiedenen situativen Merkmale zu formulieren?
c) Wie stand es um meine Fähigkeit,
   – Bewertungen zurückzustellen und
   – frei zu assoziieren?
d) Wie war der Bezug meiner Entscheidung zum formulierten Problem?
e) Entsprach das Ergebnis meiner Handlung im wesentlichen meiner vorherigen Vorstellung vom Ergebnis?

2.4 Aspekte der Selbstmanagement-Therapie – Frederic H. Kanfer / H. Reinecker / D. Schmelzer

2.4.1 Selbstmanagement als „dynamisches“ Problemlösen*

Dem Selbstregulationsmodell (...) liegt die Annahme zugrunde, daß eine Vielzahl von Verhaltensweisen im Routinealltag von Gewohnheiten bestimmt ist. Selbstregulations- bzw. Problemlöseaktivitäten sind daher erst dann notwendig, wenn der reguläre Alltagsablauf gestört ist. [Es] (...) wird dabei in der Regel von einer Diskrepanz zwischen (a) dem momentan realisierten Verhalten (IST-Situation) und (b) einer zur Zeit nicht realisierten SOLL-Situation ausgegangen, wobei ein Vergleich mit Zielen/Standards erfolgt (Abb. 10).

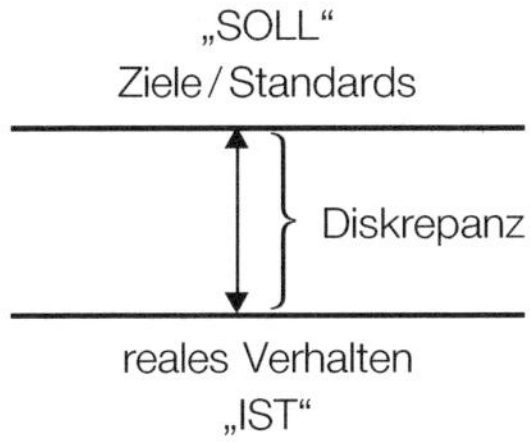

Abb. 10 *Ausgangssituation für Selbstregulations- und Problemlöse-Aktivitäten: Wahrgenommene Diskrepanz zwischen IST- und SOLL-Zustand*

Sobald eine Person diese Diskrepanz wahrgenommen hat, beginnt der Selbstregulierungsprozeß mit den drei grundlegenden Phasen (1) Selbstbeobachtung, (2) Selbstbewertung und (3) Selbstverstärkung (...). Kanfer & Busemeyer (1982, S.245) haben in Form eines Flußdiagramms veranschaulicht, wie man sich das grundsätzliche Verhältnis zwischen Selbstregulation und Problemlösen vorstellen kann (Abb. 11):

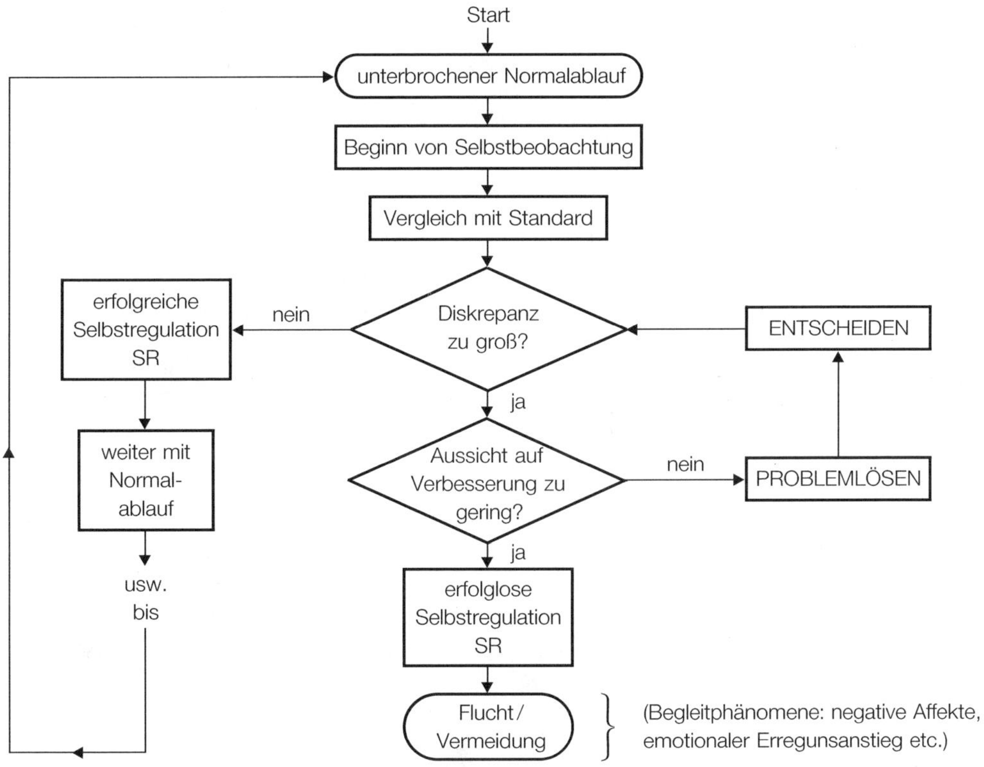

Abb. 11 *Problemlösen Entscheiden im Selbstregulationsmodell*

Die Darstellung verdeutlicht, daß Problemlöseprozesse als *Teil* des allgemeinen Selbstregulationsmodells zu verstehen sind und im Prinzip dazu dienen, die oben beschriebene IST/SOLL-Diskrepanz zu mindern. Eine solche Diskrepanzminderung (d. h. „Problemlösung") ist allerdings auf mindestens vier verschiedene Arten möglich (Abb. 12, S. 100):

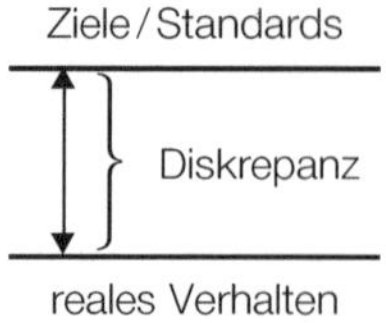

(1) Ziele beibehalten; reales Verhalten ändern
(2) Reales Verhalten beibehalten; Ziele ändern
(3) Beides, Ziele *und* reales Verhalten, ändern im Sinne einer gegenseitigen Annäherung
(4) Beides, Ziele und reales Verhalten, *völlig* ändern = totale „Neu-Kalibrierung“

Abb. 12 *Vier prinzipielle Arten der Diskrepanzminderung/Problemlösung/Selbstregulation*

Folgendes Beispiel soll die obigen *prinzipiellen* Lösungsalternativen näher verdeutlichen:

Für einen wegen „Studienschwierigkeiten“ angemeldeten Studenten der Medizin ergab sich die grundlegende Problematik aus der Diskrepanz zwischen seinem Ziel „Examen mit Note 1 machen“ und seinem realen Verhalten „Faulenzen/Nichtstun“. Wenn wir weitere diagnostisch bedeutsame Aspekte hier einmal ausklammern (z. B. intellektueller Fähigkeitsstand; soziale/materielle Lebenssituation und vieles mehr), so stehen ihm für eine Lösung seiner Probleme alle vier oben angeführten Möglichkeiten offen:

1. Er könnte sein Ziel beibehalten, aber sein momentanes „Faulenzen“ ändern, um mit gezielter Vorbereitung und Durchführung des Studiums seine angestrebte Examensnote doch noch zu erreichen.
2. Er könnte sein Nichtsstun beibehalten und dafür sein Ziel „sehr gutes Examen“ aufgeben (u. U. bis hin zum Verwerfen des Ziels „Examensabschluß“/„Studium“).
3. Er könnte Ziele und reales Verhalten einander annähern, indem er ein Stück weit auf „Faulenzen“ verzichtet, um dadurch mehr Zeit für das Studium zu bekommen; umgekehrt könnte er sein Examensziel so weit ändern, daß er auch mit einem mittelmäßigen bis schlechten Abschluß zufrieden wäre.
4. Ihm stünde letztlich auch eine völlige „Neu-Kalibrierung“ offen, indem er sowohl bisherige Ziele als auch bisheriges Verhalten in eine (u. U. radikal) neue Richtung ändert: Er könnte z. B. eine handwerkliche Lehre beginnen, ohne jede Ausbildung „jobben“, Gärtner werden, ins Kloster gehen, „aussteigen“ und durch die Welt reisen und vieles mehr ...

Wie eine solche Problemlösung beim Klienten konkret *inhaltlich* aussieht, läßt sich allerdings zu Beginn des diagnostisch-therapeutischen Prozesses nie exakt vorhersagen (...), sondern entwickelt sich erst während des Ablaufs in der Zeit. Abgesehen davon, daß der Selbstmanagement-Therapeut die Lösungen nicht vorgibt, sondern seine Klienten dazu anleitet, Probleme *selbst* bewältigen zu lernen, muß dabei stets die *Dynamik* und *Fluktuation* von Problemen und Zielen berücksichtigt werden: Was zu Beginn der Therapie als „Problem“ erscheint, muß nach dem dritten Termin längst nicht mehr problematischen Charakter haben. Andere Beschwerden können sich im Lauf der Therapie als unabänderliche „Tatsachen“ herausstellen, für die keine Lösung möglich ist (...). Außerdem ist es sinnvoll, sich als Therapeut darauf einzustellen, daß beim Klienten jederzeit neue Bereiche als Probleme oder Ziele auftauchen können – möglicherweise völlig überraschend (und ohne direkten therapeutischen Eingriff) als Funktion anderer Ereignisse im Umfeld des Klienten.

Als Konsequenz daraus ergibt sich, daß eine *statische* Betrachtungsweise des Problemlösens mit feststehenden Ausgangs- und Zielzuständen nicht mehr angemessen ist. Vielmehr erscheint es notwendig, eine *dynamische Perspektive des Problemlösens* (...) zugrundezulegen, die der Realität der Therapiesituation in der Praxis besser entspricht. Die Unterscheidungsdimension „statisch vs. dynamisch“ wurde für den Bereich klinisch-physiologisches Problemlösen erstmals von Kanfer & Busemeyer (1982) explizit in die Diskussion eingeführt. Einige ihrer Gesichtspunkte sind – ergänzt und erweitert – in die (...) Tabelle 5 [S. 101] integriert.

Für unsere Diskussion hat die Differenzierung statischen vs. dynamischen Problemlösens zur Folge, daß die Diskrepanz in der Abb. 10 (...) immer nur eine *Momentaufnahme* darstellen kann. Dabei fluktuieren sowohl die „Ziele“/„Standards“ als auch das jeweilige reale Verhalten, so daß folglich die Größe der Diskrepanz ebenfalls kontinuierlich variiert. In jedem Fall hat jedoch die Dynamik von Problemlösesituationen unmittelbare Konsequenzen für die therapeu-

Tabelle 5 *Wichtige Differenzen statischen vs. dynamischen Problemlösens im klinisch-psychologischen Bereich*

Statisches Problemlösen	Dynamisches Problemlösen
– „gut-definierte" Probleme	– „schlecht-definierte", vage Probleme
– feststehende Ausgangs- und Endzustände	– Ausgangs- und Endzustände ändern sich ständig (auch ohne direkten Eingriff; als Funktion anderer Lebensereignisse bzw. anderer Personen etc.)
– einmalige Entscheidungen genügen	– ständige Neuentscheidungen notwendig: iteratives Vorgehen: Entscheidungen gelten immer nur „bis auf Weiteres"
– meist genügt selektives Problemlösen (linear ausschnitthaft)	– mehrdimensional-komplexes Problemlösen (auf mehreren Zielebenen)
– optimale normative Entscheidungsregeln verfügbar	– allenfalls suboptimale Entscheidungsheuristiken: „Daumenregeln"
– meist genügend Zeit vorhanden	– Entscheidungen unter Zeitdruck

tische Praxis. Ohne Anspruch auf Vollständigkeit nennen wir nachfolgend einige der Wichtigsten:

1. Der Therapeut muß sich darauf einstellen, daß eine prinzipielle Variabilität von Problemen und Zielen eher die Regel als die Ausnahme darstellt.
2. Statt einmaliger Entscheidungen wird eine kontinuierliche *Rekursivität* des Vorgehens notwendig. Alle Entscheidungen gelten immer nur „bis auf Weiteres", d. h. sind prinzipiell revidierbar und modifizierbar in Abhängigkeit von den real eintretenden Ergebnissen (...).
3. Klinisches Problemlösen läßt sich prinzipiell als „Entscheiden unter Unsicherheit" auffassen (...). Der Therapeut hat es stets mit unvollständigen Informationsmengen zu tun. Dies legt ein *iteratives, tentatives* Vorgehen nahe, bei dem sich Therapeut wie Klient schrittweise „vorwärtstasten" angesichts der Tatsache, daß reale Ergebnisse zunächst unbekannt bzw. unsicher sind. Dabei muß auch die Evaluation von Entscheidungen immer relativ zu dem zum jeweiligen Zeitpunkt vorhandenen Wissen/Können vorgenommen werden.
4. Explizites Einbeziehen der Dimension „Zeit" (...). Diese erfolgt in unserem praktischen Ansatz sowohl im gesamten Therapieprozeß (...) als auch innerhalb einer Therapiesitzung (...).
5. Kontinuierliche Erfordernis des Umwandelns „schlecht-definierter", d. h. vager, globaler oder diffuser Problemsituationen in „gut-definierte" (z. B. konkretisieren, beobachtbare Kriterien von IST- und SOLL-Zuständen festlegen etc.). Als Konsequenz ergeben sich Um- oder Re-Definitionen bzw. Verfeinerungen/Revisionen von Problemen und Zielen während der ersten Therapiephasen.
6. Ständige Beobachtung von Motivationsfluktuationen während des gesamten Problemlöseprozesses. (...)

Kanfer, Frederic H./Reinecker, H./Schmelzer, D.: Selbstmanagement-Therapie. Berlin, New York: Springer 1991, S. 43 ff.

Worterklärungen zu 2.4.1

Diskrepanz: Auseinanderklaffen, Mißverhältnis
explizit: ausdrücklich
Rekursivität: Umkehrbarkeit
iterativ: wiederholt, wiederholend
tentativ: versuchsweise
Evaluation: Bewertung, Beurteilung
Neukalibrierung: Setzung eines neuen Maßes

Arbeitsanregungen zu 2.4.1

1. Welche drei Phasen des Selbstregulationsprozesses nehmen Kanfer u. a. an?
2. Nennen Sie die Arten der Diskrepanzminderung zwischen IST- und SOLL-Wert.
3. Erläutern Sie mindestens zwei Unterschiede zwischen statischem und dynamischem Problemlösen nach Kanfer u. a.

2.4.2 Ineffektive Strategien der Problembewältigung*

(...) [Wir möchten] einige ineffektive Strategien der Problembewältigung analysieren, mit denen sich Klienten im Vorfeld therapeutischer Kontakte möglicherweise (jahrelang) beschäftigt haben. Im einzelnen gehen wir auf folgende Fehlerquellen ein:

1. *Generell* ineffektive Problemlöse-Strategien
2. Fehlende oder ineffektive Differenzierung von „Problemen" und „Tatsachen"
3. Ungenügende Differenzierung von „Zielen" und „Utopien"
4. Inadäquate Blockade von Lösungswegen („Alles-nur-das-nicht ...")

Generell ineffektive Problemlöse-Strategien

Janis & Mann (1977) sowie Wheeler & Janis (1980) haben sich lange mit alltäglichem Problemlösen und dessen Hindernissen beschäftigt und praxisrelevante Hinweise präsentiert. So können vergebliche Problemlösebemühungen beispielsweise bereits auf der Ebene des *Problemerkennens* beginnen, wenn Personen im Alltag die Warnzeichen bzw. Hinweisreize von Problemen ignorieren und so tun, als gäbe es keine Gefahr. Wheeler & Janis (1980, S. 21) haben diese Haltung als *Gleichgültigkeit den Problemen gegenüber* („complacency") beschrieben. Nach Art einer „Vogel-Strauß-Politik" stecken die Betroffenen den Kopf in den Sand, um ihre bisherigen Verhaltensgewohnheiten nach der Devise „business as usual" fortsetzen zu können.
Sobald Probleme als solche erkannt sind, gibt es andere Risiken für inadäquate Lösungsversuche. Wheeler & Janis (1980, S. 23ff.) haben z. B. drei Formen einer *defensiven Problemvermeidung* („defensive avoidance") skizziert:

a) *Rationalisieren der Bedrohung* („rationalization"; z. B. ein Raucher, der angesichts der Gefahren des Rauchens auf einen Verwandten hinweist, der „trotz Rauchens 100 Jahre alt" geworden sei ...).
b) *Auf-die-lange-Bank-Schieben* („procrastination"; z. B. „*Jetzt* brauche ich noch nichts für eine Lösung tun, dazu habe ich *später* Zeit ... morgen, nächste Woche, nächstes Jahr ...").
c) *Delegieren der Verantwortung an andere* („buck passing"; z. B. „Das soll Peter für mich erledigen" oder auf Therapie bezogen: „*Sie* als Therapeut müssen meine Probleme lösen ...!").

Ein weiteres Muster ineffektiven Problemlösens zeigen Personen, die zunächst eine Zeitlang alle Problemwarnzeichen übersehen, um dann – angesichts eines unmittelbaren Problem- und Zeitdrucks – zu *panikartigen Kurzschlußlösungen* zu greifen („paniclike reactions" ...). In solchen Situationen geht die hohe emotionale Belastung mit einer starken Beeinträchtigung kognitiver Funktionen einher.

In ganz kritischen Fällen kann es unter Umständen zu Gewalttaten gegen andere Personen (Mißhandlung, Mord bzw. Totschlag) oder zu Suizid/Suizidversuchen kommen. Neben solchen eher extremen Beispielen ist diese kurzschlußartige „Lösungs"-Strategie im Alltag meist in subtilerer Form anzutreffen, wie z. B. bei Personen, die sich angesichts einer zerbrochenen Partnerschaftsbeziehung sofort und überstürzt in eine neue flüchten, oder wie z. B. bei einem Familienvater, der sich bislang nie um die schulischen Leistungen seines Sohnes gekümmert hat, aber plötzlich angesichts eines schlechten Zeugnisses „täglich vier Stunden Lernzeit und Hausarrest bis auf Weiteres" anordnet.

Fehlende oder ineffektive Differenzierung von „Problemen" und „Tatsachen"

Viele emotionale Schwierigkeiten von Menschen beruhen auch darauf, daß Personen dort Änderungen versuchen, wo keine möglich sind, oder umgekehrt Änderungen dort unterlassen,

Tabelle 6 *Prinzipielle Differenzierung von „Problemen" und „Tatsachen"*

„Problem":	IST-Zustand, der sich in einen SOLL-Zustand transformieren läßt
„Tatsache":	IST-Zustand, der sich nicht in einen SOLL-Zustand transformieren läßt

wo sie durchaus möglich wären. Sie sind folglich noch nicht zu einer effektiven Differenzierung von „Problemen" und „Tatsachen" in der Lage, wie sie Tabelle 6 [S. 102] zeigt.

a) *„Probleme"* implizieren – wie oben dargestellt – immer gewisse Aussichten auf eine „objektiv" mögliche Änderung oder Lösung, selbst wenn es Klienten aus deren subjektiver Perspektive zum momentanen Zeitpunkt nicht danach aussehen sollte. Per definitionem müssen für ein „Problem" mehrere Aspekte gegeben sein, wie z. B. eine Diskrepanz zwischen „IST- und SOLL-Zustand" sowie eine *prinzipielle* (zumindest theoretische) Lösungsimplikation. Ob Klienten bestimmte Probleme dann *tatsächlich* lösen können, sowie welche Richtung mögliche Veränderungen nehmen, ist dabei völlig offen und von vielen anderen Faktoren abhängig (z. B. vorhandene Fertigkeiten, „self-efficacy" (Bandura 1977), Grad der Übung, korrekte/falsche Interpretation von Daten, etc.).

b) *„Tatsachen"* sind für uns dagegen solche Ereignisse, Zustände oder Prozesse des Lebens, die „objektiv" *nicht* (oder nicht mehr) *änderbar* sind. In der Terminologie des Problemlösens handelt es sich somit um „IST-Zustände", die *nicht* in „SOLL-Zustände" übergeführt werden können. Zu solchen Tatsachen des Lebens gehören beispielsweise fortschreitendes Alter, unwiederbringliche Verluste (z. B. Tod von Bezugspersonen), erlittene Unfälle und irreversible körperliche Behinderungen oder Krankheiten. Ebenso kann z. B. die Entscheidung für/gegen eigene Kinder, das Bestehen/Nichtbestehen einer Zulassungsprüfung oder der Umzug in eine andere Stadt bedeutsame Lebens-„Weichen" stellen und ab einem bestimmten Zeitpunkt irreversible Tatsachen schaffen. Andere Tatsachen wiederum kommen durch soziale Prozesse zustande und hängen hochgradig von gesellschaftlichen Normen und Sanktionen ab (z. B. Ächtung von Vorbestraften, Vorurteile gegenüber Randgruppen etc.). Ihre Auswirkungen sind für die Betroffenen nicht minder real, von ihnen selbst jedoch kaum zu ändern.

In der Interaktion mit dem Therapeuten sind vor allem zwei ineffektive „Lösungsmuster" von Klienten relevant:

1. Der Klient schätzt aus seiner Perspektive eine Situation als „subjektive Tatsache" ein (z. B. „Ich bin nicht liebenswert" oder „Ich werde nie im Leben Freunde haben ..."), obwohl dies aus „objektiver" Sicht nicht zutrifft. In diesen Beispielen sind selbst dann noch prinzipielle Änderungsmöglichkeiten offen, wenn der Ist-Zustand bereits lange angedauert hat. Somit handelt es sich bei obigen Einschätzungen um (änderbare) Probleme.
2. Umgekehrt kann es vorkommen, daß Klienten Änderungsmöglichkeiten bei „objektiv" feststehenden „Tatsachen" erhoffen bzw. intensive (vergebliche) Versuche unternehmen, um Unabänderliches zu verändern. So ist z. B. die Beobachtung, daß jeder Mensch älter, langsamer, vergeßlicher etc. wird, eine objektive „Tatsache des Lebens", selbst wenn uns Schönheitschirurgen, Kosmetik-Industrie und Wundermittel-Hersteller anderes glauben machen wollen. Auch persönliche Fähigkeiten und Grenzen sind in vielen Fällen als „Tatsache" zu interpretieren. So treffen wir in unserer praktischen Arbeit immer wieder auf Klienten, die von sich selbst (oder ihren Kindern) eine hochqualifizierte Ausbildung oder ein akademisches Studium erwarten, ohne im geringsten die kognitiven Voraussetzungen dafür zu besitzen.

(...)

Ungenügende Differenzierung von „Zielen" und „Utopien"

Schließlich können auch *unrealistische* bzw. *utopische Erwartungen* eine Problemlösung verhindern bzw. erst zur Entstehung von Problemen beitragen. Daher ist es sinnvoll, „Ziele" und „Utopien" zu differenzieren (Tabelle 7):

Tabelle 7 *Differenzierung von „Zielen" und „Utopien"*

„Ziel":	SOLL-Zustand, der sich in einen IST-Zustand transformieren läßt
„Utopie":	SOLL-Zustand, der sich *nicht* in einen IST-Zustand transformieren läßt

Den meisten Therapeuten ist z. B. die Erfahrung gut bekannt, daß viele Klienten nur bestimmte negative *Konsequenzen* eines Problems loswerden möchten (und zwar möglichst schnell und einfach), nicht aber das Problem selbst: Viele Menschen streben beispielsweise nach einer raschen Reduktion ihres Übergewichts, ohne zu berücksichtigen, daß dies ja das Resultat ihrer bisherigen Eß- und Lebensgewohnheiten ist. Eine notwendige drastische Veränderung dieser Gewohnheiten (unter Umständen lebenslang!) wird von ihnen nicht in Erwägung gezogen. Andere wiederum erhoffen sich z. B. ausschließlich von Medikamenten die Heilung ihres psychogen bedingten Magengeschwürs, ohne auch nur im geringsten daranzugehen, ihre beruflichen Belastungen zu reduzieren oder andere Aspekte ihrer Lebensführung zu ändern.
Eine andere therapeutisch relevante Gruppe unrealistischer Einstellungen hat Ellis (z. B. 1977) zu seinen „irrationalen Überzeugungen" zusammengefaßt. Solche utopischen Lebenshaltungen mit selbstdestruktiven Wirkungen (z. B. „Ich muß immer perfekt und ohne Fehler sein!" etc.) sollten möglichst frühzeitig erkannt und bearbeitet werden, damit keine unerreichbaren Utopien, sondern realisierbare Ziele verfolgt werden.

Viele unrealistischen Ziele stellen sich in Form des sogenannten *„Utopie-Syndroms"* dar, welches in verschiedenen Varianten anzutreffen ist (...).Gemeinsam ist ihnen, daß eine Person unerreichbare Ziele für erreichbar hält und sich daher an unlösbare Aufgaben macht. Da diese „Lösungen" von vornherein zum Scheitern verurteilt sind, entstehen gravierende subjektive Probleme und Konflikte mit möglicherweise chronischer Ausprägung (Tabelle 8).
Für die in der Falle des Utopie-Syndroms gefangenen Personen ist besonders tragisch, daß ihnen die Fehlerhaftigkeit ihrer utopischen Prämissen (Nr. 3 in Tabelle 8) nicht bewußt ist, so daß sie trotz des ständigen Scheiterns ihrer Versuche nicht auf die Idee kommen, ihre *Ziele* könnten unerreichbar sein. Obwohl sie dabei von der „objektiven" Realität immer wieder enttäuscht werden, setzen sie all ihre Hoffnungen in immer weitere „Lösungsversuche". In diesem Sinne sind die falschen Prämissen (d. h. die utopischen Ziele) für die Betroffenen „wirklicher als die Wirklichkeit" (Watzlawick, Weakland & Fisch 1979, S. 76).

Tabelle 8 *Logische Basis des „Utopie-Syndroms" mit praktischem Beispiel*

Allgemeines Schema	Praktisches Beispiel
1. Person A: „Es ist X, aber es sollte Y sein!" (Diskrepanz)	„Mein Leben ist voller Langeweile, aber ich sollte immerfort glücklich sein!"
2. Person A handelt nach ihrer subjektiven Prämisse: „Y ist möglich"	Handeln entsprechend der subjektiven Prämisse: „Immerwährendes Glück auf Erden ist möglich"
3. *aber:* Y ist „objektiv" unerreichbar/utopisch	„Immerwährendes Glück auf Erden" ist „objektiv" unerreichbar/utopisch/nicht menschenmöglich
Folge: Unlösbare Probleme/Konflikte (u. U. chronisch!)	*Folge:* z. B. immer neue Versuche, möglichst in jeder Lebenslage „glücklich" zu werden: jede Abweichung von diesem utopischen Glückszustand wird als bedrohlich empfunden und dient als Auslöser für neuerliche Versuche zur „Jagd nach dem Glück" (u. U. bis hin zu einer Abhängigkeit von Therapie oder „Psychogruppen" = „therapy addicts")

Zwei *inhaltliche* Varianten des Utopie-Syndroms sind für die therapeutische Praxis besonders relevant, weil sie Fehlerwartungen von Klienten betreffen, an denen wir – dies sei selbstkritisch für unseren Berufsstand angemerkt – als Psychologen und Therapeuten wohl nicht ganz schuldlos sind:

a) Die Utopie der „psychologischen Vervollkommung als Persönlichkeit" mittels Psychotherapie gleich welcher Provenienz (vgl. dazu z. B. Kaiser, 1987 etc.).
b) Die Utopie der „langen Reise", welche für Klienten notwendig sein soll, um irgendwann einmal am Ziel aller Wünsche zu sein und „problemlos" bzw. „perfekt glücklich" leben zu können (wobei die gerade laufende Therapie u. U. eine Station unter vielen darstellt).

Selbst wenn sich in der sogenannten „Psycho-Szene" möglicherweise eine ganze Reihe von psychotherapeutisch Tätigen aufgrund dieser beiden utopischen Klientenhaltungen ein exzellentes Auskommen (und Einkommen) sichern kann (...), möchten wir mit Watzlawick et al. (1979) auf die absurde Situation hinweisen, daß dadurch für die betroffenen Personen Probleme entstehen, wo vorher keine waren, und daß „Lösungen" versucht werden, die selbst das „eigentliche Problem" darstellen: „Oder anders ausgedrückt: das zu lösende Problem ist die Überzeugung, daß die Dinge so und so sein sollten, und nicht der tatsächliche Sachverhalt. Ohne die utopische Prämisse wäre die Aktualität der betreffenden Lebenssituation vielleicht durchaus erträglich" (Watzlawick, Weakland & Fisch 1979, S. 83).

Inadäquate Blockade von Lösungswegen („Alles-nur-das-nicht ...")

Eine andere Spielart ineffektiver Problemlöseversuche, die für die therapeutische Praxis relevant ist, stellt die Haltung „Alles, nur *das* nicht" dar (...): Viele Klienten versuchen zu Beginn der Therapie sofort, feste Grenzen zu ziehen, indem sie unmißverständlich äußern, was sie alles nicht tun/denken/fühlen können – und was selbstverständlich auch ein Therapeut von ihnen nicht verlangen dürfe. Damit „zementieren" sie möglicherweise ihre Schwierigkeiten zu einem unlösbaren Dilemma, so daß wir mit Watzlawick solche „Alles-nur-das-nicht"-Aussagen in vielen Fällen als Schlüsselstellen bzw. Kernpunkte für eine effektive therapeutische Problembewältigung ansehen möchten:

„Es dürfte eine nützliche Vereinfachung sein, festzustellen, daß jeder, der sich einer Psychotherapie unterzieht, in verschiedenster Weise grundsätzlich dasselbe sagt, nämlich: Alles, nur *das* nicht. Gemeint ist damit, daß seelisches Leiden in uns die Bereitschaft erweckt, alles zu seiner Behebung zu tun, außer einer ganz bestimmten Sache; und diese ‚ganz bestimmte Sache' ist gerade das, was das Leiden verursacht. Damit schließt sich der Teufelskreis des Problems und der problemerhaltenden ‚Lösungen'. Die einzig mögliche Lösung liegt immer in der Richtung der größten Angst und daher des heftigsten Widerstandes" (Watzlawick 1982, S. 104).

In den obigen Abschnitten (...) wurde eine Reihe von ungünstigen Perspektiven und inadäquaten „Lösungs"-Versuchen skizziert, die Klienten zunächst in den gemeinsamen, interaktiven Problemlöseprozeß von Therapeut und Klient einbringen. Allen ist gemeinsam, daß es sich um selbstgesetzte Grenzen, Blockaden oder festgefahrene Sackgassen handelt, an denen Personen gewohnheitsmäßig festhalten, obwohl sich dadurch keine Lösungen ergeben – oder schlimmer noch: obwohl dadurch die Situation erst problematischen Charakter bekommt. In dieser Hinsicht ist jeder Klient in der Tat ein „Teil seines Problems" (Watzlawick 1982, S. 104).

Kanfer/Reinecker/Schmelzer 1991, S. 48ff.

Worterklärungen zu 2.4.2

transformieren: umwandeln
implizieren: beinhalten, einbeziehen
per definitionem: gemäß Definition
Reduktion: Verminderung
Provenienz: Herkunft, Ursprung
inadäquat: unangemessen
interaktiv: zwischenmenschliches Handeln betreffend

Arbeitsanregungen zu 2.4.2

1. Erläutern Sie in knapper Form die Varianten generell ineffektiver Problemlöse-Strategien:
   - Gleichgültigkeit
   - defensives Problemvermeiden
   - panikartige Kurzschlußlösungen.

2. Aus welchem Grunde ist die Unterscheidung zwischen „Problemen" und „Tatsachen" von großer Bedeutung bei der Problembewältigung?
3. Kennen Sie einen Menschen, der eine Utopie für ein Ziel hält? Schildern Sie gegebenenfalls die Sachlage und begründen Sie, wieso es sich keinesfalls um ein Ziel handeln kann.
4. Welche vier ineffektiven Strategien der Problembewältigung wurden in dem Artikel besprochen?

2.4.3 Leitlinien für die Praxis der Selbstmanagement-Therapie*

(...) Die Therapie des Selbstmanagement geht davon aus, daß der Patient im Laufe des therapeutischen Prozesses effektive Fähigkeiten zur Selbstregulation und Selbstkontrolle entwickeln kann; diese Fähigkeiten helfen ihm, seine eigenen, realistischen Ziele zu erreichen, wobei diese Ziele im wesentlichen auch für die Gemeinschaft akzeptabel sein sollen. Unter Berücksichtigung verhaltenstheoretischer und kognitionspsychologischer Modelle sind folgende *Leitlinien für die Praxis* der Selbstmanagement-Therapie zentral:

1. Selbstmanagement betont die *aktive Beteiligung* des Patienten im therapeutischen Prozeß: Wenn eine Person nach verschiedenen Entscheidungen im Vorfeld psychologischer Intervention Hilfe bei einem professionellen Therapeuten sucht, so besteht die Aufgabe von Therapeut und Klient darin, eine Atmosphäre zu schaffen, die für eine Veränderung günstig ist. Dies beinhaltet zunächst eine Klarstellung darüber, was den Gegenstand der Therapie bildet und was getan werden sollte, damit die Lebenssituation für den Klienten befriedigend wird. Die aktive Beteiligung des Patienten beginnt bereits bei der Analyse des Problems, etwa indem er bereit ist, seine Schwierigkeiten offen darzulegen und sich (etwa durch Selbstbeobachtung, Selbstaufzeichnungen ...) an der Suche nach möglichen Bedingungen seines Problems zu beteiligen. (...)
Die Aufgabe des Therapeuten ist es, den Klienten so zu unterstützen, daß dieser möglichst selbständig Strategien zur Problemlösung in Gang setzt („instigation therapy" ...). Eine erste Hilfestellung besteht darin, daß der Klient Gelegenheit bekommt, in einer ruhigen und entspannten Atmosphäre über seine Probleme zu sprechen: schon das aktive Zuhören und entsprechende Fragen des Therapeuten lassen den Patienten an einem bisher unlösbar scheinenden Problem unter Umständen Komponenten entdecken, die veränderbar sind. Dies gibt dem Klienten häufig erst den Mut, etwas Neues zu versuchen. Die Hilfestellung des Therapeuten hat somit sowohl eine kognitiv-informative als auch eine motivationale Komponente (...).
Für das praktische Vorgehen orientieren wir uns am „Prinzip der minimalen Intervention" (Kanfer 1975): Therapie ist demnach ein *zeitlich begrenzter* Eingriff in das Leben eines Klienten. Im Rahmen dieses Eingriffes sollte der Klient möglichst rasch und mit den geringstmöglichen Mitteln befähigt werden, die Anforderungen seines Alltagslebens (wieder) aktiv und selbständig zu bewältigen. Selbstmanagement-Therapie besitzt die Funktion einer zielgerichteten, effektiven, aber nur kurzfristigen Stütze für diejenigen Lebensbereiche einer Person, die für sie gegenwärtig besonders problematisch sind. In gewisser Weise läßt sich dies mit der Bereitstellung von Krücken oder dem Anlegen eines Stützverbandes nach einem Beinbruch vergleichen: Beides hilft der Person, sich (humpelnd) zu bewegen, die Maßnahmen werden aber dann langsam ausgeblendet und überflüssig, wenn der Fuß wieder verheilt ist. Obwohl die Analogie etwas unpräzise ist, weil es im psychologischen Bereich keine so eindeutigen Kriterien für „Heilung" oder Besserung gibt wie im obigen Beispiel, verdeutlicht dies doch den Sachverhalt, daß Therapie nicht zum Ersatz für soziale Beziehungen werden sollte; „minimale Intervention" ist auch eine Maxime für den Therapeuten, beim Klienten Selbstregulation, Eigenver-

antwortung und die Fähigkeit zur Selbsthilfe zu fördern (und sie nicht etwa zu ersetzen oder gar zu untergraben).
Selbstmanagement-Therapie unterstützt den Klienten u. a. in drei verschiedenen Aspekten:

a) Lernen, das eigene Verhalten in speziellen Situationen (z. B. Reaktionen in Konfliktsituationen) in Richtung der persönlichen Ziele zu steuern;
b) Lernen, spezielle physiologische Erregungsmuster und Emotionen zu erkennen, zu beeinflussen oder ggf. zu vermeiden (z. B. Angst, Erfahrung von Schmerzen);
c) Lernen, mit kognitiven (vorgestellten) Prozessen (z. B. selbstabwertenden Gedanken) zielführender umzugehen und die kognitiven Prozesse in Einklang mit den eigenen Zielvorstellungen zu bringen.

2. Ein weiterer Grundsatz der Selbstmanagement-Therapie besteht darin, daß die *Ziele* einer therapeutischen Veränderung *in jedem Einzelfall konkretisiert* werden; dies beinhaltet auch, daß Therapeut und Klient von Beginn des therapeutischen Prozesses an *positive Zielvorstellungen* entwickeln.
Klienten kommen zumeist mit recht unklaren (z. B. „Ich will, daß es mir besser geht"...) oder mit negativ formulierten Zielvorstellungen (z. B. „Ich will, daß diese Depressionen aufhören"...) zur Therapie. Die Klärung von Zielvorstellungen oder das Erkennen und Modifizieren unrealistischer Ziele stellt in manchen Fällen bereits das Hauptziel einer Therapie dar. Die beiden (oben in Klammern) angeführten unklaren bzw. negativ formulierten Zielvorstellungen verhindern geradezu eine aktive Problemlösung; wichtige Schritte der Konkretisierung bestehen etwa darin, daß der Klient zunächst lernt, Auslöser seiner Probleme in der Umgebung zu erkennen, daß er seine physiologischen/biologischen Prozesse besser zu differenzieren und die Bedeutung seiner kognitiven Verarbeitungsmuster korrekt einzuschätzen lernt.
Die am therapeutischen Prozeß beteiligten Personen entwickeln damit konkrete und positive Vorstellungen über therapeutische Ziele: diese *Konkretheit* der Ziele bildet auch die Voraussetzung für eine therapeutische Planung und Evaluation: die *positiven* Zielvorstellungen stellen eine wichtige Quelle therapeutischer Motivation für den Klienten dar (...).

3. Kennzeichnend für den Prozeß der Selbstmanagement-Therapie ist eine klare *Zukunftsorientierung*. Die Analyse der gegenwärtigen Probleme vor dem Hintergrund des bisherigen Lebens des Klienten ist vor allem deshalb wichtig, um ihm bei einer aktiven Gestaltung seiner Zunkunft zu helfen. Die Analyse der Probleme und die Vermittlung eines „Plausiblen Modells" (...) schaffen beim Patienten ein entsprechendes Verständnis und damit eine Voraussetzung für konkrete Änderungsschritte. Der Endzweck der Selbstmanagement-Therapie besteht nicht darin, daß der Patient seine Probleme vor einem psychologischen Hintergrund verstanden hat (etwa in dem Sinne: „... mir ist vieles klarer geworden ..."); der Zweck einer funktionalen Analyse (...) und der Vermittlung eines „Plausiblen Modells" besteht vielmehr darin, daß der Klient diese Einsicht in seinem Leben nutzbar machen kann.
Gerade im Sinne der Zukunftsorientierung sollte Selbstmanagement-Therapie sensibel dafür sein, daß jede therapeutische Veränderung einen mehr oder weniger wichtigen Einschnitt in das Leben einer Person bedeutet. Dies verlangt von der Person Umstellungen, die um so leichter zu realisieren sind, je einfacher sie mit dem alltäglichen Ablauf zu vereinbaren sind; der Therapeut könnte in diesem Sinne auf diejenigen Fähigkeiten des Klienten zurückgreifen, die bereits in dessen Repertoire vorhanden sind. In einem Selbstsicherheitsprogramm gibt es etwa für eine Reihe von Klienten bereits Gelegenheiten, bestehende soziale Kontakte therapeutisch zu nutzen bzw. zu aktivieren; bei manchen Klienten ist jedoch zunächst das Erlernen von grundlegenden sozialen Strategien notwendig.

Neben diesen drei angeführten *Leitlinien* des Selbstmanagement-Ansatzes können eine Reihe von konzeptuellen *Argumenten* vorgebracht werden, die zugunsten des Selbstmanagements sprechen: seit der Entwicklung des Selbstkontroll-Modells und kognitiver Ansätze werden diese Argumente von verschiedenen Seiten immer wieder betont (...).
Die Argumente lassen sich in folgenden Punkten zusammenfassen:

a) *Wahrgenommene Kontrolle erhöht die Motivation:* Wenn der Klient an der Zielbestimmung und an der Kontrolle anderer Merkmale des therapeutischen Prozesses beteiligt wird, so beinhaltet dies die Bereitschaft, mehr Energie zu investieren; die Ziele erscheinen dem Klienten attraktiver und er unternimmt größeren Aufwand, die Ziele auch zu erreichen (...).

b) *Das Verfolgen selbstgesteckter Ziele ist selbst eine Quelle der Motivation:* Der Prozeß der Selbstregulation des eigenen Verhaltens ist in sich selbst ein Anreiz und eine Verstärkung. Klienten beteiligen sich bevorzugt an therapeutischen Aufgabenstellungen, die von ihnen selbst kommen.

c) *Selbstmanagement verringert Widerstand und Gegenkontrolle.* Wenn Klienten ihre eigenen Möglichkeiten im therapeutischen Verlauf wahrnehmen, so können sie diese auch therapeutisch nutzbar einsetzen. Wenn der Therapeut ihre Freiheit nicht einschränkt, so sind sie auch nicht gezwungen, Zuflucht zu mehr oder minder raffinierten „Widerstands-Manövern" zu nehmen, die den therapeutischen Prozeß behindern (...).

d) *Die Wahrnehmung von Kontrolle erhöht die Selbsteffizienz:* Die Übernahme von Verantwortung in therapeuptischen Entscheidungen erhöht die Selbsteffizienz („self-efficacy" ...) des Klienten; dies bietet dem Klienten auch die Chance, neue Verhaltensweisen auszuprobieren. Damit geht eine Erhöhung des Selbstvertrauens in die eigenen Fähigkeiten einher.

e) *Die Selbstattribution – eine Folge der Selbstregulation – verstärkt unabhängige Handlungen:* Wenn der Klient sich selbst als Quelle des therapeutischen Fortschritts sieht, so führt das erhöhte Selbstvertrauen seinerseits zu größerer Risikobereitschaft und zu autonomem Handeln.

f) *Aus sozialen und ethischen Gründen wird Selbstmanagement als wertvoller angesehen als passive Behandlung:* Wenn der Klient ab dem Beginn der Therapie an allen Entscheidungen und Zielsetzungen beteiligt ist, dann sind Themen wie Wahrung der „Wertentscheidung" und „Rechte des Klienten" von vornherein in ethisch verantwortbarer Weise gewährleistet.

g) *Selbstmanagement erleichtert die Generalisierung von Therapieeffekten:* Wenn Klienten im Verlaufe der Therapie gelernt haben, ihr Handeln selbst zu steuern, dann sind sie auch nach Ende der Therapie weniger von extremen Bedingungen abhängig. Die Aufrechterhaltung therapeutischer Fortschritte kann direkt durch selbstgewählte Verstärkungen und eine flexible Wahl von therapeutischen Übungen unterstützt werden.

(...)

Kanfer/Reinecker/Schmelzer 1991, S. 36ff.

Worterklärungen zu 2.4.3

kognitiv: erkenntnismäßig
Analogie: Entsprechung
Intervention: Einmischung
Maxime: Grundsatz, Leitsatz
Evaluation: Bewertung
plausibel: einleuchtend
Attribution: Zuschreibung
Generalisierung: Verallgemeinerung

Arbeitsanregungen zu 2.4.3

1. Erläutern Sie die drei Leitlinien für die Praxis der Selbstmanagement-Therapie.
2. Die Selbstmanagement-Therapie basiert auf der Annahme von der Ganzheitlichkeit des menschlichen Erlebens, Verhaltens und Handelns.
   Belegen Sie mit Textstellen
   a) worin die kognitiv-informative und worin die motivationale Komponente bei der Hilfestellung des Therapeuten besteht;
   b) wie die Selbstmanagement-Therapie die Beziehung zwischen Verhaltensänderung und Kognition sieht;
   c) wodurch (im Rahmen des Selbstmanagements) Wahrnehmung von Kontrolle
      - die Motivation erhöht
      - das Verhalten beeinflußt und
      - autonomes Handeln fördert.

   Vergleichen Sie dazu auch den Text von D. Ulich „Emotionen in ihrer Beziehung zu anderen psychischen Komponenten“, S. 112.

GEFÜHLE, BELASTUNGEN, EINFLUSSNAHMEN

Unterm Rad – Hermann Hesse

Erstausgabe von 1906

Er ging allein mit der Tante, da der Papa in der Stadt Besuche machte. Schon auf der Treppe ging das Elend los. Man begegnete im ersten Stockwerk einer dicken, hoffärtig aussehenden Dame, vor welcher die Tante einen Knicks machte und die sofort mit großer Eloquenz zu plaudern begann. Der Halt dauerte mehr als eine Viertelstunde. Hans stand daneben, an das Treppengeländer gepreßt, wurde vom Hündlein der Dame berochen und angegrollt und begriff undeutlich, daß man auch über ihn spreche, denn die fremde Dicke blickte ihn wiederholt durch den Zwicker von oben bis unten an. Kaum war man dann auf der Straße, so trat die Tante in einen Laden, und es dauerte eine gute Weile, bis sie wiederkam. Inzwischen stand Hans schüchtern auf der Straße, wurde von Vorübergehenden beiseite geschoben und von Gassenbuben verhöhnt. Als die Tante aus dem Laden zurückkam, überreichte sie ihm eine Tafel Schokolade, und er bedankte sich höflich, obwohl er Schokolade nicht mochte. An der nächsten Ecke bestieg man die Pferdebahn, und nun ging es unter beständigem Geklingel im überfüllten Wagen durch Straßen und wieder Straßen, bis man endlich eine große Allee und Gartenanlage erreichte. Dort lief ein Springbrunnen, blühten umzäunte Zierbeete und schwammen Goldfische in einem kleinen künstlichen Weiher. Man wandelte auf und ab, hin und her und im Kreise, zwischen einem Schwarm von anderen Spaziergängern, und sah eine Menge von Gesichtern, eleganten und anderen Kleidern, Fahrrädern, Krankenfahrstühlen und Kinderwagen, hörte ein Gewirre von Stimmen und atmete eine warme, staubige Luft. Zum Schluß nahm man auf einer Bank neben anderen Leuten Platz. Die Tante hatte fast die ganze Zeit drauflos gesprochen, nun seufzte sie, lächelte den Knaben liebevoll an und forderte ihn auf, jetzt seine Schokolade zu essen. Er wollte nicht.

„Lieber Gott, du wirst dich doch nicht genieren? Nein, iß nur, iß!"

Da zog er sein Täfelchen heraus, zerrte eine Weile am Silberpapier und biß schließlich ein ganz kleines Stückchen ab. Schokolade mochte er nun einmal nicht, aber er wagte es der Tante nicht zu sagen. Während er noch an dem Bissen sog und würgte, hatte die Tante einen Bekannten unter der Menge entdeckt und stürmte davon.

„Bleib nur hier sitzen, ich bin gleich wieder da."

Hans benützte aufatmend die Gelegenheit und schleuderte seine Schokolade weit weg in den Rasen. Dann schlenkerte er die Beine im Takt, starrte die vielen Leute an und kam sich unglücklich vor. Am Ende begann er wieder einmal, die Unregelmäßigkeiten herzusagen, aber zu seinem tödlichen Schrecken wußte er fast nichts mehr. Alles rein vergessen! Und morgen war Landexamen!

Die Tante kam zurück und hatte inzwischen in Erfahrung gebracht, es gebe dies Jahr einhundertachtzehn Kandidaten zum Landexamen. Bestehen konnten aber nur sechsunddreißig. Da fiel dem Knaben das Herz vollends in die Hosen, und er sprach auf dem ganzen Heimweg kein Wort mehr. Zu Haus bekam er Kopfweh, wollte wieder nichts essen und war so desperat, daß der Vater ihn tüchtig ausschalt und daß ihn sogar die Tante unausstehlich fand. In der Nacht schlief er schwer und tief, von scheußlichen Traumszenen verfolgt. Er sah sich mit den einhundertundsiebzehn Kameraden im Examen sitzen, der Prüfende sah bald dem Stadtpfarrer zu Haus, bald der Tante ähnlich und häufte vor ihm Berge von Schokolade auf, die er essen sollte. Und während er unter Tränen aß, sah er die übrigen einen um den anderen aufstehen und durch eine kleine Türe verschwinden. Alle hatten ihren Berg gegessen, seiner aber wurde unter seinen Augen größer und größer, quoll über Tisch und Bank und schien ihn ersticken zu wollen.

Hesse, Hermann: Unterm Rad. In: ders.: Die Romane und großen Erzählungen. Bd. 1. Frankfurt a. M.: Suhrkamp 1982, S. 174 f.

Hesse beschreibt die Ängste und Nöte, denen Hans Giebenrath in seiner schulischen und familiären Umwelt ausgesetzt ist und die schließlich zu einem tragischen Ausgang führen. Der Textausschnitt beschreibt Hans' seelische Verfassung am Tage vor der Prüfung zur Aufnahme ins Seminar.

Sein Zustand schon auf der Treppe ist – wissenschaftlich gesprochen – gekennzeichnet durch eine Einbuße an emotionaler Grundstimmung (wie z. B. Glück) und durch eine geringe Kontrollüberzeugung[1]: Während seine Tante mit einer Dame sich längere Zeit über ihn unterhält, bleibt er völlig passiv.

Die emotionale Grundstimmung wird noch schlechter, als die Tante in einen Laden geht und er schüchtern auf der Straße auf sie wartet. Auch die Kontrollüberzeugung nimmt weiter ab: Er läßt sich beiseite schieben und bedankt sich für die unerwünschte Schokolade. Hierbei handelt es sich um eine emotionale Belastung. Diese wird zu Streß, als Hans das Mißverhältnis zwischen Anforderungen („Unregelmäßigkeiten", d. h. unregelmäßige lateinische Verben) der Prüfung am nächsten Tag und Bewältigungsmöglichkeiten (hier: dem eigenen Wissen) feststellt. Eine zusätzliche Belastung tritt durch die Information über das Verhältnis von Aufnahmequote und Bewerbern hinzu, das schlechter als 1 : 3 ist. So kommt es zu einer Krise, gekennzeichnet durch eine extrem niedrige Kontrollüberzeugung: Er redet nicht mehr, bekommt Kopfweh und träumt, daß der Prüfer ihm Schokoladeberge vorsetzt, die rasch wachsen, obwohl er unter Tränen ißt, während die anderen alle ihren Berg aufgegessen haben und den Raum verlassen.

Welche Bewältigungsmöglichkeiten zur Überwindung der Krise Hans hat, geht aus dem Textausschnitt nicht mehr hervor. Die Bewältigungsmöglichkeiten wollen wir den psychologischen Texten (vgl. 3.3.3 und 4) entnehmen.

[1] Unter Kontrollüberzeugung versteht man die subjektive Meinung darüber, inwiefern man auf eine bestimmte Situation Einfluß nehmen kann.

1 Emotionen in ihrer Beziehung zu anderen psychischen Komponenten* – Dieter Ulich

Ausgangspunkt der folgenden Überlegungen ist die Vermutung, daß mit den Begriffen „Motiv“, „Emotion“, „Kognition“ und „Handlung“ verschiedene Arten des Person-Umwelt-Bezuges bezeichnet werden, also der Art und Weise, in der eine Person ihrer Umwelt begegnet oder sich auf ihre Umwelt bezieht. (...)

Nun das (...) Beispiel: *Ich stelle mir vor, ich begegne im Wald einem Bären.* Welche Komponenten bewußten Erlebens lassen sich nun im Verlaufe dieser Begegnung voneinander unterscheiden?

1. *Emotion:* Ich erstarre vor Schreck, ich habe Angst, ich werde von Panik erfaßt. Diese Gefühle geben mir „Antwort“ auf die Frage: Was bin ich in bezug auf den Bären? Man könnte also von einem *„Was-bin-ich-Modus“* der Person-Gegenstands-Beziehung sprechen. In diesem Modus drückt sich ein unmittelbares oder auch kognitiv vermitteltes Angemutetwerden und gleichzeitig eine Stellungnahme oder ein intuitives Urteil aus, wobei ich selbst Ausgangspunkt und Mittelpunkt des Erlebens bleibe. Das Erleben der Emotion „Angst“ signalisiert mir selbst mein eigenes So-Sein, weshalb *Wundt* eine Emotion als *„Zustands-Bewußtsein“* bezeichnete.

2. *Motiv:* Was will ich tun in bezug auf den Gegenstand? Wenn ich überhaupt etwas tun wollen kann und nicht vor Angst gelähmt bin! Wie werde ich mit dem Gegenstand umgehen? Hier ist ein stärkerer Zukunftsbezug gegeben als bei Emotionen. Denke ich nur: „Verflucht“ oder „Wie entsetzlich“ beim Anblick des Bären, so folgt daraus noch keine Ziel-Handlungs-Orientierung, sondern es liegt nur eine wertende Stellungnahme im Sinne einer Äußerung über die eigene Zuständlichkeit vor. Motive hingegen meinen auf die Zukunft gerichtete Handlungsorientierungen (im weitesten Sinne); in ihnen drückt sich der *„Was-will-ich-tun-Modus“* der Person-Umwelt-Beziehung aus, der auf der Bewußtseinsebene als *„Impuls-Bewußtsein“* erlebt wird: Ich erlebe den Impuls, auf den nächsten Baum zu klettern, schnell zu meinem Auto zurück zu laufen, um Hilfe zu rufen, ein Gewehr in Anschlag zu bringen usw. (Natürlich haben auch Emotionen wie z. B. Angst und Hoffnung einen Zukunftsbezug. Aus der Angst z. B. können jedoch viele unterschiedliche Handlungsimpulse folgen.)

3. *Kognition:* Welche Kenntnisse habe ich über den Gegenstand, wie kann ich Kenntnisse erwerben, wie aktiviere ich meine Kenntnisse, und wie setze ich sie ein? Im engeren Sinne meint Kognition den *„Was-weiß-ich-Modus“* der Person-Umwelt-Beziehung, wobei natürlich aktive Handlungen des Erwerbs, der Verarbeitung und des Einsatzes von Informationen miteingeschlossen sind. Es geht also hier um den „Was-weiß-ich-Modus“ des Person-Umwelt-Bezuges, der als *„Gegenstands-Bewußtsein“* erlebt wird. – Aufgrund meiner Kenntnis der Gattung Bär und meiner unmittelbaren Wahrnehmungen der situativen Umstände, der Größe des Bären usw. komme ich zu einer (intuitiven oder überlegten) Einschätzung meiner eigenen Möglichkeiten: Was kann ich tun? Die Antwort ist im *„Kompetenz-Bewußtsein“* gegeben (...). Aus Gegenstands-Bewußtsein und Kompetenz-Bewußtsein ergibt sich z. B. die Einschätzung: Ich erreiche mein Auto nicht mehr, weil der Bär zu schnell ist; oder: Der Bär kann mir auf den Baum nachklettern; oder: Ich sollte lieber beruhigend auf ihn einreden, weil Bären gerne menschliche Stimmen hören.

4. *Handlung:* Was tue ich tatsächlich? Hier geht es nun um den *„Tun-Modus“* der Person-Umwelt-Beziehung und entsprechend um Handlungs-Bewußtsein. Gerade Handlungen sind jedoch nicht immer im Bewußtsein repräsentiert, z. B. bei Schreck-, Panik- oder Wut-Reaktionen oder z. B. auch dann, wenn Handlungen routinemäßig-automatisiert, also gewohnheitsmäßig ablaufen. Dennoch stellt das Handeln als absichtsvolles Einwirken auf die Umwelt einen

Modus dar, der von den anderen klar zu unterscheiden ist. Denn meist sind es ja die ausgeführten Handlungen, die eine Situation oder einen Zustand wirklich verändern (indem ich also wirklich auf einen Baum klettere). Handlungen liegen auch dann vor, wenn ich meine Einschätzung der Situation verändere oder wenn ich sonstwie durch kognitive Vorgänge eine Änderung der Person-Umwelt-Beziehung herbeiführe: ich sehe oder rede mir ein, daß der Bär ja ein zahmer Bär aus dem Zirkus ist, ich „überzeuge“ mich davon, daß Bären kein Menschenfleisch mögen, oder ich rufe mir ins Gedächtnis, daß ich ja bewaffnet bin usw.

Es ist nun sehr wichtig, sich klar zu machen, daß die genannten Komponenten des Erlebens und Handelns weder immer alle vollständig gegeben sein müssen noch in einer festen zeitlichen Abfolge auftreten bzw. sich gegenseitig bedingen oder aufeinander folgen müssen. (...)
Emotionen müssen nicht mit ganz bestimmten Handlungsimpulsen oder Handlungen verbunden sein. Der Magersüchtige empfindet zwar das Gefühl des Hungers, er erlebt aber keinen Handlungsimpuls, etwas zu essen (weil dieser unterdrückt wurde). Nach einem Auffahr-Unfall erlebe ich zwar meine Wut, aber ich werde dem anderen in der Regel nichts antun. Im Vergleich zu Aggression oder Aggressionsneigung schließt Feindseligkeit allein noch keine Impulse zu schädigenden Aktivitäten ein (...).
Aus unterschiedlichsten Emotionen, Einstellungen und Motiven heraus können dieselben Handlungen folgen. Dazu ein Beispiel aus der Geschichte: An den Kreuzzügen beteiligten sich unter anderem Kirchenleute, Soldaten und Ritter. Alle hatten dasselbe Ziel (Eroberung Jerusalems), alle hatten den Handlungsimpuls, dorthin zu marschieren, und alle marschierten dorthin. In den Emotionen und Bedürfnissen gab es jedoch große Unterschiede: Während die Kirchenleute vor allem an einer Bekehrung der „Ungläubigen“ interessiert waren, kam es vielen anderen eher auf Bereicherung durch Raub und Plünderung an.

Ulich, Dieter: Das Gefühl. Eine Einführung in die Emotionspsychologie. München, Wien, Baltimore: Urban und Schwarzenberg 1982, S. 21 ff.

Worterklärungen zu 1

Kognition: Erkenntnis
Modus: Art und Weise
Impuls: Anstoß, Anregung, Regung
intuitiv: auf Intuition (ahnendem Erfassen) beruhend
Kompetenz: Fähigkeit, Zuständigkeit

Arbeitsanregungen zu 1

1. Geben Sie die vier Arten des Person-Umwelt-Bezuges wieder, die der Autor anführt.
2. Ordnen Sie den vier Arten unter Bezugnahme auf den Text, aber in eigenen Worten, Kurzdefinitionen zu.
3. Nehmen Sie an, Sie verpassen einen Zug, mit dem Sie zu einem für Sie sehr wichtigen Termin fahren wollten.
   Spielen Sie anhand dieses Beispiels die vier Arten des Person-Umwelt-Bezuges durch.
   Überzeugen Sie sich anschließend, ob Sie wirklich alle zentralen Punkte des Textes bei Ihren Ausführungen berücksichtigt haben.
4. In welchem Verhältnis stehen nach Ulich die vier Arten des Person-Umwelt-Bezuges zueinander?

5. Suchen Sie eigene Beispiele dafür, daß
   - Emotionen nicht mit bestimmten Handlungen (oder Handlungsimpulsen) verbunden sein müssen,
   - aus unterschiedlichsten Emotionen dieselben Handlungen folgen können.

2 Bestimmungsmerkmale von Emotionen* – Dieter Ulich

(...) Die folgenden Merkmale oder Beschreibungskategorien beziehen sich immer auf das *aktuelle Erleben* eines bestimmten Gefühls oder Gefühlszustandes, also weniger auf Stimmungen, Gefühlstönungen, extreme Affekte u. ä. (...)

Merkmal 1:
Beim Erleben eines Gefühls steht die *leib-seelische Zuständlichkeit* einer Person im Zentrum des Bewußtseins, und nicht eine „Sache", ein Akt, eine Kognition, eine willentliche Vornahme oder ähnliches. *Wundt* hat dafür den Begriff des „Zustands-Bewußtseins" geprägt.

Merkmal 2:
Grundlage dieses Zustandsbewußtseins ist *Selbstbetroffenheit* – als das vielleicht einzige *notwendige* Bestimmungsmerkmal von Emotionen. Gefühle sind das Gegenteil von Gleichgültigkeit; sie entstehen nur, wenn eigene Ziele, Interessen und Bedürfnisse betroffen sind. Die Person

erlebt etwas „in bezug auf sich selbst". Andere Ausdrücke für diese Betroffenheit sind: emotionale Beteiligung (*Mandler*), ego-involvement, Ich-Bezug, commitment (*Lazarus;* als „Bindung" nur schlecht übersetzbar). Wenn mich etwas nichts angeht, wenn es mich kalt läßt, wenn ich mich nicht angesprochen fühle, wenn ich etwas nicht ernst nehme: dann gibt es auch keine Emotionen. (...)
Zusammenfassend: Emotionale Ansprechbarkeit (...) im Sinne von persönlicher Betroffenheit ist sowohl Voraussetzung für die Entstehung jeglicher Handlungsimpulse wie auch Bedingung für die (emotionale) Verletzbarkeit einer Person im Sinne von Konflikten, Frustrationen, Verstimmungen und auch schwerwiegenderen psychischen Störungen.

Merkmal 3:
Emotionen erscheinen häufig *„wie von selbst", spontan, ohne Anstrengung, unwillkürlich* (...). Sie können auch ohne Anstrengung wieder erscheinen bzw. „ungerufen" auftauchen. Aber auch das Umgekehrte gilt, wie Freud gezeigt hat: Bestimmte „verdrängte" Emotionen können auch durch größte Anstrengung nicht wieder ans Tageslicht gefördert werden. In beidem scheinen Emotionen „extremer" zu sein als andere Bewußtseinsinhalte.

Merkmal 4:
Im Erleben von Gefühlen *erfährt sich die Person eher als passiv,* als Ausgelieferte, als „Erleidende", auch bei positiven Emotionen wie Freude und Glück. Es ergreift einen, man kann nicht aus; man fühlt sich oft für das, was man willkürlich weder herbeiführen noch kontrollieren oder beenden kann, nicht „verantwortlich" (...).

Merkmal 5:
Das Erleben einer Gefühlsregung ist oft mit einer inneren, von außen oder nur von innen wahrnehmbaren *Erregung* oder Aufregung verbunden, in der sich bestimmte physiologische Erregungzustände widerspiegeln. Ohne diese innere, auch in der Vital-Sphäre begründete Beteiligung der leib-seelischen „Ganzheit" der Person könnte man Engagement und Gleichgültigkeit oft nicht voneinander unterscheiden (...). Von dieser Erregung kommt auch die „Wärme" der Emotionen, ihre subjektive Glaubwürdigkeit und Überzeugungskraft.

Merkmal 6:
Die aktuellen Gefühlsregungen einer Person in einer gegebenen Situation sind selten vorgeprägte oder gesellschaftlich vorgeformte Wiederholungen, Wiedergaben oder Reproduktionen z. B. einer „Ur-Angst", sondern meist *einzigartige* Erscheinungen und Bewußtseinsinhalte. Mag es auch anthropologisch fixierbare „Weisen des Fühlens" (...) geben: Ein aktuell erlebtes Gefühl ist immer *einmalig und unverwechselbar,* auch wenn es von der Person in Analogie zu früheren Erfahrungen verstanden und eingeordnet werden kann. (...)

Merkmal 7:
Emotionen als die „grundlegendste" Bezogenheit der Person auf die Wirklichkeit geben mehr als andere psychische Erscheinungen *dem Bewußtsein Kontinuität (Izard).* Stärker als im „Wissen", im „Wollen" oder im „Handeln" erlebt die Person in ihren Gefühlsregungen sich als mit sich selbst identisch. Hier sind allerdings auch Stimmungen und Gefühlstönungen hinzuzunehmen (...).
Das individuelle Bewußtsein wird durch Emotionen „organisiert", welche für die Prozesse des Empfindens, Wahrnehmens und Erkennens Richtung und Ansatzpunkt vorgeben (...). Emotionen bestimmen nach dieser Auffassung den Bereich des „input" in das Bewußtsein, „indem

sie die Prozesse des Gewahrwerdens kontrollieren" (Izard/Buechler 1980, S. 168). Es leuchtet ein, daß z. B. die grundlegende Emotion „Interesse" eine andere Beziehung zur Welt bzw. eine andere Einschätzung eines Objektes nahelegt bzw. „diktiert" als die Emotionen Furcht oder Ärger (...). Wären dagegen Emotionen lediglich Produkte eines Einschätzungsprozesses oder Reaktionen auf einen Bewertungsvorgang, dann käme die Kontinuität des Bewußtseins von diesen „Kognitionen" oder kognitiven Prozessen (...).
Emotionen haben als Bewußtseinsinhalte zumindest insofern Erkenntniswert, als ohne emotionale Qualifizierung das meiste von unseren Meinungen und unserem Wissen psychisch irrelevant wäre, keine realitätsbezogenen und -adäquaten Einschätzungen und Handlungen anleiten könnte. Wissen ohne emotionale Qualifizierung ist keine Erkenntnis. (...)

Merkmal 8:
Die *„Funktion"* von Emotionen besteht darin, *daß sie erlebt werden* (*Mandler* 1979) (...). Emotionen sind also „selbstgenügsam", sie bedürfen keiner Zwecke außerhalb ihrer selbst. Warum springen wir vor Freude in die Luft? Weil wir uns freuen! Wenn also Warum-Fragen gelegentlich schon problematisch sind, so sind bei Emotionen „Wozu"-Fragen geradezu absurd: „Wozu" springen wir in die Luft? *Um* uns zu freuen? Nicht nur bezogen auf das Ausdrücken von Gefühlen, sondern auch bezogen auf das Erleben von Gefühlen sind Wozu-Fragen unzulässig, weil unsinnig. (...)

Merkmal 9:
Das Ausdrücken und Verstehen von Emotionen läuft – im Vergleich zu anderen psychischen Erscheinungen – bevorzugt auch über *nicht-verbale Kommunikationskanäle.* Damit korrespondiert, daß Emotionen oft schwer in eindeutigen verbalen Beschreibungskategorien wiedergegeben werden können (...).

Merkmal 10:
Im Vergleich zu anderen psychischen Erscheinungen ist bei der *Entwicklung* von Emotionen die *Verwobenheit in zwischenmenschliche Beziehungen* besonders stark (...). Dazu gehört – über interpersonelle Beziehungen vermittelt – die Orientierung und Anteilnahme (oder auch Nicht-Anteilnahme) an Werten einer Gesellschaft und Gruppe. (...)

Ulich 1982, S. 32 ff.

Worterklärungen zu 2

involvieren: einschließen, enthalten; mit sich bringen, nach sich ziehen
anthropologisch: die Anthropologie (Wissenschaft vom Menschen und seiner Entwicklung) betreffend
Kontinuität: Stetigkeit, lückenloser Zusammenhang
repräsentieren: vertreten, darstellen

Arbeitsanregungen zu 2

1. Nennen Sie mindestens acht der aufgeführten zehn Merkmale von Emotionen.
2. Ergänzen Sie Ihre Aufzeichnungen unter Zuhilfenahme des Textes.

3. Welche drei (oder vier) der Merkmale scheinen Ihnen besonders wichtig? Bitte begründen Sie Ihre Stellungnahme.
4. Welche Aussagen macht der Autor zum Verhältnis von Emotion und Erkenntnis?

3 Emotionale Belastung* – Dieter Ulich

3.1 Was sind emotionale Belastungen?

3.1.1 Gemeinsame Kennzeichen

(...) Allgemein gesehen ist eine emotionale Belastung jede subjektiven Leidensdruck erzeugende Beeinträchtigung der individuellen Befindlichkeit und Stimmung sowie der Erlebnis-, Verarbeitungs- und Handlungsmöglichkeiten einer Person in einer gegebenen Lebenslage. Diese Beeinträchtigung drückt sich in einem bestimmten Zustandsbewußtsein aus, das meist aus mehreren Emotionen besteht. So ist z. B. Angst häufig verbunden mit Unlust, Ärger, Schuldgefühl, Niedergeschlagenheit o. ä.; depressive Verstimmung enthält Emotionen wie Unlust, Furcht, Ekel, Ärger, Feindseligkeit, aber auch Verzweiflung, Verlust an Selbstvertrauen u. ä. m. (...). Möglichkeiten der Bedürfnisbefriedigung, Zielerreichung und „Selbstverwirklichung" im weitesten Sinne werden entweder als fehlend oder eingeschränkt empfunden, entweder im Vergleich mit anderen Personen oder im Vergleich zu eigenen Zuständlichkeiten und Möglichkeiten in der eigenen biographischen Vergangenheit (und Zukunft). Die Einschränkungen können in der Vergangenheit liegen und im Sinne von Kummer, Trauer, Schuldgefühlen o. ä. das Bewußtsein belasten; sie können in der Gegenwart liegen oder auch in der Zukunft, wenn man z. B. Einschränkungen, Verlust oder Bedrohung von angestrebten Zielen gedanklich vorwegnimmt. Emotionale Belastung drückt sich aus bzw. ist verbunden mit einer Vielzahl von Veränderungen und Einbußen im Erleben und Handeln. *Möglich,* nicht notwendig sind folgende Veränderungen:

- Einbuße an positiver emotionaler Grundstimmung (Optimismus, Glück, Zufriedenheit) bzw. der „Fähigkeit", häufig und intensiv positive Emotionen wie Freude, Glück, Hoffnung, Vertrauen, sexuelle Erregung und Befriedigung usw. erleben zu können;
- Einbuße an Intentionalität, Interesse, Initiative, Neugierde, Risikofreudigkeit; also auch Einschränkung der Zukunftsbezogenheit, Verkürzung der Zeitperspektive; Verlust an Motiven;
- Einbuße an Selbstvertrauen, Selbstwertgefühl und auch der Erwartung, selbst etwas zur Veränderung bzw. Verbesserung des eigenen Zustands bzw. der Lebenslage beitragen zu können;
- Einbuße an der Motivation und Fähigkeit zur Planung;
- Einbuße an der Fähigkeit zur (kognitiven) Orientierung, Leistungs- und Differenzierungsfähigkeit; das Denken „ent-strukturiert" sich, es nimmt primitivere Formen an („Alles-oder-Nichts"; „Entweder-Oder");
- Einbuße an sozialer Kompetenz und Fertigkeit; Unsicherheit, Meidungsverhalten, Ängstlichkeit und Isolierungstendenz im Umgang mit anderen;
- Einbuße an allgemeiner Handlungskompetenz: Routinetätigkeiten im Alltag (Beruf, Familie, Haushalt, Freizeit usw.) werden nicht (mehr) in der üblichen bzw. erforderlichen Weise beherrscht bzw. ausgeübt. (...)

Ulich 1982, S. 183 f.

Worterklärungen und Arbeitsanregungen s. S. 121

3.1.2 Formale Gliederungs-Gesichtspunkte emotionaler Belastung

Äußere Erscheinungsform, „Symptome“: Hier sind grundsätzlich verschiedene Ebenen zu unterscheiden: Verhalten, Erleben, berichtetes Erleben, Ausdruck, physiologische Meßwerte. Wie schon erwähnt, stimmen die Werte auf diesen verschiedenen Ebenen nicht immer gut überein. Viele emotionale Belastungen zeigen sich auf den verschiedenen Ebenen ganz uneinheitlich: Jemand kann intensive Angst erleben, aber er ist äußerlich ganz ruhig: ein anderer empfindet heftige Feindseligkeit, ist gleichzeitig gegenüber seinem Gegner aber von zuvorkommender Freundlichkeit; es zeigt jemand Trauer„verhalten“, obwohl ihm der Tod des anderen Menschen vollkommen gleichgültig ist. Entscheidend ist also die Frage: Was ist hier Indikator für was? Schlafstörungen können ein Indikator für emotionale Belastung sein; diese wiederum kann Indikator dafür sein, daß die Ehebeziehung gestört ist. Grundsätzlich können alle obengenannten „Einbußen“ als Indikatoren emotionaler Belastung gelten. (...)

Dauer und Verlauf: Es gibt Emotionen und emotionale Belastungen, die typischerweise von kurzer Dauer sind, wie z. B. Wut, Schreck oder Überraschung; Erstaunen, Ängstlichkeit, Feindseligkeit oder eine depressive Grundstimmung können dagegen ein ganzes Leben lang anhalten. Je länger eine emotionale Belastung andauert, desto schlechter wird die Prognose, weil während dieser Zeit kaum neue Kompetenzen erworben, wenig aktive Änderungen einer Situation herbeigeführt und wichtige Mitglieder des sozialen Netzwerks entmutigt oder zurückgestoßen werden. (...)

Schweregrad: Dieser hängt natürlich eng mit der Dauer, den Ursachen und den Folgen einer Belastung zusammen. Entscheidend ist hier das subjektive Empfinden, also das Erleben der obgenannten „Einbußen“. Je zahlreicher und andauernder diese Einbußen sind, desto schwerwiegender ist die Belastung. Hinzu kommen die Reaktionen der Umwelt, die den Schweregrad immer beeinflussen. Wird z. B. jemand nach einem Selbstmordversuch in eine psychiatrische Anstalt eingeliefert, so wird sich diese Person vermutlich als „belasteter“ erleben als jemand, der nach einem Selbstmordversuch aufbauende Unterstützung durch Freunde und Familie erhält.

Folgen: Hier geht es um diejenigen Veränderungen, die das künftige Leben der Betroffenen nachhaltig beeinflussen. Werden sie dauerhaft unglücklicher / glücklicher als vorher, abhängiger / unabhängiger, kompetenter / inkompetenter, freundlicher / unfreundlicher, hilfsbereiter / egoistischer, verletzbarer / widerstandsfähiger, optimistischer / pessimistischer? Gehen sie ihrer Umwelt immer mehr auf die Nerven, oder verstärkt sich nur das innere Leiden? Wie weit reichen die Folgen in die Zukunft, in das soziale Netzwerk bzw. auch darüber hinaus? Viele Arten von Belastungen haben spezifische Folgen, die man zumindest für präventive Überlegungen kennen muß. So sind Depressionen oft mit Selbstmordgedanken verknüpft (...), Angst mit Rückzugstendenzen, Feindseligkeit mit Gewalttätigkeit usw.

Allgemeinheit: Sind die emotionalen Belastungen einer Person auf einen Erlebnisbereich oder einen Bereich ihres Lebens beschränkt, oder haben sie die „ganze“ Person erfaßt? Konkret: Ist jemand nur im Leistungs- oder Berufsbereich ängstlich oder in allen Situationen und allen Menschen gegenüber? (...)

Ulich 1982, S. 185 ff.

Worterklärungen und Arbeitsanregungen s. S. 121

3.1.3 Ursachen

(...) Es gibt eine Reihe von Gesichtspunkten und Problemen, die bei der Suche nach „Ursachen" berücksichtigt werden müssen:

- Emotionale Belastungen haben in der Regel *mehrere* Ursachen. In Extremfällen können diese Ursachen entweder nur in der Umwelt liegen (z. B. bei Katastrophen); aber selbst dann sind die Reaktionen darauf nicht einheitlich, wie empirische Untersuchungen zeigen (...). Oder sie liegen nur „in" der Person, also bei schweren neurotischen und psychotischen Störungen, die mit einem Verlust des Realitätskontaktes einhergehen, wie z. B. Wahnvorstellungen. Viel häufiger ist das Zusammentreffen von mehreren Bedingungen und Auslösern, die sowohl externer wie auch interner Natur sind. So treffen z. B. externe Anforderungen immer auf einen individuellen Erfahrungshorizont und auf individuelle Interessen; Anforderungen und Probleme werden subjektiv erfahren und verarbeitet. Auch interne Anforderungen, die also die Person an sich selbst stellt, können Belastungen und Krisen auslösen. Ursachen und Auslöser von Belastungen können zu allen Zeitpunkten im Lebenslauf und in allen Lebens- und Erlebnisbereichen auftreten und wirksam werden. (...)
- Die verschiedenen Bedingungen beeinflussen sich *gegenseitig,* indem sie sich verstärken oder kompensieren können. So können z. B. frühe Erfahrungen von Ohnmacht und Hilflosigkeit dazu führen, daß die Person später auch dann Handlungs- und Einflußmöglichkeiten nicht erkennt, wenn diese prinzipiell gegeben sind; dadurch verstärkt sich wiederum das Gefühl der Hilflosigkeit. Welche Bedingungen überhaupt zu Ursachenfaktoren einer psychischen Belastung werden können, hängt immer von der bisherigen Lebensgeschichte der Person und den inzwischen entwickelten Empfindlichkeiten einerseits und Kompetenzen andererseits ab. Hinzu kommen die Reaktionen der Umwelt, die entlastend oder aber auch zusätzlich belastend wirken können. (...)

Ulich 1982, S. 187 f.

Worterklärungen und Arbeitsanregungen s. S. 121

3.1.4 Inhaltliche Gliederung von emotionalen Belastungen

Den genannten formalen Gliederungsgesichtspunkten kann man bereits einige Hinweise entnehmen, wie eine inhaltliche Unterscheidung aussehen könnte. Hier bietet sich vor allem das Merkmal „Schweregrad" an, das ich anhand der Bedeutung und Anzahl der subjektiv erlebten „Einbußen" an Erlebnis- und Handlungsmöglichkeiten zu bestimmen versucht hatte. Inhaltlich geht es hier vor allem um den Kernbereich der „Identität" (Selbstwerterleben, Selbstvertrauen, Selbstbild), den emotionalen Bereich (Lebensgrundstimmung, Gefühlshaltungen, aktuelles Gefühlsleben), den kognitiven Bereich (Zeitperspektive, Zukunftserwartungen), den motivationalen Bereich (z. B. Mißerfolgserwartung, Erfolgszuversicht) und den Handlungsbereich (Zielbezug, Planungs- und Handlungsbereitschaft, Kompetenz). (...)

Streß und Krise: Streß wird immer dann erlebt, wenn eine Person ein Mißverhältnis zwischen Anforderungen und Bewältigungsmöglichkeiten sowie die Folgen dieses Mißverhältnisses als bedrohlich erlebt (...). Die Anforderungen müssen etwas persönlich Bedeutsames betreffen, also der Person nicht gleichgültig sein; zentrale Motive und Interessen müssen tangiert sein. Zielerreichung ist blockiert, das „Wohlergehen" der Person ist betroffen, Fähigkeiten sind hart auf die Probe gestellt. Frustration und Unzufriedenheit werden erlebt, was jedoch im Falle von Streß nicht zu einer Lähmung der Handlungsbereitschaft und zu Hoffnungslosigkeit führt. Das

Bewußtsein, etwas tun zu können, „Kontrolle“ ausüben zu können, ist bei Streß im Prinzip noch erhalten. Denn sonst könnte man sich die für Streß typische Steigerung der Anstrengungen, die Mobilisierung zusätzlicher Energien nicht erklären. Als belastend wird hier nicht nur die Gefährdung einer Zielerreichung, sondern auch die zusätzliche Anspannung und Anstrengung erlebt. Ziel- und Zukunftsorientierungen sind bei Streß noch erhalten; Streß wird meist in einem Handlungsbereich bei einem oder nur wenigen Problemen erlebt. Nur dort wird dann tendenziell Hilflosigkeit und Mutlosigkeit erlebt, während in anderen Bereichen das Selbstvertrauen ungebrochen sein kann; Streß ist also eher bereichsspezifisch, nicht personspezifisch.

Zu einer „Krise“ kann sich das Streßerleben ausweiten, wenn sehr lange keine Lösung des genannten Mißverhältnisses erreicht wird, wenn der betreffende Bereich sehr bedeutsam für die Person ist, wenn zusätzliche Belastungen hinzukommen, wenn die Person sehr empfänglich für psychische Belastungen ist, über wenig Bewältigungs- oder Kompensationsmöglichkeiten (einschließlich materieller und sozialer Ressourcen) verfügt u. ä. m. Im Zustand der Krise, die vom Konzept her ebenfalls vorübergehender Natur ist, ist nun die gesamte Person betroffen. Die Zielbezogenheit und Kontinuität „normaler“ Erlebens- und Handlungsverläufe sind ernsthaft gefährdet oder unterbrochen. Die eigenen Mittel sind (zumindest vorübergehend) erschöpft; oft ist Hilfe von außen erforderlich. Eigene Anstrengungen werden nicht für unbedingt erfolgversprechend gehalten, es kann Hilflosigkeit oder gar Hoffnungslosigkeit entstehen. In einer Krise kann auch Verzweiflung auftreten. Der Betroffene ist auf sich selbst und eher auf die Vergangenheit als auf die Zukunft konzentriert (...).

Angst: Diese Emotion sprengt insofern mein Gliederungsschema, als Angst bei allen Arten von Belastungen auftritt und mit allen Graden von Hilflosigkeit und Hoffnungslosigkeit verbunden sein kann. Wegen ihrer Bedeutung für alle Arten von Belastung möchte ich Angst jedoch gesondert erwähnen. (...) [Angst wird] durch die Komponenten Ungewißheit, Bedrohung und Hilflosigkeit definiert (...). Auch im Streßerleben herrscht Unsicherheit und Bedrohung, aber zusätzlich sind Emotionen dabei, wie z. B. Ärger, Frustriertheit und gleichzeitig auch Zuversicht (zu Lösungen), die nicht typisch für das Angsterleben sind. In Krisen dagegen wird mehr als nur Angst erlebt; man fühlt sich als ganze Person in seiner Integrität bedroht, der Zukunftsbezug ist stärker eingeschränkt als bei der Angst, man ist tendenziell hoffnungslos, erwartet eine Entwicklung zu Schlimmerem usw. Angst kann ebenso wie die schwerwiegendere Krise sowohl zur Aktivität wie zur Inaktivität führen, während letzteres (Inaktivität) für Streßerleben nicht typisch ist. (...)

Neurose bzw. Depressivität: Während dem in Angst Lebenden wenigstens noch etwas Hoffnung bleibt, daß sich die Dinge (möglicherweise auch ohne sein eigenes Zutun) zum Besseren wenden könnten, ist der depressiv Gestimmte sicher, daß ihm nur Schlechtes bevorsteht (...). Hoffnungslosigkeit schließt Hilflosigkeit ein, denn auch der Hoffnungslose fühlt sich unsicher in dem Sinne, daß er keinen Zusammenhang erkennen kann zwischen eigenen Handlungen und dadurch möglicherweise zu bewirkenden Veränderungen und Entlastungen: „Was immer ich tun würde, es würde keinen Unterschied machen!“ Hinzu kommt aber gleichzeitig die *Gewißheit,* daß alles schlecht ist und schlecht wird. Depression ist kein vorübergehender Zustand mehr, sondern eine länger andauernde, aus eigener Kraft nicht bewältigbare emotionale und persongebundene Erlebnisweise, die in alle anderen Bereiche des Erlebens und Handelns „ausstrahlt“. Hier sind Interessen- und Zielbezüge kaum noch erhalten, und gerade die für Streß typische Anspannung und Mobilisierung neuer Energien, das Suchen nach Lösungen und die Entwicklung neuer Einsichten und Fertigkeiten sind hier nicht mehr möglich, zumindest nicht ohne äußere Hilfe. Krisen sind dem Betroffenen meist in ihrem ursächlichen Zusammenhang eher erklärbar; hier fehlt auch meist das für Neurosen kennzeichnende Merkmal des

„Abweichens" (...). Erleben und Verhalten werden entweder von der Person selbst und/oder von anderen im intra- und/oder inter-individuellen Vergleich als Abweichung von bestimmten Normen und Erwartungen aufgefaßt. So ist z. B. eine auch krisenhafte Phase der Verzweiflung und Trauer nach dem Tod einer geliebten Person „normal", während das jahrzehntelange Verharren in Verzweiflung und Trauer als „abnorm" angesehen würde.

Ulich 1982, S. 190 ff.

Worterklärungen zu 3.1.1–3.1.4

extern: von außen kommend
Kompetenz: Fähigkeit
Indikator: Anzeiger
präventiv: vorbeugend, einer Sache zuvorkommend
empirisch: auf Erfahrung beruhend
kompensieren: ausgleichen
tangieren: berühren, betreffen
intra: innerhalb
inter: zwischen

Arbeitsanregungen zu 3.1.1–3.1.4

1. Wie definiert Ulich „emotionale Belastung"?
2. Emotionale Belastung bringt Einbußen in Erleben und Handlung. Zählen Sie aus dem Gedächtnis vier verschiedene Bereiche auf, und erläutern Sie zwei davon.
3. Emotionale Belastung läßt sich nach bestimmten Gesichtspunkten ordnen. Welche verwendet der Autor?
4. Erläutern Sie zwei der Gesichtspunkte!
5. Erklären Sie einem fachlichen Laien die Bedingungsfaktoren emotionaler Belastung.
6. Erläutern Sie die wichtigsten Merkmale von „Streß", „Krise" und „Depressivität".

3.2 „Kontrolle" als zentraler Erklärungsbegriff für emotionale Belastungen*

Mindestens die folgenden vier Bedeutungen müssen auseinandergehalten werden:
Kontrollierbarkeit objektiv gegebener Umstände oder Ereignisse, auch psychischer Zustände und Prozesse: Damit ist eine Eigenschaft oder ein bestimmter Zustand gemeint, der durch Expertenurteil oder durch übereinstimmende Erfahrungen mehrerer festgestellt werden kann. So ist z. B. das normative Regelsystem einer Schule für einen Schüler objektiv kaum kontrollierbar; der Arbeitsmarkt ist für den einzelnen Arbeitssuchenden kaum kontrollierbar; andererseits ist z. B. in einer „normalen" Zweierbeziehung eben diese Beziehung durchaus kontrollierbar in dem Sinne, als sich die Partner gegenseitig achten und aufeinander eingehen.
Kontrollüberzeugung: Dies ist die subjektive Meinung darüber, inwieweit man in einer bestimmten Situation Kontrolle ausüben kann. (...) Hier meine ich mit Kontrollüberzeugung eine situations- und bereichsspezifische Auffassung über Einflußmöglichkeiten (...). Dies ist immer auch, aber nicht nur, die Aktualisierung von:
verallgemeinerte Kontrollerwartung: Rotter (a.a.O.) ist der Meinung, daß Menschen aufgrund früherer Erfahrungen allmählich stabile Tendenzen dazu ausbilden, sich selbst eher als Akteur oder eher als Opfer zu erleben, also auch situations- und bereichsübergreifend Kontrollmöglichkeiten entweder bei sich selbst oder bei anderen, den Umständen, dem „Schicksal" usw. zu

sehen. Diese Erwartungen beeinflussen natürlich auch situationsspezifische Überzeugungen, aber sie bestimmen sie nicht vollständig. Eine externale Kontrollerwartung muß übrigens nicht mit Angst verbunden sein; ebenso wahrscheinlich sind Gleichgültigkeit, Fatalismus oder Resignation oder sogar ein Vertrauen in „die da oben" oder auch in religiöse Mächte.
Kontrolle als Handlung: Damit sind alle aktiven Versuche gemeint, durch Informationssuche, gezieltes Nachdenken, Urteilen, Entscheiden und Handeln auf andere oder die Umstände sowie auch auf sich selbst Einfluß zu nehmen. Letzteres wird in der Psychologie z. B. mit dem Begriff der Selbstkontrolle beschrieben.

Ulich 1982, S. 209

Arbeitsanregungen zu 3.2

1. Welche Bedeutungen von „Kontrolle" erwähnt Ulich?
2. Erarbeiten Sie ein Konzept für ein Kurzreferat mit dem Titel: „Die Bedeutungskomponenten von ‚Kontrolle' in ihrer wechselseitigen Bedingtheit".

3.3 Streß*

3.3.1 Zum Begriff

Streß ist ein emotionaler Zustand von (vorübergehender) Belastung, der vor allem durch zwei Merkmale gekennzeichnet ist: Erstens wird eine Diskrepanz empfunden zwischen Anforderungen und Bewältigungsmöglichkeiten und zweitens werden die Folgen dieser Diskrepanz von der Person als bedrohlich empfunden.
Streßerleben steht an der Schwelle zum krankhaften Erleben von Belastung, wobei „krankhaft" meint, daß gewohnte Tagesläufe und Handlungsroutinen nicht mehr funktionieren, daß das Bewußtsein vom Leidensdruck beherrscht wird und das Verhalten mit Auffälligkeiten verbunden ist, die auch von anderen einem bestimmten Krankenbild (Phobie, Depression u. ä.) zugeschrieben werden können. Streßhafte Auseinandersetzungen mit der Umwelt lassen sich also auf einem Kontinuum zwischen einerseits „normalen" routinemäßigen Anpassungsleistungen und andererseits dem krisenhaften Erleiden von Anforderungen bzw. dem Scheitern von Lösungsversuchen ansiedeln. Im Streßerleben beanspruchen externe oder interne Anforderungen oder ein Widerspruch zwischen diesen die Orientierungs- und Handlungsmöglichkeiten einer Person so stark, daß tendenziell Hilflosigkeit und Inkompetenz erlebt und Anstrengungen vermehrt werden müssen. Je nach dem Stadium der Auseinandersetzung dominieren dabei Emotionen wie Frustriertheit, Ärger, Wut, Angst, Sorge, Hoffnung, Ungewißheit. Da im Streßerleben Ziel- und Handlungsbezüge meist noch enthalten sind, kann man hier wie kaum an einer anderen Emotion das Zusammenwirken nahezu aller wichtiger psychischer Komponenten wie Motiven, Emotionen, Kognitionen und Handlungen (Planungen und Vollzüge) demonstrieren. Für ein empirisches Forschungsprojekt (...) haben wir auf der Grundlage verschiedener Theorien ein solches Handlungsmodell entwickelt, das sich im wesentlichen an *Lazarus* (zuletzt 1981), aber auch an *Miller/Galanter/Pribram* (1973) orientiert. Dieses Modell möchte ich jetzt vorstellen und dort einige wichtige Grundkonzepte besprechen.

Ulich 1982, S. 195

Arbeitsanregungen s. S. 126

3.3.2 Das TOTE-Modell von Miller/Galanter/Pribram (1973)

Die Möglichkeit kontrollierten Verhaltens hängt von der Fähigkeit ab, die wahrgenommene Struktur der psychologischen Gegenwart und die erwartete Struktur der Zukunft so aufeinander abzustimmen, daß intendierte Ziele erreicht werden können. Dieser Prozeß sieht so aus:

Kontrolle
Information → TEST → EXIT
Energie
↓ ↑
OPERATE

Der Feststellung („test") einer Inkongruenz zwischen Außenwelteinflüssen bzw. dem eigenen Zustand und intendierten, antizipierten Zuständen folgen Korrekturoperationen („operate"), und zwar so lange, bis eine neuerliche Überprüfung der Kongruenz („test") eine Übereinstimmung zwischen bestehendem und intendiertem Zustand ergibt, worauf eine Handlung (im weitesten Sinne) erfolgen kann („exit").
Jemand will z. B. einen Nagel in die Wand schlagen, um daran ein Bild aufzuhängen. Nach einer Anzahl von Schlägen prüft er, ob der Nagel schon tief genug eingedrungen ist, ob der Abstand für das Aufhängen des Bildes optimal ist (Test). Die Handlung wird fortgesetzt, korrigiert, verbessert (Operate), bis das gewünschte Ergebnis erreicht ist (Test). Anschließend kann die nächste Stufe eines Planes oder ein neuer Plan in Angriff genommen werden, oder es tritt eine Ruhepause ein u. ä. (Exit).

Ulich 1982, S. 196

Arbeitsanregungen s. S. 126

3.3.3 Ein Prozeßmodell des Streß-Erlebens und -Bewältigens

(...) Wir haben (...) aus den Grundkonzepten von *Lazarus* und unter Zuhilfenahme des TOTE-Modells von *Miller/Galanter/Pribram* ein Prozeßmodell konstruiert, das den Verlauf des Erlebens von Streß einschließlich der Bewältigungsversuche wiedergeben soll (vgl. Abb. 2; aus *Ulich* u. a. 1981). Ich erläutere zunächst dieses Schema, links oben beginnend: Person und Umwelt begegnen sich in einer jeweils historisch bestimmten Zuständlichkeit. Auf der Seite der Person sind für das Streßerleben besonders bedeutsam: die schon häufig erwähnten Belastbarkeiten und Bewältigungskompetenzen, die verallgemeinerte oder auf bestimmte Situationsklassen bezogene Erwartung, Dinge beeinflussen zu können (Kontrollerwartung), Interessen an bestimmten Dingen und Handlungsvollzügen sowie bestimmte Bereitschaften, für Erfolge und Mißerfolge (im weitesten Sinne) sich selbst oder andere bzw. die Umstände verantwortlich zu machen (Kausalattribuierung, ...). Auf der Seite der Umwelt sind potentielle oder reale „Stressoren" zu nennen, die zusammen mit anderen stabilen oder beeinflußbaren Situationsfaktoren den externen Teil der Anforderungen an die Person darstellen. Es gibt eine Vielzahl von Umweltbedingungen, die Belastung erzeugen, auch ohne daß dafür eine spezifische Bereitschaft bei den Individuen vorhanden sein muß. (...)
Die Feststellung, *was* ein Stressor ist, erfordert also nicht nur eine Kenntnis der Empfindlichkeiten, Verarbeitungsformen und Kompetenzen der Person, sondern auch eine exakte Beschreibung ausgewählter Merkmale der Umwelt.
Das „T" über dem nachfolgenden größeren Kasten bedeutet „test", also die Prüfphase in dem Modell von *Miller/Galanter/Pribram.* Diese Prüfphase schließt das Erleben, bestimmte emotionale Zuständlichkeiten sowie Einschätzungen und Bewertungen ein. (...)
Ein zweiter Einschätzungsvorgang bezieht sich auf die Möglichkeiten der Person, mit der erlebten Belastung fertig zu werden: Traue ich es mir zu, schaffe ich es, verfüge ich über Hilfsmittel, und kann ich sie nutzen?
Die hier beteiligten Emotionen stehen in enger Wechselwirkung mit den anderen, also auch kognitiven Komponenten des Erlebens. So kann z. B. Angst die Einschätzung der Bedrohung (als hoch) und die Beurteilung der eigenen Bewältigungsmöglichkeiten (als gering) ebenso beeinflussen wie umgekehrt: Aufgrund der Einschätzungen 1 + 2 ist die Angst entweder hoch oder niedrig. Die Wechselwirkung geht in jedem konkreten Fall immer in beide Richtungen.
Ergeben Einschätzungen und emotionales Zustandsbewußtsein, daß entweder keine Bedrohung usw. vorliegt oder daß die Möglichkeiten zur Bewältigung ausreichen, dann entsteht entweder gar kein Streß (wobei allerdings die Verarbeitung der Person-Umwelt-Begegnung selbst schon streßreich sein kann), oder das Streßerleben hat rasch ein Ende, worauf der kleine Pfeil und Kasten rechts neben dem „Verarbeitungskasten" hinweisen: „E" heißt „exit" im Modell von *Miller/Galanter/Pribram.*
Im anderen Falle, wenn also Streß erlebt wird, kommt es zur Planung und Ausführung von *Bewältigungsversuchen,* die im Kasten „O" zusammengefaßt sind, wobei „O" „operation" im schon genannten Modell bedeutet. *Lazarus* nennt vier Möglichkeiten der Bewältigung (...).
1. intrapsychische Verarbeitung des Streßerlebens und seiner (negativen) Folgen, z. B. durch Verleugnen, Verdrängen, Veränderungen in der Ziel- und Anspruchsniveausetzung z. B. durch Verzicht u. ä. m.;
2. Informationssuche: man verbreitert seine Entscheidungsgrundlage durch gezielte Suche nach Informationen, womit sich gleichzeitig auch Kompetenz und Fertigkeiten erhöhen können;
3. direkte Aktion: man versucht aktive Problemlösungen z. B. nach dem Prinzip „Versuch und Irrtum", oder man nimmt auf die „Stressoren" Einfluß (läßt sich z. B. in den Betriebsrat wählen);

4. Aktionshemmung; man tut erst mal gar nichts; etwa nach dem Motto: Wer nichts tut, macht auch keine Fehler; z. B. aus Angst, daß die ersten Versuche der Bewältigung das ganze Ausmaß des Ausgeliefertseins erst deutlich machen.

Nun sind Person und Umwelt in einer ständigen Veränderung begriffen, so daß nahezu alle Bewältigungsversuche, auch das Nichtstun, irgendwelche Wirkungen haben. Damit komme ich zur zweiten Hauptphase im Streßerleben und Bewältigen, also der rechten Hälfte des Schemas. Ein Bewältigungsversuch ist selten nur ein einzelner Akt auf der Handlungsebene oder der Ebene des kognitiven Verhaltens. „Bewältigen" umfaßt eine Vielzahl von unterschiedlichen Planungen, Überlegungen und Akten zu verschiedenen Zeitpunkten mit manchmal auch unterschiedlichen Zielen und Wirkungen. Zusammengehalten werden diese Versuche durch die allen gemeinsame Anstrengung, eben mit streßreichen Anforderungen fertig zu werden (...). Diese Anstrengungen können sich auf Gegenwärtiges oder Vergangenes (wie bei Verlust oder Schädigung) oder auf etwas in der Zukunft Liegendes beziehen (wie bei Herausforderung oder Bedrohung). Die Bewältigungsversuche können tendenziell eher auf die Umwelt oder eher auf die eigene Person gerichtet sein, sie können die Linderung emotionaler Belastungen oder die Veränderung der Situation zum Ziel haben.

Idealerweise sollen Bewältigungsversuche natürlich eine streßreduzierende Wirkung, also eine Veränderung der Person und/oder der Situation zur Folge haben, die das Streßerleben beendet. Bewältigungsversuche schätzt die Person also daraufhin ein, ob sie diese Wirkung haben; es werden wieder dieselben Fragen wie in der ersten Prüfphase gestellt: Ist die Situation/das Ereignis/die Vorstellung bedrohlich oder sonstwie streßreich, wie kann ich damit umgehen? Emotionale Zustände werden wie in den ersten Verarbeitungsphasen als Signale erlebt, die anzeigen, in welchem Zustand die Person sich befindet, ob sie etwas tun muß oder kann usw.

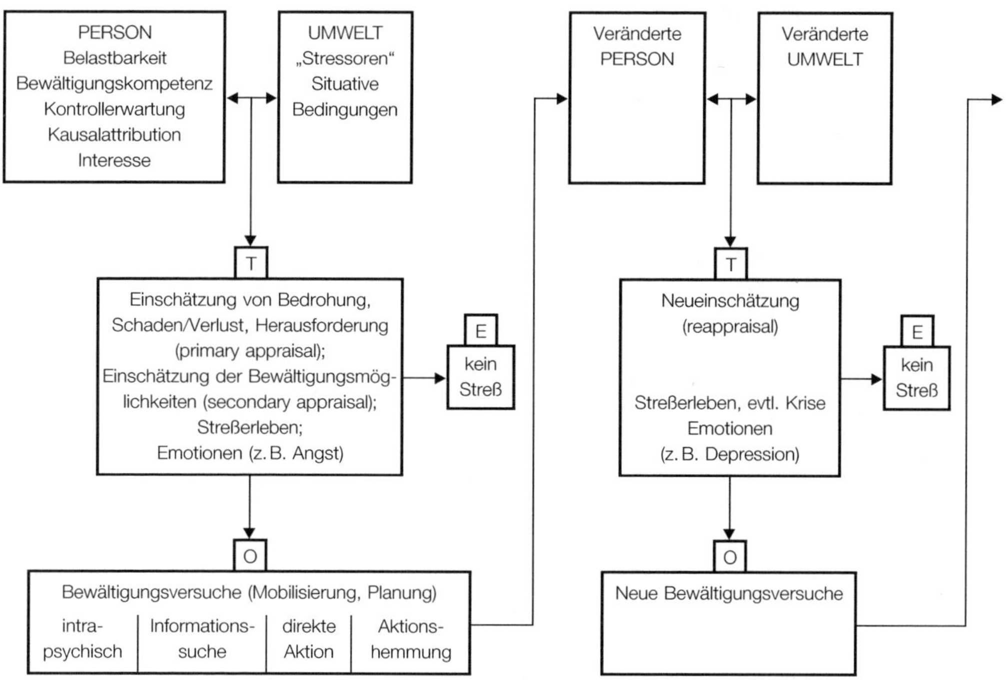

Abb. 2 *Prozeßmodell des Streßerlebens und -bewältigens*

Dieser gesamte Vorgang der Neueinschätzung ergibt durchaus nicht immer, daß die Veränderungen der Person oder Umwelt (die auch ohne Einwirkung der Person zustande gekommen sein können) streßreduzierend sind. Wenn sie es sind, so ist damit ein neues „Gleichgewicht" zwischen Anforderungen und Handlungsmöglichkeiten erreicht („E" im kleinen Kasten ganz rechts). Wenn sie es nicht sind, wenn sogar – z. B. durch unangemessene Bewältigungsversuche – eine Verschlimmerung eingetreten ist, dann kommt der ganze Prozeß des Erlebens, Einschätzens, Verarbeitens und Planens bzw. Handelns noch einmal und vielleicht noch sehr oft in Gang.

Ulich 1982, S. 196 ff.

Worterklärungen zu 3.1–3.3

Diskrepanz: Auseinanderklaffen
intendiert: angestrebt
Inkongruenz: Nichtübereinstimmung
antizipiert: geistig vorweggenommen
Operation: Handlung; auch: verinnerlichte Handlung
intrapsychisch: innerpsychisch
streßreduzierend: streßvermindernd

Arbeitsanregungen zu 3.1–3.3

1. Welches sind die beiden wichtigen Merkmale von „Streß"?
2. Erläutern Sie einem Schüler, der den vorliegenden Text nicht kennt, die Begriffe Kontrollerwartung und Kausalattribution.
3. Wovon hängt es ab, ob eine Person Streß erlebt oder nicht (der Pfeil im Modell also nach dem „T" zu „O" oder „E" geht)?
4. Welche Möglichkeiten der Streßbewältigung gibt es nach Lazarus?
5. Effektive Lern- und Studiertechniken können die Entstehung von (Schul-)Streß vermeiden helfen.
   Begründen Sie diese Aussage, indem Sie
   a) die Umwelt-Stressoren (vgl. Schema S. 125) gedanklich durch Maßnahmen verringern, wie sie auf S. 81 ff. dargelegt sind (Wirkungen von Lernpausen);
   b) darlegen, wie die subjektive Bewältigungskompetenz (vgl. Schema S. 125) durch die Kenntnis der Metagedächtniskategorien (S. 84 f.) erhöht wird;
   c) auf die Planungs- und Selbststeuerungsfähigkeiten des Menschen eingehen, wie sie in der Selbstmanagement-Therapie (S. 106 ff.) angewendet werden. Gehen Sie dabei auch auf die Begriffe (aus dem Modell S. 125) „Kontrollerwartung" und „Kausalattribution" (vgl. Selbstmanagement-Therapie S. 107 f.) ein.
6. Der Punkt „Problemlösen" beim Selbstregulationsmodell von S. 99 kann in Zusammenhang mit dem Punkt „Bewältigungsversuche" („0") beim Streßbewältigungsmodell von S. 125 gesehen werden.
   Ordnen Sie die vier prinzipiellen Problemlösungsalternativen (von S. 100) den Unterkategorien der Bewältigungsversuche (von S. 125) zu.

3.4 Belastung durch Lebensereignisse*

(...) Der Begriff *normatives* oder *kritisches Lebensereignis* (...) meint Einschnitte, Markierungspunkte oder Übergänge, die im „normalen" Lebenslauf fast alle Personen zu bestimmten Umorientierungen, Veränderungen oder Bewältigungen herausfordern. Solche Bestandteile einer derartigen „Normalbiographie" sind z. B.: alle Arten von Institutionenwechsel (z. B. vom Kindergarten in die Schule, von der Schule in den Beruf); Ereignisse, die mit der Familiengründung zusammenhängen; aber auch Übergangsphasen wie die Pubertät oder die Menopause oder die Pensionierung. Von diesen „normativen" Lebensereignissen kann man als „kritische" solche besonders negativen und einschneidenden Sachverhalte abheben, die nicht die Mehrzahl der Angehörigen einer Generation treffen und die mit besonderen Belastungen und Krisen verbunden sind, wie z. B. Arbeitslosigkeit, früher Tod des Lebenspartners, Geburt eines kranken Kindes, Ehescheidung (wobei letzteres offenbar schon an der Grenze zum „normalen" Lebensereignis steht). (...)

Belastung durch Lebensereignisse

„Social Readjustment Rating Scale" (...). (Verfahren zur Einschätzung des Aufwandes an Bewältigung bzw. der Wieder-„Anpassung" nach dem Eintreten eines bestimmten Ereignisses)

Rang	Life event	Durchschnittswerte (Grad der Belastung)
1.	Tod des Ehepartners	100
2.	Scheidung	73
3.	Trennung vom Ehepartner	65
4.	Haftstrafe	63
5.	Tod eines nahen Familienangehörigen	63
6.	Eigene Verletzung oder Krankheit	53
7.	Heirat	50
8.	Verlust des Arbeitsplatzes	47
9.	Aussöhnung mit dem Ehepartner	45
10.	Pensionierung	45
11.	Änderung im Gesundheitszustand eines Familienmitglieds	44
12.	Schwangerschaft	40
13.	Sexuelle Schwierigkeiten	39
14.	Familienzuwachs	39
15.	Geschäftliche Veränderung	39
16.	Erhebliche Einkommensveränderung	38
17.	Tod eines nahen Freundes	37
18.	Berufswechsel	36
19.	Änderung in der Häufigkeit von Auseinandersetzungen mit dem Ehepartner	35
20.	Aufnahme eines Kredits über 10 000 $	31
21.	Kündigung eines Darlehens	30
22.	Veränderung im beruflichen Verantwortungsbereich	29
23.	Kinder verlassen das Elternhaus	29
24.	Ärger mit der angeheirateten Verwandtschaft	29
25.	Großer persönlicher Erfolg	28
26.	Anfang oder Ende der Berufstätigkeit der Ehefrau	26
27.	Schulbeginn oder -abschluß	26
28.	Änderung des Lebensstandards	25
29.	Änderung persönlicher Gewohnheiten	24
30.	Ärger mit dem Vorgesetzten	23
31.	Änderung von Arbeitszeit und -bedingungen	20
32.	Wohnungswechsel	20
33.	Schulwechsel	20
34.	Änderung der Freizeitgewohnheiten	19
35.	Änderung der kirchlichen Gewohnheiten	19
36.	Änderung der gesellschaftlichen Gewohnheiten	18
37.	Aufnahme eines Kredits unter 10 000 $	17
38.	Änderung der Schlafgewohnheiten	16
39.	Änderung der Häufigkeit familiärer Kontakte	15
40.	Änderung der Eßgewohnheiten	15
41.	Urlaub	13
42.	Weihnachten	12
43.	Geringfügige Gesetzesübertretungen	11

(entnommen aus *Holmers/Rahe* 1980)

Ulich 1982, S. 163 f.

Arbeitsanregungen zu 3.4

1. Was ist normativen und kritischen Lebensereignissen gemeinsam?
2. Wodurch heben sich kritische von normativen Lebensereignissen ab?
3. Decken Sie die abgebildeten Durchschnittswerte für belastende Ereignisse ab, und notieren Sie Ihre eigenen Werte auf einem Blatt.
   Vergleichen Sie anschließend Ihre Werte mit den Durchschnittswerten.

Streß lähmt die Abwehrkräfte

Lange zweifelten Naturwissenschaftler an der Richtigkeit der Ansicht, die Seele habe einen maßgeblichen Einfluß auf die organische Gesundheit. In den letzten Jahren konnte indessen einwandfrei anhand von Blut-, Speichel- und Gewebeproben nachgewiesen werden, daß sich seelische Belastungen deutlich auf die Funktion der körpereigenen Abwehrkräfte auswirken.

Demnach schwächt länger anhaltender übermäßiger Streß das Immunsystem. Dagegen ließen eine bessere Bewältigung von Belastungen und die Anwendung von Entspannungstechniken sogar bei Patienten, die an der Immunschwächekrankheit Aids erkrankt waren, die Zahl der aktiven Immunzellen im Körper um zehn bis 14 Prozent ansteigen. Dies ergab unter anderem eine kürzlich veröffentlichte Studie der amerikanischen Universität Miami. (...)

Dieser neue Forschungszweig der Wissenschaft wird Pyscho-Neuro-Immunologie (PNI) genannt. Auch in Europa gewinnt dieses Spezialgebiet inzwischen immer mehr Interessenten. So wiesen zum Beispiel Forscher der Gutenberg-Universität Mainz nach, daß es zwischen dem Nerven- und dem Immunsystem offenbar einen direkten „heißen Draht" zur Verständigung gibt. Die Wissenschaftler fanden heraus, daß die für die Entwicklung von Immunzellen verantwortlichen Organe erstaunlich viele Nervenfasern haben. Dieses Kommunikationssystem leitet Informationen aus dem Körper über das Rückenmark direkt an das Gehirn weiter. Vermutlich steht so der Organismus auf direktem Weg mit der Psyche in Verbindung. Der Leiter der Mainzer Studie, Dr. Eberhard Weihe, wies beispielsweise anhand von Gewebeproben nach, daß die sensiblen Nervenfasern unmittelbar mit bestimmten Immunzellen in Kontakt treten und auf diese Weise etwa eine Entzündung an einer erkrankten Körperstelle erst in Gang setzen. (...)

Dem Neurobiologen David Felten (New York) gelang es sogar, unter dem Elektronenmikroskop in 8600facher Vergrößerung sichtbar zu machen, wie Nervenfasern mit dem für die körpereigene Abwehr zuständigen weißen Blutkörperchen Verbindung aufnehmen. (...)

Übermäßiger Streß, unbewältigter Ärger oder der Verlust eines nahestehenden Menschen sind Ereignisse, die der Organismus auch bei Gesunden nicht ohne weiteres wegsteckt. Aufgabe der Medizin und der Psychologie wird es daher in Zukunft sein, immer bessere Bewältigungsmethoden zu entwickeln, damit Menschen mit negativem Streß besser umzugehen lernen. Bis dahin bieten sich vor allem Selbstentspannungstechniken wie autogenes Training und Yoga, aber auch intensive körperliche Bewegung zum Abbau des seelischen Drucks an. Biofeedbackmethoden haben sich ebenfalls bewährt: Dabei lernt man die „Zwiesprache" mit dem eigenen Körper.

Dr. med. Hanns H. Wenk. In: Frankfurter Rundschau, 27. 4. 1991

4 Bedingungen und Möglichkeiten der Einflußnahme: Netzwerke* – Florian Straus

4.1 Einleitung

4.1.1 John Barnes und die Fischer von Bremnes: Ein Begriff entsteht

Im Bremnes, einem kleinen norwegischen Fischerdorf, untersucht John Barnes, ein englischer Anthropologe, die innere soziale Struktur dieses Ortes. Barnes hat seine Studien weitgehend beendet und überlegt in der Nachmittagssonne am Hafen sitzend, wie er seine Ergebnisse begrifflich möglichst prägnant und leicht verständlich darstellen kann. Während er darüber nachdenkt, beobachtet er, wie um ihn herum aus kleinen Fischerbooten der Tagesfang ausgeladen und die Fischernetze ausgebreitet und aufgehängt werden. Als die Sonne durch die Muster von Knoten und Schnüren scheint, kommt ihm die entscheidende Metapher für die Symbolisierung der Beziehungsmuster, in die die Menschen in einer lokalen Gemeinde eingebunden sind. Vielleicht war es diese, wohl wahre und zugleich doch sehr unübliche Begriffsentstehung (...), die den Siegeszug der Netzwerkmetapher erklären kann, denn die Vorstellung, Menschen und ihre Beziehungen zueinander als netzähnlich zu betrachten, ist von bemerkenswerter Schlichtheit: „Menschen werden mit Knoten gleichgesetzt, die durch Linien oder Bänder mit anderen Menschen, die ihrerseits Knoten darstellen, in Verbindung stehen."
Ich werde im folgenden versuchen, den Weg dieses Begriffs auf zwei Ebenen nachzuzeichnen. Nach einer einleitenden Begriffserklärung soll der Stellenwert sozialer Netzwerke zunächst anhand einer Reihe ausgewählter Forschungsergebnisse näher erläutert werden. Anschließend wird das Netzwerkkonzept unter der Perspektive der Praxis konkretisiert, d. h., im Mittelpunkt dieses Artikels steht die Frage, welche Handlungsmöglichkeiten eröffnet die Netzwerkperspektive für die Praxis psychosozialer Helfer.

Straus, Florian: Netzwerkarbeit. Die Netzwerkperspektive in der Praxis. In: Textor, Martin R.: Hilfen für Familien. Ein Handbuch für psychosoziale Berufe. Frankfurt a. M.: Fischer 1990, S. 496 ff.

Worterklärungen und Arbeitsanregungen s. S. 139 f.

4.1.2 Der Netzwerkbegriff – Drei begriffliche Differenzierungen

Netzwerkbegriff/Netzwerkperspektive
Unter einem *sozialen Netzwerk* versteht man alle Personen, mit denen eine Person zu einem bestimmten Zeitpunkt in Verbindung steht, d. h., zu „meinem Netzwerk" gehören alle Verwandten, Bekannten, Freunde, Mitglieder des gleichen Vereins, der gleichen Initiative, Nachbarn usw., die ich immer wieder einmal oder regelmäßig treffe (mit denen ich also in Beziehung trete, schriftliche oder telefonische Kontakte miteingeschlossen).
Unter der *Perspektive des Netzwerkes* versucht man dann, Grad und Verbindlichkeiten eines Netzwerkes unter einem bestimmten Aspekt (beispielsweise „gegenseitige Hilfe", „Abhängigkeit", „emotionale Nähe" ...) darzustellen. Dabei versucht die Netzwerkperspektive nicht nur einen Bereich der sozialen Beziehung herauszuheben (etwa den der eigenen Familie), sondern zielt auf eine ganzheitliche Sicht aller Bezugspersonen.

Künstliche und natürliche Netzwerke
Eine vor allem für die Praxis wichtige Unterscheidung ist die zwischen sogenannten künstlichen und natürlichen Netzwerken. Bei letzteren handelt es sich um den Kreis von Personen, zu

denen jemand zu einem bestimmten Zeitpunkt eine soziale Beziehung unterhält. Unter einem künstlichen Netzwerk versteht man einen Personenkreis, der erst aufgrund einer bestimmten Intervention zustande kommt, z. B. wenn jemand über eine Gruppe an einer Beratungsstelle neue Beziehungen gewinnt. Diese Beziehungen stellen zunächst ein künstliches Netzwerk (im Gegensatz zu dem natürlichen von Freunden oder Verwandten ...) dar.

Primäre, sekundäre, tertiäre Netzwerke

Soziale Netzwerke lassen sich neben ihrer Entstehung (als natürliches oder künstliches Netzwerk) auch danach unterscheiden, wie stark sie organisiert sind. Daraus resultiert die Unterscheidung in „primäre", „sekundäre" und „tertiäre" Netzwerke (vergleiche Abbildung 3).

Persönliche Ressourcen	Soziale Ressourcen/Netzwerke			Institutionelle Ressourcen	
		„Intermediäre Instanzen" (= „community institutions"/ gemeindebezogene Einrichtung)			
	Primäre Netzwerke	I Sekundäre Netzwerke	II	III Tertiäre Netzwerke im Sinne professioneller Hilfe	
	nicht organisiert	geringgradig organisiert	höhergradig organisiert	des gemeinnützigen „Dritten Sektors"	des marktwirtschaftl. Sektors
		„Kleine Netze"	nichtprofessionelle Einrichtungen (aus der Sicht des Gesundheitswesens)	professionelle	
relativ stabile Persönlichkeitsmerkmale, z. B. Selbstwertgefühl Ich-Stärke Einschätzung der Beeinflußbarkeit persönlicher Lebenschancen	Familie, Verwandte, Freunde und Bekannte in Nachbarschaft, Schule und Betrieb	Selbsthilfegruppen Nachbarschaftsgruppen Laienhilfegruppen Telefonketten Freizeitgruppen etc. Betriebsgruppen	Vereine und Organisationen mit soz.-päd. Angeboten Vereinigungen der Erwachsenenbildung Vereinigungen für Kultur und Freizeit sonst. lokale Bürgervereinigungen und Einrichtungen	z. B. Sozialstationen, selbstorganisierte oder kirchliche Beratungsstellen, Einrichtungen der Wohlfahrtsverbände, der Gewerkschaften, der Umweltschutzverbände	z. B. niedergelassene Ärzte und andere Heilberufe, Apotheken, Drogerien

Abb. 3 *Ressourcen zur Bewältigung von psychosozialen und krankheitsbedingten Belastungen sowie Gesundheitsgefährdungen*

Straus 1990, S. 497 f.

Worterklärungen und Arbeitsanregungen s. S. 139 f.

4.2 Ausgewählte Ergebnisse der Netzwerkforschung

Die relativ einfache Symbolik des Netzwerkbegriffs hat nicht nur dazu geführt, daß der Netzwerkbegriff inzwischen auch in der Alltagssprache Verwendung findet (...), sondern mittlerweile auch in ganz unterschiedlichen Wissenschaften Fuß gefaßt hat (zum Beispiel in der Kulturanthropologie, der Soziologie, der Psychologie, der Psychiatrie, ...). Umgekehrt hat diese breite Verwendung auch dazu geführt, daß mit dem Netzwerkbegriff sehr unterschiedliche Modelle, Methoden und Herangehensweisen verbunden werden. So unterscheidet man beispielsweise eher strukturelle und eher funktionale Netzwerkanalysen (...). Im folgenden werden uns fast ausschließlich Studien interessieren, die den funktionalen Stellenwert von sozialen Netzwerken für die Praxis der psychosozialen Arbeit untersucht haben. In diesen geht es im Unterschied zu den strukturellen (und eher mit hoch komplexen mathematischen Modellen arbeitenden) Analysen darum, wie in sozialen Netzwerken Kontakte aufgebaut und Informationen vermittelt werden, wie emotionale und andere Unterstützung geleistet wird usw.

Straus 1990, S. 499

4.2.1 Ein netzwerkorientiertes Krankheitsmodell

Untersuchungen (...) haben ergeben, daß depressive Reaktionen bzw. allgemein Krankheitsverläufe davon abhängen, wie eine Person eine bestimmte belastende Situation einschätzt, welche Bewältigungsmöglichkeiten sie aktualisieren kann und dabei insbesondere über welche aktuellen persönlichen, materiellen und sozialen Ressourcen sie verfügt.
In diesem Modell (...) sind soziale Netzwerke zu wesentlichen Bestandteilen der Entstehung, aber vor allem auch der Bewältigung von Krankheiten geworden. Dieses „soziale" Krankheitsmodell überwindet damit nicht nur das klassische medizinische Modell, sondern auch dessen, vor allem unter Medizinern beliebte, moderne Abwandlung. In diesem „modernen medizinischen Krankheitsmodell" wird der Mensch (wie I. Gleiss es formuliert hat) zu einem „Reaktions-Depp" verkürzt, da zwar im Unterschied zum „klassischen Modell" eingeräumt wird, daß soziale Faktoren auch zu psychischem Leid beitragen, man aber andererseits in mechanistischem Fatalismus folgert, daß Individuen unter bestimmten sozialen Bedingungen gar keine andere Chance haben, als mit „Krankheiten" zu reagieren. Forschungsergebnisse wie die folgenden zeigen, daß dies so nicht stimmt und Individuen im oben beschriebenen Sinn (allerdings in unterschiedlichem Maße) durchaus Möglichkeiten (Ressourcen) haben, sich aktiv mit belastenden Lebensbedingungen auseinanderzusetzen.

Straus 1990, S. 499

Worterklärungen und Arbeitsanregungen s. S. 139f.

4.2.2 Gesundheitsselbsthilfe im sozialen Netz

Welche zentrale Rolle vorhandene soziale Netzwerke im Alltag spielen, haben vor allem Grünow et al. in einer repräsentativen Studie zur Gesundheitsselbsthilfe im Alltag (1983) zeigen können. Sie stellten darin fest, daß nicht weniger als zwei Drittel aller Krankheiten nicht-professionell (d. h. laienhaft; nicht erwerbsmäßig und als informelle Hilfe) im jeweiligen sozialen Netzwerk behandelt werden. Dabei entstammen die Helfer vorwiegend aus den

primären sozialen Gruppen (Familie, Verwandte, Freundeskreis ...). Diese Tatsache wird unter der Perspektive einer professionalisierten Gesundheitspolitik allzu leicht übersehen.
In den Ergebnissen zeigten sich jedoch deutliche Unterschiede zwischen der Hilfe bei eher medizinischen und der Hilfe bei eher psychischen Problemen. Bei letzteren läßt die Hilfsbereitschaft wie auch das Hilfesuchverhalten deutlich nach. So bejahten nur sehr wenige die Frage, ob man bei einem psychischen bzw. emotionalen Problem schon einmal Hilfe in Anspruch genommen habe: Von den Befragten haben

- 80,9% noch nie (d.h. auch nicht wenigstens einmal) Hilfe von Freunden,
- 83,4% noch nie Hilfe von Verwandten,
- 89,2% noch nie Hilfe von Arbeitskollegen und
- 90,2% noch nie Hilfe von Nachbarn

in Anspruch genommen. Mit anderen Worten heißt dies, daß *über zwei Drittel der Bevölkerung psychische Probleme mit sich allein ausmachen oder allenfalls mit dem engsten Partner besprechen.* Zu allen anderen Netzwerkpartnern ist die Schwelle der Problemveröffentlichung zu hoch.

Straus 1990, S. 501

Worterklärungen und Arbeitsanregungen s. S. 139f.

4.2.3 Wohnsituation, Lebenslage und die Bewältigung psychischer Probleme

Ein weiteres Ergebnis der Netzwerkforschung ist, daß diese Unterstützungsleistungen ganz wesentlich von der jeweiligen lokalen Situation und dem entsprechenden Milieu abhängen. So hat beispielsweise Thorbecke (1975) herausgefunden, daß die Qualität der Netzwerke bei Arbeiterfamilien Ergebnis einer an der Wohnsituation festgemachten kollektiven Tradition ist. Mit dem Verlust des lokalen Bezugs, etwa durch den Umzug dieser Arbeiterfamilien in Neubauviertel, reduziert sich auch das Unterstützungspotential dieser Gruppe beträchtlich. Aus diesen und anderen Beobachtungen haben eine Reihe von Autoren vorschnell den Befund gezogen, daß der empirisch nachweisbare Rückgang nachbarschaftlicher Beziehungsstrukturen, vor allem in Großstädten, bereits ein sozialpathologisches Phänomen sei. Detaillierte Studien zeigen jedoch, daß die sozialen Beziehungsnetze von Großstadtbewohnern sehr befriedigend und unterstützend sein können, obgleich sie häufig mit den Personen der unmittelbaren Nachbarschaft keine Überlappung haben (Wellmann/Leighton 1979). Wir konnten dies in einer Studie über die Trabantenstadt Neuperlach (am südöstlichen Rand von München) bestätigen. Dort zeigte sich, daß nicht – wie vielfach angenommen – die infrastrukturellen Bedingungen der zentrale Bedingungsfaktor für diese Form nachbarschaftlicher Distanz sind, sondern nur Teil des wechselseitigen Prozesses zwischen

- dem Wunsch der Familien nach familiärer Abgeschlossenheit und nach einer Anonymität, die nur selbstbestimmt aufgehoben werden darf,
- sowie der diese Anonymität vielfach anbietenden bzw. erleichternden Bau- und Infrastruktur von Trabantenstädten.

Bei Fragen nach gegenseitiger Hilfe bei Krisen ergab sich jedoch auch die Beschränktheit dieser Form der Beziehungen, denn nur sehr wenige Familien nutzen das Netzwerk in dieser Stützfunktion: *Dies hat zur Konsequenz, daß sich das Hilfesuchverhalten, je belastender Probleme werden und je enger sie mit Familie zusammenhängen, immer stärker und ausschließlicher auf den eigenen Partner reduziert.*

Dieses privatistische kleinfamiliale Stützsystem scheint auf einer alltäglichen Ebene nicht problematisch. Bei Krisen erweist sich das Netzwerk „Ehepartner" aber als schnell überfordert. Die außerfamilialen Beziehungssysteme stehen den Familien lediglich in ihrer abstrakten Möglichkeit als Hilfssystem zur Verfügung, nicht jedoch real. Sie fungieren bildlich gesprochen als eine Art soziale Krisenversicherung, die man zwar abgeschlossen hat, aber in die man noch nie einen entsprechenden Beitrag eingezahlt hat und die im „Notfall" aus diesem Grund auch nicht funktionieren kann. (...)

Straus 1990, S. 501 ff.

Worterklärungen und Arbeitsanregungen s. S. 139f.

4.2.4 Die „anderen Helfer" – Natürliche Helfer im Dienstleistungssektor

„Herr W. ist Gastwirt, Pächter einer gutgehenden Kneipe mit zehn Tischen, einem langen Tresen, an dem sich nach Dienstschluß so von halb sieben bis zur Tagesschau um acht Uhr die Stammgäste drängeln. Auch Herr Z. (einer der Regelmäßigen, die auch ‚Umsatz bringen') ist da und hat schon einiges intus. Er schimpft (wie immer) über seinen Chef, der ihm jetzt noch vorschreiben will, wann er Urlaub zu machen habe. Der Wirt fragt, ob er denn in der Firma wichtig oder entbehrlich sei, wenn ja, würde er raten, ‚erst mal hart bleiben, sonst denkt er, er kann alles mit dir machen, und wenn er stur bleibt, dann gehe eben auf den Herbst und mach mal mit deiner Frau alleine Ferien, ohne die Kinder, das tut euch auch mal gut'. Herr Z. nörgelt etwas wie, ‚er fände es unverschämt', aber die Idee mit der Urlaubsfahrt ohne Kinder finde er gar nicht schlecht. Die Oma könnte ja mal aufpassen. Er ist schon gar nicht mehr ganz so ärgerlich, als ihm der Wirt auf die Schulter klopft und mit ‚Kopf hoch, Junge, es wird schon schiefgehen' ein weiteres Bier serviert. Er trinkt aus, zahlt, ‚bis morgen' und geht" (Nestmann 1987, S. 269).

Dieses alltägliche Beispiel zeigt eine typische „Hilfssituation" außerhalb des persönlichen Netzwerkes (bzw. am Rande desselben). Gastwirte ebenso wie Friseure, Taxifahrer und andere Berufsgruppen sind Beispiele für sogenannte natürliche Helfer, die neben professionellen Helfern und dem persönlichen Netzwerk ebenfalls eine Ressource für alltägliche Hilfe und Unterstützung sind. Auf diesen Helfertypus ist man erst in den letzten Jahren aufmerksam geworden und hat ihn, vor allem im amerikanischen, aber auch im deutschen Bereich zunehmend untersucht. Dabei unterscheidet man bei den natürlichen Helfern

- zwischen der Gruppe der Helfer, die aufgrund ihrer Professionalität schon immer eine Helferfunktion ausgeübt haben (beispielsweise Ärzte, Krankenschwestern, Pfarrer, Lehrer und auch Polizisten)
- und jener Gruppe von Helfern, die als „the other helpers" nicht eng an gesundheitliche, soziale oder psychosoziale Versorgungsbereiche gekoppelt sind.

Im folgenden soll es nur um letztere Gruppe gehen. „Die These, daß verschiedene Berufsgruppen bevorzugt alltägliche Helfer-, Berater-, Zuhörer-, Tröster- usw. Funktionen übernehmen, ist sicher keine neue“ (Nestmann 1987, S. 279). Neu ist eher die Frage nach dem Stellenwert dieser Helfergruppen für soziale Hilfe und gegenseitige Unterstützung. Hier gibt es aktuelle Untersuchungen, die diesen Berufsgruppen aufgrund gesellschaftlicher Entwicklungen bzw. Veränderungen eine zunehmend wichtigere Rolle zuschreiben. Zum einen ist es durch einen strukturellen Wandel von Lebensformen zu einem teilweisen Zerfall von traditionellen Quellen informeller alltäglicher Hilfe und Unterstützung gekommen. Zum anderen besteht aber auch ein zunehmender Intimitätszwang, in dem „viele der traditionell dichten und engen Netzwerke zur Bevormundung der Betroffenen und Hilfesuchenden bezüglich der akzeptierten Hilfearten und Hilfequellen ... tendieren“ (Nestmann 1987, S. 271). So haben die anderen Helfer gegenüber professionellen Helfern, aber auch gegenüber der Ehefrau oder nahen Freunden und Familienangehörigen, den Vorteil, daß

- ihre Hilfe mit weniger sozialer Kontrolle verbunden ist bzw. Befürchtungen unangenehmer Folgen eines „Sich-Öffnens“ bei persönlichen Problemen geringer sind,
- das Inanspruchnehmen einer Hilfe zu weniger Gegenleistungen gegenüber demjenigen, der geholfen hat, verpflichtet,
- die betreffenden Helfer „notfalls“ austauschbar sind (man die Gastwirtschaft wie den Friseur ja relativ leicht wechseln kann).

Diese anderen Helfer werden auch in relevantem Ausmaß in Anspruch genommen. So ergab sich etwa bei Friseuren und Friseusen, daß diese über die Hälfte ihrer Zeit mit den Kunden reden und auch ca. von jedem Dritten mit mittleren bis schweren persönlichen Problemen konfrontiert werden. Wirte von Stehausschänken schätzen, daß ca. jeder Sechste von ihren Kunden sich mit seinen Schwierigkeiten an sie wendet. Interessanterweise ähneln die von diesen „anderen natürlichen Helfern“ angebotenen Unterstützungsformen, wie Cown 1982 in einer Untersuchung zeigte, in vielem jenen der professionellen Helfer: „Unterstützung geben; Sympathie vermitteln; nur zuhören; Alternativen präsentieren; versuchen, beschwingt und erheiternd zu sein; persönliche Erfahrung vermitteln; versuchen, nicht einbezogen zu werden; Rat geben; Fragen stellen; dazu bringen, mit jemandem anderen zu reden; versuchen, das Thema zu wechseln; die Konsequenz schlechter Gedanken aufzeigen; Gefühle klären helfen; jemanden zu alternativen Perspektiven anleiten; ...“ (...).

Faßt man zusammen, so zeigen die Studien, daß die hier beschriebenen informellen Hilfsnetze trotz vorhandener Nachteile und Beschränkungen (wie Zeitbegrenztheit, Störungsanfälligkeit in der Situation, Lärm und auch der Unverbindlichkeit der Hilfssituation) mit Sicherheit mehr als nur Lückenbüßer für nicht vorhandene oder aktuell nicht zugängliche professionelle Hilfssysteme sind. (...)

Straus 1990, S. 503 ff.

Worterklärungen und Arbeitsanregungen s. S. 139 f.

4.3 Praxisformen der Netzwerkarbeit

(...) Auch wenn die These vom Zerfall sozialer Netzwerke stark übertrieben ist, so zeigen sich doch regional und sozial unterschiedlich starke Veränderungen. Vor allem der gesellschaftlich zunehmende Individualisierungsprozeß und auch bestimmte Lebensereignisse (wie regionale Mobilität, sozialer Abstieg, Tod des Partners ...) belasten und reduzieren die Hilfsmöglichkeiten sozialer Netzwerke. Insbesondere bei psychischen Belastungen und eher bei Personen aus der Unterschicht (sowie bei Männern stärker als bei Frauen) reduziert sich das Unterstützungspotential auf das kleinste vorhandene Netzwerk: den Ehepartner. Häufen sich die Krisen, ist dieses Hilfsnetz schnell überfordert.

An dieser Stelle setzen *praxisorientierte Netzwerkstrategien* ein. Ziel für den psychosozialen Helfer ist es dabei, sowohl die vorhandenen natürlichen Netzwerke zu stärken, als auch, wenn notwendig, zusätzliche künstliche Netzwerke für Klienten zu schaffen, jeweils in der Hoffnung, daß diese Netzwerke im besten Sinne des Wortes „Hilfe zur Selbsthilfe" leisten werden. (...)

Straus 1990, S. 506 f.

4.3.1 Das Netzwerk als diagnostische Kategorie

Die Erkenntnismöglichkeiten einer Netzwerkdiagnostik basieren darauf, daß uns zwar ein Großteil unserer Netzwerkbeziehungen bewußt ist, wir sie jedoch nur schwer in ihrer Gesamtheit und komplexen Beziehungsstruktur gleichzeitig erfassen können. Die Netzwerkanalyse versucht, diese Komplexität mit Hilfe einer einfachen Systematisierung bewußt(er) zu machen. Im folgenden sollen die wichtigsten Arbeitsschritte einer Netzwerkdiagnostik (am Beispiel des eigenen, persönlichen Netzwerkes) kurz beschrieben werden:

A. Erstellen einer Netzwerkkarte:

a) Auflistung von Sektoren und Personen: Als ersten Schritt überlegt man, zu welchen Bereichen (Sektoren) sich die Personen zusammenfassen lassen, mit denen man aktuell verbunden ist. Beispiele für solche Sektoren wären: Familie, Verwandtschaft, Nachbarn, gegenwärtige Freunde, Freunde an früheren Wohnorten, Arbeits- oder Studienkollegen, Kirche, Verein, politische Szene usw. Diese Sektoren listet man jeweils auf ein Blatt Papier auf. Anschließend werden unter jedem Sektor die dazugehörigen Personen benannt. Wenn Personen zu mehreren Sektoren gehören (also zum Beispiel eine Person zugleich Arbeitskollege und Freund ist), listet man diese Person dort auf, wo sie am ehesten hinzupassen scheint, oder beläßt sie in beiden Sektoren, macht sie dann aber durch ein Zeichen irgendwie kenntlich.

b) Darstellung als Netzwerkkarte: Man nimmt ein Blatt mit diversen Kreisen (siehe Abb. 4), setzt sich selbst als Mittelpunkt ein und teilt das Papier je nach Anzahl der Sektoren in Abschnitte (Tortenstücke). An den Kanten erhält der Sektor seinen Namen. Es ist sinnvoll, solche Sektoren nebeneinander zu plazieren, aus denen sich Personen wechselseitig kennen. Anschließend zeichnet man in jeden Sektor die Personen so ein, daß die, zu denen man losere und distanziertere Beziehungen unterhält, weiter außen eingetragen werden, während jene, zu denen man engen Kontakt hat, weiter innen eingetragen werden. (Für die weitere Auswertung hat es sich bewährt, diese Grundkarte mehrmals zu kopieren.)

B. Auswertung der Netzwerkkarte(n):

In der Folge werden nun diese Netzwerkkarten unter verschiedenen Fragestellungen analysiert, wobei man die jeweiligen Ergebnisse zur besseren Veranschaulichung wiederum graphisch einzeichnen sollte (der Übersichtlichkeit wegen: für jede Frage nur eine Karte). Mögliche Fragen bei der Analyse des persönlichen Netzwerks sind u. a.:

- Wie stark ist mein Netzwerk segmentiert? (D. h., kennen sich viele meiner Netzwerkpartner untereinander, oder sind die einzelnen Segmente weitgehend voneinander abgeschnitten? Will ich dies? bzw. könnten die Segmente sinnvollerweise stärker miteinander verflochten werden?)
- Wer nimmt in meinem Netzwerk bestimmte wichtige Kommunikationsrollen ein? (Die des „Gatekeepers", der den Informationsfluß zu anderen Sektoren kontrolliert; des „Stars/der

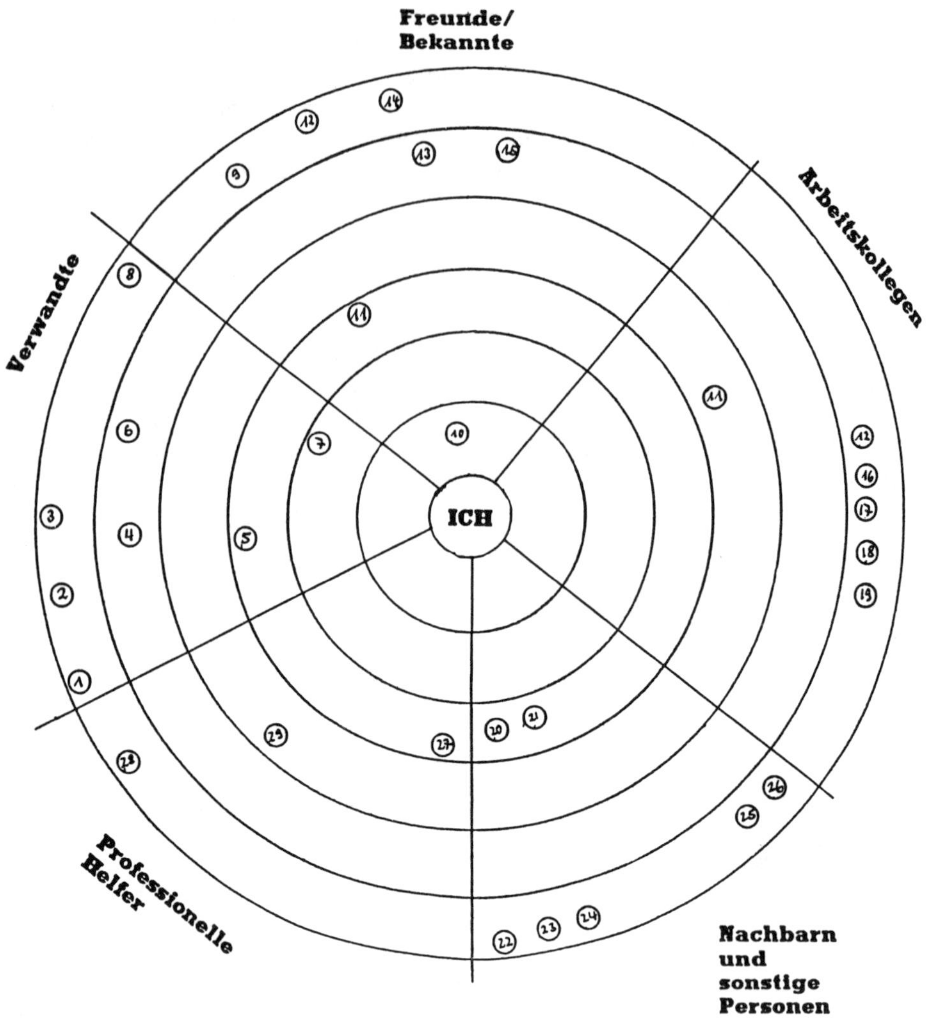

Abb. 4 *Beispiel einer Netzwerkkarte*

Zentrale", die im Mittelpunkt vieler/der meisten Kommunikationen steht; des „Brückenkopfes" zwischen Sektoren, die sonst unverbunden wären usw.)

- Welche Veränderungen in meinem Netzwerk haben sich in den letzten 5 Jahren ergeben? (Welche Personen sind nicht mehr da; stimmt mich dies traurig bzw. eher froh; wer hat wen „ersetzt" usw.)
- Welche soziale Unterstützung erwarte ich mir von meinem Netzwerk, und welche habe ich tatsächlich erfahren (bzw. umgekehrt: von wem wurde ich selbst um Unterstützung gebeten, wem habe ich sie gewährt)?
- Wo sind in meinem Netzwerk relevante Abhängigkeiten (in materieller, sozialer, emotionaler, ... Hinsicht)? Woraus resultieren sie, und lassen sie sich ändern bzw. will ich sie ändern?
- Welche meiner Sozialbeziehungen müßten intensiviert werden (wie soll das gehen?), welche Beziehungen würde ich gerne reduzieren (mit welchen Folgen)?

Als sinnvoll hat sich erwiesen, die Antworten auf diese Fragen auch schriftlich zu fixieren (bei wiederholter Anwendung lassen sich so auch Veränderungen in der eigenen Perspektive erkennen). Dieses hier am Beispiel der eigenen Person entwickelte Diagnoseraster läßt sich analog auch für Klienten und mit leichten Veränderungen auch auf der Gruppenebene verwenden.

Straus 1990, S. 507 ff.

Worterklärungen und Arbeitsanregungen s. S. 139f.

4.3.2 Handlungsmodelle – Beispiel: Strategien sozialer Vernetzung

Dieser erste handlungsbezogene Ansatz zielt darauf ab, Personen, die sozial isoliert sind und unter diesem Zustand leiden, in ein soziales Gemeinwesen so einzubetten,

- daß für sie Möglichkeiten entstehen, überhaupt andere Kommunikationspartner kennenzulernen,
- und daß sich in diesen neuen Beziehungen Hilfsqualitäten entwickeln, die dann auch bei Problemen erste (präventive) Hilfestellungen leisten können.

Welche Ansatzpunkte dieses Handlungsmodell bietet, soll an der folgenden Fallgeschichte deutlich gemacht werden.

Fall Familie H.:
Der Mann ist 34, die Frau 32 Jahre alt. Sie haben vier Kinder zwischen 1 und 12 Jahren. Sie leben in einer Gegend, die in vielem einer Obdachlosensiedlung ähnelt. Herr H. arbeitet auf Montage und ist zeitweise immer wieder arbeitslos. Die Familie hat hohe Schulden und ist beim Jugendamt bekannt. Bereits mehrfach hat dieses mit der Heimeinweisung der beiden älteren Kinder gedroht. Grund dafür war der nicht regelmäßige Schulbesuch der beiden älteren Kinder und die Einschätzung, daß insbesondere Frau H. mit der Erziehung der 4 Kinder überfordert sei.
Bereits seit einigen Jahren wird diese Familie von einer Reihe von Helfern und seit kurzem von einer sozialpädagogischen Familienhelferin betreut. An diesem Beispiel soll im folgenden diskutiert werden, wie der Handlungsspielraum der Familie H. über Strategien sozialer Vernetzung erweitert werden kann.

1. Schritt: Analyse der sozialen Beziehungen
Die Familienhelferin hat nach einem halben Jahr eine Diagnose des Netzwerks unternommen. Das Ergebnis soll hier in Kurzform skizziert werden. Am auffallendsten war für sie, daß die Familie nur sehr wenige Außenbeziehungen hatte. Außer zu den jeweiligen Helfern gab es kaum weitere regelmäßige Kontakte. Insbesondere Frau H. hat mit Ausnahme einer älteren Nachbarin zu niemandem in der Umgebung eine nähere Beziehung entwickelt. Dieser Kontakt ist zudem auch nur dann möglich, wenn der Mann auf Montage ist, da er die Nachbarin nicht leiden kann. Für ihn ist auch typisch, daß er in den Phasen der Arbeitslosigkeit so gut wie nie das Haus verläßt.
Die Analyse der Situation von Frau H. macht darüber hinaus zweierlei deutlich. Zum einen, daß sie sehr unter dieser Vereinsamung leidet. Zum anderen, daß ein wesentlicher Grund ihres sozialen Rückzugs darin besteht, daß sie das Dezimalsystem (den Zehnerschritt) nicht beherrscht und somit nicht nur beim Kochen und Nähen Schwierigkeiten hat (Rezepte und Anleitungen zu lesen), sondern auch beim Einkaufen (Geld zählen). Sie schämt sich dessen

und versucht, alle öffentlichen Pflichten wenn möglich über ihre beiden älteren Kinder zu erledigen. Ihr einziges Hobby, in dem sie Selbstvertrauen entwickelt hat, sind bestimmte Bastelarbeiten.

2. Schritt: Strategien lokaler Vernetzung
Die Familienhelferin hat nun versucht, diese sozialen Schwierigkeiten, über verbale Bearbeitung hinaus, an 5 konkreten Stellen zu verändern.
a) Um Frau H. die Angst vor der Öffentlichkeit zu nehmen, hat die Familienhelferin zuerst initiiert, daß die Frau zu einer Gruppe von Frauen gestoßen ist, die auch den Zehnerschritt nicht beherrschen. In dieser (professionell angeleiteten) Gruppe war einerseits das Ausgleichen dieses Defizits möglich, und zum anderen ergaben sich erste Möglichkeiten von Netzwerkbeziehungen.
b) Als zweites initiierte die Familienhelferin für Frau H. die Möglichkeit, in einen Bastelkurs, den die örtliche Pfarrei anbot, einzusteigen. Die Familienhelferin hat sich an diesen Bastelnachmittagen selbst beteiligt, sonst wäre Frau H. nicht mitgegangen. Als schwierig stellte sich jedoch heraus, daß die anderen Teilnehmerinnen des Bastelkurses ein anderes Bildungsniveau hatten. Dennoch berichtete die Familienhelferin, daß Frau H. gerne in diesen Kurs gegangen ist (vor allem, weil es sich um einen Bereich handelte, in dem sie auch Fähigkeiten hatte, die mit sozialer Anerkennung verbunden waren).
c) Um den Kontakt mit der Nachbarin zu stabilisieren, arrangierte die Familienhelferin es so, daß sie einige Male bei den Besuchen der Nachbarin dabei war, und es gelang ihr, die Nachbarin dazu zu bewegen, Frau H. in den Bastelkurs der Pfarrei zu begleiten.
d) Ein weiteres wichtiges Ziel bestand für die Familienhelferin auch darin, die soziale Isolierung des Mannes zu verringern, da seine Isolierung ja auch mit ein Grund war, warum seine Frau keine Möglichkeiten hatte, soziale Kontakte aufzubauen. Dies erwies sich – wie erwartet – als sehr schwierig, da der Mann lediglich zu einem Kollegen einen sehr losen Kontakt hatte. Diese Beziehung beschränkte sich aber nur, wie bei Männern häufig, auf den Arbeitsbereich. Trotzdem gelang es, nach einem Jahr wenigstens einen Anlaß herzustellen (Konfirmation der Töchter), bei dem die beiden Familien etwas zusammen unternahmen.
e) Des weiteren plant die Familienhelferin, Herrn H. stärker im sozialen Umfeld zu verankern. Sie versucht, ihn in eine örtliche Initiative einzubinden, deren Ziel es ist, den schlechten Bauzustand der Wohnungen zu verbesseren. Die Familienhelferin möchte Herrn H. zur Teilnahme überreden, da er gewisse Grundfähigkeiten im handwerklichen Bereich hat und sie von daher hofft, daß es gelingt, ihn über seine Fähigkeiten in diese Initiative und damit auch in das soziale Gefüge der Umgebung einzubinden.
Diese fünf Strategien sind Beispiele der Handlungsmodelle sozialer Vernetzung. Es sind Versuche, über die unmittelbare Arbeit an der Person und mit der Person, diese in dem sozialen Umfeld, in dem sie lebt, zu verankern, ihr natürliches Netzwerk zu ergänzen und somit ihre sozialen Hilfsressourcen zu stärken. (...)

Straus 1990, S. 511 ff.

Worterklärungen und Arbeitsanregungen s. S. 139 f.

4.4 Gefahren der Netzwerkarbeit*

(...) Alle, die mit netzwerkorientierten Strategien arbeiten, müssen sich auch einer Reihe von Gefahren und Grenzen bewußt werden. Einige von diesen sollen hier abschließend kurz skizziert werden.

Auflösung von Netzwerken: Wenn oben von Stärkung von Netzwerken gesprochen wurde, wurde dies meist an Beispielen gezeigt, in denen es galt, bei vorhandenen Netzwerkbeziehungen das Hilfspotential zu stärken bzw. zu kleine Netzwerke durch neue Personen bzw. Netzwerkteile zu ergänzen. Eine Stärkung eines Netzwerks kann aber genausogut dadurch erreicht werden, indem man sich von bestimmten Personen trennt. Es gibt nicht wenige Netzwerke, in denen es zu völlig erstarrten bzw. neurotischen Strukturen gekommen ist. Diese sind nicht in jedem Fall „positiv und gemeinsam" aufzulösen. Netzwerkstrategien dürfen sich diesem Aspekt nicht verschließen.

Kolonialisierung der Lebenswelt: Netzwerkorientierte Hilfen greifen in das Sozialgefüge von Menschen ein. Dies erfordert zweifelsohne „Fingerspitzengefühl", damit diese Hilfe für die Beteiligten nicht zu einem „sozialen Bumerang" wird und statt Entlastung verstärkte soziale Kontrolle das Resultat der Intervention ist.

Netzwerkhilfe = Laienhilfe: Netzwerkorientierte Hilfen zielen letztlich stets auf eine Stärkung nicht-professioneller Helfer. Dies ist aus einer gemeindepsychologischen bzw. auch allgemeinpräventiven Sicht zu begrüßen. Dieses Vorgehen ist aber auch für manche attraktiv, die sich davon eine Reduzierung des Sozialetats versprechen. Für viele professionelle Helfer resultiert daraus eine zwiespältige Haltung gegenüber netzwerkorientierten Ansätzen. Auflösen läßt sich diese jedoch nicht durch eine entsprechende Abstinenz, sondern nur mittels einer aktiv sozialpolitischen Haltung, in der deutlich wird, was Praxis wie Forschung zeigen: Eine langfristige Stärkung des Selbsthilfepotentials von stark belasteten Familien läßt sich nicht ohne, sondern nur mit Hilfe (d. h. auch in Kooperation) der professionellen Helfer erreichen. (...)

Straus 1990, S. 518f.

Worterklärungen zu 4.1–4.4

Anthropologe: Wissenschaftler, der sich mit dem Menschen beschäftigt
prägnant: knapp und gehaltvoll, genau und treffend
Metapher: Übertragung, besonders eines konkreten Begriffes auf einen abstrakten; Bild (z. B. das Haupt der Familie)
Symbolisierung: sinnbildliche Darstellung
Intervention: Einmischung
primär, sekundär, tertiär: der erste, zweite, dritte
Ressourcen: Hilfsquellen
institutionell: eine Einrichtung betreffend
intermediär: in der Mitte liegend, dazwischen befindlich
professionell: berufsmäßig
mechanistisch: nur mechanische Ursachen anerkennend
Fatalismus: völlige Ergebenheit in die Macht des Schicksals
lokal: örtlich
reduzieren: vermindern
Potential: Leistungsfähigkeit
pathologisch: krankhaft (verändert)
Phänomen: Erscheinung
detailliert: in allen Einzelheiten, genau
infrastrukturell: die Binnenstruktur betreffend
relevant: bedeutsam
diagnostisch: das Erkennen (einer Krankheit) betreffend

komplex: vielschichtig, umfassend
Segment: Abschnitt
resultieren: sich herleiten, sich (als Resultat) ergeben
Defizit: Fehlbetrag, Mangel
initiieren: den Anstoß geben
präventiv: vorbeugend, verhütend
Abstinenz: Enthaltsamkeit, Verzicht
Kooperation: Zusammenarbeit

Arbeitsanregungen zu 4.1–4.4

1. Definieren Sie:
   - soziales Netzwerk
   - Netzwerkperspektive
   - künstliche Netzwerke
   - natürliche Netzwerke.
2. Was unterscheidet primäre von sekundären und diese von tertiären Netzwerken?
3. Worin besteht die wesentliche Aussage des netzwerkorientierten Krankheitsverständnisses?
4. Stimmen die Angaben über die Verbreitung von Gesundheitsselbsthilfe
   a) im medizinischen und
   b) im psychischen Bereich
   mit Ihren eigenen Erfahrungen überein? Begründen Sie.
5. Erläutern Sie unter Bezugnahme auf den Text die Bedingungen für den Rückgang nachbarschaftlicher Beziehungsstrukturen.
6. Worin sieht der Autor das Problem des „kleinfamilialen Stützsystems"?
7. Wodurch sind die „natürlichen Helfer" definiert?
8. Erklären Sie den Unterschied zwischen den „professionellen Helfern" und den „anderen Helfern".
9. Welche Vorteile haben die „anderen Helfer"?
10. Haben Sie selber einige der erwähnten Unterstützungsformen der natürlichen Helfer schon einmal beobachtet? Wenn ja, welche?
11. Welches Ziel verfolgen praxisorientierte Netzwerkstrategien?
12. Erstellen Sie Ihre persönliche Netzwerkkarte.
13. Werten Sie Ihre Netzwerkkarte entsprechend den angegebenen Fragen aus.
14. Welche Ansätze zu (noch) besserer Vernetzung bietet Ihr Netzwerk?
15. Erläutern Sie zwei Gefahren der Netzwerkarbeit.

DIE ENTWICKLUNG DER PERSÖNLICHKEIT

Die gerettete Zunge – Elias Canetti

Eines Tages war der Gartenhof voller Rauch, einige unserer Mädchen liefen auf die Straße und kamen bald darauf aufgeregt zurück, mit der Nachricht, daß ein Haus in der Nachbarschaft brenne. Es stehe schon ganz in Flammen, es brenne ganz herunter. Gleich leerten sich die drei Häuser um unseren Hof und mit Ausnahme der Großmutter, die sich nie von ihrem Sofa erhob, rannten alle Bewohner hinaus in die Richtung des Feuers. Das geschah so rasch, daß man mich vergaß. Mir wurde ein wenig bang so ganz allein, auch zog es mich selbst – vielleicht zum Feuer, vielleicht noch mehr in die Richtung, in die ich alle laufen sah. Ich lief also zum offenen Hoftor hinaus auf die Straße, die mir verboten war, und geriet in den eiligen Strom der Menschen. Zum Glück sah ich bald zwei unserer größeren Mädchen, und da sie um nichts in der Welt ihre Richtung geändert hätten, nahmen sie mich in die Mitte und zogen mich rasch fort. In einiger Entfernung vom Feuer blieben sie stehen, vielleicht, um mich nicht in Gefahr zu bringen, und da sah ich zum erstenmal ein brennendes Haus. Es war schon weit heruntergebrannt, Balken stürzten ein und Funken sprühten. Es ging gegen Abend, es wurde allmählich dunkel und das Feuer schien immer heller. Aber was mir weit mehr Eindruck machte als das brennende Haus, waren die Menschen, die sich darum bewegten. Sie sahen klein und schwarz aus dieser Entfernung aus, es waren sehr viele und sie rannten alle durcheinander. Manche blieben in der Nähe des Hauses, manche entfernten sich und diese trugen alle etwas auf dem Rücken. „Diebe!“ sagten die Mädchen, „das sind Diebe! Sie tragen Sachen aus dem Haus fort, bevor man sie erwischt!“ Sie waren darüber nicht weniger aufgeregt als über das Feuer, und als sie immer wieder „Diebe!“ riefen, teilte sich ihre Aufregung mir mit. Unermüdlich waren die kleinen schwarzen Figuren, tief gebückt bewegten sie sich in alle Richtungen davon. Manche hatten Bündel über die Schultern geworfen, andere liefen gebückt unter der Last eckiger Gegenstände, die ich nicht erkennen konnte, und wenn ich fragte, was sie trügen, wiederholten die Mädchen nur immer: „Diebe! Das sind Diebe!“

Dieser Anblick, der mir unvergeßlich blieb, ist mir später in die Bilder eines Malers aufgegangen, so daß ich nicht mehr sagen könnte, was ursprünglich war und was von ihnen dazu kam. Ich war neunzehn, als ich in Wien vor den Bildern Brueghels stand. Ich erkannte auf der Stelle die vielen kleinen Menschen jenes Feuers aus der Kindheit. Die Bilder waren mir so vertraut, als hätte ich mich immer unter ihnen bewegt. Ich verspürte eine ungeheure Anziehung von ihnen und ging täglich hin. Der Teil meines Lebens, der mit jenem Feuer begann, setzte sich unmittelbar in diesen Bildern fort, als wären keine fünfzehn Jahre dazwischen gelegen. Brueghel ist mir der wichtigste Maler geworden, aber ich habe ihn mir nicht wie vieles spätere durch Betrachtung oder Nachdenken erworben. Ich habe ihn in mir vorgefunden, als hätte er schon lange, sicher daß ich zu ihm kommen müsse, auf mich gewartet.

Canetti, Elias: Die gerettete Zunge. Geschichte einer Jugend. München, Wien: Hanser 1977

Elias Canetti beschreibt, wie er bei der ersten Betrachtung Brueghels Bilder „in sich vorgefunden" hat: Auf der Stelle erkannte er auf Bildern des Malers die vielen Einzelheiten eines Feuers, das er in seiner Kindheit miterlebt hatte. Einen derartigen Prozeß bezeichnet man – mit dem wohl bedeutendsten Entwicklungspsychologen Jean Piaget – als Assimilation: Wir stecken die Informationen in bereits vorhandene „innere Schubladen" (vgl. 2.1).
Dies geschieht ständig und ist Voraussetzung eines jeden Lernvorganges: Ohne Verknüpfung neuer Informationen mit vorhandenen kann nichts aufgenommen werden. Freilich geht nicht immer alles einfach in vorhandene „Schubladen" wie hier bei Canetti: Bei ihm bedurfte es keiner Anstrengung, sich auf Brueghels Bilder einzustellen, die Akkomodation – so wieder Piaget – war also nicht stark beteiligt, ihr Anteil ist für Canetti nicht mehr zu rekonstruieren: Er weiß nicht mehr, was er in der Kindheit selbst erlebt hat und was für ihn bei Brueghel hinzukam.
Akkomodation heißt, die „inneren Schubladen" entsprechend den neuen Gegebenheiten ändern, und ist ein wichtiges Bestimmungsmerkmal des Entwicklungsbegriffs (vgl. Ulich 1.1, Bestimmungsmerkmal 1). Entwicklung beinhaltet auch, daß etwas aufgebaut wird, das möglichst stabile Zustände und Fähigkeiten schafft und über die Zeit hinweg relativ gleich bleibt (vgl. Ulich, 1.1, Bestimmungsmerkmale 4 und 6): Canettis Bilder von Feuer, Dieben und Aufregung sind 15 Jahre nach dem Erlebnis noch lebendig und gegenwärtig. Diese und weitere Aspekte von Persönlichkeitsentwicklung sind Gegenstände der folgenden Texte.

1 Zum Gegenstand der Entwicklungspsychologie*

1.1 Die Bestimmungselemente des umgangssprachlichen Entwicklungsbegriffs* – Dieter Ulich

(...) Die Bestimmungselemente des (umgangssprachlichen) Entwicklungsbegriffs kann man (...) in bestimmten (Aussage-)*Sätzen* ausdrücken, zu denen bestimmte *Einwände* denkbar sind. An der Beziehung zwischen diesen Sätzen und den Einwänden kann man dann sowohl erkennen, ob die Aussagen empirisch widerlegbar sind (sie dürfen es *nicht* sein, wenn sie Begriffserläuterungen darstellen), als auch, inwieweit sie allgemeine Selbstverständlichkeiten ausdrücken, inwieweit sie also unter heutigen Entwicklungspsychologen konsensfähig sind.

Satz 1: Wer sich entwickelt, verändert sich.
Einwand: Ich kenne jemand, der sich entwickelt, ohne sich dabei zu verändern.
– Ein derartiger Einwand kann nur von einer Person kommen, die sprachlich inkompetent ist, denn sie hat offenbar den „Sinn" von Entwicklung nicht verstanden.

Satz 2: Wer sich entwickelt, nähert sich dabei positiv bewerteten Zuständen an.
Einwand: Ich kenne jemand, der hat sich zu einem hervorragenden Einbrecher entwickelt.
– Dieser Einwand widerlegt Satz 2 nicht, sondern er verwendet den Entwicklungsbegriff nicht im Sinne einer letztlich auch moralischen Kategorie (...), er verwischt Unterschiede zwischen Entwicklung (im Sinne von Weiterentwicklung) und Fehlentwicklung.

Satz 3: Wer sich entwickelt, der wird dabei älter.
Einwand: Entwicklung ist zu beliebigen Zeitpunkten möglich, nicht an das Lebensalter oder an altersbezogene Erwartungen, Übergänge, Ereignisse usw. gebunden.
– Dieser Einwand verwischt die Unterschiede zwischen Ontogenese und Aktualgenese, zwischen beliebigen Veränderungen und solchen, die historischer Art sind (...).

Satz 4: Wer sich entwickelt, baut dabei auf etwas auf und zeigt dann relativ stabile Zustände, Fähigkeiten usw.
Einwand: Entwicklung ist voraussetzungslos jederzeit möglich und kann auch ganz kurzdauernde, instabile Veränderungen ohne weitere Folgen beinhalten.
– Auch dieser Einwand abstrahiert von der Geschichtlichkeit des Seelischen, verwischt die Unterschiede zwischen distalen und proximalen Verhaltensursachen wie auch die Unterschiede zwischen Lernen und Entwicklung.

Satz 5: Wer sich entwickelt, der verändert sich in subjektiv bedeutsamen und zentralen Merkmalen.
Einwand: Entwicklung meint jede Art von Veränderung, also auch die Veränderung peripherer, oberflächlicher, subjektiv nicht beachtenswerter, „unwichtiger" Verhaltensweisen, Merkmale, Zustände usw.
– Dieser Einwand verwischt die Unterschiede zwischen ontogenetischen Veränderungen und z. B. minimalen Zustandsänderungen wie z. B. geringfügigen Stimmungsschwankungen, Ermüdung, Veränderungen von Gewohnheiten (jemand trägt plötzlich einen Hut), routinemäßigen Problemlösungen (die ja auch „Veränderungen" sind), der unmerklichen Erweiterung von Kenntnissen u. ä. m. Der Einwand betont (...) [den] Aspekt „*etwas* entwickeln" im Vergleich zu dem in Satz 5 leitenden Gesichtspunkt „*sich* entwickeln".

Satz 6: Wer sich entwickelt, bewahrt dabei zugleich immer auch ein Mindestmaß an Kontinuität und Identität der Person.
Einwand: Entwicklung schließt zumindest als Möglichkeit die vollständige Veränderung, die permanente Wandlung der gesamten Persönlichkeit, die völlige Aufhebung von Kontinuität mit ein.
– Dieser Einwand verwischt die Unterschiede zwischen einerseits Entwicklung und andererseits Ersetzung, Verwandlung oder auch Zerstörung der Persönlichkeit (z. B. bei sog. Psychosen). Der Einwand verzichtet auf die Voraussetzung eines identischen Substrats als desjenigen, *was* sie entwickelt.
Die „Verteidigung" meiner sechs Bestimmungsmerkmale zeigt, daß zwischen den Konnotationen des umgangssprachlichen Entwicklungsbegriffs und einem ganz bestimmten Entwicklungsverständnis in der Psychologie eine hohe Affinität besteht. Dieses Entwicklungsverständnis ist personorientiert, betont eher das „Sich-entwickeln", ist lebenslauforientiert und an differentiellen Aussagen interessiert, ist so beschaffen, daß auch Entwicklungen im Erwachsenenalter damit begreifbar gemacht werden können.

Ulich, Dieter: Krise und Entwicklung. Weinheim: Psychologie-Verlags-Union 1987, S. 90 ff.

Worterklärungen zu 1.1

empirisch: erfahrungswissenschaftlich
inkompetent: unfähig, nicht zuständig
Ontogenese: (lebensgeschichtliche) Entwicklung des Individuums

Aktualgenese: Entstehung in der unmittelbaren Wirklichkeit
abstrahieren: absehen (von etwas); etwas gedanklich verallgemeinern
distal: entfernt, außerhalb der Reichweite der Gliedmaßen
proximal: (nahe) zur (Körper-)Mitte hin gelegen
peripher: randständig, am Rande befindlich, Rand...
Kontinuität: Stetigkeit
permanent: dauernd, ständig
Substrat: Unterlage, Nährboden
Konnotation: Bedeutungshof, zusätzliche Vorstellung zur Grundbedeutung
Affinität: Wesensverwandtschaft
differentielle Aussagen: Aussagen, die an Unterschieden interessiert sind

Arbeitsanregung zu 1.1

Es sind Dreiergruppen zu bilden; jede Gruppe bestimmt einen verantwortlichen Protokollanten; die Sätze, Einwände und Widerlegungen sind dann in jeder Gruppe rollenverteilt zu lesen; nach jedem Gegeneinwand bespricht die Gruppe, wie sie die Aussagen versteht und inwieweit sie dem Schluß von Ulich zustimmt; dies wird in einem kurzen Protokoll festgehalten; nach Ende der Gruppenarbeit lesen die Protokollführer ihre Ergebnisse dem Plenum vor.

1.2 Zwecke der Entwicklungspsychologie – Leo Montada

(...) Ein (...) Zugang, die Gegenstände der Entwicklungspsychologie zu bestimmen, geht von der Frage aus, welche Beiträge das Fach zur Lösung praktischer Probleme leistet. Die Fragestellungen aus der Praxis geben Auskunft über die Gegenstände der Wissenschaft Entwicklungspsychologie.
Der Schulpsychologe, der Klinische Psychologe, der psychologische Gutachter vor Gericht, sie alle brauchen Entwicklungspsychologie, so wie auch Eltern, Lehrer, Fürsorger oder Gesetzgeber ihre Entscheidungen auf entwicklungspsychologische Überzeugungen stützen. Wissenschaftliche Erkenntnisse fließen in das Bildungs-, das Wirtschafts-, das Sozial- und das Rechtssystem der Gesellschaft ein. Im folgenden werden wir versuchen, einige typische Klassen von Fragen aus der Praxis herauszustellen. (...)

Orientierung über den Lebenslauf
Was hat man von einem Säugling, einem Grundschulkind, einem Jugendlichen, einem Erwachsenen, einem Greis zu erwarten? Welche Kompetenzen, Einstellungen, Interessen darf man voraussetzen? Welche Anforderungen sind angemessen, in welcher Hinsicht ist Schutz oder Schonung geboten? In welchen Entwicklungsperioden hat man mit welchen typischen Krisen oder Problemen zu rechnen? Was muß vermieden werden, damit kein Schaden entsteht? In vielen Lebensbereichen wird solches Wissen über das weithin Gültige der menschlichen Entwicklung benötigt. (...)
Unterschiede zwischen den Menschen werden dabei nicht übersehen. Sie werden durch Entwicklungstests objektiv meßbar gemacht, die Standards für die Bewertung des Entwicklungsstandes bieten: Welche Abweichungen vom Durchschnitt sind möglich? Wie sind sie zu erklären? Was bedeuten sie aktuell und für das weitere Leben? Wie ist das künftige Leben in günstiger Weise zu beeinflussen? Welche präventiven Maßnahmen gegen Fehlentwicklungen sind wann und in welcher Weise zu ergreifen? Wie kann man einen Menschen gegen schädigende Einflüsse immunisieren? Wie kann man die Wahrscheinlichkeit erhöhen, daß belastende

Erfahrungen bewältigt werden? Wann und wie muß man mit den Vorbereitungen auf neue Aufgaben wie Schule, Beruf, Ehe oder Elternschaft beginnen? Wie kann man sich auf den Verlust sozialer Rollen oder auf den Verlust wichtiger Partner vorbereiten? Indem die Entwicklungsspsychologie Antworten auf solche Fragen gibt, wird sie zu einem *Führer durch den Lebenslauf* für alle, die ihr eigenes Leben gestalten oder die andere bei der Gestaltung ihres Lebens unterstützen wollen.

Prognose der Ausprägung und Veränderung von Personmerkmalen
Welche Entscheidungen auch anstehen – die Festlegung von Unterrichtsstoffen oder des Sorgerechts, die Regelung der Volljährigkeit, der Strafmündigkeit oder der beruflichen Altersgrenzen, die Einleitung einer Psychotherapie oder die Bestrafung eines Vergehens – sie setzen entwicklungspsychologische Kenntnisse oder Meinungen voraus. Jede Maßnahme fußt auf mehr oder weniger sicheren Prognosen der weiteren Entwicklung. Ohne Vorhersagen von Entwicklungsverläufen, drohenden Störungen oder „spontanen" Remissionen (Besserungen) fehlt einer Entscheidung die rationale Grundlage: Eine Maßnahme mag dringend geboten oder überflüssig sein, wir wissen es nicht.
Lassen sich Schulerfolg, Harmonie in der Ehe, Bewältigung von Lebenskrisen oder das Auftreten pathologischer Störungen langfristig prognostizieren? Dies ist sicherlich eine schwierige Aufgabe, und es bleibt in aller Regel ein hohes Irrtumsrisiko, nicht nur, weil nicht alle Einflüsse bekannt sind, sondern weil der Mensch in der Lage ist, die eigene Entwicklung mitzugestalten, ihr eine neue Richtung zu geben. Entwicklung ist „plastisch". Sie ist in großem Maße nicht naturgesetzlich determiniert, sondern beeinflußbar und gestaltbar.

Ermittlung von Entwicklungsbedingungen
Charakteristisch für die entwicklungspsychologische Bedingungsanalyse im Unterschied etwa zu allgemein-, sozial- oder ökopsychologischer Forschung sind zwei Besonderheiten: Erstens werden die Auswirkungen von Einflußfaktoren (sofern möglich) nicht nur kurzfristig, sondern langfristig beobachtet. Vermutungen über die Spätfolgen von Kindheitserlebnissen, wie sie Sigmund Freud beispielsweise in der Erklärung von Psychoneurosen formulierte, mögen als Beispiel dienen (Freud 1920). Der Entwicklungspsychologe warnt davor, nur die aktuellen Wirkungen einer Erfahrung zu beurteilen. Manche Situation mag eine aktuell unangenehme und streßreiche Belastung darstellen, wie z. B. die befristete Trennung des Kleinkindes von der Mutter. Sie muß aber langfristig keine negativen Wirkungen haben. Wird sie bewältigt, ist die Person für künftige Belastungen dieser Art eher besser gerüstet.
Zweitens untersucht die Entwicklungspsychologie, inwieweit der bereits erreichte Entwicklungsstand als Bedingung für die weitere Veränderung eine Rolle spielt: Es wird geprüft, ob Effekt und Effizienz von Einflußfaktoren eine Funktion des bereits erreichten Entwicklungsniveaus (der Kompetenzen, der Interessen usw.) sind. Eine Einflußbedingung mag förderlich sein, wenn sie zur rechten Zeit kommt, sie mag Fehlentwicklungen auslösen, wenn sie zu früh erfolgt, und sie mag unwirksam bleiben, wenn sie zu spät erfolgt.

Begründung von Entwicklungszielen
Die Behauptung ist weit verbreitet, daß Erfahrungswissenschaften nur wertneutrales Wissen liefern, selbst aber keine Wertentscheidungen begründen können. Ziele sind sicher nicht allein aus wissenschaftlichen Befunden direkt ableitbar, sondern werden gesetzt. (...) Wenn aber entwicklungspsychologische Forschung aufzeigt, daß die Gestaltung der Entwicklungsumwelten einen größeren Einfluß auf das erreichbare Entwicklungsniveau (etwa der Intelligenz) hat, als zuvor angenommen wurde, dann werden da konkrete Interventionsziele möglich, wo man

zuvor meinte, der Zufall der Erbausstattung determiniere die Entwicklung. Wenn die Forschung zeigt, daß man Ziele erreichen kann, werden Entscheidungen verlangt, wo zuvor nur Schicksalsergebenheit oder „fromme Wünsche" möglich waren.

Planung und Evaluation von Interventionsmaßnahmen

Die Interventionsplanung baut auf den Prognosen, den entwicklungspsychologischen Bedingungsanalysen und Zielentscheidungen auf. Welche Maßnahmen sind bei welchen Voraussetzungen geeignet, ein Interventionsziel zu erreichen? Gibt es optimale Interventionsperioden? Gibt es für gegebene Entwicklungsvoraussetzungen optimale Interventionsformen? Das sind die typischen Fragen. Auch hier benötigen wir Informationen über die kurz- und langfristige Wirksamkeit, über kurz- oder langfristige Nebeneffekte, um entscheiden zu können, ob eine Maßnahme wirksam oder unwirksam, ob sie gefährlich oder förderlich ist. Ob es um Schulung oder Therapie, um Resozialisierung oder Rehabilitation, ob es um Adoption oder Bewährungshilfe geht, man muß versuchen, auch die längerfristigen Auswirkungen einzuschätzen. Langfristige „follow up-Studien" (also eine nachfolgende Wirkungsüberprüfung) zu Interventionen sind zwar immer aufwendig, aber wissenschaftlich und praktisch von großem Interesse. (...)

Oerter/Montada 1987, S. 8 ff.

Worterklärungen zu 1.2

Kompetenz: Fähigkeit
präventiv: vorbeugend, verhütend
immunisieren: gegen Ansteckung gefeit machen
Prognose/prognostizieren: Vorhersage/vorhersagen, vorhersehen
pathologisch: krankhaft (verändert)
determinieren: bestimmen, abgrenzen
Effekt: Wirkung, Erfolg, Ergebnis
Effizienz: Wirksamkeit, Wirkkraft
Intervention: Einmischung
Evaluation: Bewertung, Beurteilung
Resozialisierung: (schrittweise) Wiedereingliederung in die Gesellschaft
Rehabilitation: Wiedereingliederung von durch Krankheit oder Unfall Geschädigten in die Gesellschaft

Arbeitsanregungen zu 1.2

1. Entwicklungspsychologie will über den Lebenslauf orientieren.
   Welche Erwartungen haben Sie in dieser Hinsicht an die Entwicklungspsychologie?
2. Warum ist das Irrtumsrisiko in der Vorhersage hoch?
   Nennen Sie mindestens zwei verschiedenartige Faktoren, die Unsicherheit in Vorhersagen von Entwicklungsverläufen bringen.
3. Welche Gründe sprechen dagegen, nur die aktuellen Wirkungen einer Erfahrung zu beurteilen?
4. Konstruieren Sie Beispiele dafür, daß eine Einflußbedingung
   a) förderlich ist, wenn sie zur rechten Zeit kommt

b) Fehlentwicklungen auslösen kann, wenn sie zu früh erfolgt
c) unwirksam bleibt, wenn sie zu spät erfolgt.

5. Mit welcher Begründung erwarten Entwicklungsspsychologen, bei der Setzung von Entwicklungszielen (zumindest mit)beteiligt zu werden?
6. Wenn in Entwicklungsverläufe eingegriffen werden soll, so erfordert dies eine vorgängige Planung und eine nachfolgende Wirkungsüberprüfung.
   Nennen Sie Gründe für diese Erfordernisse.

1.3 Grundmodelle der Entwicklungspsychologie* – Leo Montada

Es ist heute allgemeine Einsicht, daß Forschungsprogramme und Theorien eingebettet sind in Menschenbildhypothesen, die ein Vorverständnis über den Gegenstand schaffen, ja diesen Gegenstand als Ausschnitt oder Aspekt der Realität erst bestimmen. Da dies bewußt oder nicht eine Bestimmungs- oder Definitionsleistung im voraus ist, bleibt sie innerhalb des Forschungsprogramms selbst einer direkten empirischen Überprüfung entzogen (...). Solche definitorischen Kernannahmen bestimmen ihrerseits die Forschungsfragen, die Wahl von Beschreibungs- und Erklärungsmodellen, gelegentlich sogar die Datenerhebungs- und -auswertungsstrategien, und sie leiten vor allem die Interpretation der Befunde. Kernannahmen wirken selektiv und generativ: Sie bestimmen, was gefragt, gesehen, untersucht und wie interpretiert wird. Wir müssen also auf spezifische Voreingenommenheiten hinsichtlich Themenwahl, Fragestellung und Interpretation gefaßt sein. (...)

Vorannahmen über Aktivität und Passivität des Subjektes
Die Kernfrage lautet: Ist das Subjekt Gestalter seiner Entwicklung, oder wird seine Entwicklung von inneren und äußeren Kräften gelenkt? Watsons berühmtes Angebot, man möge ihm ein Dutzend Kinder geben und eine Welt, in der er sie aufziehen könne, dann garantiere er, daß er jedes zu dem mache, was man wolle: Arzt, Rechtsanwalt, Künstler, Unternehmer oder auch Bettler und Dieb (...), ist prägnanter Ausdruck des behavioristischen Menschenbildes: Der Mensch ist vollkommen durch externe Reize kontrollierbar, deren Manipulation jedes gewünschte Ergebnis bringt. Das Modell der mechanistischen Kausalität (der Wirkursache) besagt, daß der Anstoß zur Veränderung von außerhalb des Systems kommt. Die äußere Ursache ist unabhängige Variable, die Veränderung abhängige Variable. Das Grundmodell des *Behaviorismus* enthält die Annahme einer strikten Reizkontrolle des erwünschten Verhaltens (...). Es sind die evokativen, die signalisierenden und verstärkenden Reize, durch die Verhalten und Verhaltensänderungen kontrolliert werden. Die Entwicklung kann je nach Einflüssen unterschiedliche Richtungen annehmen. Da Entwicklung unter Kontrolle externer Variablen steht, werden folgerichtig Interventionen in die Entwicklung für möglich gehalten. In methodischer Hinsicht hat diese Konzeption Affinität zu experimentellen Forschungsmethoden, weil hier die Unterscheidung von unabhängigen (verursachenden) und abhängigen (Folge-)Variablen angelegt ist.
Demgegenüber führen *endogenistische Theorien* Entwicklung auf Reifung, also auf Entfaltung eines angelegten Plans des Werdens zurück. Das genetische Entwicklungsprogramm ist für äußere Einflüsse bestimmter Art in bestimmten (sensiblen) Perioden offen. Sind die Einflüsse nicht kompatibel mit dem Programm, sind sie unwirksam, oder es ist ein Defekt zu erwarten.

Normale Entwicklung wird nicht erklärt durch Einflüsse von außen: Sie ist nicht das Explanandum, das durch äußere Einflüsse erklärt würde. Die Entwicklung selbst erklärt die Einflüsse von außen: Sie ist Explanans, da spezifische äußere Faktoren nur bei bestimmtem Entwicklungsstand einwirken können.

Einer wachsenden Zahl von Forschern scheinen weder die *exogenistischen* noch die *endogenistischen* Grundannahmen für die Deutung der Mehrzahl der Entwicklungsvorgänge angemessen und durch die Datenlage gerechtfertigt. Der *Mensch selbst* wird *als Gestalter seiner Entwicklung* betrachtet. Er wird als erkennendes und selbstreflektierendes Wesen aufgefaßt, das ein Bild von sich und seiner Umwelt hat und beides im Zuge der Auswertung neuer und vorausgehender Erfahrungen modifiziert. Dieser reflexive Mensch reagiert nicht mechanisch auf äußere Reize, seine Entwicklung ist nicht nur biologische Reifung, er handelt ziel- und zukunftsorientiert und gestaltet damit seine eigene Entwicklung mit.

Diese Position ist nicht gänzlich neu. Elemente davon finden sich etwa in den organismischen Theorien von Jean Piaget (1896–1980) und Heinz Werner (1890–1964). Für sie ist Entwicklung ein *Konstruktionsprozeß.* Ausgangspunkt sind sensomotorische oder geistige Handlungen, die nicht zum erwünschten Ergebnis bzw. nicht zu widerspruchsfreien Problemlösungen führen. Dies macht eine Reorganisation der Ausgangsstruktur notwendig. Die Veränderungsschritte erfolgen in einer sachlogisch notwendigen Sequenz. Es ist die analytische Aufgabe der Forschung, in Stadien- oder Stufenfolgen diese inneren Zusammenhänge zu erkennen. Eingriffe von außen in den Entwicklungsprozeß nach einem mechanistischen Grundmodell sind nicht möglich. Die Umwelt kann die Entwicklung nicht steuern, sie kann lediglich Angebote machen, die aber – sollen sie wirksam werden – in eigener entdeckender und strukturierender Aktivität des Subjektes konstruktiv genutzt werden müssen. Der Organismus wird als selbsttätig angenommen. Er sucht sich Probleme. Die Umwelt hat die Aufgabe, zum jeweils gegebenen Entwicklungsstand angemessene Anregungen zu geben und dosierte Diskrepanzen zu schaffen.

Das Denken dieser Autoren ist systematisch und *interaktionistisch.* Die Teilsysteme Mensch und Umwelt stehen im Austausch und beeinflussen sich gegenseitig. Für diese Tatsache wurden auch andere Bezeichnungen gewählt: Schmidt (1970) und Riegel (1975) sprechen von dialektischen Theorien der Entwicklung, Reese (1977, in Anlehnung an Petter) von kontextuellen, Sameroff (1975) von transaktionalen, Looft (1973) von relationalen Modellen der Entwicklung. Gemeinsame Kernannahme all dieser Modelle ist, daß der Mensch und seine Umwelt ein Gesamtsystem bilden, und daß Mensch und Umwelt aktiv und in Veränderung begriffen sind. Die Aktivitäten und die Veränderungen beider Systemteile sind verschränkt. Die Veränderungen eines Teils führen zu Veränderungen auch anderer Teile und/oder des Gesamtsystems.

Dieser Ansatz impliziert, daß die Strukturierung in antezedierende und abhängige Ereignisse ein gedankliches Modell ist, das die Interaktion nicht angemessen abbildet. Was folgt daraus? Wir sind daran gewöhnt, die komplexe Verschränkung gleichzeitiger Veränderungen des Individuums und seiner Umwelt zu vereinfachen. Wir erreichen dadurch, daß wir die Aktivitäten und Veränderungen der einen Seite als Ursache oder Voraussetzung nehmen, die der anderen Seite als Folge. Im interaktionistischen Ansatz werden beide Einflußrichtungen beachtet.

Oerter/Montada 1987, S. 76ff.

Worterklärungen zu 1.3

selektiv: auswählend
generativ: hervorbringend
endogen: von innen kommend

exogen: von außen kommend
kompatibel: miteinander vereinbar, zusammenpassend
Explanandum: das zu Erklärende
Explanans: das Erklärende
reflektieren: nachdenken, erwägen
reflexiv: rückbezüglich
sensomotorisch: sinnlich-bewegungsmäßig
analytisch: zergliedernd, zerlegend
implizieren: einbeziehen, einschließen, beinhalten
antezedieren: vorhergehen

Arbeitsanregungen zu 1.3

1. Erklären Sie einem Laien den Begriff Menschenbildhypothesen. Nehmen Sie Bezug auf den Text.
2. Charakterisieren Sie in eigenen Worten die Grundannahmen
   a) der exogenistischen
   b) der endogenistischen und
   c) der konstruktivistischen Theorien.
3. Es gibt gemeinsame Kernannahmen konstruktivistischer, interaktionistischer bzw. transaktionaler Theoriemodelle. Nennen Sie drei von ihnen.

Der Mensch als Gestalter seiner eigenen Entwicklung

Ist der Mensch Produkt oder Gestalter seiner Umwelt oder beides? Interaktionistische Modelle nehmen an, er ist beides. An zwei Beispielen sei die Fragestellung verdeutlicht. Kagan und Moss (1962) ermittelten einen Zusammenhang zwischen feindseliger Kritikbereitschaft der Mutter und Aggressionshäufigkeit der Kinder gegen die Mutter (im Alter von sechs bis zehn Jahren erhoben). Sie errechneten Korrelationskoeffizienten von $r = .70$ für Jungen und $r = .68$ für Mädchen zwischen beiden Variablen. Was bedeutet das? Verursacht die Feindseligkeit der Mutter diejenige der Kinder? Dies ist die traditionelle Interpretation. Oder ist es gerade umgekehrt, d. h., haben sich die Kinder die Feindseligkeit der Mutter selbst zuzuschreiben? Oder bedingen sich beide gegenseitig? Sehen wir einmal von dem Fall ab, daß beides von einer dritten Ursache abhängt (beispielsweise einer Erbanlage zur Feindseligkeit, die bei Mutter und Kindern vorhanden ist und sich in unterschiedlicher Richtung auswirkt).

Es gibt Hinweise auf einen Zusammenhang zwischen Veränderungen des Intelligenzquotienten und Variablen des häuslichen Milieus, derart, daß ein kontinuierlicher Anstieg des IQ im Alter von sechs bis zehn Jahren in Familien zu erwarten ist, die großen Wert auf schulische Leistungen legen und diese unterstützen, während ein kontinuierlicher Abfall in Familien zu erwarten ist, die diesbezüglich wenig Interesse und Unterstützung aufbringen (...). Sind diese IQ-Veränderungen verursacht durch das häusliche Milieu oder haben die interessierten, lernmotivierten Kinder sich selbst diese Umwelt durch ihre Fragen, ihre Wißbegierde, ihre Resonanz auf Bemühungen der Eltern geschaffen? Wer erlebt, wie häufig Eltern sich vergeblich bemühen (vielleicht auf die falsche Weise), ihren Kindern etwas nahezubringen, wird nicht alle Verantwortung den Eltern zuschreiben. Sind hingegen besondere Interessen und Begabungen (Musikalität, handwerkliche Geschicklichkeit, sportliche Leistungsfähigkeit, Witz usw.) erkannt, werden die Familien bereitwillig zu fördern versuchen.

Oerter/Montada 1987, S. 81

2 Bedingungen der Entwicklung (I): Entwicklung als subjektive Tätigkeit – Piagets Konstruktivismus*

2.1 Die Konstruktion der Wirklichkeit am Beispiel des Objektbegriffs* – C. G. Anderson

(. . .) Der Säugling und das Kleinkind *konstruieren* nach und nach eine sie umgebende Welt von Objekten, die in einem dreidimensionalen Raum existieren und durch kausale und zeitliche Relationen miteinander verbunden sind. Die Herstellung solcher Relationen durch die zunehmende Koordination von Schemata bringt eine Kohärenz in die Welt des Kindes. Wenn einmal die Koordination zweier unabhängiger sensomotorischer Handlungsschemata wie Sehen und Hören vollzogen ist, wird die äußere Wirklichkeit nicht mehr nur durch ein einzelnes Sinnesorgan erfaßt. Vielmehr wird sie jetzt von zwei oder mehr Sinnen gleichzeitig erfahren, mit dem Ergebnis, daß das Kind zwischen dem, was es hört und sieht, eine Beziehung herstellt. Dies hilft dem Kind, das Objekt im Raum zu lokalisieren. Es wird herausfinden, daß gewisse Laute wie die Stimme gewöhnlich von gewissen Quellen wie dem Mund oder wenigstens dem Gesicht ausgehen. Das Kind nimmt nicht mehr bloß isolierte und unverbundene Aspekte der Wirk-

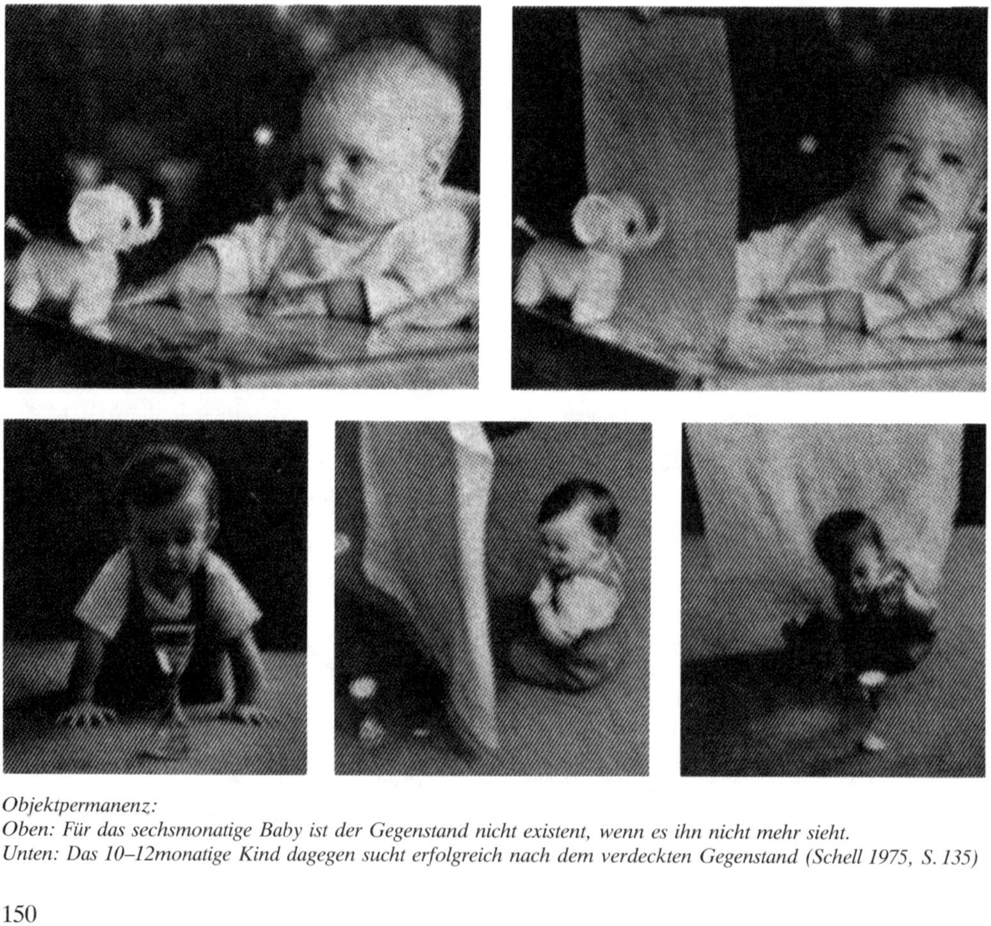

Objektpermanenz:
Oben: Für das sechsmonatige Baby ist der Gegenstand nicht existent, wenn es ihn nicht mehr sieht.
Unten: Das 10–12monatige Kind dagegen sucht erfolgreich nach dem verdeckten Gegenstand (Schell 1975, S. 135)

lichkeit wahr. Es hat gelernt, daß gewisse Wahrnehmungen oft auf regelmäßige Weise zusammenfallen. Kurz, es hat begonnen, seine Wirklichkeit zu *konstruieren.*

Die Konstruktion der Wirklichkeit schließt, und dies ist für Piaget ein zentrales Anliegen, die Entwicklung des Objektbegriffs (der Objektpermanenz oder Objektkonstanz) ein. Die Koordination grundlegender Schemata, die sich auf ein besonderes Objekt beziehen, gefolgt von der weiteren Koordination solcher Schemata in bezug auf dasselbe Objekt, ergeben die Basis für die Entstehung der Objektpermanenz. Der Säugling kann eine leuchtend farbige Rassel beispielsweise zuerst visuell untersuchen, später durch Ergreifen und Saugen, dann durch Ergreifen und Anschauen, schließlich durch Ergreifen, Anschauen und wiederholtes Betasten. Er kann die Rassel klopfen oder schütteln, ziehen oder stoßen, damit auf eine Oberfläche trommeln, sie fallen lassen oder werfen. Er wird gleichzeitig hören und schauen. Schließlich wird er finden, daß eine auf eine nahegelegene Decke geworfene Rassel zurückgeholt werden kann, indem er die Decke zu sich zieht. Letzteres ist ein Beispiel für ein Mittel-Zweck-Verhalten. Vielleicht wird die Rassel, wenn sie von einem hohen Stuhl hinuntergefallen ist, zeitweilig aus dem Gesichtskreis verschwinden und dann wieder erscheinen, wenn sich das Kind hinüberlehnt, um dem Geräusch der am Boden aufschlagenden Rassel zu folgen. (...)

Anderson, C. G.: Der Ursprung der Intelligenz und die sensomotorische Entwicklung des Kindes. In: Steiner, G. (Hg.): Entwicklungspsychologie. Bd. 1. Weinheim: Beltz 1984, S. 97 ff.

Worterklärungen zu 2.1

konstruieren: bauen, aufbauen, zusammensetzen
kausal: ursächlich
Relation: Beziehung, Verhältnis
Koordination: gegenseitiges Abstimmen (verschiedener Vorgänge oder Faktoren)
Schema: Muster
Kohärenz: Zusammenhang
sensomotorisch: sinnlich-bewegungsmäßig
lokalisieren: örtlich bestimmen, festlegen
Objektpermanenz: Beständigkeit (Dauerhaftigkeit) von Objekten

Arbeitsanregungen zu 2.1

1. Fassen Sie die Aussage des ersten Satzes kurz zusammen.
2. „Das Kind koordiniert seine Sinnesorgane."
   Erläutern Sie diese Aussage einem Fachfremden, indem Sie die Beispiele aus dem Text zu Hilfe nehmen.
3. Mit welchen Tätigkeiten des Kindes demonstriert der Autor die „weitere Koordination solcher Schemata"?
4. Der Volksmund weiß, daß für Säuglinge gilt: „Aus den Augen, aus dem Sinn". Wodurch überwindet das Kind dieses Stadium?
5. Wodurch wird klar, daß der Säugling die Fähigkeit zur Objektpermanenz erreicht hat? Begründen Sie.

2.2 Assimilation und Akkomodation, Egozentrismus und Dezentrierung* – Jean Piaget

(...)

[5.] Aus biologischer Sicht ist Assimilation die Integration externer Elemente in die sich entwickelnden oder abgeschlossenen Strukturen eines Organismus. In seiner gewöhnlichen Wortbedeutung besteht Assimilation von Nahrung aus einer chemischen Verwandlung, die diese Nahrung der Substanz des Körpers einverleibt. Chlorophyllassimilation ist die Integration von Strahlungsenergie in den Stoffwechselzyklus einer Pflanze. (...) Zu allen Reaktionen des Organismus gehört also ein Assimilationsprozeß. (...)

Kein Verhalten nämlich, selbst wenn es für das Individuum neu ist, bedeutet einen absoluten Neuanfang. Es wird stets auf schon vorhandene Pläne übertragen und bedeutet deshalb im Grunde nur die Assimilierung neuer Elemente an bereits aufgebaute Strukturen (angeborene wie etwa die Reflexe oder zuvor erworbene Strukturen). (...)

An dieser Stelle ist es angebracht, darauf hinzuweisen, wie unangemessen in diesem Zusammenhang die bekannte „Reiz-Reaktions-"Theorie als allgemeine Verhaltensformel erscheint. Es liegt auf der Hand, daß ein Stimulus eine Reaktion nur auslösen kann, wenn der Organismus zuvor für diesen Stimulus sensibilisiert worden ist (oder die erforderliche „Reaktionskompetenz" besitzt).

Wenn wir sagen, ein Organismus oder ein Objekt sei für einen Stimulus sensibilisiert oder fähig, auf ihn mit einer Reaktion zu antworten, implizieren wir damit, daß er schon einen Plan oder eine Struktur besitzt, der dieser Stimulus assimiliert ist (in dem oben definierten Sinne, daß er ihr einverleibt oder integriert ist). Dieser Plan besteht eben in der Fähigkeit, darauf zu reagieren.

6. Wenn nur Assimilation an der Entwicklung beteiligt wäre, gäbe es keine Variationen in den Strukturen des Kindes. Infolgedessen würde es keine neuen Inhalte erwerben und sich nicht weiterentwickeln. Assimilation ist insofern notwendig, als sie die Kontinuität der Strukturen und die Integration neuer Elemente in diese Strukturen garantiert. Ohne sie wäre ein Organismus in einer ähnlichen Situation wie zwei chemische Verbindungen A und B, die durch ihre Wechselwirkung zu zwei neuen Verbindungen C und D führen. (...)

Biologische Assimilation gibt es jedoch nie ohne ihr Gegenstück, die *Akkomodation*. Beispielsweise assimiliert ein Phänotyp während seiner embryonalen Entwicklung die Substanzen, die er zur Erhaltung seiner vom Genotyp festgelegten Strukturen braucht. Doch je nachdem, ob diese Substanzen reichlich oder knapp vorhanden sind oder ob die üblichen Substanzen durch andere ersetzt werden, die leichte Unterschiede aufweisen, können nicht-erbliche Variationen (häufig „Akkomodate" genannt) auftreten, die sich etwa in Veränderungen von Form oder Größe äußern. Diese Variationen sind spezifische Antworten auf bestimmte äußere Bedingungen. Entsprechend nennen wir im Verhaltensbereich jede Modifikation eines Assimilationsplans (oder einer Assimilationsstruktur), die durch die von ihr assimilierten Elemente hervorgerufen wird, Akkomodation. Der Säugling zum Beispiel, der seinen Daumen dem Saugschema assimiliert, wird beim Daumenlutschen andere Bewegungen ausführen als beim Saugen an der mütterlichen Brust. Entsprechend muß ein Achtjähriger, der die Auflösung des Zuckers im Wasser der Vorstellung assimiliert, daß Substanz grundsätzlich erhalten bleibt, bezüglich unsichtbarer Teilchen andere Akkomodationen vornehmen, als wenn die Teilchen noch sichtbar wären.

Deshalb besteht kognitive *Adaptation* wie ihr biologisches Gegenstück aus einem Gleichgewicht zwischen Assimilation und Akkomodation. Wie wir gesehen haben, gibt es keine Assimilation ohne Akkomodation. Wir müssen jedoch nachdrücklich betonen, daß auch Akkomodation nicht ohne gleichzeitige Assimilation vorkommt. Aus biologischer Sicht wird dieser Umstand belegt durch die Existenz dessen, was moderne Genetiker „Reaktionsnormen“ nennen: Ein Genotyp kann ein mehr oder minder breites Spektrum möglicher Akkomodationen bieten, aber alle bewegen sich innerhalb einer bestimmten statistisch definierten „Norm“. In gleicher Weise ist das Subjekt in kognitiver Hinsicht zu verschiedenen Akkomodationen in der Lage, aber nur innerhalb gewisser Grenzen, die durch die Notwendigkeit gesetzt werden, die entsprechenden Assimilationsstrukturen zu bewahren. (...)

7. Zwar sind Akkomodation und Assimilation in allen Tätigkeiten gegenwärtig, doch ihr Verhältnis kann variieren, und erst ein mehr oder weniger stabiles (wenn auch stets veränderliches) Gleichgewicht zwischen ihnen charakterisiert einen vollständigen Intelligenzakt.

Wenn die Assimilation die Akkomodation *übertrifft* (d. h., wenn die Merkmale des Objekts nur insoweit berücksichtigt werden, wie sie mit den gegenwärtigen Interessen des Subjekts übereinstimmen), entwickelt sich das Denken in egozentrische oder sogar autistische Richtung. Die häufigsten Erscheinungsformen dieser Situation im kindlichen Spiel sind die „Symbol-“ oder Fiktionsspiele, in denen die dem Kind zur Verfügung stehenden Objekte nur dazu verwendet werden, das zu repräsentieren, was das Kind sich in der Phantasie vorstellt. Diese Spielform, die zu Anfang der Vorstellungstätigkeit (im Alter zwischen anderthalb und drei Jahren) am häufigsten ist, entwickelt sich später zu Konstruktionsspielen, in denen die Akkomodation an Objekte immer genauer wird, bis kein Unterschied mehr besteht zwischen Spiel und spontanen kognitiven oder instrumentellen Tätigkeiten.

Wenn umgekehrt die Akkomodation die Assimilation derart beherrscht, daß das Kind die Formen und Bewegungen der Objekte oder Personen, die gerade seine Modelle sind, wirklichkeitsgetreu reproduziert, entwickelt sich Repräsentation (...) in die Richtung von Nachahmung. Nachahmung durch Handlung – eine Akkomodation an Modelle, die gegenwärtig sind – weitet sich allmählich zu aufgeschobener Nachahmung und schließlich zu verinnerlichter Nachahmung aus. In dieser letzten Form ist sie der Ursprung von Vorstellungsbildern und der figurativen Aspekte des Denkens – verstanden als Gegensatz zu den operativen Aspekten.

8. In der Intelligenzentwicklung beim Kind gibt es viele Arten von Gleichgewicht zwischen Assimilation und Akkomodation, die sich mit den Entwicklungsstufen und den zur Lösung anstehenden Problemen verändern. Auf den sensomotorischen Stufen (bevor das Alter von anderthalb bis zwei Jahren erreicht ist) handelt es sich dabei nur um praktische Probleme, die sich auf den unmittelbaren Raum beziehen. Aber schon mit zwei Jahren erreicht die sensomotorische Intelligenz einen erstaunlichen Gleichgewichtszustand (...). Aber dieses Gleichgewicht ist schwer herzustellen, weil das Universum des Säuglings in den ersten Lebensmonaten auf den eigenen Körper und die eigenen Handlungen zentriert ist und weil assimilationsbedingte Verzerrungen noch nicht durch angemessene Akkomodation aufgewogen werden.

Der Beginn des Denkens schafft vielfältige Probleme – für die Repräsentation (die auf den entfernten Raum ausgedehnt werden muß und nicht mehr auf den nahen beschränkt bleiben kann) ebenso wie für die Adaptation, die sich nicht mehr nur am praktischen Erfolg ausrichtet; so durchläuft die Intelligenz eine neue Phase assimilatorischer Verzerrung. Das liegt daran, daß Objekte und Ereignisse der Handlung und dem Standpunkt des Subjekts assimiliert werden und daß mögliche Akkomodationen nach wie vor nur aus Fixierungen auf figurative Aspekte der Wirklichkeit bestehen (also auf Zustände statt auf Transformationen). Aus diesen beiden Gründen – egozentrische Assimilation und unvollständige Akkomodation – wird kein Gleichgewicht erreicht. Von sieben oder acht Jahren an dagegen sichert die Entstehung reversibler Operationen eine stabile Übereinstimmung zwischen Assimilation und Akkomodation, da beide nun sowohl auf Zustände wie auf Transformationen einwirken können.

Allgemein gesprochen ist dieses zunehmende Gleichgewicht zwischen Assimilation und Akkomodation ein Beispiel für einen grundlegenden Prozeß in der kognitiven Entwicklung, der sich als Zentrierung und Dezentrierung beschreiben läßt. Die systematisch verzerrenden Assimilationen der sensomotorischen oder ersten Repräsentationsstadien – die verzerren, weil sie nicht von angemessenen Akkomodationen begleitet sind – bedeuten, daß das Subjekt auf die eigenen Handlungen und den eigenen Standpunkt zentriert bleibt. Auf der anderen Seite ist das sich allmählich herausbildende Gleichgewicht zwischen Assimilation und Akkomodation das Ergebnis einer Reihe von Dezentrierungen, die es dem Subjekt ermöglichen, den Blickwinkel anderer Subjekte oder den Standpunkt von Objekten einzunehmen. Früher haben wir diesen Prozeß lediglich als Egozentrismus und Sozialisation beschrieben. Aber er betrifft weitaus genereller und fundamentaler die Erkenntnis in all ihren Erscheinungsformen. Denn kognitiver Fortschritt ist nicht nur Assimilation von Information; er enthält auch einen systematischen Dezentrierungsprozeß, der eine notwendige Bedingung von Objektivität überhaupt ist. (...)

Piaget, Jean: Über Jean Piaget. Sein Werk aus seiner Sicht. München: Kindler 1970, S. 41 ff.

Worterklärungen zu 2.2

Integration: Eingliederung
extern: auswärtig, fremd
Stimulus: Reiz
sensibilisieren: empfindlich machen
Kompetenz: Fähigkeit
implizieren: einbeziehen, mit beinhalten
Kontinuität: Stetigkeit
Phänotyp: das Erscheinungsbild eines Organismus
Genotyp: die Gesamtheit der Erbfaktoren eines Organismus
Modifikation: Abwandlung, Veränderung
kognitiv: erkenntnismäßig
Adaptation: Anpassung(svermögen)
autistisch: selbstbezogen, kontaktunfähig
intrinsisch: von innen her, durch in der Sache liegende Anreize bedingt
repräsentieren: darstellen, vertreten
instrumentell: mit Hilfe von Instrumenten
reproduzieren: wiedergeben, nachbilden
Repräsentation: geistige Vorstellung
figurativ: figürlich, darstellend
operativ: handelnd, eingreifend
Transformation: Umwandlung, Umformung
reversibel: umkehrbar

Arbeitsanregungen zu 2.2

1. Definieren Sie anhand von Textstellen „Assimilation", und geben Sie ein eigenes möglichst lebensnahes Beispiel.
2. Welchen Fachbegriff führt Piaget für nicht erbliche Veränderungen ein?
3. Erläutern Sie den Begriff Reaktionskompetenz.

4. „Konditionierung funktioniert nur, sofern sie in Assimilations- und Akkomodationsprozesse eingebunden ist“ (Piaget). Begründen Sie diesen Satz.
5. Wieso gibt es keine Assimilation ohne Akkomodation? Suchen Sie als Antwort die entscheidende passende Textstelle.
6. Wie definiert Piaget „egozentrisches Denken“?
7. Begründen Sie argumentativ den stark assimilativen Charakter von Phantasiespielen.
8. Geben Sie eigene Beispiele für Phantasiespiele.
9. Was meint der Autor mit „systematischem Dezentrierungsprozeß“? (Textstelle!)

3 Bedingungen der Entwicklung (II): Der ökologische Ansatz nach Urie Bronfenbrenner*

3.1 Grundbegriffe* – Urie Bronfenbrenner

Definition 1 Die Ökologie der menschlichen Entwicklung befaßt sich mit der fortschreitenden gegenseitigen Anpassung zwischen dem aktiven, sich entwickelnden Menschen und den wechselnden Eigenschaften seiner unmittelbaren Lebensbereiche. Dieser Prozeß wird fortlaufend von den Beziehungen dieser Lebensbereiche untereinander und von den größeren Kontexten beeinflußt, in die sie eingebettet sind. (...)

Definition 2 Ein Mikrosystem ist ein Muster von Tätigkeiten und Aktivitäten, Rollen und zwischenmenschlichen Beziehungen, die die in Entwicklung begriffene Person in einem gegebenen Lebensbereich mit den ihm eigentümlichen physischen und materiellen Merkmalen erlebt.
Ein *Lebensbereich* ist ein Ort, an dem Menschen leicht direkte Interaktion mit anderen aufnehmen können. *Tätigkeit* (oder *Aktivität*), *Rolle* und *zwischenmenschliche Beziehung* sind die *Elemente* (oder Bausteine) des Mikrosystems.
Ein entscheidender Terminus in der Definition des Mikrosystems ist das Wort „erlebt“. Ich möchte durch diesen Ausdruck deutlich machen, daß nicht nur die objektiven Eigenschaften der Umwelten wissenschaftlich relevant sind, sondern auch die Art und Weise, wie diese Eigenschaften von den Personen in diesen Umwelten wahrgenommen werden. (...)
Nur sehr wenige der äußeren Einflüsse, die das menschliche Verhalten und die menschliche Entwicklung nennenswert beeinflussen, können als objektive physikalische Bedingungen und Ereignisse allein hinreichend beschrieben werden; am wirksamsten und überwiegend wird der Verlauf des psychischen Wachstums von jenen Aspekten einer gegebenen Situation gelenkt, die für die Person *Bedeutung* haben. (...)

Definition 3 Ein Mesosystem umfaßt die Wechselbeziehungen zwischen den Lebensbereichen, an denen die sich entwickelnde Person aktiv beteiligt ist (für ein Kind etwa die Beziehun-

gen zwischen Elternhaus, Schule und Kameradengruppe in der Nachbarschaft; für einen Erwachsenen die zwischen Familie, Arbeit und Bekanntenkreis).
Ein Mesosystem ist somit ein System von Mikrosystemen. Es wird gebildet oder erweitert, wenn die sich entwickelnde Person in einen neuen Lebensbereich eintritt. Außer dieser Primärverbindung kann es noch viele andere Verbindungen geben (...).

Definition 4 Unter Exosystem verstehen wir einen Lebensbereich oder mehrere Lebensbereiche, an denen die sich entwickelnde Person nicht selbst beteiligt ist, in denen aber Ereignisse stattfinden, die beeinflussen, was in ihrem Lebensbereich geschieht, oder die davon beeinflußt werden.
Beispiele eines Exosystems eines kleinen Kindes sind der Arbeitsplatz der Eltern, die Schulklassen älterer Geschwister oder der Bekanntenkreis der Eltern.

Definition 5 Der Begriff des Makrosystems bezieht sich auf die grundsätzliche formale und inhaltliche Ähnlichkeit der Systeme niedrigerer Ordnung (Mikro-, Meso- und Exo-), die in der Subkultur oder der ganzen Kultur bestehen oder bestehen könnten, einschießlich der ihnen zugrunde liegenden Weltanschauungen und Ideologien.
In einer gegebenen Gesellschaft – sagen wir: in Frankreich – sieht eine *crèche*, ein Spielplatz im Park, ein Café oder ein Postamt aus wie alle anderen, und sie funktionieren auch ähnlich, unterscheiden sich aber alle erheblich von den entsprechenden Einrichtungen in (beispielsweise) den Vereinigten Staaten. Es ist, als wären die verschiedenen Lebensbereiche der beiden Länder nach je einem Satz von Konstruktionsmustern entstanden. Eine analoge Formverschiedenheit erscheint auf den Ebenen über denen der Mikrosysteme: Auch die Beziehungen zwischen Familie und Schule sind in Frankreich ganz andere als in den Vereinigten Staaten. Es gibt jedoch auch durchgehende Differenzierungsmuster innerhalb jeder dieser Gesellschaften; hier wie dort, in Frankreich wie in den Vereinigten Staaten sind die Wohnungen, Tagesheime, Wohnquartiere, Arbeitsbereiche und die Beziehungen zwischen ihnen für wohlhabende Leute nicht die gleichen wie für arme. Auch diese innergesellschaftlichen Gegensätze sind Erscheinungsformen der Makrosysteme. Die Konstruktionsanweisungen der Systeme für sozioökonomische, ethnische, religiöse und andere Subkulturgruppen sind verschieden, sind das Ergebnis verschiedener Weltanschauungen und Lebensstile, die ihrerseits wieder dazu beitragen, die für die einzelnen Gruppen typischen Umwelten zu bewahren.
Muster, „die es geben könnte", habe ich in die Definition des Makrosystems einbezogen, um diesen Begriff vom Status quo auf mögliche, zukünftige Konstruktionsmuster auszuweiten, wie sie in der Sicht der politischen Führer der Gesellschaft, der Gesellschaftsplanung, der Philosophen und nicht zuletzt der Sozialwissenschaftler existieren, die sich mit der kritischen Analyse und experimentellen Änderung der herrschenden sozialen Systeme befassen.
Nachdem wir nun die Struktur der Umwelt kennengelernt haben, sind wir in der Lage, eine allgemeine Erscheinung der Bewegung im ökologischen Raum zu identifizieren, die Entwicklungsveränderungen erzeugt und von Entwicklungsveränderungen erzeugt wird. (...)

Definition 6 Ein ökologischer Übergang findet statt, wenn eine Person ihre Position in der ökologisch verstandenen Umwelt durch einen Wechsel ihrer Rolle, ihres Lebensbereichs oder beider verändert.
Solche ökologischen Übergänge kommen das ganze Leben lang vor. Ich will nur einige nennen: Eine Mutter hält ihr Kind zum erstenmal im Arm – Mutter und Kind kommen aus der Klinik nach Hause – Babysitter lösen einander ab – das Kind geht in den Kindergarten – ein neues Baby wird geboren – die Kinder kommen in die Schule, werden versetzt, bestehen die

Abschlußprüfung oder gehen vorher ab – man sucht eine Anstellung, wechselt oder verliert sie – man heiratet, beschließt, ein Kind zu bekommen, Verwandte ziehen ein (und aus). Die Familie kauft das erste Auto, ein Fernsehgerät, ein eigenes Haus – Ferien, Reisen, Umzug – Scheidung, neue Heirat, Berufswechsel, Emigration. Oder noch allgemeinere Themen: Man wird krank und geht ins Krankenhaus, wird wieder gesund und kehrt in den Beruf zurück – Pensionierung und schließlich der Tod als letzter Übergang für alle.
Ich werde das Argument vertreten, daß jeder ökologische Übergang Folge wie Anstoß von Entwicklungsprozessen ist. Wie die Beispiele zeigen, geschehen diese Übergänge als gemeinsame Folge biologischer Veränderungen und veränderter Umweltbedingungen, sie sind also Paradebeispiele für den Prozeß gegenseitiger Anpassung zwischen Organismus und Umgebung, auf den das Interesse der Ökologie der menschlichen Entwicklung gerichtet ist. Solche Milieuänderungen können auf jeder und auf allen Ebenen der ökologisch verstandenen Umwelt stattfinden. Die Ankunft eines kleinen Bruders oder einer kleinen Schwester ereignet sich im Mikrosystem; der Schulanfang macht das Exo- zum Mesosystem, die Emigration (oder auch nur ein Besuch bei einem Freund in anderen sozialen und wirtschaftlichen Verhältnissen oder von anderer kultureller Herkunft) führt über die Grenzen des Makrosystems. Vom Standpunkt der Forschung aus betrachtet: Schließlich ist jeder ökologische [...] Übergang ein perfektes „natürliches Experiment" mit eingebauter „Vorher-Nachher"-Anordnung, in dem jede Versuchsperson als ihre eigene Kontrollperson dient. Insgesamt bieten ökologische Übergänge die besten Bedingungen für das Auftreten von Entwicklungserscheinungen *und* für ihre systematische Untersuchung.
Damit kommen wir auf unsere Grundfrage zurück: Wie ist Entwicklung im Bezugsrahmen einer ökologischen Theorie vorzustellen? Die hier gegebene Formulierung geht von der Annahme aus, daß Entwicklung niemals im Vakuum stattfindet, sondern immer in einem bestimmten Kontext in die Umwelt eingebettet ist und dort durch Verhalten zum Ausdruck kommt.

Definition 7 Menschliche Entwicklung ist der Prozeß, durch den die sich entwickelnde Person erweiterte, differenziertere und verläßlichere Vorstellungen über ihre Umwelt erwirbt. Dabei wird sie zu Aktivitäten und Tätigkeiten motiviert und befähigt, die es ihr ermöglichen, die Eigenschaften ihrer Umwelt zu erkennen und zu erhalten oder (...) umzubilden. (...)

Definition 8 Ökologische Validität oder Gültigkeit bezeichnet das Ausmaß, in dem die von den Versuchspersonen einer wissenschaftlichen Untersuchung erlebte Umwelt die Eigenschaften hat, die der Forscher voraussetzt. (...)

Definition 9 Wenn eine in Vorstellungen oder Aktivitäten und Tätigkeiten der Person (oder beidem) bewirkte Veränderung erwiesenermaßen auf andere Lebensbereiche und andere Zeiten übergreift, kann gesagt werden, daß Entwicklung stattgefunden hat (...).

Bronfenbrenner, Urie: Die Ökologie der menschlichen Entwicklung. Stuttgart: Klett 1981, S. 37 ff.

Worterklärungen zu 3.1

Ökologie: Lehre von den Bedingungen zwischen Lebewesen und Umwelt
Kontext: Zusammenhang
mikro...: klein

meso . . .: mittel
exo . . .: außerhalb
makro . . .: groß
Subkultur: Kultur innerhalb einer vorherrschenden Kultur
crèche (frz.): Kinderkrippe
analog: entsprechend
Differenzierung: Unterscheidung
sozioökonomisch: volkswirtschaftlich
ethnisch: eine Volksgruppe betreffend
Emigration: Auswanderung

Arbeitsanregungen zu 3.1

1. Fertigen Sie eine Skizze an, die den Inhalt der Definition 1 wiedergibt.
2. Welche Bausteine des Mikrosystems nennt der Autor?
3. Bronfenbrenner sagt: Für die Entwicklung sind insbesondere die selbst erlebten Aspekte von Bedeutung.
   Stützen Sie diese These mit eigenen Argumenten (und evtl. Erfahrungen).
4. An welchem Mesosystem sind Sie persönlich beteiligt?
5. Welches Exosystem ist für Sie von Bedeutung? Begründen Sie.
6. Was versteht der Autor unter Konstruktionsmustern von Makrosystemen? Welches Beispiel bringt er für Konstruktionsmuster, die in einer Gesellschaft durchgehend vorzufinden sind?
7. Welche gleichbleibenden Differenzierungsmuster von Industriestaaten erwähnt der Autor?
8. Jeder Leser dieses Textes hat mehrfach Eigenerfahrungen mit ökologischen Übergängen. Welche selbst erlebten waren aus welchen Gründen
   a) besonders entwicklungsfördernd?
   b) eher entwicklungsverzögernd?
   Bei Experimenten gibt es gewöhnlich Versuchspersonen, die bestimmten Veränderungsbedingungen ausgesetzt werden, und Kontrollpersonen, die diese Bedingungen nicht erfahren. Man untersucht dann a) gleiche interessierende Beschaffenheiten der Versuchs- und der Kontrollpersonen vor dem Experiment und b) eingetretene Veränderungen bei beiden Gruppen nachher.
   Bei einem ökologischen Übergang ist die betroffene Person selber Versuchsperson: Man untersucht den Zustand vorher und nachher; gleichzeitig ist sie auch Kontrollperson (Feststellen des Zustandes vor der Veränderung).
   c) Stellen Sie fest, was bei Ihrem zuletzt erlebten ökologischen Übergang
      – die „vorher-Anordnung“,
      – die verändernden Bedingungen und
      – die „nachher-Anordnung“
      waren.
9. Versuchen Sie, die Definition 7 in eigene Worte zu fassen.
10. Erklären Sie einem Fachfremden, was der Autor mit „ökologischer Gültigkeit“ meint.
11. Unter welcher Bedingung kann nach Bronfenbrenner eine Entwicklung als vollzogen bezeichnet werden?

3.2 Die Bausteine des Mikrosystems* – Urie Bronfenbrenner

3.2.1 Molare Tätigkeiten*

(...) **Definition 12** Eine molare Tätigkeit oder Aktivität ist ein über eine gewisse Zeit fortgesetztes Verhalten, das sein eigenes Beharrungsvermögen besitzt und von den am Lebensbereich Beteiligten als bedeutungs- oder absichtsvoll wahrgenommen wird.

Die Ausdrücke „molar" und „fortgesetzt" sollen hervorheben, daß eine Tätigkeit mehr ist als das Ereignis eines Augenblicks (wie eine Bewegung oder ein Ausruf), daß sie ein *kontinuierlicher Prozeß* ist. Eine molare Tätigkeit unterscheidet sich von einer einfachen, abgeschlossenen Handlung (*act*), die als augenblicksbegrenzt und somit als molekular wahrgenommen wird. (Eine einfache abgeschlossene Handlung ist zum Beispiel ein Lächeln, Anklopfen, eine einzelne Frage oder Antwort. Einen Turm aus Bausteinen zu bauen, eine Grube zu graben, ein Buch zu lesen oder ein Telefongespräch zu führen dagegen sind molare Tätigkeiten.)

(...) Komplexität und Intensität der Absichten, die Handlungen anregen, variieren. Zwei der Dimensionen dieser Variation sind rein (...) durch die Art ihrer Wahrnehmung durch den Handelnden definiert. Eine dieser subjektiven Dimensionen ist die *Zeitperspektive*: Nimmt der Handelnde seine Tätigkeit nur als Aspekt der unmittelbaren Gegenwart wahr, in der er sie ausübt, oder sieht er sie als Abschnitt einer Zeitachse, die über Anfang und Ende der gegenwärtigen Handlung bis in die Vergangenheit oder Zukunft reicht? Diese letzte Komponente steht häufig in Beziehung zu der zweiten (...) Dimension, zu dem Ausmaß, in dem sich der Handelnde einer ausdrücklichen *Zielstruktur* seiner Tätigkeit bewußt ist: Nimmt er den Weg zu seinem Ziel als direkt, als einen einzigen Handlungsablauf wahr (wie das Hinaufklettern zu einem gewünschten Objekt), oder erkennt er eine Folge von Handlungsschritten und Unterzielen, die aus einer Reihe geplanter Zustände besteht (wie die Organisation einer Strandwanderung mit jüngeren Geschwistern, die Muscheln suchen wollen, aus denen sie eine Kette als Weihnachtsgeschenk für die Mutter machen wollen)?

Tätigkeiten mit komplexer Zielstruktur haben typischerweise auch eine weite Zeitperspektive. Die Umkehr gilt nicht notwendigerweise: Eine Zielstruktur kann ganz einfach sein, nur aus einem einzigen Handlungsablauf bestehen, aber eine lange Verzögerung der Belohnung bedingen, wie das Groschensparen für ein teures Spielzeug.

Eine weitere Variationsdimension der Komplexität molarer Tätigkeiten kann die Parameter der Zeitperspektive und Zielstruktur häufig überschneiden, aber auch weit über sie hinausreichen. Tätigkeiten unterscheiden sich in *dem Ausmaß, in dem sie Objekte und Menschen, die sich nicht im unmittelbaren Lebensbereich befinden, und Ereignisse, die nicht dort stattfinden, vergegenwärtigen.* Das kann durch Gespräche, Geschichten, in der Phantasie, durch bildliche Darstellung oder vielerlei andere Medien geschehen. Das Ausmaß, in dem Tätigkeiten auf Ereignisse anderer Zeiten und anderer Orte bezogen sind, spiegelt die Ausweitung der phänomenalen Welt des Handelnden. So kann man von einer „Ökologie des geistigen Lebens" sprechen, deren potentielle Struktur derjenigen der Umwelt formgleich ist. Spricht zum Beispiel eine Person in einem bestimmten Lebensbereich über ihre zukünftigen und vergangenen Tätigkeiten in ihren anderen Lebensbereichen, so beweist sie die Fähigkeit, ein „geistiges Mesosystem" zu schaffen. Das Fernsehen macht Fälle von Gewaltanwendung, die sich an anderen Orten ereignen, für unsere Kinder zum alltäglichen Erleben, das dann in ihren alltäglichen Tätigkeiten gewalttätigen Ausdruck findet; so kann die phänomenale Welt eines Kindes um ein Exosystem oder, noch tragischer, um ein ganzes Makrosystem erweitert werden. Aber auch Tätigkeiten, die auf das Erleben im unmittelbaren Lebensbereich und auf Erfahrungen über ihn beschränkt sind, können einen hohen Grad von Komplexität annehmen, wenn sie ein weiteres Element des Mikrosystems einbeziehen: *die Beziehungen zu anderen Menschen.* Kinder vor allem verbringen viel Zeit in gemeinsamer Tätigkeit mit Erwachsenen und Altersgenossen. Anfangs sind diese Tätigkeiten meist dyadisch, das heißt, es ist nur eine andere Person beteiligt. Aber bald verteilt das Kind seine Aufmerksamkeit auf mehrere Personen und wird fähig, mit ihnen gleichzeitig zu interagieren und auf diese Weise Systeme zu erhalten und schließlich sogar zu schaffen, die in unserem ökologischen Schema später als N+2-Systeme definiert werden.

Die Tatsache, daß das Kind fähig wird, von sich aus komplexe zwischenmenschliche Beziehungen aufzubauen, spiegelt ein wichtiges Prinzip der Ökologie der menschlichen Entwicklung: In dem Maße, in dem sich das phänomenale Feld des Kindes ausdehnt und weitere und differenziertere Aspekte der Umwelt erfaßt, wird das Kind fähig, nicht nur aktiv an dieser Umwelt teilzunehmen, sondern ihre bestehende Struktur und ihren Inhalt abzuändern und zu erweitern.

Im Laufe seiner Entwicklung lernt das Kind auch, *mehr als einer molaren Tätigkeit gleichzeitig nachzugehen*. Eine der Möglichkeiten, diese Fertigkeit zu erwerben und zu vervollkommnen, bieten sicher die Eltern und besonders die Mütter, die es (meist unter dem Druck der Notwendigkeit) sehr gut verstehen, sich um ihre Kinder zu kümmern und gleichzeitig mehreren anderen wichtigen Tätigkeiten nachzugehen.

Auftreten und Entwicklung der molaren Tätigkeiten eines Kindes spiegeln die Erweiterung und die zunehmende Komplexität seiner (innerhalb wie außerhalb des unmittelbaren Lebensbe-

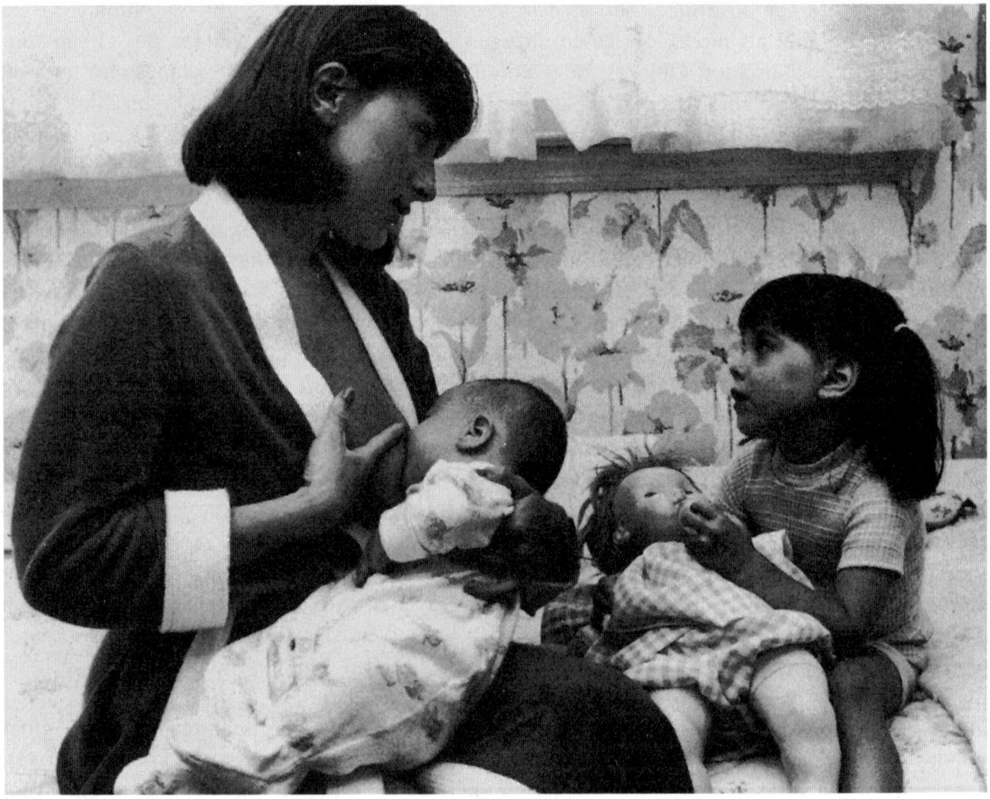

Mutter-Kind-Beziehungen

reichs) wahrgenommenen ökologischen Umwelt wie auch seine zunehmende Fähigkeit, sich mit dieser Umwelt auseinanderzusetzen und sie seinen Bedürfnissen und Wünschen entsprechend zu ändern. Molare Tätigkeiten sind auch noch in anderer Hinsicht von Bedeutung: Von anderen im Lebensbereich Anwesenden gezeigt, bilden sie die Hauptquelle *direkter* Einwirkungen der unmittelbaren Umwelt auf das psychische Wachstum. Aus dieser Darstellung folgt, daß die Entwicklung des Kindes von Bereich und Komplexität der von anderen ausgeübten molaren Tätigkeiten abhängig ist, die entweder durch seine Teilnahme oder seine Aufmerksamkeit Teil des psychologischen Feldes werden. (...)

Überlegungen über die potentielle Bedeutung der verschiedenen Arten molarer Tätigkeiten, die die Kinder in der amerikanischen Erkundungsstudie zeigten, mögen von Interesse sein. Aus einer theoretischen Perspektive, die das motivationale Beharrungsvermögen und die Komplexität der Struktur von Zielen und zwischenmenschlichen Beziehungen für bedeutungsvoll hält, erscheint der Bereich der Nichtbeteiligung (Schlafen, Ruhen, Tagträumen, zielloses Herumlaufen und hyperaktive Unruhe) als unterer Bereich des Entwicklungskontinuums. Man hält das psychische Wachstum von Kindern, die viel von ihrer Zeit mit solchen Tätigkeiten verbringen, für weniger fortgeschritten. Gleichzeitig erscheint ihre Aktivität nach einer dynamischen Vorstellung vom menschlichen Organismus als Bemühung, Bedingungen herzustellen oder zu finden, die ihnen größeren Einfluß erlauben. Dieselbe Interpretation gilt noch mehr für emotionale Tätigkeiten, für negative (andauerndes Weinen, Ausdruck des Ärgers oder Raufen und Streiten) wie für positive (freudvolle Zustände, fortgesetzter Ausdruck von Zuneigung oder Beistimmung). Auch sie verstehen wir als einen Versuch der Person, Zustände zu ändern, die ihre Funktionsfähigkeit beeinträchtigen, oder Situationen, die Entwicklungsprozesse begünstigen, dauerhaft zu gestalten oder weiter zu verbessern. (...)

Der Bereich der Aufmerksamkeit – anderen Leuten und Ereignissen Beachtung schenken – ist für die Entwicklung wesentlich, weil Aufmerksamkeit die für Beobachtungslernen nötigen Bedingungen schafft. Man kann feststellen, ob Lernen dieser Art tatsächlich stattfindet, indem man prüft, ob das Kind später Tätigkeiten versucht, die es andere ausüben sah.

Die Bedeutung bildender und musikalischer Tätigkeiten für Lernen und Entwicklung ist offensichtlich. Auf die übrigen Bereiche wie Rollenspiel nach Phantasie oder Wirklichkeit, Regelspiele, Verantwortlichkeit oder Arbeit und soziale Tätigkeiten hingegen möchte ich etwas näher eingehen (...).

(...) Die Bedeutung sozialer und beruflicher Tätigkeiten für die menschliche Entwicklung läßt sich in zwei Feststellungen fassen, die noch nicht durch Forschungsergebnisse belegt sind (woraus man paradoxerweise schließen könnte, daß sie zutreffen). Erstens: In den Vereinigten Staaten kann heute ein junger Mensch die Highschool erfolgreich abschließen, ohne jemals eine Arbeit getan zu haben, auf die ein anderer wirklich angewiesen war. Geht dieser junge Mensch aufs College, kann diese Erfahrung für weitere vier Jahre, wenn er das Doktorat macht, für immer (wie manche Leute meinen könnten) aufgeschoben werden.

Die zweite Feststellung betrifft eine Entwicklung, die sich auf längere Sicht vielleicht als noch gefährlicher erweisen könnte. In den Vereinigten Staaten kann heute ein junger Mensch, männlich oder weiblich, Highschool, College und Universität absolvieren, ohne jemals ein Baby betreut oder auch nur im Arm gehalten zu haben, ohne sich je um einen Menschen gekümmert zu haben, der alt, krank oder einsam war, ohne je jemandem, der wirklich Hilfe brauchte, Trost gebracht oder geholfen zu haben. Auch die Folgen dieses Entzugs menschlicher Erfahrung sind bisher nicht bekannt. Seine mögliche praktische soziale Tragweite ist jedoch offensichtlich, denn wir alle erleben – früher oder später, meist früher – Krankheit, Einsamkeit, das Bedürfnis nach Hilfe, Trost, Beistand. Eine Gesellschaft kann sich nicht lange erhalten, wenn ihre Mitglieder das Einfühlungsvermögen, die Beweggründe und die Fertigkei-

ten nicht gelernt haben, die man braucht, um anderen Menschen zu helfen und sich um sie zu kümmern.
Die Schule aber, der Lebensbereich, der die Hauptverantwortung für die Vorbereitung junger Menschen auf eine erfolgreiche Beteiligung am Erwachsenenleben trägt, hält es – zumindest in der nordamerikanischen Gesellschaft – nicht für nötig, für Gelegenheiten zu Lernvorgängen dieser Art zu sorgen.

Bronfenbrenner 1981, S. 60ff.

Worterklärungen und Arbeitsanregungen s. S. 168f.

3.2.2 Die Bedeutung zwischenmenschlicher Strukturen für die Entwicklung: Einige Hypothesen*

(...)
Hypothese 1 Die Entwicklung der Person ist abhängig von der inhaltlichen Vielfalt und der strukturellen Komplexität der molaren Tätigkeiten anderer Personen. Diese werden Teil des psychologischen Feldes der Person, deren Aufmerksamkeit sie erregen oder die sie zu gemeinsamer Tätigkeit heranziehen.

Hypothese 2 Zwei Personen, die beginnen, einander aufmerksam bei ihren Tätigkeiten zu beobachten, werden sich wahrscheinlich mit diesen Tätigkeiten gemeinsam befassen. Daher werden Beobachtungsdyaden leicht zu Dyaden gemeinsamer Tätigkeit umgebildet.

Hypothese 3 Zwei Personen, die sich mit gemeinsamen Tätigkeiten befassen, werden wahrscheinlich differenziertere und dauerhaftere Gefühle füreinander entwickeln. Daher werden Dyaden gemeinsamer Tätigkeit leicht zu Primärdyaden.

Die nächste Hypothese gibt an, welche Eigenschaften der Dyade die Entwicklung fördern.
Hypothese 4 Die Auswirkung einer Dyade auf die Entwicklung wächst mit dem Grad der Reziprozität, dem Grad der gegenseitig positiven Gefühle und mit der allmählichen Verschiebung des Kräfteverhältnisses zugunsten der sich entwickelnden Person.

Die nun folgenden Hypothesen behandeln die vereinten Auswirkungen verschiedener simultan auftretender Dyadenformen.
Hypothese 5 Beobachtungslernen wird begünstigt, wenn die beobachtende und die beobachtete Person sich als gemeinsam tätig betrachten; also wirkt sich eine Beobachtungsdyade im allgemeinen stärker auf die Entwicklung aus, wenn sie im Kontext einer Dyade gemeinsamer Tätigkeit auftritt. (Ein Kind, das seiner Mutter beim Kochen zusieht, lernt mehr, wenn beide „zusammen" kochen.)

Hypothese 6 Wenn Beobachtungslernen oder gemeinsame Tätigkeit im Kontext einer durch die Gegenseitigkeit positiver Gefühle charakterisierten Primärdyade stattfinden, wirken sie sich stärker auf die Entwicklung aus (man lernt mehr von einem Lehrer, zu dem man eine enge Beziehung hat). Umgekehrt wirkt sich im Kontext einer Primärdyade auftretender gegenseitiger Antagonismus auf Beobachtungslernen und gemeinsame Tätigkeit besonders störend aus.

Familie gestern ...

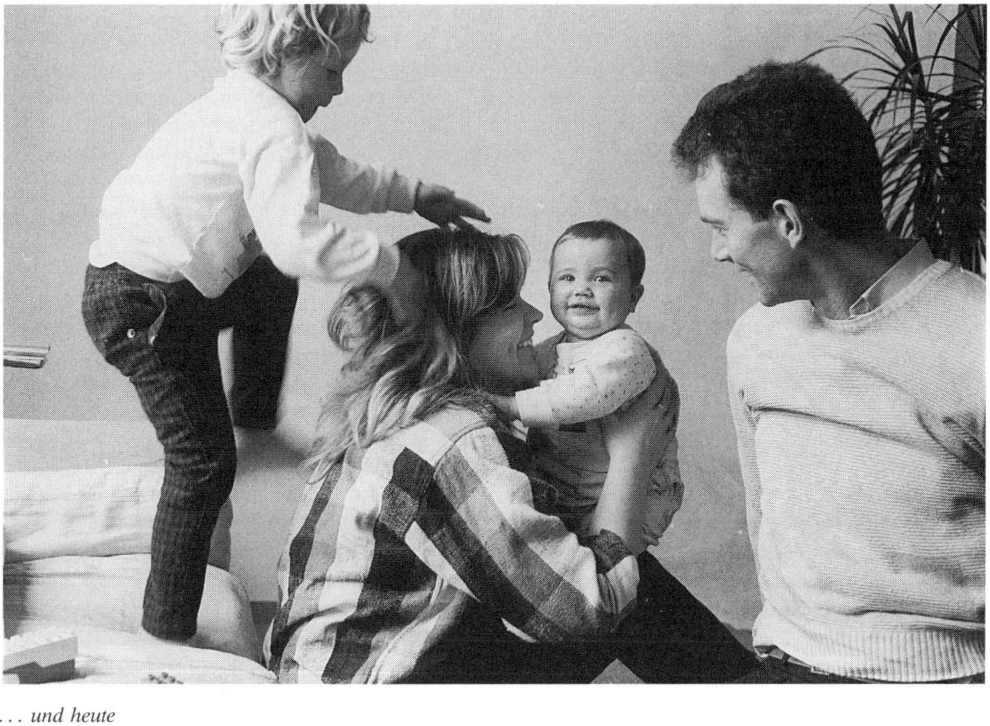

... und heute

Nach allen diesen Überlegungen kann man schließlich die optimalen Bedingungen für Lernen und Entwicklung in einer dyadischen Beziehung annehmen.

Hypothese 7 Lernen und Entwicklung werden begünstigt, wenn die in Entwicklung begriffene Person sich mit jemandem, zu dem sie eine starke und dauerhafte Beziehung gebildet hat, an fortschreitend komplexeren Mustern wechselseitiger Tätigkeit beteiligt und sich das Kräfteverhältnis allmählich zu ihren Gunsten verschiebt.

(...) Die für die Ökologie der menschlichen Entwicklung zentrale Bedeutung von Dyaden, die die in den Hypothesen 4 bis 7 angenommenen optimalen Bedingungen der Wechselseitigkeit, fortschreitend zunehmender Komplexität, Gegenseitigkeit der positiven Gefühle und allmählichen Veränderung des Kräfteverhältnisses erfüllen, legt die Verwendung eines einzigen Terminus für solche Dyaden nahe. Dementsprechend werden wir hinfort Zweipersonen-Systeme, die die eben genannten Eigenschaften aufweisen, als *Entwicklungsdyaden* bezeichnen. (...)

Bronfenbrenner 1981, S. 71 ff.

Worterklärungen und Arbeitsanregungen s. S. 168 f.

Die Wirkung der Interaktion im Mikrosystem

Ein (...) Untersuchungsbeispiel soll demonstrieren, daß eine einmalige Veränderung in einem Setting gravierende Langzeitfolgen haben kann.

Klaus et al. (1970) untersuchten die kurz- und langfristige Wirkung eines intensiveren Mutter-Kind-Kontaktes unmittelbar nach der Geburt. Sie ermöglichten, daß die Mütter auf der Entbindungsstation ihr Kind kurz nach der Geburt nackt erhielten und es etwa eine Stunde lang haben konnten. In den darauffolgenden Tagen wurde der Kontakt auf mehrere Stunden ausgedehnt. Die Kontrollgruppe hatte den auf amerikanischen (und deutschen) Entbindungsstationen üblichen Kontakt mit ihren Babys, nämlich 20 bis 30 Minuten alle vier Stunden zum Stillen der Säuglinge. Die Ergebnisse waren in der Tat verblüffend. Die Mütter mit unmittelbarem Kontakt zu ihren Kindern nach der Geburt begannen, den Säugling an den Gliedmaßen und am Rumpf zu berühren und die Haut zu massieren und suchten Blickkontakt mit ihrem Kind, wobei sie die „en face"-Position innerhalb von vier bis fünf Minuten herstellten. Fünf Jahre später hatten die Kinder mit frühzeitigem Kontakt im Vergleich zur Kontrollgruppe einen signifikant höheren IQ und ein differenzierteres Sprachverständnis (Ringler 1977). Dieser Befund ist nur durch einen fortlaufenden wechselseitigen Vorgang der Einflußnahme zu erklären. Die Kinder, die stärkere Zuwendung und mehr Blickkontakt erfuhren, reagierten ihrerseits mit Signalen, die die Mutter zu erneuten Kontakten veranlaßte. Die wechselseitig anregende Wirkung führte dann zu einem wesentlich späteren Zeitpunkt, nämlich als die Kinder sich bereits von dem engen Kontakt zur Mutter gelöst hatten, zu Entwicklungsvorteilen. (...)

Oerter/Montada 1987, S. 98

3.2.3 Rollen als Kontexte der menschlichen Entwicklung*

(...) Mit jeder Gesellschaftsstellung sind *Rollenerwartungen* verbunden, wie ihr Inhaber sich zu verhalten hat und wie andere sich ihm gegenüber verhalten sollen. Diese Erwartungen betreffen nicht nur den *Inhalt von Tätigkeiten,* sondern auch die *Beziehungen* zwischen den Parteien nach den bereits beschriebenen dyadischen Parametern: Grad der Wechselseitigkeit, Kräfteverhältnis und affektive Beziehung. Die unterschiedlichen Rollen von Eltern und Lehrern sind Beispiele dafür: Von beiden wird erwartet, daß sie die Kinder anleiten, von denen ihrerseits erwartet wird, daß sie diese Führung in Beziehungen, die durch hohe Grade der Wechselseitigkeit, gegenseitige Zuneigung und Kräfteverhältnisse zugunsten der Erwachsenen charakterisiert sind, anerkennen. Doch nimmt man an, daß in der Beziehung zu den Eltern der Grad der Wechselseitigkeit und gegenseitigen Zuneigung höher ist, und glaubt, daß die elterliche Autorität im Kinderleben weiter reicht als die des Lehrers, wenigstens in modernen westlichen Gesellschaften.

Es ist klar, daß im Begriff der Rolle die Elemente der Tätigkeiten und Beziehungen in Form sozialer Erwartungen integriert sind. Da diese Erwartungen auf dem Niveau der Subkultur oder Kultur definiert sind, hat die Rolle ihre Wurzeln in Wirklichkeit im übergeordneten Makrosystem und den damit zusammenhängenden Ideologien und institutionellen Strukturen. Aus der Einbettung der Rollen in diesem größeren Kontext entsteht ihr großer und oft zwingender Einfluß auf das Verhalten der Person in einer gegebenen Situation, auf ihre Tätigkeit und die Beziehungen, die sich zwischen ihr und den anderen im Lebensbereich ausbilden.

Die besondere Macht der Rolle wird von *Zimbardo* und seinen Kollegen (...) in einem Experiment mit dem Titel „Zwischenmenschliche Dynamik in einem simulierten Gefängnis" *(Interpersonal dynamics in a simulated prison)* glänzend demonstriert. Eine kurzgefaßte Beschreibung von Anordnung und Verfahren des Versuchs findet sich in einem Referat von *Banuazizi* und *Movahedi* (1975):

Die Untersuchung wurde in einem im Souterrain des Psychologie-Gebäudes der Stanford University eingerichteten simulierten Gefängnis im Sommer 1971 durchgeführt. Die Versuchspersonen wurden aus 75 Leuten ausgewählt, die auf ein Zeitungsinserat geantwortet hatten, in dem bezahlte Freiwillige für eine „psychologische Untersuchung des Gefängnislebens" gesucht worden waren. Als Versuchspersonen ausgewählt wurden 24 männliche Collegestudenten, die nach Urteil der Untersucher „die (psychisch wie physisch) stabilsten, reifsten und die am wenigsten an antisozialen Verhaltensweisen beteiligt waren" (Haney et al. 1973, S. 73). Nach Zufall wurde der einen Hälfte die Rolle der Wärter, der anderen die der Häftlinge zugeteilt. (...)

Die Hauptergebnisse der Untersuchung wurden von den Autoren selbst zusammengefaßt:

Fortgesetzte, direkte Beobachtung des Interaktionsverhaltens wurde durch Videoprotokolle, Fragebogen, Selbstbeobachtungsskalen und Interviews ergänzt. Alle diese Daten führen zu dem Schluß, daß dieses simulierte Gefängnis sich zu einer psychologisch überzeugenden Gefängnisumgebung entwickelt hatte. Als solche zeitigte sie unerwartet intensive, realistische und oft pathologische Reaktionen bei vielen der Beteiligten. Die Häftlinge erlebten den Verlust ihrer persönlichen Identität und der willkürlichen Kontrolle ihres Verhaltens, was ein Syndrom der Passivität, Abhängigkeit, Niedergeschlagenheit und Hilflosigkeit ergab. Die Wärter dagegen erlebten (mit wenigen Ausnahmen) eine deutliche Steigerung ihrer sozialen Macht und ihrer Status- und Gruppenidentität, die das Rollenspiel für sie belohnend machte.

Das dramatischste, im Zug der Anpassung an diese Streßsituation beobachtete Bewältigungsverhalten war die Entwicklung akuter psychischer Störungen bei der Hälfte der Häftlinge; diese Störungen waren zum Teil ernst genug, um frühzeitige Entlassung zu rechtfertigen. Zumindest ein Drittel der Wärter verhielt sich gegen die Häftlinge weit aggressiver und verletzte die menschliche Würde der Häftlinge mehr, als man bei einer simulierten Untersuchung erwarten würde. Nur ein sehr kleiner Teil der beobachteten Reaktionen auf das Erlebnis des Eingesperrtseins konnte Unterschieden von Persönlichkeitsmerkmalen zugeschrieben werden, die schon bestanden, ehe die Versuchspersonen die ihnen zugeteilten Rollen zu spielen begannen (*Haney, Banks und Zimbardo* 1973, S. 69).

(...)
Erste Hypothesen über die Auswirkungen von Rollenzuweisung auf Verhalten können nun formuliert werden.

Hypothese 9 Die Übernahme einer Rolle begünstigt Wahrnehmungen, Tätigkeiten und Muster zwischenmenschlicher Beziehungen, die den mit dieser Rolle verbundenen Erwartungen entsprechen. Das gilt für das Verhalten der Person, die die Rolle übernimmt, wie für das Verhalten anderer ihr gegenüber.

Hypothese 10 Die Tendenz zu Rollenerwartungen entsprechenden Wahrnehmungen, Tätigkeiten und Beziehungsmustern verstärkt sich, wenn die Rolle Teil der hergebrachten Gesellschaftsstruktur ist und in der Kultur oder Subkultur Übereinstimmung über die mit ihr verbundenen Erwartungen herrscht.

Hypothese 11 Je höher das Ausmaß der einer bestimmten Rolle sozial zuerkannten Macht ist, desto größer ist die Tendenz des Rolleninhabers, diese Macht auszuüben und zu nutzen; desto größer ist auch die Tendenz der Inhaber untergeordneter Positionen, mit Unterwürfigkeit, Abhängigkeit und Mangel an Initiative zu reagieren.

Hypothese 12 In welchem Maße eine gegebene Rolle den mit ihr verbundenen Erwartungen entsprechendes Verhalten hervorruft, hängt davon ab, ob andere im Lebensbereich bestehende Rollen dieses Verhalten anregen oder hemmen können. (...)
Doch obgleich etwaige langfristige Wirkungen der Versuche in Stanford (...) unentdeckt bleiben, liefern diese Untersuchungen klare Befunde für die Macht sozialer Rollen, Verhaltensänderungen herbeizuführen. Allerdings ist das auf diese Weise erzeugte Verhalten aus gesamtgesellschaftlicher Sicht nicht gerade beruhigend und wirft außerdem die theoretische Frage auf, ob wir auch Rollen schaffen können, die konstruktive Einstellungen hervorbringen, nicht nur Extreme der Machtausübung und Unterwerfung und psychische Auflösung?
Diese Frage ist Gegenstand eines anderen, ebenso eleganten wie genialen klassischen Experiments, das *Sherif* und seine Kollegen von der Oklahoma University in den frühen fünfziger Jahren ausführten (1956, 1961). Elton *B. McNeil* beschreibt es:

Der Krieg wurde im Sommer 1954 in Robbers Cave, Oklahoma, erklärt ... Wenn man einen Krieg gesehen hat, hat man im Grunde alle gesehen, aber dieser Krieg war als Krieg interessant, weil nur die Beobachter wußten, weshalb gekämpft wurde. Worin also unterschied sich dieser Krieg von anderen? Er wurde von Verhaltenswissenschaftlern verursacht, geführt und beendet. Nach jahrelangen religiösen, politischen oder ökonomischen Kriegen war dies ein wissenschaftlicher Krieg, vielleicht der erste. Es war das kein Krieg für Abenteurer aus Abenteuerlust. Wer teilnehmen wollte, mußte ein elfjähriger nordamerikanischer, protestantischer, gut angepaßter Knabe der Mittelschicht sein und willens, in ein Versuchsferienlager zu gehen (...).

Sherif wollte nachweisen, daß er innerhalb weniger Wochen bei dieser Stichprobe normaler Buben zwei scharf voneinander abgehobene Verhaltensmuster herbeiführen könnte. Er wollte sie erst in feindselige, destruktive und unsoziale Buben verwandeln, um sie dann innerhalb weniger Tage wieder zu verändern, diesmal zu konstruktiv zusammenarbeitenden Freunden, die umeinander besorgt und sogar bereit wären, füreinander und die ganze Gemeinschaft Opfer zu bringen.

Die folgenden Auszüge aus den Beschreibungen des Verhaltens der Buben in den angestrebten Stadien lassen den Erfolg seiner Bemühungen ermessen. Nach der ersten experimentellen Behandlung

> verflog die freundliche Stimmung schnell. Die Mitglieder beider Gruppen begannen, ihre Widersacher „Stinktier", „Schwindler", „Spitzel" (*stinkers, cheats, sneakers*) zu nennen. Sie wollten nichts mehr mit den Angehörigen der gegnerischen Gruppe zu tun haben. Die Buben ... wendeten sich von Kameraden ab, die sie bei ihrer Ankunft im Lager als „beste Freunde" gewählt hatten. Ein hoher Anteil aller Buben beider Gruppen gab negative Urteile über alle Buben der anderen Gruppe ab. Die gegnerischen Gruppen fertigten Drohplakate an, planten Überfälle, sammelten Berge grüner Äpfel als Munition. Im Robbers-Cave-Ferienlager verbrannten die „Eagles" (Adler) nach einem verlorenen Turnier eine von den „Rattlers" (Klapperschlangen) zurückgelassene Fahne. Am nächsten Morgen bemächtigten sich die „Rattlers" auf dem Sportplatz der Fahne der „Eagles". Von da an waren Beschimpfungen, Reibereien und Überfälle an der Tagesordnung. Beim Essenfassen stritten sie um die Plätze in der Reihe, die im Kampf um die ersten Plätze in der Schlange Unterlegenen schrien: „Erst die Damen!" Bei Tisch bombardierten sie sich mit Papier, Essen und Schimpfworten. Ein von einem „Rattler" angerempelter „Eagle" wurde von einem Mit-„Eagle" ermahnt, „den Schmutz" von seinen Kleidern zu klopfen (...).

Nach der zweiten Versuchsbehandlung aber

> fingen die Mitglieder beider Gruppen an, freundlichere Gefühle für die anderen zu entwickeln. Ein „Rattler" zum Beispiel, den die „Eagles" nicht mochten, weil er eine scharfe Zunge und oft das letzte Wort hatte, wurde „ein guter Kerl". Die Buben hörten auf, sich beim Essenholen anzurempeln. Sie beschimpften sich nicht mehr und setzten sich zusammen zu Tisch. Zwischen den Gruppen entstanden neue Einzelfreundschaften.
>
> Am Ende suchten die Gruppen aktiv nach Gelegenheiten, mit den anderen zusammenzukommen, einander zu unterhalten und einzuladen. Sie beschlossen, ein gemeinsames Lagerfeuer zu unterhalten. Sie produzierten sich abwechselnd mit Liedern und Scherzen. Mitglieder beider Gruppen wollten lieber in einem gemeinsamen Bus heimfahren als in getrennten Wagen, wie sie gekommen waren. Unterwegs zum Bus machten sie Rast, um eine Erfrischung zu sich zu nehmen. Eine Gruppe besaß noch $ 5, Siegespreis eines Wettbewerbs. Sie beschlossen, diese Summe für Erfrischungen auszugeben, und luden aus eigener Initiative ihre früheren Rivalen auf Malzmilch ein (S. 58).

Und wie wurden diese Effekte erreicht? Behandlung I kommt einem (zumindest in der US-amerikanischen Gesellschaft) bekannt vor: „Um Reibungen zwischen den Buben beider Gruppen zu erzeugen, arrangierten wir ein Turnier: Baseball, Touch Football, Seilziehen, Schatzsuche und so weiter. Zu Anfang des Turniers war der Sportsgeist gut; aber die freundliche Stimmung verflog schnell" (S. 57).

Aber wie verwandelt man Haß in Harmonie? Ehe *Sherif* sich dieser Aufgabe zuwandte, wollte er nachweisen, daß entgegen den Ansichten mancher Kenner menschlicher Konflikte bloße Interaktion – freundliche soziale Kontakte zwischen Widersachern – die Feindseligkeit nicht verringern würde. „Wir brachten die verfeindeten ‚Rattlers' und ‚Eagles' zu geselligen Anlässen zusammen: zu Kinobesuchen, zum Essen und so weiter. Aber diese Situationen bauten die Feindseligkeit keineswegs ab, sondern dienten den rivalisierenden Gruppen nur als Gelegenheiten, einander zu beschimpfen und anzugreifen" (S. 57).

Beendet wurde der Konflikt schließlich durch eine Reihe strategischer Kunstgriffe. *Sherif* nennt Beispiele: „Das Wasser für unser Lager kam durch eine Leitung aus einem eine Meile entfernten Tank. Wir ließen die Leitung heimlich unterbrechen, riefen die Buben zusammen und informierten sie über die Krise. Beide Gruppen erboten sich sofort, die Leitung nach dem Schaden abzusuchen. Sie arbeiteten ohne Mißklang zusammen und hatten die Störung gefunden und behoben, ehe der Nachmittag um war" (S. 58). Ein anderes Mal waren alle hungrig und das Lagerauto im Begriff, in die Stadt zum Essenholen zu fahren, als sich zeigte, daß der Motor nicht starten wollte; die Buben mußten sich gemeinsam bemühen, den Wagen in Gang zu bringen. (...)

Zusammenarbeit der vorher verfeindeten Gruppen

Hypothese 13 Die Übernahme von sozialen Rollen, in denen kompetitives oder kooperatives Handeln erwartet wird, erzeugt und intensiviert den gegebenen Erwartungen entsprechende Tätigkeiten und zwischenmenschliche Beziehungen.

Hypothese 14 Die menschliche Entwicklung wird durch die Interaktion mit Personen, die mehrere verschiedene Rollen innehaben, und durch ein eigenes, ständig wechselndes Rollenrepertoire gefördert. (...)

Bronfenbrenner 1981, S. 97ff.

Worterklärungen zu 3.2.1–3.2.3

kontinuierlich: fortlaufend, ununterbrochen
phänomenal: als Phänomen gegeben
Phänomen: Erscheinung als unmittelbare (oder als sinnliche) Gegebenheit
potentiell: der Möglichkeit nach, möglich
Reziprozität: Wechselseitigkeit
Antagonismus: Gegensatz, Widerstreit

Arbeitsanregungen zu 3.2.1–3.2.3

1. Geben Sie je ein – möglichst eigenes – Beispiel
   a) für eine molare Tätigkeit und
   b) für eine einfache, abgeschlossene Handlung,
   und begründen Sie, warum es sich jeweils um eine solche handelt.
2. Geben Sie ein Beispiel für eine nur auf die unmittelbare Gegenwart bezogene Handlung.
3. Zeitperspektive und Zielstruktur des Handelnden bestimmen den Sinn seiner Handlung. Erläutern Sie einem fachlich nicht vorgebildeten Freund obige These. Beziehen Sie sich dabei auf die Ausführungen von Bronfenbrenner, und verwenden Sie eigene Beispiele.
4. Wie entsteht ein „geistiges Mesosystem"?
5. Was versteht der Autor unter dem „phänomenalen Feld" des Kindes? Wodurch erweitert es sich? Wofür ist diese Erweiterung wichtig?
6. Die molaren Tätigkeiten anderer Personen sind für das sich entwickelnde Kind wichtig. Welche Personen sind dabei aus welchen Gründen besonders wichtig?
7. Welche Arten molarer Tätigkeiten zählt der Autor auf?
8. Welche Arten molarer Tätigkeiten zeugen von (weniger) fortgeschrittener Entwicklung?
9. Der Autor hält das US-amerikanische Schulsystem für dringend ergänzungsbedürftig.
   a) Welche Tätigkeiten werden dort nicht erlernt?
   b) Wie begründet er die Bedeutung solcher Tätigkeiten?
10. Bilden Sie für die Hypothesen 1 bis 3 jeweils einen leicht verständlichen Satz.
11. Lesen Sie den Kasten „Die Wirkung der Interaktion ..." (S. 164). Welche der 7 Hypothesen sehen Sie hier (in)direkt angesprochen bzw. bestätigt?
12. Woher rührt nach Bronfenbrenner der oft zwingende Einfluß von Rollen auf das Verhalten der Menschen?
13. Welche Einzelaussagen der Hypothesen 9 bis 12 werden durch das Experiment von Zimbardo belegt?
14. Geben Sie den Versuch von Sherif wieder, der zu den Hypothesen 13 und 14 führte.
15. Welche Eigenerfahrungen bestätigen die Hypothesen 13 und 14?

3.3 Die umfassenderen Systeme*

3.3.1 Zur Rolle von Mesosystemen für die Entwicklung – Rolf Oerter

Entwicklungsfördernde Bedingungen

Die sich entwickelnde Person tritt in Settings ein, macht neue Erfahrungen und verläßt die Settings gegebenenfalls wieder. Bronfenbrenner (1979) sieht daher die Teilhabe an möglichst vielen reichhaltigen Settings, die strukturell voneinander verschieden sind, als entwicklungsfördernd an (...). Er regt sogar an, möglichst viele kulturell verschiedene Settings kennenzulernen, da diese Ausweitung des Gesichtskreises und der erforderlichen Handlungskompetenzen die Entwicklung des Individuums voranbringe (...). Allerdings müssen seiner Meinung nach eine Reihe von Bedingungen erfüllt sein, wenn diese fördernde Wirkung anderer Settings und Systeme eintreten soll. Zunächst muß der Übergang von einem Setting zum nächsten durch Bindeglieder abgesichert werden. Am besten geschieht dies, wenn die Dyaden des früheren Settings im neuen Setting ebenfalls Eingang finden (transkontextuelle Dyaden). Dies ist beispielsweise der Fall, wenn die Eltern das Kind in den Kindergarten begleiten und am dortigen

Leben teilhaben, wenn Kindergarten und Schule wechselseitig sich öffnen und austauschen, und wenn schließlich Schule und Berufswelt Übergänge ermöglichen, bei denen Lehrer und Arbeitgeber zusammen den Eintritt des Jugendlichen ins Arbeitsleben begleiten. Die Forderung nach transkontextuellen Dyaden wird weiterhin berücksichtigt, wenn das Kind bzw. der Jugendliche zusammen mit Gleichaltrigen in das neue Setting eintreten. So findet sich der Heranwachsende in der neuen Struktur gemeinsam mit seinen Freunden und ist den Rollen und Anforderungen besser gewachsen.
Eine weitere Bedingung für die entwicklungsfördernde Wirkung des Mesosystems sieht Bronfenbrenner im Aufbau positiver und unterstützender Beziehungen zwischen den Settings, die wechselseitiges Vertrauen, zusammenführende Aktivitäten und gemeinsame Zielsetzungen beinhalten (...). Umgekehrt können die Übergänge zu anderen Settings ökologische Brüche darstellen, die vom Individuum nicht bewältigt werden.
Der ökologische Ansatz erklärt somit, warum manche Kinder in der Schule Schwierigkeiten haben und andere nicht, warum manchmal der Übergang ins Berufsleben nicht gemeistert wird und unter welchen Bedingungen die Institutionalisierung alter Menschen Probleme aufwirft. (...)

Im folgenden sollen einige wenige Untersuchungsergebnisse die hier vorgetragene Sichtweise verdeutlichen.

Das Mesosystem Elternhaus – Schule [Wechselwirkungen]
Die Wechselwirkung von Elternhaus und Schule zeigt sich in einer Untersuchung von Hayes und Grether (1969). Sie erfaßten die schulischen Leistungen von mehreren tausend Schülern der zweiten und sechsten Klassen in New York City. Man könnte annehmen, daß sich die stärksten Leistungsveränderungen und Unterschiede während des Schuljahrs gezeigt hätten. Tatsächlich traten aber die Hauptunterschiede zwischen den Schülern aus unterschiedlichen sozialen und ethnischen Gruppierungen in den Sommerferien auf. Die Schüler der Mittelschicht zeigten im gleichen Maße Leistungsfortschritte wie während der Schulzeit, wohingegen Schüler aus benachteiligten Gruppen Leistungsveränderungen in umgekehrter Richtung zeigten, also schlechter wurden.
Die Autoren schätzen, daß etwa die Hälfte oder mehr an Leistungsunterschieden im Lesen und Wortschatz auf das Konto der schulfreien Zeit gehen. Dieser bemerkenswerte Tatbestand beleuchtet den Unterschied zwischen entwicklungsförderndem und entwicklungshemmendem Mesosystem. Bei den Mittelschichtkindern wirkte das Elternhaus unterstützend und förderte auch während der Ferien schulische Leistungen. Kinder aus benachteiligten Gruppen (in diesem Fall vor allem Schwarze und Puertoricaner) waren zu Hause Einflüssen ausgesetzt, die sie weg von schulischem Denken und schulischen Anforderungen brachten, so daß sie einen Teil des Erworbenen wieder verlernten.
Die in der Augsburger Längsschnittuntersuchung beobachteten wachsenden Unterschiede zwischen Mittelschicht- und Unterschichtkindern in der Intelligenz dürften ebenfalls hauptsächlich als Wirkung des Mesosystems anzusehen sein (...). Das Ansteigen des anfänglich durchschnittlichen IQ bei Mittelschichtkindern während der ersten vier Schuljahre geht auf das Hand-in-Hand-Arbeiten von Schule und Familie zurück, während das Absinken des anfänglich gleichen Intelligenzniveaus bei Unterschichtkindern auf die Unvereinbarkeit und den geringen Zusammenhang der Settings Elternhaus und Schule zurückzuführen sein dürfte.

Sonderbedingungen bei ethnischen Minderheiten
Besonders stark divergieren die Settings Elternhaus und Schule, wenn sie verschiedenen Kulturen angehören. Dies ist der Fall bei *Gastarbeiterkindern.* Die etwa bei türkischen Gastarbeiter-

familien noch stark wirksame Heimatkultur ist nur schwer vereinbar mit Normen und Handlungsmöglichkeiten von Kindern und Jugendlichen in unserer Kultur. Vor allem die Gleichbehandlung der Geschlechter, die Unabhängigkeit der Mädchen von der Aufsicht der Brüder oder Vettern wird von den türkischen Eltern nicht akzeptiert. Ogbu (1985) hat aufgrund sorgfältiger Beobachtungen von Subkulturen in den USA festgestellt, daß nicht eine andere (Sub-)Kultur per se für die schulische und berufliche Karriere beeinträchtigend sein muß, sondern daß entwicklungsstörende Effekte nur bei Minoritäten auftreten, die sich abkapseln und nicht gewillt bzw. unfähig sind, die Normen und die Lebensweise des Hauptstromes der Kultur zu übernehmen, und die zugleich aktiv an der Eingliederung in den Hauptstrom der Kultur gehindert werden. Ogbu nennt solche Gruppen *kastenartige Minoritäten.* Sie sind vor allem dadurch gekennzeichnet, daß sie die Sprache des Landes nicht oder nicht hinreichend erwerben, keine beruflichen Positionen erlangen, die sie in die Mittelschicht der betreffenden Kultur bringen und andererseits ein soziales Stützsystem innerhalb ihrer Subkultur aufbauen, das ihre Existenz trotz ungünstiger Bedingungen gewährleistet.
Übertragen auf die Gastarbeiter in der Bundesrepublik lassen sich auch zwei Hauptgruppen unterscheiden. Die eine Gruppe versucht, die deutsche Sprache zu erwerben, übernimmt mittlere und höhere berufliche Positionen und kümmert sich um die schulische Förderung ihrer Kinder. Die andere Gruppe verbessert ihre sprachliche Kompetenz auch nach mehr als einem Jahrzehnt kaum, verbleibt beruflich bei einfachen ungelernten Arbeiten und ist nicht in der Lage, ihre Kinder schulisch zu fördern. Daß hinter diesem Bild nicht nur die mangelnde Kompetenz einer Gruppe steckt, die im Heimatland schon unterprivilegiert war, zeigte eine erste Befragung von jugoslawischen Eltern in München, deren Kinder sich in einer zweisprachigen Schule befinden (Antonijevic [...] 1985).

Die Eltern leben nur – „vorübergehend" – im Gastland, um möglichst viel Geld zu verdienen und danach wieder in die Heimat zurückzukehren. In der Regel verdienen beide Elternteile und versuchen sogar noch, in der anschließenden Freizeit zusätzlich zu arbeiten (z. B. in Putzkolonnen). Die Kinder sehen ihre Eltern kaum, bekommen aber alle materiellen Wünsche (eigenes Zimmer, Fernseher, Stereoanlage) erfüllt. In den Augen dieser Eltern müssen die Kinder die „Überbrückungszeit" möglichst gut überstehen, weshalb es ihnen an nichts fehlen soll. Inzwischen aber verstreichen die Jahre, in denen sprachliche und kognitive Kompetenzen aufgebaut werden müssen, und die Kinder kehren als Halb-Erwachsene ins Mutterland zurück, um auch dort nicht den dortigen Anforderungen gewachsen zu sein, denn sie beherrschen auch die Muttersprache (serbokroatisch oder mazedonisch) nicht. (...)

Oerter/Montada 1987, S. 103 ff.

Worterklärungen und Arbeitsanregungen s. S. 173 f.

3.3.2 Zum Entwicklungspotential des Exosystems – Rolf Oerter

Das einflußreichste Exosystem für die menschliche Entwicklung in unserer Kultur ist zweifellos der *Arbeitsplatz*. Er wirkt über die Persönlichkeitsstruktur, die alltäglichen Erfahrungen und über das Erziehungsverhalten der berufstätigen Väter und Mütter auf die Kinder. Bertram (1979) konnte zeigen, daß ein höheres Maß an beruflicher Autonomie über die Erziehungshaltung der Väter positive Auswirkung auf das Niveau des moralischen Urteils beim Kind hatte.

Das Beispiel der Großen Depression
Am gravierendsten dürften sich der Verlust des Arbeitsplatzes bzw. Einkommensverluste durch Arbeitszeitverkürzung und berufliche Verschlechterung in der Familie auswirken. Elder hat hierzu Daten aus einer Längsschnittstudie in Oakland (Kalifornien) ausgewertet.

Anfang der zwanziger Jahre begann man Kinder (Jahrgang 1920–21) und ihre Eltern zu untersuchen (...). Diese Forschungsarbeiten wurden dann ausgeweitet und in einer Längsschnittuntersuchung über 40 Jahre fortgesetzt. 1929 kam es zum wirtschaftlichen Zusammenbruch in den USA (Große Depression). Elder nahm die forschungsgeschichtlich einmalige Chance wahr und analysierte aus den Längsschnittdaten der frühen 30er Jahre die Auswirkungen dieses „natürlichen" Ereignisses, das als ökologisches Experiment größten Ausmaßes gewertet werden kann, auf die betroffenen Familien. Dabei standen ihm und seinen Mitarbeitern Interviewdaten der Eltern, Lehrer und Kinder sowie Beobachtungsdaten und psychiatrische Gutachten zur Verfügung. Elder trennte in zwei Gruppen, wobei die erste einen Einkommensverlust von 35% und mehr erlitten hatte gegenüber der zweiten mit geringerem oder keinem Einkommensverlust. Später bezog er noch eine andere Kohorte aus Berkeley ein, bei der die Kinder acht Jahre jünger waren (Jahrgang 1928–29).
Die dramatischen Veränderungen im Mikrosystem Familie, die vor allem durch den Prestigeverlust der Väter und die Übernahme der Rolle des Familienoberhauptes durch die Mütter gekennzeichnet war, gingen nicht spurlos an den Kindern vorüber. Es kam sehr darauf an, in welchem Alter sich die Kinder zum Zeitpunkt des kritischen Ereignisses befanden. Die Älteren (schon nahe am Jugendalter) wurden von den Eltern aufgefordert, nun selbst für die Familie mitzusorgen. Sie entwickelten Verantwortungsgefühl und Initiative und hatten 20 Jahre später beruflichen Erfolg und eine stabile Identität. Besonders die aus der Mittelschicht stammenden Jugendlichen zeigten positive Effekte. Sie wurden mit 30 Jahren in ihren Kompetenzen und in ihrer Gesundheit am besten eingeschätzt. Die jüngeren männlichen Kinder hingegen wurden in ihrer Entwicklung durch die Depression deutlich beeinträchtigt. Sie waren als Jugendliche weniger leistungsmotiviert und zeigten schlechtere Schulleistungen, sie waren als Erwachsene verwundbar, passiv, weniger gesund und besaßen geringeres Selbstbewußtsein. Offenkundig hatten sie zum Zeitpunkt des kritischen Ereignisses noch keine Bewältigungsmöglichkeiten und waren zudem den negativen Familieneinflüssen länger ausgesetzt als die älteren Kinder. Bemerkenswerterweise trifft dies nicht für Mädchen zu; denn auch die jüngeren Mädchen zeigten als Jugendliche und Erwachsene ein positives Entwicklungsbild. Elder (1979) führt dies auf die unterschiedlichen Beziehungen zu den Eltern zurück. Während die Söhne in deprivierten Familien Verluste an affektiver Zuwendung des Vaters hinnehmen mußten und von der Mutter nichts an Zuwendung dazugewannen, verloren die Töchter nichts an väterlicher Zuwendung und gewannen eine stärkere Bindung an die Mutter. Darüber hinaus zeigt sich hier möglicherweise wieder die stärkere Verwundbarkeit oder Anfälligkeit des männlichen Geschlechts (...).

Oerter/Montada 1987, S. 107 f.

Worterklärungen und Arbeitsanregungen s. S. 173 f.

3.3.3 Das Makrosystem und die menschliche Entwicklung* – Urie Bronfenbrenner

(...) Ich habe zwar hauptsächlich von Mikro-, Meso- und Exosystemen gesprochen, aber der Nachsatz „wie sie heute in der Gesellschaft der Vereinigten Staaten bestehen oder aber nicht bestehen" bezeichnet das eigentliche Ziel der Diskussion. Im Makrosystem erscheint der Status quo, aber nicht nur er – nach *Leontjews* Gesetz (...) enthält das Makrosystem die Konstruktionsanweisungen nicht nur für die Umwelt, wie sie ist, sondern auch diejenigen für eine Umwelt, wie sie sein könnte, wenn die gegenwärtige soziale Ordnung verändert würde. (...)

[Wir stellen] eine Weltanschauung in Frage, die in der US-amerikanischen Gesellschaft ganz allgemein, vor allem aber in den wissenschaftlichen und sozialpolitischen Bereichen, die die menschliche Entwicklung zum Gegenstand haben, zu dominieren scheint. Die Bestrebungen dieser Berufszweige unterliegen einer Ideologie, die in erheblichem Maße von einem „Defizit-Modell“ der Funktion und der Entwicklung des Menschen geprägt ist. Dieses Modell beruht auf der Annahme, daß alles, was wir als Störungen im menschlichen Verhalten und in der menschlichen Entwicklung ansehen – sogar oder sogar besonders, was nicht durch organische Schäden bedingt ist –, auf Unzulänglichkeiten der Person selbst schließen läßt oder, aus einsichtiger, aber im Grunde gleicher Perspektive, auf Unzulänglichkeiten ihrer unmittelbaren Umgebung. Man geht vom Individuum aus, man sucht nach Anzeichen von Apathie, Hyperaktivität, Lernschwächen, Abwehrmechanismen und dergleichen mehr. Findet man keine, so weiß man, wo man weiter zu suchen hat, denn wenn der Ursprung des Defizits nicht beim Kind zu finden ist, muß er bei den Eltern liegen: Sie bieten ihrem Kind nicht genügend kognitive Anregung, sie haben sich nicht erschöpfend über ihre eigenen Beziehungen auseinandergesetzt, ihre Persönlichkeiten sind auf präödipalem Niveau fixiert (der Möglichkeiten gibt es unendlich viele; unsere Sozialhilfeprogramme richten sich landauf, landab vor allem auf Familien mit mehrfachen Problemen). Und wenn der Ursprung der Schwierigkeiten weiter nicht zu fassen ist, kann die Schuld immer noch der ethnischen oder der sozialen Gruppe der Familie zugeschrieben werden. Mit irgend jemandem muß irgend etwas nicht in Ordnung sein, und für gewöhnlich zeigt sich, daß dieser Irgendjemand die Person oder die Gruppe ist, die mit diesen Schwierigkeiten kämpft. Die Fachleute, Forscher wie Praktiker, sehen ihre Aufgabe darin, das Defizit zu orten und nach bestem Vermögen zu korrigieren, ohne von diesen Maßnahmen allzuviel zu erhoffen: Denn diese Leute sind nun einmal so und wollen sich gar nicht wirklich ändern.

Eine Alternative bietet sich an: Verwerfen wir das Defizitmodell zugunsten einer wissenschaftlichen, praktischen und politischen Orientierung, die sich zum Transformationsexperiment bekennt. Solche Transformationsbestrebungen haben zwei Ziele: Erstens dienen sie den Zwecken der Wissenschaft nach *Dearborns* Diktum: „Wenn Sie etwas verstehen wollen, versuchen Sie, es zu ändern.“ Weshalb aber sollten wir die bestehende soziale Ordnung in Frage stellen, verändern und umbilden, wenn nicht, um menschlichen Lebensraum menschlicher zu machen, um neue Mikro-, Meso- und Exosysteme zu schaffen, die den Bedürfnissen der Menschen besser entsprechen, und diese Systeme, wenn sie funktionieren, in eine revidierte Konstruktionsanweisung unserer gesellschaftlichen Ordnung einzutragen?

Bronfenbrenner 1981, S. 266 ff.

Worterklärungen zu 3.3.1–3.3.3

Setting: Umgebung
trans...: darüber hinaus

Arbeitsanregungen zu 3.3.1–3.3.3

1. Was versteht der Autor unter „transkontextuellen Dyaden“?
2. Worin besteht der besonders entwicklungsfördernde Charakter solcher transkontextueller Dyaden?
3. Mit dem ökologischen Ansatz lassen sich bestimmte Schulschwierigkeiten von Kindern gut erklären.
   Um welche Schwierigkeiten handelt es sich dabei?

4. Wie sieht nach Bronfenbrenner die spezifische Wechselwirkung Schule – Elternhaus aus?
5. Welche Belege führt der Autor für diese Wechselwirkung an?
6. Welchen Erklärungswert hat der ökologische Ansatz (speziell des Mesosystems) für die Entwicklungsmöglichkeiten von Gastarbeiterkindern?
7. Die Elder-Untersuchung:
   a) Berichten sie verständlich und in Kurzform ihren Aufbau!
   b) Fassen Sie die wesentlichen Ergebnisse in zwei bis drei Sätzen zusammen!
8. Was meint Bronfenbrenner mit dem Defizitmodell der Entwicklung?
9. Inwiefern kritisiert der Autor dieses Defizitmodell?
10. Wie will der Autor das Defizitmodell ersetzen?
    a) Suchen Sie die entsprechenden Textstellen, und
    b) fassen Sie sie in eigene Worte.

4 Interaktion und retroaktive Sozialisation – Leo Montada

(...) Hat man früher gefragt, wie das Kind durch seine familiäre Umwelt geformt wird, so fragt man heute umgekehrt, wie das Kind oder der Jugendliche auf die Familie rückwirken. Es wird also z. B. nicht nur gefragt, wie sich Scheidung auf die Kinder auswirkt, sondern auch, was Kinder zur Ehezufriedenheit oder zur Scheidungsneigung der Eltern beitragen, nicht nur, was eine Mutter einem Kind Gutes oder Schlechtes antut, sondern auch, was ein Kind einer Mutter Gutes oder Schlechtes antut, was dann wiederum auf das Kind rückwirken mag.

Interaktion und retroaktive Sozialisation

Neuerdings wird das tradierte Wirkungsmodell, nach dem Entwicklung und Fehlentwicklungen der Kinder durch Eltern und Erzieher verursacht werden, ergänzt durch die Beachtung der von den Kindern ausgehenden Einflüsse auf Eltern und Erzieher und darüber hinaus auf die kulturelle Entwicklung insgesamt. Konzepte wie retroaktive Sozialisation (...), bilaterale Sozialisation (...), intergenerationale Sozialisation (...) oder umgekehrte (reversed) Sozialisation (...) bezeichnen diesen Perspektivenwechsel. (...)

Es gibt mehrere Bahnen eines umgekehrten Einflusses von Kindern auf ihre Eltern und Erzieher. Von der Schwangerschaft bis ins hohe Alter „stellen“ Kinder ihren Eltern eine Abfolge von Entwicklungsaufgaben: Geburt, Versorgung und Betreuung des Kleinkindes, Einschulung, Berufswahlen, Partnerschaften, Auszug aus der Familie sind kritische Übergänge für die Eltern, die augenfällige Veränderungen im Tagesablauf, im Beruf und der Partnerschaft mit sich bringen. Die Sinngehalte des Lebens, die Verantwortlichkeiten, das Selbstbild und aktuelle Befindlichkeiten, die Interessenstrukturen der Eltern u.a.m. werden durch die Existenz und die Eigenarten, die Entwicklungsfortschritte und -probleme des Kindes wesentlich geprägt.

In der „Child effect“-Forschung sind Anpassungen der Eltern untersucht worden. Rheingold (1969) beschrieb z. B., wie bereits das Baby durch Weinen und Lächeln, durch Unmut und Behagen die Eltern steuert, ohne daß dieses bewußte Handlungen wären. Später verlangen Freizeitinteressen, Moden, Freunde, Krankheiten und Schwächen des Kindes Anpassungsleistungen.

Weiter vermitteln Kinder ihren Eltern häufig Fertigkeiten, schulisches und außerschulisches sowie berufliches Wissen. Von besonderem Interesse ist der Einfluß von Kindern und Heran-

wachsenden auf den Wandel von Ansichten, Einstellungen und Wertungen der Eltern. Ob es um die Höhe des Taschengeldes, um Haar- und Kleidermoden, Konsum von Medien, Ausgeherlaubnis, sexuelle Normen oder politische und gesellschaftliche Werte geht: in jeder Altersphase konfrontieren Kinder ihre Eltern mit „abweichenden" Ansichten und Wertungen (...). Es geht häufig konkret um Privilegien, um die Aufhebung von Verboten und Forderungen, um die Durchsetzung von Freiheiten. Auch Einstellungen zu Personen und Gruppen, zu ökologischen und politischen Themen führen nicht selten zu Konfrontationen.

Pauls und Johann (1984) haben die Methoden zusammengetragen, die Kinder zur Beeinflussung ihrer Eltern verwenden: konstruktiv-aktive Steuerung (z. B. logisches Argumentieren, Kompromißaushandlung), Vorwürfe und oppositionelle Steuerung (z. B. Drohen, Trotzen, Fordern, Erpressen), Steuerung durch Bestrafung (Schreien, Nerven, für die Eltern unangenehmes Verhalten in der Öffentlichkeit), Steuerung durch Ignorieren elterlicher Normen, passiv-resignative Steuerung (z. B. demonstrative Hilf- und Machtlosigkeit), Steuerung durch Schmusen und Schmeicheln. Auch das Verlangen einer Begründung von Vorschriften und Verboten, von Einstellungen und Urteilen erzwingt eine Reflexion und führt nicht selten zu einer Revision.

Die Wirkungen der kindlichen Verhaltensweisen sind den Eltern zum Teil durchaus bewußt. In Befragungen erinnert sich jeweils die Mehrzahl der Eltern an Einflußversuche bzw. an erfolgreiche Einflüsse ihrer Kinder. Angress (1975) berichtet z. B., daß 60% der Mütter im mittleren Erwachsenenalter angaben, bezüglich des Geschlechtsrollenverhaltens und des sexuellen Verhaltens von ihren Töchtern beeinflußt worden zu sein.

Baranowski (1978) befragte 84 Jugendliche und jeweils beide Eltern, ob und in welchen Verhaltensbereichen die Jugendlichen Einflußversuche auf das elterliche Verhalten genommen hätten. Beide Seiten gaben an, daß die meisten der Einflußversuche in gewissem Grade erfolgreich waren. In dieser Studie wurden sowohl Persönlichkeitsmerkmale der Jugendlichen als auch der Väter erhoben und als Einflußfaktoren nachgewiesen. So unternahmen Jugendliche mit ausgeprägten Selbständigkeitsbedürfnissen mehr Einflußversuche (sowohl nach eigener wie nach elterlicher Einschätzung), und dominante Väter nahmen weniger Einflußversuche der Jugendlichen wahr als nicht dominante Väter. Demokratische Väter sind häufigeren Einflußversuchen ausgesetzt als autokratische usw.

Alltagsbeobachtungen zeigen, daß die Jugendlichen immer wieder und mit zunehmendem Alter immer mehr die familiären Rollenverteilungen in Frage stellen. Besonders typisch ist der Aufbruch tradierter geschlechtstypischer Verhaltensweisen. Häufig wehren sich die Töchter nicht nur gegen die traditionelle Frauenrolle, sondern fordern auch von den Müttern und Vätern einen diesbezüglichen Wandel und unterstützen die Mütter bei entsprechenden Bemühungen.
Die Perspektive der retroaktiven Sozialisation ist eine notwendige Ergänzung der traditionellen Sicht. Obwohl sie ebenfalls unidirektional ist, führt sie doch zu einer neuen Betrachtung sozialer Systeme, in denen alle Partner interagieren und sich gegenseitig beeinflussen. (...)

Oerter/Montada 1987, S. 78 ff.

Worterklärungen zu 4

retroaktiv: (wörtlich: zurückhandelnd) rückwirkend
tradiert: überliefert, weitergegeben
bilateral: zweiseitig
intergenerational: die Zeitspanne zwischen den Generationen betreffend
dominant: beherrschend
unidirektional: in eine einzige Richtung weisend

Arbeitsanregungen zu 4

1. Geben Sie entweder die Ergebnisse der Untersuchung von Pauls und Johann oder die von Baranowski wieder.
2. Welcher eigenen Einflüsse auf Ihre Mutter und/oder Ihrem Vater sind Sie sich bewußt? Bitte ausführen!

5 Ausgewählte Entwicklungsverläufe aus unterschiedlicher theoretischer Sicht

5.1 Zur Bedeutung der vorgeburtlichen Entwicklung gemäß der Bindungstheorie in der Tradition von Bowlby* – Th. Verny / J. Kelly

5.1.1 Vorgeburtliche Mutter-Kind-Bindung*

Vor einigen Jahren stieß ich auf die bemerkenswerten Arbeiten des Schweizer Kinderarztes Stirnimann. Sein Forschungsgebiet – das Schlafverhalten von Neugeborenen – war nicht neu, in wissenschaftlichen Bibliotheken gibt es darüber Dutzende von Arbeiten. Der einzige Unterschied zu den anderen Untersuchungen ist, daß Stirnimann die Erklärungen nicht wie die anderen Forscher nach der Geburt sucht, sondern zeitlich einen Schritt zurückgeht – in die vorgeburtliche Phase.

Dieser einfallsreiche neue Ansatz machte einen gewaltigen Unterschied. Stirnimanns Ergebnisse zeigen, daß es für die Schlaf-Wach-Rhythmen von Neugeborenen eine einfache Ursache gibt und daß sie nichts mit den Fütter- und Pflegezeiten oder mit irgendeinem anderen nachgeburtlichen Ereignis zu tun haben. Sie werden schon Monate früher, in utero, durch die Mutter angelegt. In seiner Untersuchung bewies Stirnimann diese Tatsache auf beispielhaft einfache Weise. Er wählte zwei Gruppen von Schwangeren mit unterschiedlichen Schlafgewohnheiten – Morgenmenschen und Abendmenschen. Nach der Entbindung beobachtete er die Schlafgewohnheiten der Babys dieser Frauen. Wie erwartet waren die Kinder der Frühaufsteher alle ebenfalls morgens früher munter; die Babys der anderen Frauen schliefen abends ebenfalls später ein.

Dies fast perfekte Beispiel für vorgeburtliches *bonding* – das ist der einzig richtige Ausdruck dafür – begeisterte mich. Durch den Schritt rückwärts hatte Stirnimann zeigen können, daß schon Ungeborene ihre Rhythmen so präzise mit der Mutter synchronisieren können wie neugeborene Babys.

Wir wissen natürlich, wie lebenswichtig das *bonding* für ein Neugeborenes ist. Babys, denen es gelingt, sich mit der Mutter zu synchronisieren, haben bessere Chancen zu überleben. Aber der Vorgang der Synchronisation ist sehr komplex, und es hat mich immer gewundert, daß so viele Mütter und Babys ihn fehlerlos und auf Anhieb schaffen.

Neuere Untersuchungen lassen vermuten, daß einige der mütterlichen Reaktionen dabei biologisch gesteuert sind. Aber selbst mit dieser biologischen Unterstützung – wie können zwei sich angeblich völlig fremde Menschen ein so ausgefeiltes und zeitlich bis ins Detail festgelegtes Zusammenspiel vollbringen, ohne wenigstens einmal vorher geübt zu haben?

Stirnimanns Untersuchung zeigt, daß Mutter und Kind schon Monate vor der Geburt beginnen, ihre Rhythmen und Reaktionen miteinander zu verzahnen. Das läßt nur einen Schluß zu: Das *bonding* nach der Geburt ist nicht, wie bisher angenommen, ein einzelnes und isoliertes Phänomen, sondern die Fortsetzung eines Bindungs-Prozesses, der schon lange davor, in der Schwangerschaft, begonnen hat. (...)

Alle diese neuen Forschungen lassen vor uns das Bild eines vorgeburtlichen *bonding*-Systems entstehen, das mindestens so komplex, nuanciert und ausgefeilt ist, wie die Matrix der nachgeburtlichen Bindung. Tatsächlich sind beide Bindungsprozesse Teile desselben lebendigen Kontinuums: Was nach der Geburt geschieht, ist eine Weiterentwicklung dessen, was schon vorher war, und hängt davon ab.

Diese Erkenntnis erklärt auch die überraschenden Fähigkeiten des Kindes nach der Geburt. Es kann die Küsse, Liebkosungen, Blicke und anderen Signale der Mutter deshalb so gut beantworten, weil es sie schon so lange kennt. Die Körper- und Augensprache der Mutter zu verstehen, ist gar nicht so schwer, wenn man schon im Mutterleib geübt hat, die Gefühle und Gedanken der Mutter zu lesen.

Die Untersuchungen von Frau Dr. Lukesch und Dr. Rottmann haben die fast beängstigenden Fertigkeiten der Neugeborenen auf diesem Gebiet gezeigt. Ein noch beeindruckenderes Beispiel für die Kommunikation zwischen Müttern und Ungeborenen lieferte ein Referat, das der angesehene österreichische Geburtshelfer Emil Reinold unlängst auf einem Treffen der Internationalen Gesellschaft für Pränatale Psychologie hielt. Das Thema war die fetale Reaktion auf mütterliche Emotionen, gleichzeitig zeigte das Referat, wie das Ungeborene aktiv zum intrauterinen *bonding* beiträgt.

So wie Stirnimanns Versuch war auch dieser verblüffend einfach angelegt. Schwangere Frauen sollten sich für 20 oder 30 Minuten mit dem Gesicht nach unten unter das Ultraschallgerät legen. Dr. Reinold sagte den Frauen absichtlich nicht, daß sich ein Ungeborenes in dieser Haltung meistens auch entspannt und nicht bewegt. Sobald das ungeborene Kind ruhig geworden war, erfuhr die Mutter, auf dem Monitor seien keine fetalen Bewegungen zu sehen. Wie erwartet und beabsichtigt, löste das bei ihr einen großen Schrecken aus. Dr. Reinold wollte sehen, wie schnell sich die Angst der Mutter dem Kind mitteilt und wie es darauf reagiert. In allen Fällen kam die Reaktion sehr rasch: Nach nur wenigen Sekunden begann das Ultraschallbild zu flimmern. Keines der Kinder war in akuter Gefahr. Aber sobald sie die Angst der Mutter fühlten, begannen sie mächtig zu strampeln.

Wahrscheinlich wurde ihre Reaktion zum Teil durch den Anstieg von Adrenalin im Blut der Mutter verursacht, aber nur zum Teil. Auf einer anderen Ebene reagierten die Kinder auch empathisch auf die Angst der Mutter.

Zwischen Mutter und Kind gibt es drei unabhängige Verbindungswege. Mit nur ein oder zwei Ausnahmen können alle drei Systeme Botschaften vom Kind zur Mutter und umgekehrt befördern. Das erste, das physiologische, ist als einziges meßbar und in gewissem Sinne

Pablo Picasso: *Mutter und Kind*

unverzichtbar. Sogar eine Mutter, die ihr Kind ablehnt, bleibt in biologischem Kontakt mit ihm, auch wenn dieser sich vielleicht darauf beschränkt, das Baby mit Nährstoffen zu versorgen. Natürlich kommt es darauf an, wie Mutter und Kind diese physiologische Verbindung nutzen.

Der zweite, über die Verhaltensweise führende Weg zwischen Mutter und Kind läßt sich am leichtesten von allen dreien beobachten und erklären. Hunderte von Untersuchungen belegen zum Beispiel, daß ein Ungeborenes strampelt, wenn es sich unwohl fühlt, Angst hat, erschreckt oder verwirrt ist. Kürzlich wurde nun entdeckt, daß auch die Mutter sich dem Kind durch ganz bestimmte Verhaltensweisen mitteilt. Eine der verbreitetsten ist das Streicheln des Bauches – diese tröstende Geste kann man bei Schwangeren auf der ganzen Welt beobachten.

Die dritte Verbindung, in vielerlei Hinsicht die am schwersten beschreibbare, nenne ich die empathische Kommunikation. Sie enthält mit Sicherheit Elemente der beiden anderen Verbindungen, ist aber tiefer und umfassender. Liebe ist ein gutes Beispiel dafür. Wie kann ein sechs Monate alter Fetus wissen, daß er geliebt wird? Weil die Mutter den Bauch streichelt, weil sie sich vernünftig ernährt, weil sie auf die Botschaften des Kindes eingeht? Das alles ist sicher richtig, aber nicht die ganze Wahrheit.

Die Schreifrequenz neugeborener Babys ist ein zweites Beispiel für empathische Kommunikation. Wie kommt es, daß chinesische Babys sogar von den ersten Lebensstunden an ruhiger sind als amerikanische Neugeborene? Das Verhalten sagt natürlich viel über die jeweilige Kultur aus, in die das Kind hineingeboren wird, aber wie kann ein nur drei Stunden oder auch drei Tage altes Kind wissen, welches Verhalten von ihm in seinem Kulturkreis erwartet wird? Das ist, glaube ich, nur durch empathische Kommunikation möglich. (...)

Die Leute fragen sich, wie ein Kind mütterliche Botschaften entschlüsseln soll, die „Liebe" oder „Trost" bedeuten, wenn es absolut noch keine Möglichkeit hat, zu wissen, was diese Gefühle eigentlich sind.

Den ersten Schimmer einer Antwort auf diese Frage lieferte der amerikanische Biologe und Psychologe W. B. Cannon, als er im Jahre 1925 bewies, daß Angst und Furcht biochemisch ausgelöst werden können, durch die Einspritzung bestimmter Chemikalien, den Katecholaminen[1], die natürlicherweise im Blut verängstigter Tiere und Menschen vorhanden sind. In Dr. Cannons Versuchen wurden die Kathecholamine aus dem Blut erschreckter Tiere gewonnen und einer zweiten Gruppe von entspannten Tieren eingespritzt. Nach wenigen Sekunden und ohne äußeren Anlaß zeigten auch die ruhigen Tiere Schreckreaktionen.

Dr. Cannon entdeckte in der Folge, daß diese ungewöhnliche Reaktion erzeugt wurde, weil die Katecholamine wie ein zirkulierendes Feueralarmsystem wirken. Erst einmal im Blutstrom, erzeugen sie alle physiologischen Reaktionen, die wir mit Furcht und Angst verbinden, und ob es sich um den Blutkreislauf eines Tieres oder eines ungeborenen Kindes handelt, spielt dabei keine Rolle. Der einzige Unterschied im Fall des Ungeborenen ist, daß diese Substanzen hier von der Mutter kommen, wenn sie in Angst gerät. Sobald sie dann durch die Plazentaschranke gelangen, machen sie auch dem Kind Angst.

Streng genommen sind die Angst und Furcht des Ungeborenen also weitgehend physiologische Reaktionen. Die Wirkung der mütterlichen Hormone auf den Körper des Kindes sind direkter, schneller und leichter meßbar als die auf die Psyche. Und doch stoßen diese Substanzen das Kind auch dazu an, ein einfaches Bewußtsein seiner selbst und des rein seelischen Aspekts von Gefühlszuständen zu entwickeln.

Verny, Th./Kelly, J.: Das Seelenleben des Ungeborenen. Frankfurt a. M.: Ullstein 1983. S. 64 ff.

[1] Diese Substanzen – darunter Epinephrin, Norepinephrin und Dopamin – wirken als Transmitter [Sender] im autonomen Nervensystem.

Worterklärungen zu 5.1.1

synchronisieren: verschiedene Vorgänge zum Gleichklang bringen
empathisch: einfühlsam

Arbeitsanregungen zu 5.1.1

1. Welche Verbindungswege zwischen dem ungeborenen Kind und der Mutter nennen die Autoren?
2. Die Autoren versuchen auf verschiedene Weise zu erklären, wie mütterliche Liebe das Ungeborene erreicht. Erläutern Sie zwei solche Möglichkeiten.

Vater und Fetus*

Wie sieht es nun mit dem Einfluß des Vaters aus? Wie ich schon früher erwähnte, weisen alle Untersuchungen darauf hin, daß die Qualität der Beziehung der Frau zu ihrem Mann oder ihrem Partner – ob sie sich glücklich und sicher fühlt, oder im Gegenteil bedroht und zu wenig beachtet – einen entscheidenden Einfluß auf ihr ungeborenes Kind hat. Frau Dr. Lukesch zum Beispiel mißt der Qualität der ehelichen Beziehung nach der Einstellung der Frau zur Mutterschaft die zweitgrößte Wichtigkeit für das Kind zu.

Auch Dr. Stott wertet eine schlechte Ehe oder schlechte Beziehung als eine der wichtigsten Ursachen für seelische und psychische Schäden im Mutterleib. Auf Grund einer neueren Untersuchung an 1200 Kindern und ihren Familien schätzt er, daß für eine Frau, die in einer stürmischen Ehe gefangen ist, das Risiko, ein psychisch oder physisch geschädigtes Kind zu bekommen, um 237 Prozent höher ist als für eine Frau in einer sicheren, geborgenen Beziehung.

Sogar so allgemein bekannte Gefahren wie etwa Erkrankungen, Zigaretten oder schwere körperliche Arbeit in der Schwangerschaft bedeuten ein geringeres Risiko für das Ungeborene, sagt Dr. Stott, und seine Zahlen sind überzeugend. Er fand heraus, daß die Kinder aus unglücklichen Ehen als Babys fünfmal häufiger ängstlich und unruhig waren als die Kinder aus glücklichen Beziehungen. Bis weit in die Kindheit hinein wurden diese Babys von Problemen gequält. Mit vier oder fünf Jahren waren nach Dr. Stotts Untersuchung überdurchschnittlich viele von ihnen klein, schüchtern und emotional übermäßig abhängig von der Mutter. Diese Zahlen sind beunruhigend. Aber wir müssen uns auch daran erinnern, daß eine starke, fürsorgliche Mutter-Kind-Beziehung den Fetus sogar bei einem sehr traumatischen Schock beschützen kann.

Außerdem gibt es in der menschlichen Psychologie keine hundertprozentigen Korrelationen. Das Kind aus einer unglücklichen Ehe oder von einer „kalten“, „ambivalenten“ oder sogar „katastrophalen Mutter“ muß nicht zwangsläufig später zu einem Fall von Schizophrenie, Alkoholismus, Promiskuität oder Zwangsneurose werden. Nichts in der Psyche ist so festgelegt. Aber der Mutterleib ist die erste Welt des Menschen. Wie er diese erlebt – als freundlich oder feindlich – erzeugt in seiner Persönlichkeit, im Charakter bestimmte Prädispositionen (...)

Verny/Kelly 1983, S. 36ff.

5.1.2 Fähigkeiten des Fetus*

(...) [Es gibt] harte, unumstößliche physiologische Beweise dafür, daß der Fetus ein hörendes, fühlendes und empfindsames Wesen ist.

Ihre erregenden Entdeckungen gaben der wackeligen Wissenschaft von der pränatalen Psychologie ein neues Gesicht, da sich aus ihren Arbeiten allmählich ein Ungeborenes abzeichnete, das emotional, geistig und physisch sogar höher entwickelt ist, als es Pioniere wie Winnicott und Kruse sich vorgestellt hatten.

Untersuchungen zeigen zum Beispiel, daß der Embryo schon in der fünften Woche ein überraschend komplexes Repertoire an Reflexhandlungen entwickelt hat. In der achten Woche kann er nicht nur Kopf, Arme und Rumpf mühelos bewegen, er hat mit diesen Bewegungen sogar schon eine einfache Körpersprache erarbeitet. So drückt er seine Vorlieben und Abneigungen mit gezielten Püffen und Tritten aus. Stöße zum Beispiel kann er ganz und gar nicht leiden. Drücken Sie auf den Bauch der Mutter, oder stoßen und zwicken Sie diesen – das zweieinhalb Monate alte Kind wird sich rasch wegwinden, wie man dank verschiedener Techniken beobachten konnte.

Damit läßt sich vielleicht auch erklären, warum manche Neugeborene nachts so aktiv sind. In utero war die Nacht der geschäftigste Teil des Tages für das Baby. Denn wenn die Mutter im Bett liegt, ist sie alles andere als entspannt und ruhig. Sodbrennen, Magenbeschwerden und Wadenkrämpfe – immer wieder bewegt sie sich hin und her, und mit Sicherheit muß sie wenigstens zwei- oder dreimal zur Toilette. Daher ist die Vermutung, daß das Kind mit einem zeitverkehrten Schlafrhythmus zur Welt kommt, sicher nicht an den Haaren herbeigezogen.

Die Gesichtsmimik in den Griff zu bekommen, nimmt mehr Zeit in Anspruch als die Kontrolle der allgemeinen Körperbewegungen. Im vierten Monat kann das Ungeborene die Stirne runzeln, schielen und Grimassen schneiden. Etwa zur selben Zeit erwirbt es auch die wichtigsten Reflexe: Streichen Sie ihm einmal über die Augenlider (was experimentell in utero schon getan wurde), und es runzelt die Stirne, anstatt sich, wie früher, mit dem ganzen Körper wegzuwinden. Und wenn man seine Lippen streichelt, beginnt es sofort zu saugen.

Vier bis acht Wochen später ist es so empfindsam für Berührungen wie jedes Einjährige. Wird seine Kopfhaut versehentlich während einer medizinischen Untersuchung gekitzelt, zieht es den Kopf schnell zurück. Es hat auch eine heftige Abneigung gegen kaltes Wasser. Wenn kaltes Wasser in den Leib der Mutter injiziert wird, beginnt es wild zu strampeln.

Vielleicht das Erstaunlichste an diesem durch und durch erstaunlichen Wesen ist sein differenzierter Geschmack. Wir stellen uns den Fetus im allgemeinen nicht als einen Feinschmecker vor. Aber gewissermaßen ist er das. Wenn man seine normalerweise fade Fruchtwasser-Ernährung mit Saccharin versetzt, verdoppelt sich die Zahl der Schluckbewegungen des Kindes. Gibt man ein faulig-schmeckendes, jodähnliches Öl dazu, Lipidol, sinkt nicht nur die Zahl der Schluckbewegungen steil ab, das Kind verzieht auch das Gesicht.

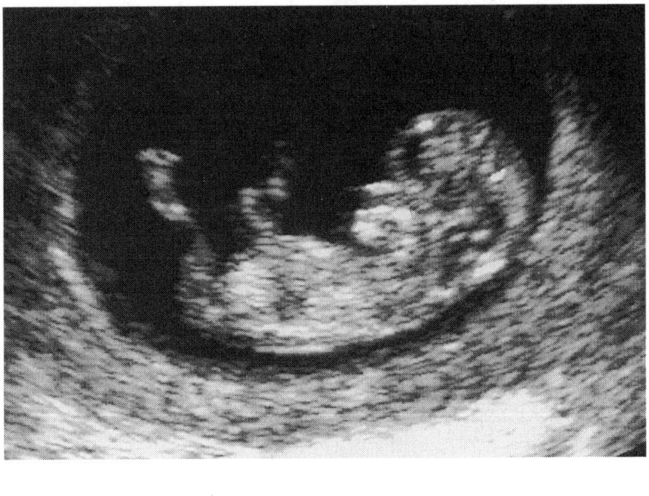

Ultraschall-Aufnahme eines Fetus

Neuere Untersuchungen zeigen auch, daß das Ungeborene von der 24. Woche an ununterbrochen hört. Und es gibt eine Menge zu hören, denn im schwangeren Leib und in der Gebärmutter geht es sehr geräuschvoll zu. Das Magenknurren der Mutter ist das lauteste Geräusch für das Kind. Die Stimmen von Mutter und Vater und andere gelegentliche Geräusche sind leiser, aber doch noch wahrnehmbar. Der Ton, der jedoch in seiner Welt vorherrscht, ist der rhythmische Schlag des mütterlichen Herzens. Solange es im gewohnten Rhythmus pocht, weiß das Ungeborene, daß alles in Ordnung ist – es fühlt sich geborgen. (...)
Boris Brott ist überzeugt, daß sein Interesse an Musik schon im Mutterleib geweckt wurde. Viele andere Musiker, darunter Arthur Rubinstein und Yehudi Menuhin, behaupten dasselbe. Überdies hat die Audiologin Michele Clements in einer Reihe fesselnder neuer Untersuchungen gezeigt, daß das Ungeborene ganz bestimmte musikalische Vorlieben und Abneigungen hat und daß es sehr wohl unterscheiden kann. Wie schon erwähnt, ist Vivaldi einer der Lieblingskomponisten von ungeborenen Kindern, auch Mozart gehört dazu. Dr. Clements berichtet, daß bei ausnahmslos allen Kindern der Herzschlag regelmäßiger würde und die Babys weniger strampelten, wann immer eine der erhebenden Kompositionen dieser Künstler gespielt wurde. Dagegen machen die Musik von Brahms und Beethoven und alle Arten von Rockmusik die meisten Ungeborenen unruhig. Sie beginnen, heftig zu strampeln, wenn Schallplatten dieser Art ihren schwangeren Müttern vorgespielt werden. (...)
Neuere neurologische Untersuchungen beweisen nicht nur, daß das Bewußtsein – die wichtigste der drei Voraussetzungen – schon in utero vorhanden ist, sondern sie bestimmen auch ziemlich genau den Zeitpunkt seines Erwachens. Dr. Dominick Purpura, Herausgeber der sehr angesehenen Zeitschrift *Brain Research* [Gehirnforschung] und Leiter der Abteilung für Gehirnforschung des National Institute of Health, schätzt, daß das Bewußtsein zwischen der 28. und 32. Woche beginnt. Zu diesem Zeitpunkt, bemerkt er, sind die Nervenleitungen des Gehirns so weit entwickelt wie bei einem Neugeborenen. Das ist eminent wichtig, weil die Botschaften quer durch das Gehirn und vom Gehirn zu den verschiedenen Körperteilen durch diese Leitungen übertragen werden. Ungefähr zur gleichen Zeit reift die Großhirnrinde so weit heran, daß sie das Bewußtsein tragen kann. Das ist ebenso wichtig, denn die Großhirnrinde ist der höchstentwickelte, komplexeste Teil des Gehirns, sein menschlichster Teil. Ihn benutzen wir, wenn wir Raumschiffe bauen, Bücher schreiben oder Wolkenkratzer entwerfen.
Einige Wochen später werden auch die Gehirnströme sichtbar; damit wird es leicht, zwischen den Schlaf- und Wachzuständen des Kindes zu unterscheiden. Sogar wenn es schläft, ist es jetzt geistig aktiv. Von der 32. Woche an zeichnet das EEG [die Messung der Gehirnströme] REM-Phasen auf, was bei einem Erwachsenen bedeutet, daß er gerade träumt. Zwar kann man nicht wissen, ob die REMs des Fetus die gleiche Bedeutung haben, aber sollte das Kind schon träumen, unterscheiden sich seine Träume – abgesehen davon, daß sie anders erlebt werden – wahrscheinlich nicht sehr von den unsrigen. (...)

Verny/Kelly 1983, S. 30ff.

Arbeitsanregungen zu 5.1.2

1. Welche der referierten Forschungsergebnisse halten Sie für besonders beachtenswert?
2. Im wievielten Monat sind die Nervenleitungen des Gehirns des Ungeborenen so weit entwickelt wie beim Neugeborenen?

5.1.3 Über vorgeburtliche Ursachen von Ängstlichkeit und Nervosität*

(...) Physiologisch gesehen haben Mutter und Kind nicht dasselbe Gehirn und nicht dasselbe autonome [vegetative] Nervensystem. Das Gehirn und das autonome Nervensystem steuern die Wahrnehmungen, den Fluß und die Wirkung der Emotionen. Mutter und Kind haben beide ihr eigenes neurologisches System und ihren eigenen Blutkreislauf. Deshalb sind die neurohormonalen Verbindungsglieder lebenswichtig, sie sind einer der wenigen Wege, über die Mutter und Kind emotionale Zwiesprache halten können. Meistens ist es die Mutter, die den Dialog beginnt. Sobald das Gehirn eine Handlung oder einen Gedanken registriert, verwandelt es diese augenblicklich in eine Emotion und ordnet dem Körper an, eine Reihe angemessener Reaktionen auszuführen. Diese Umwandlung findet in der Großhirnrinde statt, in der äußeren Schicht des Gehirns. Direkt darunter, im Hypothalamus, werden die Wahrnehmung oder der Gedanke emotional getönt und mit einem adäquaten Satz körperlicher Empfindungen versehen. Dieser Vorgang funktioniert auch in der umgekehrten Reihenfolge. Die Empfindung – zum Beispiel Schmerz im Arm – wird zuerst im Hypothalamus in eine Emotion übersetzt, beispielsweise in Angst, und eine tausendstel Sekunde später in der Großhirnrinde in einen Gedanken: „Mein Arm ist gebrochen.“

Alle Empfindungen, die für uns Zustände wie Angst, Depression oder Aufregung begleiten, gehen vom Hypothalamus aus. Aber die eigentlichen physischen Veränderungen, die durch die Emotionen hervorgerufen werden, entstehen in den zwei vom Hypothalamus beherrschten Zentren – im Drüsensystem und im autonomen Nervensystem. Wenn eine Schwangere plötzlich Angst bekommt, signalisiert der Hypothalamus dem autonomen Nervensystem, daß sich der Herzschlag beschleunigen und die Pupillen sich erweitern sollen, daß die Handinnenflächen feucht werden und der Blutdruck sich erhöht. Gleichzeitig wird dem Drüsensystem aufgetragen, die Hormonproduktion anzukurbeln. Wenn die Neurohormone dann den Kreislauf überfluten, verändern sie die biochemischen Vorgänge im Körper der Frau und schließlich auch im Ungeborenen. Ich habe Angst als Beispiel gewählt. Aber der gleiche Prozeß kann auch durch jedes andere Gefühl in Gang gesetzt werden, sofern es intensiv genug ist und lange genug anhält, um die normalen biologischen Rhythmen eines Kindes zu verändern.

Auf diese Weise kann eine emotionale Anfälligkeit für Angst geschaffen werden. Das ist ein eher seelischer als körperlicher Prozeß, und wir werden ihn später noch genauer betrachten. Es sei hier nur betont, daß ein im Mutterleib mit Angst bombardiertes Kind dazu konditioniert werden kann, selber ängstlich zu werden. Noch gravierender ist es, wenn durch Veränderungen der emotionalen Schaltstellen des Körpers eine physische Anfälligkeit für Angst entsteht. Wann das Gehirn oder das Nervensystem des Fetus am empfindlichsten für die Überflutung mit mütterlichen Streßhormonen ist, wissen wir nicht. Wir wissen auch nicht genau, welche Veränderungen diese Hormone auslösen. Allerdings lassen neuere Untersuchungen vermuten, daß der Hypothalamus des Fetus und seine Außenposten im Körper ganz besonders anfällig sind.

Das ist sehr beunruhigend, weil der Hypothalamus der „Gefühlsregler“ unseres Körpers ist. Wenn er bei einem Kind zu hoch oder zu niedrig eingestellt ist, können er oder die von ihm abhängigen Mechanismen – wie die Drüsensekretion oder das autonome Nervensystem – nicht reibungslos funktionieren. Es gibt direkte und indirekte Beweise für die Anfälligkeit des Hypothalamus. Zu den indirekten zählt die Arbeit eines Forscherteams der Columbia University, bei der die Auswirkungen von Hunger, nicht Streß, auf das Ungeborene untersucht wurden. Bedeutsam ist diese Untersuchung für uns, weil sie zeigt, daß in kritischen Phasen der Schwangerschaft äußere Ereignisse die Entwicklung des Hypothalamus beeinflussen (unter anderem reguliert der Hypothalamus unser Hungergefühl). Das Team untersuchte die Krankengeschichte von Holländerinnen und ihren Söhnen, die einer Hungersnot ausgesetzt gewesen waren.[1] In dieser Gruppe waren häufig schwere Übergewichtsprobleme anzutreffen. In welchem Maße, hing weitgehend davon ab, in welchem Entwicklungsstadium die Ungeborenen (jetzt erwachsene Männer) von der Hungersnot betroffen waren. Schwere Hungersnot in den ersten vier bis fünf Monaten der Schwangerschaft scheint die schlimmsten Folgen zu haben. Männer, die in dieser Lebensphase unterernährt worden waren, hatten sehr häufig Übergewicht. Die Forscher schlossen daraus, daß Unterernährung in dieser Phase den Aufbau des Hypothalamus, der die Nahrungsaufnahme steuert, angreift.

Einen direkten Beweis für den Einfluß von Streß auf die Entwicklung des Hypothalamus liefert eine neuere finnische Untersuchung. Alle Versuchspersonen hatten ihren Vater verloren, entweder noch in utero oder kurz nach der Geburt. Genau dieser Unterschied interessierte die Ärzte Dr. Matti Huttunen und Dr. Pekka Niskanen. Natürlich ist der Tod des Ehemannes eine sehr starke Belastung für die Frau, und es ist klar, daß sich diese Belastung auf das Kind überträgt. Den Wissenschaftlern ging es dabei um die Frage, wann diese Wirkung stärker ist, vor oder nach der Geburt. Ein Blick auf die Lebensgeschichte ihrer Versuchspersonen lieferte die Antwort: Die Rate der psychischen Störungen, vor allem Schizophrenie, war höher bei jenen, die ihren Vater schon in utero verloren hatten. Für die Wissenschaftler schien dies Ergebnis über eine rein psychologische Erklärung hinauszugehen. In ihren Augen war die überdurchschnittliche Häufigkeit seelischer Störungen in der einen Gruppe ein Hinweis auf eine biologische Fehlfunktion. Die Untersucher kamen zu dem Schluß, daß die Integration des Hypothalamus, des körperlichen Gefühlszentrums, durch die Probleme der Mütter ungünstig beeinflußt worden war.

Man darf jedoch nicht vergessen, daß beide Untersuchungen die Folgen von sehr ausgeprägtem Streß erfaßten. Hungersnot oder der Tod des Partners sind keine häufigen Erfahrungen für schwangere Frauen. Was eine Schwangere normalerweise an Streß und Angst erlebt, ist meist weniger schlimm, und das gleiche gilt für die Auswirkungen auf das Kind. Schwächere Streßfaktoren können dazu führen, daß das Kind später schlecht ißt, viel schreit, sich auffällig verhält und zu Durchfällen neigt. Ein solches Kind nennt man meist Bauchweh-Kind. Ich vermute, daß diese Verhaltensweisen mit kleineren, durch Streß ausgelösten Störungen im Hypothalamus oder noch wahrscheinlicher im autonomen Nervensystem zusammenhängen.

Einfach ausgedrückt: Unser autonomes Nervensystem sorgt dafür, daß unser Innenleben reibungslos und effizient funktioniert, ohne bewußte Anstrengung unsererseits. Wenn ich anfange zu rennen oder schwere körperliche Arbeit verrichte, sorgt mein autonomes Nervensystem automatisch dafür, daß mein Atemrhythmus sich anpaßt. Wenn ich ein heißes Zimmer betrete oder bei kaltem Wetter draußen bin, nimmt es die notwendigen Angleichungen der Körpertemperatur vor. Es reguliert auch die Verdauungs- und Ausscheidungsvorgänge des Körpers. Daher gibt es leicht Magen-Darm-Probleme, wenn aus irgendeinem Grund das autonome Nervensystem oder sein Schaltzentrum, der Hypothalamus, nicht richtig funktioniert. Und daher glaube ich, daß die vielen scheinbar unerklärlichen Fälle von Magen-Darm-Problemen nach der Geburt Folgen solcher Störungen sind. Dr. Sontag ist ähnlicher Meinung. Vor einigen Jahren schrieb er in einer Veröffentlichung, daß ein reizbares oder überaktives autonomes Nervensystem sehr leicht Störungen der gastrointestinalen Motilität, des Tonus und der Funktion von Magen und Darm auslösen kann. Oder mit mehr Nachdruck in einer anderen Veröffentlichung: „Weil die Nervosität des Kindes die Kontrolle des Verdauungstraktes in Mitleidenschaft zieht, hat das Kind häufig Stuhlgang, erbricht leichter und ist ganz allgemein unruhiger!“

[1] Ende 1944 verhängten die Deutschen ein strenges Embargo über einige Teile Hollands, was dort zu Hungersnöten führte. Die Untersuchung stützt sich auf die Einberufungspapiere von Männern, die in dieser Zeit der Hungersnot gezeugt und ausgetragen wurden.

Diese Bedingungen können, müssen aber nicht Ernährungsprobleme mit sich bringen, oft aber führen sie zu Verhaltensstörungen. Ein Kind mit empfindlichem, überlastetem autonomen Nervensystem ist häufig überspannt, unruhig, zappelig, hyperaktiv. Im vorgeburtlichen Leben entspricht das der überdurchnittlichen fetalen Aktivität, die man in der Vorgeschichte von schüchternen, ängstlichen Kleinkindern häufiger findet als bei anderen Kindern. Wegen der ständigen Aktivität in utero kommen diese Babys oft mit etwas Untergewicht zur Welt. Darüber hinaus zeigt sich in Untersuchungen über Schulleistungen gehäuft eine Korrelation zwischen niedrigem Geburtsgewicht und schlechterem Lesevermögen.
Lesen setzt wie alle schulischen Fähigkeiten ein gewisses Maß an Intelligenz voraus, aber ebenso eine bestimmte Ausdauer. Man darf annehmen, daß die Kinder mit niedrigem Geburtsgewicht sich später auch deshalb schwerer beim Lesenlernen tun, weil sie zu unruhig und unkonzentriert sind, um längere Zeit stillzusitzen. Ihre Schulprobleme spiegeln also ihre Verhaltensprobleme wider. Dieser Zusammenhang wurde sehr deutlich in der British National Child Development Study, einem großangelegten staatlich geförderten Untersuchungsprojekt. Kinder mit einem niedrigen Geburtsgewicht hatten in dieser Untersuchung nicht nur mehr Probleme beim Lesenlernen als ihre Altersgenossen, sie wurden auch häufiger von ihren Lehrern als „problematisch“ oder „schwierig“ bezeichnet. Noch signifikanter war, daß, während solche Faktoren wie das Geschlecht, die Stellung in der Geschwisterreihe, das Rauchen der Mutter oder ihr Alter bei der Schwangerschaft entweder mit dem Lesevermögen oder mit Verhaltensproblemen korrelierten, das Geburtsgewicht mit beiden dieser untersuchten Größen korrelierte.
Selbst unter der Gefahr zu großer Vereinfachung könnte man alle diese Ergebnisse auf den folgenden Nenner bringen: Eine übermäßige mütterliche Produktion von Neurohormonen erzeugt beim Kind ein überempfindliches, überbelastetes Nervensystem, und das wiederum führt zu einem niedrigen Geburtsgewicht und/oder zu Schwierigkeiten beim Lesenlernen und/oder zu Verhaltensauffälligkeiten. (...)

Verny/Kelly 1983, S. 46 ff.

Worterklärungen zu 5.1.3

gastrointestinal: den Magen-Darm-Bereich betreffend
Motilität: Beweglichkeit
Tonus: Spannungszustand
Korrelation: statistische Beziehung für den Zusammenhang zwischen zwei Ereignissen

Arbeitsanregungen zu 5.1.3

1. Wie kann eine kindliche emotionale Anfälligkeit für Angst geschaffen werden?
2. Seelische Störungen bei Erwachsenen sind u. U. Folge vorgeburtlicher Belastungen. Welche Beispiele finden sich im Text dazu?

Die emotionale Bedeutung des mütterlichen Herzschlages

(...) Untersuchungen an schizophrenen oder psychotischen Schwangeren lieferten deutliche Beweise für die verheerenden Folgen seelischer Vernachlässigung im Mutterleib. In diesen Fällen können die Frauen jedoch nichts daran ändern. Die Auswirkungen einer Geisteskrankheit machen eine sinnvolle Kommunikation mit dem Kind unmöglich. Aber dieses Schweigen oder Chaos hinterläßt oft tiefe Narben bei den Kindern. Nach der Geburt neigen sie zu weitaus mehr physischen und seelischen Problemen als die Babys geistig gesunder Frauen.[1] (...) Auf einer bestimmten Ebene sind Mutter und Kind ständig in Kontakt – oder sollten es sein. Bis zu einem gewissen Grad können wir sogar die Qualität und Direktheit ihrer Kommunikation messen. Im großen und ganzen erlaubt das Wesen des Kindes recht gute Rückschlüsse auf die Qualität und die Eigenart der Mutter-Kind-Kommunikation. Fand diese Kommunikation reichlich und im Überfluß statt, und war sie vor allem fürsorglich, dann ist die Wahrscheinlichkeit sehr groß, daß das Baby robust, gesund und glücklich sein wird.

Das ist eine sehr wichtige Art von *bonding* (Mutter-Kind-Beziehung). Jeder Wissenschaftler, der das *bonding* nach der Geburt untersuchte, kam zu dem Schluß, daß es unendliche Vorteile für Mutter und Kind bringt; man darf daher annehmen, daß das *bonding* vor der Geburt sich ebenso günstig auswirkt. Tatsächlich halte ich es sogar für noch viel wichtiger. Sogar schon in den ersten Minuten und Stunden bietet das Leben unzählige Zerstreuungen – Anblicke, Töne, Geräusche und Gerüche. In den neun Monaten davor war die Welt des Kindes sehr viel konstanter, ganz erfüllt von der Mutter und von allem, was sie sagte, fühlte, dachte und erhoffte.

Wie könnte es sein, daß das Kind nicht zutiefst von ihr beeinflußt wird? Sogar etwas scheinbar so Alltägliches oder Unwichtiges wie ihr Herzschlag hat einen Einfluß. Ohne Frage ist er ein wesentlicher Teil der Umwelt, die das Kind am Leben erhält. Aber das weiß das Baby natürlich nicht, es weiß nur, daß der tröstliche, beruhigende Rhythmus des Herzens eine der wichtigsten Gegebenheiten seiner Welt ist. Es schläft beim Klang des Herzens ein, wacht damit auf, bewegt sich und ruht in seinem Rhythmus. Da der menschliche Geist sogar schon im Mutterleib mit Symbolen arbeitet, versieht der Fetus auch den Herzschlag allmählich mit einer symbolischen Bedeutung. Das stetige Bum-Bum versinnbildlicht schließlich für das Kind Ruhe, Sicherheit und Liebe. In seiner Gegenwart blüht es normalerweise auf.

Das wurde vor einigen Jahren in einer einzigartigen und raffiniert angelegten Untersuchung bewiesen. Die ganze Untersuchung bestand darin, daß man den Neugeborenen in einer Säuglingsstation ein Tonband mit menschlichen Herztönen vorspielte. Die Forscher gingen davon aus, daß sich – sollte der Herzschlag der Mutter tatsächlich eine emotionale Bedeutung haben – die Kinder, die das Band zu hören bekamen, anders verhalten würden als die Kinder, denen es nicht vorgespielt wurde. Und genau das geschah.

Allerdings noch viel eindeutiger, als die Forscher angenommen hatten. Sie waren relativ sicher gewesen, ein paar Unterschiede zu beobachten, und waren dann erstaunt über ihre tatsächliche Zahl und Signifikanz. In praktisch jeder Hinsicht gediehen die Herzschlag-Babys besser, in den meisten Fällen sogar sehr viel besser. Sie saßen mehr, schliefen besser, nahmen schneller zu, atmeten besser, schrien weniger und wurden seltener krank. Nicht weil sie eine besondere Behandlung genossen oder bessere Eltern oder klügere Ärzte hatten, sondern ganz einfach, weil sie ein simples Tonband mit Herztönen zu hören bekamen.

Verny/Kelly 1983, S. 21 ff.

[1] Es gibt immer Leute, die nach physischen Ursachen für seelische Störungen suchen. Jedoch haben auch Tausende von Untersuchungen an Schizophrenen und Manisch-Depressiven keine chemische Substanz im Blut isolieren können, die die entsprechenden Symptome hervorrufen würde. Daher glaube ich, daß meine psychologische Theorie richtiger ist.

5.2 Die Differenzierung und Integration der Gefühlswelt in der frühen Kindheit aus neo-analytischer Sicht* – Margaret S. Mahler

5.2.1 Einleitung: Die beiden Entwicklungsgleise von Loslösung und Individuation

(. . .) Die biologische und die psychische Geburt des Menschenkindes fallen zeitlich nicht zusammen. Die erste ist ein dramatisches, beobachtbares und genau umrissenes Ereignis, die zweite ein sich langsam entfaltender intrapsychischer Prozeß. (. . .)
Wir bezeichnen die psychische Geburt des Individuums als den *Loslösungs- und Individuationsprozeß:* die Entstehung eines Gefühls des Getrenntseins von einer realen Welt und einer Verbundenheit mit ihr, insbesondere im Hinblick auf das Erlebnis des *eigenen Körpers* und auf den im Empfinden des Kindes wichtigsten Vertreter der Welt – das *primäre Liebesobjekt.* Wie jeder intrapsychische Prozeß durchdringt auch dieser den gesamten Lebenszyklus. Er hört niemals auf, bleibt immer tätig; in neuen Phasen des Lebenszyklus sind neue Abkömmlinge der frühesten Prozesse noch immer am Wirken. Doch die hauptsächlichen psychischen Errungenschaften dieses Prozesses fallen in die Zeit zwischen dem 4. oder 5. und dem 30. oder 36. Lebensmonat. Diese Periode nennen wir die *Loslösungs- und Individuationsphase.* (. . .)
Phänomene normaler Entwicklung kann man am besten verstehen, wenn einzelne Elemente des Prozesses etwas in Unordnung geraten. Am Ende des 1. und zu Anfang des 2. Lebensjahres kann man mit besonderer Deutlichkeit erkennen, daß der intrapsychische Loslösungs- und Individuationsprozeß auf zwei miteinander verschlungenen, aber nicht immer gleichmäßig oder proportional fortschreitenden Entwicklungsgleisen läuft. Das eine ist das Gleis der Individuation, der Entfaltung von intrapsychischer Autonomie, Wahrnehmung, Gedächtnis, Erkennungsvermögen, Realitätsprüfung; das andere ist das Gleis der Loslösung, auf dem sich Differenzierung, Distanzierung, Abgrenzung und Abwendung von der Mutter fortbewegen. Alle diese Strukturierungsvorgänge werden schließlich in verinnerlichten Selbstrepräsentanzen gipfeln, die sich von inneren Objektrepräsentanzen unterscheiden. Die verhaltensmäßigen Oberflächenphänomene des Loslösungs- und Individuationsprozesses lassen sich in zahllosen subtilen Variationen als Begleiter der *intrapsychischen* Aufwärtsentwicklung beobachten. Optimale Situationen scheinen jene zu sein, in denen das Gewahrwerden der körperlichen Trennung im Sinne einer Differenzierung von der Mutter parallel läuft (d. h. weder weit zurückbleibt oder buchstäblich vorauseilt) mit der Entwicklung unabhängigen, selbständigen Funktionierens des Kleinkindes: Erkennungsvermögen, Wahrnehmung, Gedächtnis, Realitätsprüfung usw. – jenen Ich-Funktionen, die der Individuation dienen.

Mahler, Margaret S.: Die psychische Geburt des Menschen. Frankfurt a. M.: Fischer 1980, S. 13 ff.

Worterklärungen zu 5.2.1

intrapsychisch: innerpsychisch
Autonomie: Selbstbestimmung
Selbstrepräsentanz: Selbstbild
Objektrepräsentanz: Fremdbild

Arbeitsanregungen zu 5.2.1

1. Wie werden die einzelnen Phasen charakterisiert?
2. Worin besteht der Prozeß der Individuation?
3. Wie können die Prozesse der Individuation und der Loslösung besonders gut miteinander verbunden werden?

5.2.2 Das Forschungs-Setting und sein Grundprinzip*

Die Arbeit mit den normalen Babys fand in einem Spielzimmer-Setting statt, wo eine Gruppe von Kindern spielte, sich in einem großen Laufstall beschäftigte oder aber auf einer Matratze oder auf dem Fußboden spielte. Sie schienen in dem Laufstall regelrecht zu experimentieren; mit zunehmender Integration ihres Körpers etwa setzten sie sich auf und purzelten um; sie reckten sich, um ein Spielzeug zu erreichen und damit umzugehen; sie strengten sich an, um sich zur Mutter umzudrehen, deren Stimme sie gehört hatten, die sich aber vielleicht außerhalb ihres Blickfeldes befand. Aus dem Laufstall heraus forderten sie sie lächelnd und schmeichelnd auf, zu ihnen zu kommen und mit ihnen zu spielen. Sie beschäftigten sich mit Spielsachen, insbesondere solchen, die geeignet waren, „interessante Schauspiele zu verlängern" (Piaget,

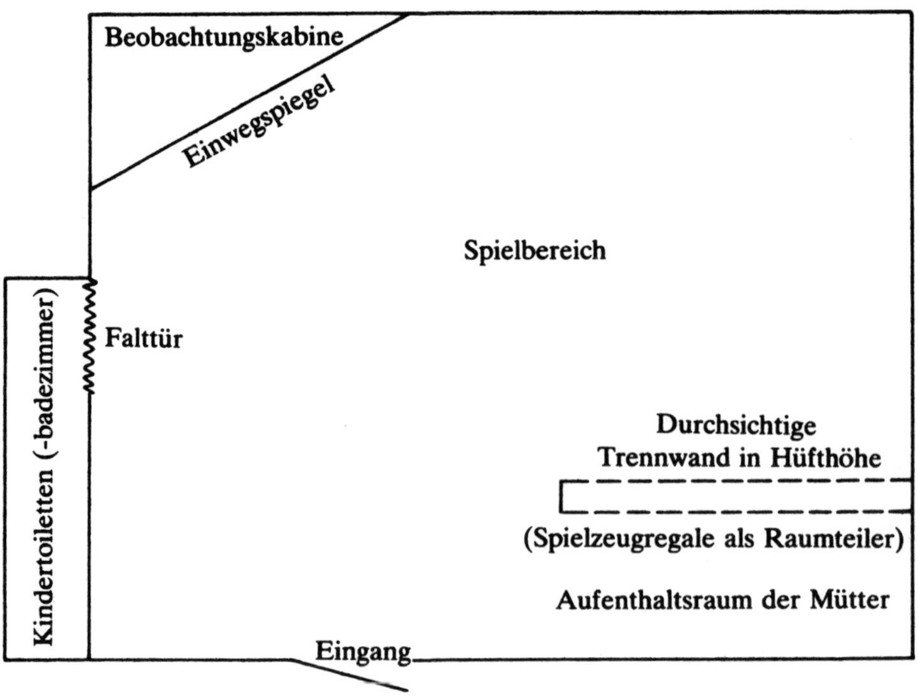

Abb. 2 *Grundriß des Raumes für Mütter und Kinder in unserer ursprünglichen Anordung*

1937). Die Mütter durften nach Belieben miteinander sprechen oder sich mit ihren Kindern abgeben.

Wir wollten eine Situation schaffen – und anscheinend gelang es uns auch –, in der die spontane, alltägliche Beziehung von Mutter und Kind in einem natürlichen Rahmen beobachtet werden konnte. Im Spielzimmer war eine kleine Ecke als Aufenthaltsraum für die Mütter abgetrennt, wo sie plaudern, Kaffee trinken oder lesen konnten – und von wo sie volle Sicht und freien Zugang zu den Kindern hatten. Auf einer sehr viel größeren Fläche gab es viele reizvolle, bunte Spielsachen, und die Kinder versuchten, sobald sie dazu in der Lage waren, sich frei zwischen dem Raum mit dem Spielzeug und der Ecke, wo die Mütter im allgemeinen saßen, sowie im Raum insgesamt hin- und herzubewegen. Die Unterteilung des Raumes war keineswegs so beschaffen, daß Mutter und Kind vollständig getrennt waren; sie unterschied sich völlig von Tagesstätten oder einer Schulsituation, wo die Mutter beispielsweise die Betreuung ihres Kindes zeitweise einer Kindergärtnerin oder Lehrerin überläßt. Es war eher so wie auf einem Spielplatz im Freien, wo Kinder spielen, wo es ihnen gefällt, und die Mütter auf Bänken sitzen und sich unterhalten. Dabei haben sie aber ihre Kinder im Blick und können jegliche Mutterpflichten erfüllen, die von ihnen verlangt werden. Abb. 2 zeigt das Mutter-Kind-Zimmer in seiner ursprünglichen Gestalt.

Möglichkeiten zur Beobachtung der Loslösung

Es war von Anfang an klar, daß der zentrale Beobachtungsgegenstand, der intrapsychische Loslösungs- und Individuationsprozeß, direkter Beobachtung nicht zugänglich war, doch konnten sich Hinweise aus der Beobachtung der Mutter-Kind-Interaktion ergeben und so auf den intrapsychischen Prozeß aus tatsächlich beobachteten Verhaltensweisen geschlossen werden. Zu Beginn unserer Untersuchung, als wir uns vornehmlich auf Kinder im 2. Lebensjahr konzentrierten, glaubten wir, daß sich die meisten Hinweise auf den intrapsychischen Prozeß aus der Beobachtung jener gewöhnlichen aktiven und passiven Trennungserlebnisse ergeben würde, die sich täglich – durch das Kind, die Mutter oder den Beobachter in Gang gebracht – abspielen.

Das waren jene, die sich in Gegenwart der Mutter zeigten: ein durch das Zimmer krabbelndes oder laufendes Kind kann das Gesicht der Mutter unter den vielen Anwesenden nicht sofort entdecken; die Mutter ist unaufmerksam, spricht vielleicht gerade mit jemandem, usw. Schon sehr früh kommt es auch zu Trennungen passiver Art – man wird verlassen, statt selbst zu verlassen. Die Mutter verließ den Raum für ein paar Augenblicke, oder sie entfernte sich für eine halbe Stunde oder länger zu einem Interview mit einem Mitglied des Forschungsstabes (zu dem sie gelegentlich und wenn es erforderlich war, das Kind begleitete). Wenn das Kind etwas älter und schon eine Zeitlang im *Center* war, konnte die Mutter auch einen ganzen Vormittag abwesend sein. Nach einiger Zeit richteten wir ein „Zimmer für Spielkinder" ein, in das die Kinder überwechselten, sobald sie in der Lage waren, längere Zeit von der Mutter getrennt zusammen mit einer „Lehrerin" in einer Art Vorschulsituation zu verweilen. Es bestand also eine Situation, die viele Möglichkeiten der Beobachtung von Trennungen und Wiedervereinigungen von Mutter und Kind bot.

Mahler 1980. S. 31 ff.

Worterklärung zu 5.2.2

Setting: (Forschungs-)Anordnung

Arbeitsanregungen zu 5.2.2

1. Welche Situationen wollten die Forscher v. a. beobachten?
2. Um welche Beobachtungsart handelt es sich hier?

5.2.3 Die Phasen im einzelnen*

*Die symbiotische Phase**

(...) Im Wachzustand stehen für das Neugeborene seine ständigen Bemühungen, zur Homöostase zu gelangen, im Mittelpunkt. Die Wirkung der Pflegeleistungen seiner Mutter bei der Verminderung der von Bedürfnis = Hunger erzeugten Qualen kann nicht isoliert werden, und ebensowenig kann sie der Säugling von seinen eigenen spannungsverringernden Bemühungen unterscheiden, etwa dem Urinieren, Defäzieren, Husten, Niesen, Spucken, Aufstoßen, Erbrechen – allen Möglichkeiten also, durch die sich der Säugling von unlustvollen Spannungen zu befreien versucht. Die Wirkung dieser expulsiven Vorgänge wie auch die durch Pflegeleistungen der Mutter erlangte Befriedigung helfen dem Kind, mit der Zeit zwischen „lustvollen" und „guten" sowie „unlustvollen" und „schlechten" Erfahrungen zu unterscheiden.

Vom 2. Monat an beginnt mit dem verschwommenen Gewahrwerden des bedürfnisbefriedigenden Objekts die Phase der normalen Symbiose, in der der Säugling sich so verhält und seine Funktion ausübt, als ob er und seine Mutter ein allmächtiges System darstellten – eine Zweieinheit innerhalb einer gemeinsamen Grenze. Das meinten Freud und Romain Rolland vielleicht, als sie über die Grenzenlosigkeit des ozeanischen Gefühls diskutierten (Freud, 1930).

Zu dieser Zeit beginnt die scheinbar solide Reizschranke (negativ, da unbesetzt) – die autistische Schale, die äußere Reize fernhielt – zu bersten[1]. (...)

Es liegt auf der Hand, daß zwar der Säugling in der symbiotischen Phase vom symbiotischen Partner *völlig* abhängig ist, die Symbiose aber für den erwachsenen Partner der Zweieinheit eine gänzlich andere Bedeutung hat. Das Bedürfnis des Kindes nach der Mutter ist absolut, das der Mutter nach dem Kind relativ.

Die Bezeichnung „Symbiose" stellt in diesem Zusammenhang eine Metapher dar. Anders als beim biologischen Symbiosekonzept beschreibt sie nicht, was tatsächlich zwischen zwei *getrennten* Individuen verschiedener Spezies zu beiderseitigem Nutzen vor sich geht. Sie beschreibt jenen Zustand der Undifferenziertheit, der Fusion mit der Mutter, in dem das „Ich" noch nicht vom „Nicht-Ich" unterschieden ist und Innen und Außen erst allmählich als verschieden empfunden werden. Jede unlustvolle Wahrnehmung, ob äußerer oder innerer Art, wird über die gemeinsame Grenze des symbiotischen *milieu intérieur* (vgl. Freuds Vorstellung vom „purifizierten Lust-Ich") hinausprojiziert, das die „Gestalt" des mütterlichen Partners während seiner Pflegeleistungen einschließt. Nur vorübergehend – in jenem Zustand des Sensoriums, der als wachsame Untätigkeit bezeichnet wird (...) – scheint der Säugling Reize aufzunehmen, die ihren Ursprung außerhalb des symbiotischen Milieus haben. Das ursprüngliche Energiereservoir, das dem undifferenzierten „Ich-Es" zufließt, scheint eine undifferenzierte Mischung von Libido und Aggression zu enthalten. Die libidinöse Besetzung des symbiotischen Umkreises

[1] Benjamin und seine Mitarbeiter (1961) stellten fest, daß es um die 3. oder 4. Lebenswoche zu einer interessanten physiologischen Krise kommt, wobei es sich um eine Reifungskrise handelt. Dies wird durch elektroenzephalographische Untersuchungen sowie durch die Beobachtung bestätigt, daß die Sensibilität gegenüber äußeren Reizen insgesamt deutlich ansteigt. „Ohne das Eingreifen einer Mutterfigur, die Spannung reduzieren hilft, neigt das Kind in dieser Zeit dazu, sich von Reizen überwältigen zu lassen, was sich in vermehrtem Schreien und anderen motorischen Manifestationen eines undifferenzierten negativen Affekts ausdrückt."

tritt an die Stelle der angeborenen, instinktiven Reizschranke und schützt das rudimentäre Ich vor vorzeitiger, phasenunspezifischer Beanspruchung, vor Streßtraumata (...).
Das wesentliche Merkmal der Symbiose ist (...) die illusorische Vorstellung einer gemeinsamen Grenze der beiden in Wirklichkeit physisch getrennten Individuen. Diese ist der Mechanismus, zu dem das Ich in den Fällen schwerster Störung der Individuation und psychotischer Desorganisation regrediert, die Mahler (...) als „symbiotische kindliche Psychose" bezeichnet hat. Bei der menschlichen Spezies ist die Funktion der Selbsterhaltung und die Ausrüstung dafür verkümmert. Das rudimentäre (noch nicht funktionale) Ich des neugeborenen Kindes und des Säuglings muß durch die emotionale Verbindung, die durch Pflege und Fürsorge der Mutter hergestellt wird, d. h. durch eine Art sozialer Symbiose, ergänzt werden. Innerhalb dieser Matrix physiologischer und soziobiologischer Abhängigkeit von der Mutter vollzieht sich jene strukturelle Differenzierung, die zur Anpassungsorganisation des Individuums – dem funktionierenden Ich – führt (...).

Die erste Subphase:
Differenzierung und die Entwicklung des Körperschemas

Mit etwa 4 bis 5 Monaten, auf dem Höhepunkt der Symbiose, scheinen Verhaltensphänomene auf den Beginn der ersten Subphase von Loslösung und Individuation hinzudeuten: die *Differenzierung*. Während der symbiotischen Monate ist der Säugling (...) mit der mütterlichen Hälfte seines symbiotischen Selbst vertraut geworden, was sich in seinem unspezifischen, sozialen Lächeln ausdrückt. Dieses Lächeln wird langsam zur spezifischen (bevorzugenden) Lächelreaktion der Mutter gegenüber, und dies ist *das entscheidende Zeichen, daß ein spezifisches Band* zwischen Säugling und Mutter entstanden ist (...).

(...)

Bei der Beobachtung der Kinder in unserem Setting bemerkten wir an einem bestimmten Punkt während der Subphase der Differenzierung einen gewissen neuen Blick, der Wachheit, Ausdauer und Zielgerichtetheit erkennen ließ. Wir haben diesen Blick als Verhaltensmerkmal des „Ausschlüpfens" betrachtet und pflegten leichthin zu bemerken, daß ein Kind mit diesem Blick „ausgeschlüpft" sei. Diese neue „Gestalt" war für unsere Mitarbeiter unverkennbar, doch es ist schwierig, spezifische Kriterien ihrer Definition anzuführen; sie läßt sich vermutlich am besten durch eine Zustandsbeschreibung erklären (...). Das Kind scheint nun nicht abwechselnd mehr oder weniger munter zu sein, sondern sein Sensorium befindet sich in einem länger anhaltenden Zustand der Munterkeit, sobald das Kind aufwacht.
Mit etwa 6 Monaten beginnt das Kind, Loslösung und Individuation versuchsweise zu erproben. Das kann man etwa an folgenden Verhaltensweisen beobachten: Das Kind zieht die Mutter an den Haaren, den Ohren oder der Nase, es steckt ihr Nahrung in den Mund, und es stemmt seinen Körper von der Mutter weg, um sie besser sehen zu können, sie und die Umgebung „abzutasten" („scan"). Dies steht im Gegensatz zum einfachen Anschmiegen an die Mutter, wenn sie das Kind hält (...). Es gibt sichere Anzeichen, daß das Kind den eigenen Körper von dem der Mutter zu unterscheiden beginnt. Sechs bis sieben Monate dauert im Höchstfall die manuelle, taktile und visuelle Erforschung des Gesichts der Mutter sowie bedeckter (bekleideter) und unbekleideter Teile ihres Körpers; in diesen Wochen entdeckt das Kind fasziniert eine Brosche, eine Brille oder ähnliches, das die Mutter trägt. Bei etwaigen Versteckspielen verhält sich das Kind noch passiv (...). Dieses Forschungsverhalten wandelt sich später zur kognitiven Funktion, das Unbekannte mit dem bereits Bekannten zu vergleichen.

Das Muster des „Nachprüfens" („checking back")

Etwa vom 7. bis 8. Monat an stellten wir fest, daß – zumindest in unserem Setting – das wichtigste, einigermaßen regelmäßige Anzeichen beginnender somatopsychischer Differenzierung das visuelle Muster des „Nachprüfens bei der Mutter" war. In der Tat scheint es das bedeutungsvollste normale Muster kognitiver und emotionaler Entwicklung.

Das Baby beginnt mit dem vergleichenden „Abtasten" („scanning") (...). Es fängt an, sich für die „Mutter" zu interessieren, und scheint sie mit „anderen" zu vergleichen, das Unbekannte mit dem Bekannten, Zug um Zug. Es scheint sich gewissermaßen gründlicher mit dem vertraut zu machen, was die Mutter *ist*, was sich wie die Mutter anfühlt, riecht, aussieht, ihren „Ton" hat. Während es nach und nach die „Mutter *qua* Mutter" begreift, erkennt es auch, was zum Körper der Mutter gehört und was nicht: eine Brosche, die Brille usw. Es beginnt zwischen der Mutter und sich oder *dem* zu unterscheiden, was anders oder ähnlich wie die Mutter aussieht, sich anfühlt, bewegt. (...)

Reaktionen auf Fremde und Fremdenangst

(...) Die Entwicklung der Reaktionen auf Fremde ist im folgenden umfassenderen Zusammenhang zu sehen: Sobald die Individuation des Kindes genügend fortgeschritten ist, um das Gesicht der Mutter zu erkennen – visuell, taktil und vielleicht auf andere Weise –, und sobald ihm vertraut ist, in welcher allgemeinen Stimmung der Partner der symbiotischen Dyade sich befindet und wie er sich „anfühlt", wendet es sich mehr oder weniger verwundert und ängstlich einer weitergehenden visuellen und taktilen Erforschung und Untersuchung der Gesichter und der „Gestalt" anderer zu. Es untersucht sie von weitem oder aus nächster Nähe. Es scheint die Züge des fremden Antlitzes mit dem Gesicht der Mutter sowie mit dem inneren Bild, das es von der Mutter haben mag (und das nicht unbedingt und nicht einmal vorwiegend visueller Art sein muß), zu vergleichen und sie zu überprüfen. Das Kind scheint auch die „Gestalt" der Mutter, insbesondere ihr Gesicht, anhand anderer interessanter neuer Erlebnisse zu überprüfen.

Bei Kindern, deren symbiotische Phase optimal verlief und bei denen „vertrauensvolle Erwartung" (Benedek, 1938) vorherrschte, sind Neugier und Verwunderung, die in unserem Setting in Form des „Nachprüfmusters" („checking back") in Erscheinung treten, die hervorstechendsten Elemente bei der Erforschung Fremder. Im Gegensatz dazu kann bei Kindern, die kein optimales Urvertrauen erwerben konnten, ein abrupter Wechsel zu akuter Fremdenangst auftreten oder aber eine längere Periode abgemilderter Reaktionen auf Fremde, die lustvolles Forschungsverhalten vorübergehend beeinträchtigen können. (...)

Die zweite Subphase: Das Üben

Die frühe Übungsphase: Die Subphase der Differenzierung überschneidet sich mit der Übungsphase. Bei der Auswertung unseres Materials erwies es sich als nützlich, sich die Übungsphase zweiteilig vorzustellen: erstens die frühe Übungsphase, die dadurch eingeleitet wird, daß das Kind anfängt zu krabbeln, zu watscheln, zu klettern, sich aufzurichten und sich damit physisch von der Mutter zu entfernen, aber dennoch in ihrer Nähe bleibt; und zweitens die eigentliche Übungsphase, die phänomenologisch durch die freie, aufrechte Fortbewegung gekennzeichnet ist.

Mindestens drei miteinander verknüpfte, doch unterscheidbare Entwicklungen tragen dazu bei, daß das Kind die ersten Schritte zum Gewahrwerden seines Getrenntseins und zur Individuation tut. Diese Schritte sind die schnelle Differenzierung vom Körper der Mutter, die Schaffung einer *spezifischen Bindung* an sie sowie *Wachstum und Funktionieren der autonomen Ich-Apparate in enger Verbundenheit mit der Mutter.*

Diese Entwicklungen scheinen dem Kind den Weg zu ebnen, daß es sein Interesse an der Mutter (sehr viel bestimmter als bisher) auch auf unbelebte Objekte übertragen kann, die zunächst von ihr zur Verfügung gestellt werden: eine Decke, eine Windel, ein von ihr angebotenes Spielzeug oder die Flasche, die sie ihm abends als letztes reicht. Das Kind erforscht diese Objekte mit den Augen, es prüft Geschmack, Gewebe und Geruch mit seinen kontaktwahrnehmenden Organen, insbesondere Mund und Händen. (...)

Die optimale Entfernung in der *frühen Übungs-Subphase* scheint die zu sein, die dem forschenden Kind (das sozusagen noch ein Vierfüßler ist) Freiheit und Gelegenheit gibt, diese Forschungen in einer bestimmten körperlichen Distanz von der Mutter zu betreiben. Es sollte jedoch beachtet werden, daß während der gesamten Übungs-Subphase die Mutter weiterhin als Fixpunkt, als „Heimatbasis", benötigt wird, um das Bedürfnis nach Auftanken durch physischen Kontakt zu befriedigen. Wir sahen 7 bis 10 Monate alte Kinder, die rasch zur Mutter krabbelten oder watschelten, sich an ihrem Bein hochrichteten, sie auf andere Weise berührten oder sich einfach an sie lehnten. Dieses Phänomen hat Furer als „emotionales Auftanken" bezeichnet. Man kann mühelos erkennen, wie das schlappe, müde Kind sich nach einem solchen Kontakt in kürzester Zeit „aufrafft". Danach setzt es seine Erkundungen schnellstens fort und läßt sich wieder von seiner Funktionslust gefangennehmen.

Die eigentliche Übungs-Subphase: Mit der Zunahme autonomer Funktionen, etwa dem Erkenntnisvermögen, doch insbesondere der aufrechten Fortbewegung, beginnt das „Liebesverhältnis mit der Welt" (...). Das Kleinkind tut nun den größten Schritt in der menschlichen Individuation. Es läuft frei in aufrechter Haltung. Damit verändert sich seine Gesichtsebene; aus einem völlig neuen Blickwinkel entdeckt es unerwartete und ständig wechselnde Perspektiven, Freuden und Frustrationen. Das ist die neue Gesichtsebene des aufrecht gehenden Zweifüßlers.

Während dieser kostbaren 6 bis 8 Monate (vom 10. oder 12. bis zum 16. oder 18. Lebensmonat) gehört dem Kleinkind die Welt. Die libidinöse Besetzung verschiebt sich im wesentlichen zugunsten des rasch wachsenden autonomen Ichs und seiner Funktionen, und das Kind scheint von seinen eigenen Fähigkeiten und der Größe seiner Welt wie berauscht. Der Narzißmus ist auf dem Höhepunkt! Die ersten selbständigen Schritte des Kindes bezeichnen den Beginn der Übungsperiode *par excellence* mit der substantiellen Erweiterung seiner Welt und der Realitätsprüfung. Nun beginnt eine ständig zunehmende libidinöse Besetzung der Übung motorischer Fähigkeiten und des Erforschens der sich erweiternden menschlichen wie der unbelebten Umwelt. Das hervorstechende Merkmal dieser Übungsperiode ist die starke narzißtische Besetzung, die das Kind seinen Funktionen, seinem Körper sowie den Objekten und Zielen einer expandierenden „Realität" zukommen läßt. Gleichzeitig beobachten wir eine relative Unempfindlichkeit gegenüber Püffen, Hinfallen oder anderen Frustrationen, etwa wenn ein anderes Kind ein Spielzeug wegschnappt. Bekannte erwachsene Ersatzfiguren aus unserem Setting werden ohne weiteres akzeptiert (im Gegensatz zu dem, was während der nächsten Subphase von Loslösung und Individuation geschieht).

Das Trennung und Individuation reibungslos vollziehende Kleinkind findet narzißtischen Trost für die minimalen drohenden Objektverluste – die wahrscheinlich jeder Entwicklungsfortschritt enthält – in seinen sich rasch entwickelnden Ich-Funktionen. Das Kind konzentriert sich darauf, seine Geschicklichkeit und seine autonomen (von der Mutter oder anderen unabhängigen) Fähigkeiten zu üben und zu meistern. Es freut sich über seine Fähigkeiten, ist ständig entzückt über die Entdeckungen, die es in seiner sich erweiternden Welt macht, und gewissermaßen verliebt in die Welt und in seine eigene Größe und Allmacht. Wir könnten die

Möglichkeit in Betracht ziehen, daß die gehobene Stimmung dieser Subphase nicht nur mit der Erprobung der Ich-Apparate zusammenhängt, sondern auch mit der übermütigen Flucht aus der Verschmelzung mit der Mutter, der Verschlingung durch sie. (...) Während der eigentlichen Übungsperiode waren wir von der ungeheuer belebenden, wahrhaft dramatischen Wirkung beeindruckt, die die *aufrechte Fortbewegung* auf die allgemeine Verfassung des bisher auch schon sehr aktiven kleinen Vierfüßlers hatte. Wir wurden uns ihrer Bedeutung für die Erreichung des „physischen Geburtserlebnisses", das „Ausschlüpfen", durch unerwartete, regelmäßige Beobachtungen von Verhaltenssequenzen bewußt sowie durch den Vergleich mit der Arbeit von Phyllis Greenacre (1957) über die Kindheit des Künstlers. Es schien uns, daß auch die meisten übenden Kleinkinder „ein Liebesverhältnis mit der Welt" hatten! (...)

Stimmungsabfall

Die meisten Kinder in der eigentlichen Übungsphase schienen längere Perioden der Belebung oder zumindest relativer Gehobenheit zu durchlaufen. Sie waren unempfindlich gegen Knüffe und Hinfallen und zeigten das, was wir *Stimmungsabfall* nennen, nur dann, wenn ihnen bewußt wurde, daß die Mutter nicht im Zimmer war. Bei solchen Gelegenheiten verlangsamte sich ihre gestische und Leistungsmotilität, ihr Interesse an der Umgebung verringerte sich, sie schienen von inneren Vorgängen in Anspruch genommen, sie beschäftigten sich mit „Einbildungen" (...).

Unser Material mit seinen vielfältigen Details hat unmißverständlich regelmäßig auftretende Faktorenkombinationen zutage gefördert, aus denen wir schließen, daß die symbiotische mütterliche Hälfte des Selbst vermißt und dies allmählich auch bewußt wahrgenommen wurde. Der daraus resultierende Stimmungsabfall äußerte sich bei den einzelnen Kindern auf verschiedene Weise, wenn man sie mit anderen bzw. mit sich selbst in gewissen Zeitabständen verglich. (...)

Die dritte Subphase: Wiederannäherung („Rapprochement")

Der Wiederannäherungskampf hat seinen Ursprung im *artspezifischen* menschlichen Dilemma, das dadurch entsteht, daß das Kind einerseits durch die rasche Reifung seines Ichs gezwungen ist, seine Getrenntheit wahrzunehmen, während es andererseits noch nicht allein bestehen kann und die Eltern noch viele Jahre hindurch weiterhin braucht. (...)

Wenn das 12 bis 15 Monate alte Kleinkind schließlich etwa 2 Jahre alt geworden ist, hat es einen wichtigen emotionalen Wendepunkt erreicht. Es erlebt nun nach und nach und mehr oder weniger heftig die Hindernisse, die auf dem Wege zu dem liegen, was es in der Hochstimmung der Übungsphase offensichtlich als seine „Eroberung der Welt" antizipierte. Mit dem Erwerb primitiver Fertigkeiten und perzeptueller kognitiver Fähigkeiten ging eine zunehmend klarere Differenzierung einher, eine Trennung zwischen der intrapsychischen Repräsentanz des Objekts und des Selbst. Auf dem Höhepunkt seiner Meisterschaft gegen Ende der Übungsperiode begann dem Kleinkind bereits zu dämmern, daß die Welt ihm *nicht* gehört, daß es mit ihr mehr oder weniger „aus eigener Kraft" fertig werden muß, sehr oft als ein relativ hilfloses, kleines, getrenntes Individuum, das Erleichterung oder Hilfe nicht einfach dadurch herbeirufen kann, indem es das Bedürfnis danach fühlt, ja, nicht einmal indem es dieses Bedürfnis lautstark äußert (...). Art und Umfang des werbenden Verhaltens des Kleinkindes gegenüber seiner Mutter in dieser Subphase liefern wichtige Hinweise in bezug auf den normalen Verlauf des Individuationsprozesses. Furcht vor dem Verlust der Liebe des Objekts (statt Furcht vor Objektverlust) wird zunehmend deutlicher.

Unvereinbarkeiten und Mißverständnisse zwischen Mutter und Kind lassen sich selbst dann beobachten, wenn es sich um eine normale Mutter und ein normales Kind handelt; sie wurzeln zum großen Teil in gewissen Widersprüchen dieser Subphase. Das Verlangen des Kindes, daß die Mutter sich unausgesetzt mit ihm beschäftige, erscheint der Mutter widersprüchlich: während das Kind nun nicht mehr so abhängig und hilflos ist wie noch vor einem halben Jahr und eifrig bemüht scheint, es immer weniger zu werden, beharrt es dennoch sogar stärker darauf, daß die Mutter an jedem Aspekt seines Daseins Anteil nimmt. In dieser Subphase können manche Mütter die Anspruchshaltung des Kindes nicht akzeptieren, während andere im Gegensatz dazu unfähig sind, die allmähliche Loslösung des Kindes hinzunehmen: die Tatsache, daß das Kind immer unabhängiger von der Mutter wird, sich von ihr löst und nicht länger als Teil von ihr angesehen werden kann (...).

In dieser dritten Subphase, der Wiederannäherung, schreitet die Individuation zwar sehr schnell fort, und das Kind übt sie soweit irgend möglich, doch es wird sich auch seiner Getrenntheit immer stärker bewußt und benutzt alle erdenklichen Mechanismen, um sich gegen sein faktisches Getrenntsein von der Mutter zu wehren und es ungeschehen zu machen. Doch die Tatsache bleibt bestehen, daß das Kind noch so beharrlich versuchen kann, Druck auf die Mutter auszuüben, beide aber trotzdem nicht länger wirksam als Zweieinheit funktionieren können – d. h., das Kind kann seine Illusion von der elterlichen Omnipotenz nicht länger aufrechterhalten, von der es zeitweise immer noch hofft, daß durch sie der symbiotische *Status quo* wiederhergestellt werden könne. (...)

Die Einstellung der Mutter in der Wiederannäherungsphase des Kleinkindes

Je nach ihrer eigenen Gemütslage kann die Mutter auf die Forderungen des Kindes in dieser Periode entweder mit kontinuierlicher emotionaler Verfügbarkeit und spielerischer Anteilnahme reagieren oder aber mit einer Vielzahl weniger wünschenswerter Einstellungen. Nach unseren Feststellungen ist aber eben die kontinuierliche emotionale Verfügbarkeit der Mutter die wesentliche Voraussetzung dafür, daß das autonome Ich des Kindes seine optimale Funktionsfähigkeit erlangt, während sein Vertrauen auf magische Omnipotenz abnimmt. Wenn die Mutter als Lieferantin von Objektlibido jederzeit in selbstverständlicher Weise zur Verfügung steht, wenn sie an den Eroberungen des kleinen Abenteurers Anteil nimmt, wenn sie seine nützlichen Imitations- und *Identifikations*versuche spielerisch erwidert und damit erleichtert, kann die Verinnerlichung der Mutter-Kind-Beziehung zu dem Punkt fortschreiten, wo zu gegebener Zeit die verbale Kommunikation einsetzt, wenngleich eine lebhafte Gestik (...) noch vorherrscht (...). Erwartbares emotionales Engagement der Mutter scheint zu ermöglichen, daß sich die Denkprozesse des Kleinkindes, Realitätsprüfung und das Sich-Messen an anderen (...) gegen Ende des 2. oder zu Beginn des 3. Lebensjahres reich entfalten. Andererseits haben wir erst ziemlich spät im Laufe unserer Untersuchung erkannt, daß das emotionale Hineinwachsen der Mutter in ihre Elternschaft, ihre gefühlsmäßige Bereitschaft, das Kleinkind loszulassen – ihm, wie die Vogelmutter es tut, einen sanften Schubs zu geben, es zur Unabhängigkeit zu ermutigen –, außerordentlich hilfreich ist; es könnte sogar eine *Conditio sine qua non* normaler (gesunder) Individuation sein.

Gefahrensignale in der Subphase der Wiederannäherung: Gesteigerte Trennungsangst

Das sogenannte „Beschatten" der Mutter durch das Kleinkind (oder das entgegengesetzte Phänomen des „Weglaufens", dem man zu Beginn dieser Subphase häufig begegnet) scheint bis zu einem gewissen Grade obligatorisch zu sein. (Manche Mütter werden durch ihre über die normale Zeitspanne ausgedehnte Vernarrtheit und Zudringlichkeit, die in ihren eigenen Ängsten und häufig in ihren eigenen symbiotisch-parasitären Bedürfnissen wurzeln, selbst zu

„Beschattern“ des Kindes.) Im Normalfall führt das Beschatten durch das Kind in der zweiten Hälfte des 3. Lebensjahres zu einem gewissen Maß an Objektkonstanz. Doch je weniger emotional verfügbar die Mutter zur Zeit der Wiederannäherung ist, desto beharrlicher, ja, verzweifelt, versucht das Kind, um sie zu werben. In manchen Fällen zieht dieser Prozeß so viel von der dem Kind zur Verfügung stehenden Entwicklungsenergie ab, daß als Folge davon nicht genug Energie, nicht genug Libido und nicht genug konstruktive (neutralisierte) Aggression für die Entfaltung der vielen höheren Ich-Funktionen übrigbleiben. (...)

Die vierte Subphase:
Konsolidierung der Individualität und die Anfänge der emotionalen Objektkonstanz

Unter dem Gesichtspunkt des Loslösungs- und Individuationsprozesses ist die Hauptaufgabe der vierten Subphase eine zweifache: 1) die Erringung einer bestimmten – in mancher Beziehung lebenslang gleichbleibenden – Individualität und 2) die Erlangung eines gewissen Maßes von Objektkonstanz.

Soweit es sich um das Selbst handelt, kommt es zu einer weitreichenden Strukturierung des *Ichs*, und es gibt sichere Anzeichen für die Verinnerlichung elterlicher Gebote, die auf die Bildung von Überich-Vorläufern hinweisen.

Die Errichtung der affektiven (emotionalen) Objektkonstanz (...) hängt von der allmählichen Verinnerlichung einer beständigen, positiv besetzten innerlichen Mutterimago ab. Dies erlaubt es dem Kind (in vertrauter Umgebung, z. B. unserem Spielzimmer), getrennt zu funktionieren, obwohl es eine gewisse Spannung (Sehnsucht) und Unbehagen empfindet. Emotionale Objektkonstanz wird sich natürlich in erster Linie auf die kognitive Aneignung des beständigen Objekts gründen, doch haben auch alle anderen Aspekte der Persönlichkeitsentwicklung des Kindes daran ihren Anteil (...). Die letzte Subphase (grob gesprochen, das 3. Lebensjahr) ist eine außerordentlich wichtige intrapsychische Entwicklungsphase, in deren Verlauf ein stabiles Gefühl der Einheitlichkeit (Selbstgrenzen) erworben wird. Auch eine primitive Konsolidierung der Geschlechtsidentität scheint in dieser Subphase stattzufinden. Doch die Objektkonstanz beinhaltet mehr als die Bewahrung der Repräsentanz des abwesenden Liebesobjekts (...); sie beinhaltet zugleich die Vereinigung von „gutem“ und „bösem“ Objekt zu einer Gesamtrepräsentanz.

Dadurch wird die Mischung aggressiver und libidinöser Triebe gefördert und der Haß auf das Objekt gemildert, sobald heftige Aggressionsgefühle auftauchen. Unsere Vorstellung von libidinöser Objektkonstanz ähnelt am meisten der Hoffers; wir halten sie sogar für identisch, wenn sie auch anders formuliert ist. Hoffer (1955) stellte fest, daß die Objektkonstanz als letztes Stadium der Entwicklung einer reifen Objektbeziehung anzusehen ist. Sie hat besondere Bedeutung für das Schicksal der aggressiven, feindseligen Triebe. Im Stadium der Objektkonstanz wird das Liebesobjekt nicht zurückgewiesen oder gegen ein anderes ausgetauscht, wenn es keine Befriedigung mehr gewähren kann, und in diesem Stadium wird das Objekt auch noch ersehnt und nicht einfach als unbefriedigend abgelehnt (gehaßt), weil es abwesend ist.

Die allmähliche Heranbildung emotionaler Objektkonstanz ist ein komplexer, von vielen Faktoren bestimmter Prozeß, der alle Aspekte der psychischen Entwicklung einbezieht. Wesentliche erste Determinanten sind 1) Vertrauen, das durch die regelmäßig wiederkehrende Erleichterung von Spannungszuständen durch die bedürfnisbefriedigende Instanz bereits in der symbiotischen Phase entsteht. Im Verlauf der Subphasen des Loslösungs- und Individuationsprozesses wird diese Erleichterung der Bedürfnisspannung nach und nach dem ganzen bedürfnisbefriedigenden Objekt (der Mutter) zugeschrieben und dann mittels Verinnerlichung auf die intrapsychische Repräsentanz der Mutter übertragen; 2) die kognitive Zuordnung der symbolischen inneren Repräsentanz des permanenten Objekts (im Sinne Piagets), in unserem Fall zum einzigen Liebesobjekt: der Mutter. Zahlreiche andere Faktoren sind außerdem im Spiel, etwa angeborene Triebausstattung und -reifung, Neutralisierung von Triebenergie, Realitätsprüfung, Frustrations- und Angsttoleranz usw.

Erst wenn die Objektkonstanz einigermaßen fortgeschritten ist – was nach unserer Vorstellung nicht vor dem 3. Lebensjahr der Fall ist (...) –, kann die Mutter, zumindest teilweise, während ihrer physischen Abwesenheit durch ein verläßliches inneres Bild ersetzt werden, das unabhängig von Triebbedürfnissen oder innerem Mißbefinden relativ stabil bleibt. Auf der Grundlage dieser Errungenschaft können vorübergehende Trennungen verlängert und besser ertragen werden. (...)

In der Periode der normalen Symbiose wurde das narzißtisch verschmolzene Objekt als „gut“ empfunden – d. h. als im Einklang mit dem symbiotischen Selbst –, so daß die primäre Identifikation im Zeichen der positiven Valenz, der Liebe, erfolgte. Je abrupter es zum intrapsychischen Gewahrwerden des Getrenntseins kommt oder je bedrängender und/oder unberechenbarer die Eltern sind, desto geringer bleibt der Einfluß der regulierenden, ausgleichenden Funktion des Ichs. D. h., je weniger verläßlich bzw. je bedrängender die emotionale Einstellung des Liebesobjekts in der Außenwelt war, in desto höherem Maße *bleibt* oder *wird* das Objekt zum unassimilierten Fremdkörper (...). Kurz gesagt, es kann zu starker Ambivalenz kommen, die eine reibungslose Entwicklung zur Objektkonstanz und zum gesunden sekundären Narzißmus laufend stört. Solche Konsequenzen ergeben sich für jene Kinder, bei denen die allzu plötzliche und allzu schmerzliche Wahrnehmung ihrer Hilflosigkeit zu allzu plötzlicher Entwertung ihres früheren Allmachtsgefühls (und des Gefühls, die Allmacht der Eltern in magischer Weise zu teilen) geführt hat, wie es von Edith Jacobson (1954) beschrieben wurde. Dies sind die Spielkinder, die, insbesondere im 3. Lebensjahr, dazu neigen, die Objektwelt in „gut“ und „böse“ zu spalten und die von der „leibhaftigen Mutter“ (Bowlby 1958), von der „Mutter nach der Loslösung“ (Mahler 1971) stets enttäuscht sind, während ihr Selbstwertgefühl äußerst prekär ist.

Mahler 1980, S. 62 ff., S. 142 ff.

Worterklärungen zu 5.2.3

Symbiose: Zusammenleben zu beiderseitigem Nutzen
Homöostase: Gleichgewichtserhaltung
Austismus: Selbstbezogenheit, Kontaktunfähigkeit
milieu intérieur: innere Welt
Sensorium: sinnliche Ausstattung
libidinös: triebmäßig
rudimentär: nur in Anfängen vorhanden, zurückgeblieben
manuell: die Hand betreffend, Hand-
taktil: den Tastsinn betreffend
visuell: den Sehsinn betreffend
somatopsychisch: körperlich-seelisch
par excellence: schlechthin
qua: in der Eigenschaft als, gemäß
expulsiv: ausstoßend, abführend
Dyade: Einheit zu zweit, Zweiheit, Paarverhältnis
Narzißmus: Selbstliebe
antizipieren: vorwegnehmen
Status quo: gegenwärtiger Zustand
conditio sine qua non: notwendige Bedingung, unerläßliche Voraussetzung
Konsolidierung: Festigung, Sicherung

Arbeitsanregungen zu 5.2.3

1. Welche fundamentale Unterscheidung ist dem Neugeborenen noch nicht möglich?
2. Wodurch ist die Symbiose vor allem charakterisiert?
3. Wozu führt die Herausbildung einer Vorstellung vom eigenen Körper?
4. Die spezifische Lächelreaktion des Kindes gegenüber der Mutter zeigt einen bestimmten Fortschritt in der Entwicklung an; welchen?
5. Erläutern Sie in je einem Satz die Verhaltensmuster „ausschlüpfen“, „abtasten“ und „nachprüfen“.
6. Durch welche vorangegangenen Ereignisse ist lustvolles Forschungsverhalten in der Differenzierungsphase gegebenenfalls gemindert oder gar verhindert worden?
7. Nennen Sie die Unterscheidungsmerkmale zwischen früher und eigentlicher Übungsphase.
8. Welche zwei günstigen Voraussetzungen sollte die Mutter in der frühen Übungsphase für das Kind schaffen?
9. Charakterisieren Sie das „Liebesverhältnis mit der Welt“ der Kleinkinder in der eigentlichen Übungsphase.
10. Wodurch ergibt sich gelegentlicher Stimmungsabfall?
11. Nennen Sie den Ursprung des Wiederannäherungskampfes.
12. Worin besteht die Anspruchshaltung des Kindes in der Wiederannäherungsphase?
13. Was meint die Autorin mit „erwartbarem emotionalem Engagement“?
14. Welche Wirkung hat solches erwartbares emotionales Engagement?
15. Beschreiben Sie die Wirkung einer emotional nicht genügend verfügbaren Mutter auf das Kind in der Wiederannäherungphase.
16. Worin besteht die große Bedeutung der Vereinigung von „guter“ und „böser“ Mutter?
17. Kennzeichnen Sie eine reife Objektbeziehung.
18. Welche Erfahrungen lassen Kinder im 3. Lebensjahr die Objektwelt in „gut“ und „böse“ spalten?
19. Beschreiben Sie den Zusammenhang zwischen einem schlechten Selbstbild und einem gespaltenen und deswegen letztlich „bösen“ Mutterbild.

Individuelle Wiederannäherungsmuster: Die optimale Entfernung

Die sich entfaltenden Individuationsmerkmale, die es zu ermöglichen scheinen, in größerer Entfernung und ohne körperliche Anwesenheit der Mutter zu funktionieren, sind folgende: 1) Sprachentwicklung im Sinne der Benennung von Objekten und des Äußerns von Wünschen mit bestimmten Wörtern. Die Fähigkeit, Objekte zu benennen (Katan, 1961), scheint das Kleinkind in dem Gefühl bestärkt zu haben, daß es seine Umgebung kontrollieren könne. Der Gebrauch des Personalpronomens „ich“ setzt ebenfalls oft um diese Zeit ein sowie die Fähigkeit, bekannte Personen und sich selbst auf Photographien zu erkennen und zu benennen; (...) 2) der Verinnerlichungsprozeß, der sich sowohl aus Identifzierungsakten mit der „guten“, fürsorglichen Mutter und dem Vater als auch aus der Verinnerlichung von Regeln und Vorschriften (Überich-Anfänge) ableiten ließ; und 3) die gesteigerte Fähigkeit, Wünsche und Phantasien durch symbolisches Spiel sowie die Nutzung des Spiels, um Meisterschaft zu erlangen.

Mahler 1980, S. 151

6 Entwicklungsaufgaben und ihre Bewältigung im Jugendalter – Rolf Oerter

(...) Devianz, Rebellion und Fehlanpassung im Jugendalter sind (...) trotz ihrer relativ geringen Häufigkeit nach wie vor Symptome für die Problemträchtigkeit des Jugendalters als schwierige Übergangszeit und geben uns Hinweise auf Ursachen und Bedingungen für das Versagen bzw. für die bewußt vollzogene Entscheidung, sich nicht dem Hauptstrom der Erwachsenenkultur anzupassen. (...)

6.1 Beispiele für Entwicklungsaufgaben im Jugendalter*

Mehr als jemals zuvor und nachher im Lebenslauf wird im Jugendalter deutlich, daß Entwicklung nicht etwas ist, was sich gewissermaßen von selbst vollzieht. Der Jugendliche sieht sich expliziten Aufgaben gegenüber, und der Erwachsene sorgt dafür, daß solche Aufgaben bewältigt werden. Havighurst (1972) nennt folgende Entwicklungsaufgaben für das Jugendalter:

1. Akzeptieren der eigenen körperlichen Erscheinung und effektive Nutzung des Körpers: Sich des eigenen Körpers bewußt werden. Lernen, den Körper in Sport und Freizeit, aber auch in der Arbeit und bei der Bewältigung der täglichen Aufgaben sinnvoll zu nutzen.
2. Erwerb der männlichen bzw. weiblichen Rolle: Der Jugendliche muß seine individuelle Lösung für das geschlechtsgebundene Verhalten und für die Ausgestaltung der Geschlechtsrolle finden.
3. Erwerb neuer und reiferer Beziehungen zu Altersgenossen beiderlei Geschlechts: Hierbei gewinnt die Gruppe der Gleichaltrigen an Bedeutung.
4. Gewinnung emotionaler Unabhängigkeit von den Eltern und anderen Erwachsenen: Für die Eltern ist gerade diese Entwicklungsaufgabe schwer einsehbar und oft schmerzlich. Obwohl sie ihre Kinder gerne zu tüchtigen Erwachsenen erziehen wollen, möchten sie die familiäre Struktur mit den wechselseitigen Abhängigkeiten möglichst lange aufrecht erhalten.
5. Vorbereitung auf die berufliche Karriere: Lernen im Jugendalter zielt direkt (bei berufstätigen Jugendlichen) oder indirekt (in weiterführenden Schulen) auf die Übernahme einer beruflichen Tätigkeit ab.
6. Vorbereitung auf Heirat und Familienleben: Sie bezieht sich auf den Erwerb von Kenntnissen und sozialen Fertigkeiten für die bei Partnerschaft und Familie anfallenden Aufgaben. Die Verlängerung der Lernzeit bis häufig weit in das dritte Lebensjahrzehnt macht im Zusammenhang mit dem säkularen Wandel allerdings auch neue Lösungen notwendig.
7. Gewinnung eines sozial verantwortungsvollen Verhaltens: Bei dieser Aufgabe geht es darum, sich für das Gemeinwohl zu engagieren und sich mit der politischen und gesellschaftlichen Verantwortung des Bürgers auseinanderzusetzen.
8. Aufbau eines Wertsystems und eines ethischen Bewußtseins als Richtschnur für eigenes Verhalten: Die Auseinandersetzung mit Wertgeltungen in der umgebenden Kultur soll in diesem Lebensabschnitt zum Aufbau einer eigenständigen „internalisierten" Struktur von Werten als Orientierung für das Handeln führen.

Dreher und Dreher (1985) verwenden in ihren Untersuchungen noch drei weitere Aufgaben:

9. Über sich selbst im Bilde sein: Wissen, wer man ist und was man will. Diese Aufgabe ist zugleich allen übrigen übergeordnet und wird von Erikson (1968) als zentrales Thema des Jugendalters angesehen (Identität versus Rollendiffusion). (...)
10. Aufnahme intimer Beziehungen zum Partner (Sexualität, Intimität). Diese Entwicklungsaufgabe ist Voraussetzung für die Vorbereitung auf Heirat und Familienleben und dürfte dem Jugendlichen zunächst näher liegen als Ehe und Familie.
11. Entwicklung einer Zukunftsperspektive. Sein Leben planen und Ziele ansteuern, von denen man glaubt, daß man sie erreichen kann. Diese Aufgabe ist inhaltlich mit der Vorbereitung auf eine berufliche Karriere (Aufgabe 5) und auf Heirat und Familienleben (Aufgabe 6) sowie mit der Gewinnung von Unabhängigkeit (Aufgabe 4) verknüpft.

Mit dem Hinweis auf Querverbindung und Über- bzw. Unterordnung bei Aufgabe 11 wird deutlich, daß es sich bei der Aufzählung solcher Entwicklungsaufgaben nicht um voneinander unabhängige und gleichwertige Bereiche handelt, sondern um Konstrukte, die pragmatisch aus dem Alltagsleben abgeleitet werden. Havighurst selbst betont, daß er sich bei der Formulierung der Entwicklungsaufgaben an den Normen der amerikanischen Mittelschicht orientiert hat (Havighurst 1982). (...)

Oerter/Montada 1987, S. 275 f.

Worterklärungen zu 6.1

Devianz: Abweichung
explizit: ausdrücklich
säkular: (eigentl.: alle hundert Jahre wiederkehrend) hier: das Zeitalter betreffend
internalisieren: verinnerlichen

Arbeitsanregungen zu 6.1

1. Geben Sie fünf Entwicklungsaufgaben im Jugendalter nach Havighurst und zwei nach Dreher aus dem Gedächtnis wieder.
2. Welche Entwicklungsaufgabe von Havighurst und/oder Dreher erscheint Ihnen (nicht) einsichtig? Begründen Sie Ihren Einwand/Ihre Einwände.

6.2 Bewältigung von Entwicklungsaufgaben

Lösen bzw. Bewältigen von Entwicklungsaufgaben wird sinnvollerweise im Zusammenhang mit dem Copingbegriff von Lazarus (1966, 1980) gesehen. Coping ist ein Prozeß, der einsetzt, wenn ein Individuum sich Anforderungen (Belastungen) gegenübersieht, die große Wichtigkeit haben. Solche Probleme werden als Bedrohung, Gefährdung und Herausforderung erlebt. Der erste Abschnitt dieses Prozesses besteht in der subjektiven Einschätzung der Situation (primary appraisal). Sodann folgt eine Einschätzung der eigenen Handlungsmöglichkeiten und Chancen der Bewältigung (secondary appraisal). Aufgrund dieser kognitiven Aktivität kann die bedrohliche oder herausfordernde Ausgangssituation erneut bewertet werden (tertiary appraisal oder re-appraisal) [vgl. auch S. 125].

Norma Haan (1977) unterscheidet zwischen *Coping* und *Defending,* ein Begriffspaar, das sich aus der Psychoanalyse ableitet. Sie versteht unter Coping (Bewältigen) einen koordinierten Ich-Prozeß[1], bei dem Handlungsplan und anschließende Reaktionen an die situativen Anforderungen angepaßt sind. Defending (Abwehr)-Reaktionen sind demgegenüber Abwehr-Prozesse des Ich, das die Situation verzerrt oder als nicht bewältigbar ansieht und vorhandene oder entwikkelte Handlungsmöglichkeiten nicht koordinieren kann.
Coping und Defending erweisen sich als Bewältigungstechniken, die generell gelten. (. . .)

Oerter/Montada 1987, S. 283

Worterklärungen zu 6.2

koordinieren: aufeinander abstimmen
situativ: durch die Situation bedingt

Arbeitsanregung zu 6.2

Erläutern Sie einem Fachfremden die beiden generell geltenden Bewältigungstechniken, indem Sie eigene Beispiele aus Ihrem Leben anführen.

6.3 Das Selbstkonzept („Identität") als Entwicklungsaufgabe*

6.3.1 Zum Begriff

(. . .) Der Begriff „Identität" ist leider alles andere als klar und wird uneinheitlich verwendet. Er umfaßt aber einen Bedeutungskern, der Soziologie und Psychologie gemeinsam ist. Identität beinhaltet danach die Definition einer Person als einmalig und unverwechselbar durch die soziale Umgebung wie durch das Individuum selbst.
Aus dem Definitionsversuch geht hervor, daß Identität mindestens zwei Komponenten hat: Die Person, für die man sich selbst hält und die Person, für die andere einen halten. Aus ersterer Komponente geht der Begriff des „privaten Selbst" oder der privaten (persönlichen) Identität hervor, aus letzterer Komponente das „soziale Selbst" oder die soziale (öffentliche) Identität (Goffman 1963, Krappmann 1973).
Die *persönliche Identität* bildet den lebensgeschichtlichen Zusammenhang zwischen den Erfahrungen, die ein Mensch gemacht hat. Sie ist der rote Faden, der sich durch den Strom der Ereignisse hindurchzieht und zugleich der gleichbleibende (eben identische) Brennpunkt, den sich das Individuum als Selbst konstruiert.
Die *soziale Identität* entsteht aus dem Bild, das die anderen sich von einem selbst machen. Uns interessiert dabei nur die subjektive Seite dieses Bildes, nämlich, was von diesem Bild (genauer von diesen Bildern, weil es sich um viele soziale Partner handelt) vom Individuum erfaßt wird. Cooley (1922) spricht vom „looking-glass-self", weil sich das Individuum durch die Brille der anderen sieht. (. . .)

[1] Das Ich wird im Sinne der Psychoanalyse als Instanz verstanden, die den Anforderungen des Es, des Über-Ich und der physikalischen und kulturellen Außenwelt gerecht zu werden hat (Freud 1959).

In der Psychologie steht gegenwärtig der Begriff „Selbstkonzept“ oder „Selbstschema“ im Vordergrund. „Selbstschemata“ lassen sich (...) als „interne Selbstmodelle“ auffassen, in denen als ‚Original‘ jeweils das betreffende Individuum abgebildet ist (Filipp 1978, S. 113). Meist werden zwei Hauptkomponenten des Selbstkonzeptes unterschieden. Die *kognitive Komponente* beinhaltet das Wissen, das man von sich hat, und die Selbstwahrnehmung. Als wichtiger Aspekt schält sich in den jüngeren Untersuchungen dabei das Fähigkeitskonzept heraus, das beinhaltet, wie man seine eigenen Fähigkeiten gegenwärtig und zukünftig einschätzt. Die *affektive Komponente* des Selbstkonzeptes wird unter anderem erfaßt als Selbstwertgefühl bzw. Minderwertigkeitsgefühl (self esteem) und als Selbstvertrauen (self assurance).

Oerter/Montada 1987, S. 295 ff.

Worterklärungen zu 6.3.1

Komponente: Bestandteil
kognitiv: auf Erkenntnis beruhend
affektiv: gefühlsbedingt

Arbeitsanregungen s. S. 204 f.

6.3.2 Schule und Selbstbild

(...) Das Selbstkonzept ist maßgeblich durch das Fähigkeitskonzept und dieses wieder durch die schulische Leistung bedingt. Die indirekte Wirkung der Schule kann in ihrem Einfluß auf die Peergruppenbildung gesehen werden.

Man kann sich den Zusammenhang folgendermaßen vorstellen: Das Konzept der Fähigkeit wird im Jugendalter zu einer zentralen Komponente der Identität (...); da aber in unserer Kultur zumindest bis zum 16. Lebensjahr die Schule die wichtigste Rückmeldung über die eigene Fähigkeit liefert, hängt Identität wesentlich mit schulischem Erfolg zusammen. Die

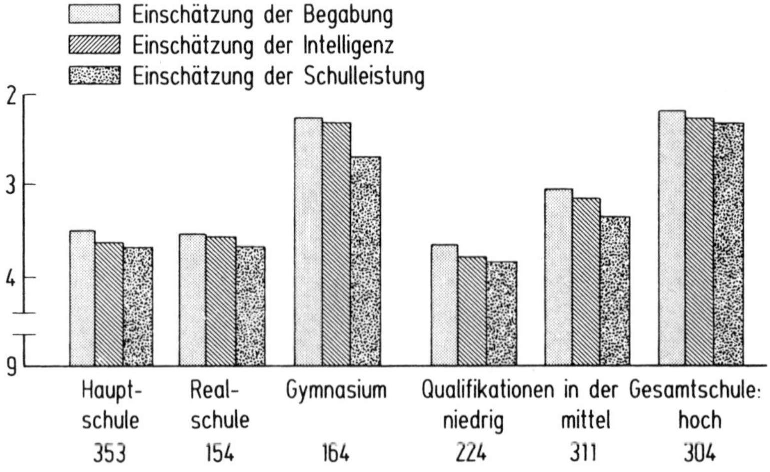

Abb. 3 *Begabungs- und Leistungsselbstbild in Abhängigkeit vom Schultyp (aus Fend et al. 1976, S. 338)*

Peergruppe kann diesen gravierenden Einfluß verstärken oder mildern, je nachdem, ob sie die schulischen Leistungsnormen akzeptiert oder ablehnt. Weiterhin bestimmt sie das soziale Selbstbild des Schülers mit. Je nach Akzeptanz oder Ablehnung wird der Jugendliche eine hohe oder geringe Bewertung des sozialen Selbstbildes erwerben.
Ergänzend (...) seien noch einige Befunde zum Selbstkonzept bei deutschen Jugendlichen (Fend et al. 1976) mitgeteilt. Abbildung 3 veranschaulicht eindrucksvoll den Einfluß verschiedener Schularten auf die Höhe des Begabungsselbstbildes und auf das Selbstwertgefühl. Haupt- und Realschüler zeigen eine deutlich geringere Einschätzung von Begabung, Intelligenz und Schulleistung als Gymnasiasten. (...)

Oerter/Montada 1987, S. 324ff.

Worterklärungen zu 6.3.2

Peergruppe: Gleichaltrigengruppe
gravierend: schwerwiegend

Arbeitsanregungen s. S. 204f.

6.3.3 Identität und Krise*

Erik Erikson

(...) Identität als lebenslange Entwicklung durchläuft nach Erikson acht Krisen, die einen gegensätzlichen Ausgang haben können. Die jeweils positive Bewältigung der Krise ermöglicht die Auseinandersetzung mit der nächsten Aufgabe. Im Jugendalter wird Identität zur zentralen Entwicklungsaufgabe (...) Die „Identitätskrise“, die Erikson an sich selbst intensiv erlebt hat, ist nach seiner Meinung das Hauptmerkmal jugendlicher Entwicklung. Der Jugendliche durchläuft ein Stadium des „Moratoriums“, d.h. einen Schwebezustand mit ungewissem Ausgang. Der Weg kann einerseits in die „Identitätsdiffusion“, andererseits in eine gefestigte Identität führen. (...)
Marcia (1964) versuchte, Eriksons Ansatz für empirische Untersuchungen zu nutzen, in denen er semistrukturierte Interviews mit jungen Erwachsenen im Alter von etwa 18 und 24 Jahren durchführte.
Die vier Identitätszustände, die er fand, lassen sich gemäß Tabelle 1 nach den Dimensionen „innere Verpflichtung“ und „Krise“ in vier Felder ordnen. Wichtig erscheint, daß die vier Identitätszustände nicht der Reihe nach (übernommene Identität – diffuse Identität – Moratorium – erarbeitete Identität) durchlaufen werden müssen. Die bei College-Studenten vorgefundenen Identitätszustände konnten gemäß dieser Viergliederung zugeordnet werden, jedoch verliefen Identitätsveränderungen in ganz verschiedene Richtungen und, was gegen Eriksons Annahme spricht, die erarbeitete Identität und das Moratorium erwiesen sich als weniger über die Zeit hinweg stabil als die diffuse Identität und die übernommene Identität. In Tabelle 2 ist eine kurze Kennzeichnung der vier Zustände zusammengestellt.

Tabelle 1 *Die vier Identitätszustände nach Marcia und der hypothetische Verlauf einer Identitätskrise im Jugendalter nach Erikson (aus: Haußer 1983, S. 122)*

	Krise	Keine Krise
Innere Verpflichtung	Erarbeitete Identität	Übernommene Identität
Keine innere Verpflichtung	Moratorium oder Diffuse Identität	Diffuse Identität

Tabelle 2 *Einige Kennzeichen der vier Identitätszustände nach Marcia (1980)*

Untersuchtes Merkmal	diffuse Identität (keine Festlegung für Beruf oder Werte)	Moratorium (gegenwärtige Auseinandersetzung mit beruflichen oder sonstigen Wertfragen)	übernommene Identität (Festlegung auf Beruf oder Werte, die von den Eltern ausgewählt wurden)	erarbeitete Identität (Festlegung auf Beruf und Wertpositionen, die selbst gewählt wurden)
Selbstwertgefühl	niedrig	hoch	niedrig (männlich) hoch (weiblich)	hoch
Autonomie	extern kontrolliert	internale Kontrolle	autoritär	internale Kontrolle
Kognitiver Stil	impulsiv, extreme kognitive Komplexität	reflexiv, kognitiv komplex	impulsiv, kognitiv simpel	reflexiv, kognitiv komplex
Intimität	stereotype Beziehungen	fähig zu tiefen Beziehungen	stereotype Beziehungen	fähig zu tiefen Beziehungen
Soziale Interaktion	zurückgezogen, fühlen sich von den Eltern nicht verstanden, hören auf Peers und Autoritäten	frei, streben intensive Beziehungen an, wetteifern	ruhig, wohlerzogen glücklich	zeigen nicht-defensive Stärke, können sich für andere ohne Eigennutz einsetzen

Oerter/Montada 1987, S. 306 ff.

Worterklärungen zu 6.3.3

semistrukturiert: halb gegliedert
diffus: verschwommen, unklar
Komplexität: Vielschichtigkeit
stereotyp: feststehend, unverändert

Arbeitsanregungen zu 6.3.1–6.3.3

1. Erläutern Sie in eigenen Worten „persönliche Identität“ und „soziale Identität“.
2. Zu welcher Komponente des Selbstkonzeptes gehört das Fähigkeitskonzept (nicht)?
3. Unter welcher Bedingung mildert eine Gleichaltrigengruppe den starken Einfluß schulischen Mißerfolges auf die eigene Fähigkeitsselbsteinschätzung?

4. Wie sieht ein typischer Krisenverlauf nach Erikson aus?
5. Welchen Ablauf halten Sie für typisch?
   Welchen haben Sie schon einmal erlebt?
6. Trifft es Ihrer Ansicht nach zu, daß die große Mehrheit der Schüler an weiterführenden Schulen im Identitätszustand „diffuse Identität" oder „Moratorium" ist? Welche Gründe könnten dafür verantwortlich sein?

6.4 Zwei Umwelten – zwei verschiedene Entwicklungsverläufe

Die Befunde über berufstätige Jugendliche (s. auch z. B. Kreutz 1964, die Publikationsreihe des Deutschen Jugendinstituts München, z. B. Daheim et al. 1978, Daviter 1973) legen nahe, ihre Entwicklung als verschieden von der Entwicklung der Jugendlichen in weiterführenden Schulen, vor allem in den Gymnasien, anzusehen. Die Identitätsgewinnung verläuft beim Berufstätigen sehr viel stärker über Arbeit und Beruf. Dort sind die Quellen für Erfolgsrückmeldung, Selbstbestätigung, aber auch für Mißerfolg und Minderwertigkeitsgefühl. Der Gymnasiast hingegen erfährt aus der Interaktion in der Peergruppe, aus dem schulischen Erfolg bzw. Mißerfolg und auch weiterhin aus dem Kontakt mit den Eltern Unterstützung bei der Identitätsentwicklung oder, im ungünstigsten Falle, Einflüsse, die seine Identitätsentwicklung beeinträchtigen. Der Anpassungsdruck ans Erwachsenwerden ist bei berufstätigen Jugendlichen groß, bei Gymnasiasten gering, die Zukunftsperspektive bei ersterer Gruppe klar, aber eingeengt und relativ bescheiden, bei letzterer Gruppe eher diffus, unbestimmt, aber dafür offen, unter Einbeziehung einer Vielzahl von Perspektiven und Möglichkeiten.

Noch ein weiterer Unterschied zwischen beiden Gruppen erscheint bemerkenswert: das Verhältnis von Gegenwarts- und Zukunftsorientierung. Dieses Verhältnis ist für den berufstätigen Jugendlichen eher ausgewogen, da die gegenwärtige Tätigkeit mit der zukünftigen eng zusammenhängt, ja identisch ist. Für den Gymnasiasten sind beide Orientierungen im Widerspruch zueinander. Die jetzige Tätigkeit ist Arbeit, ohne ernsthafte berufliche Arbeit zu sein. Sie erscheint daher vielen nicht sehr sinnvoll (... Befunde von Fend et al. 1976). Der unsicheren und unbestimmten Zukunft möchte man nur ungern die Gegenwart opfern, und so entsteht immer wieder der Gegensatz von gegenwartsorientierter Aktivität in den Peergruppen bzw. in Form eines Hobbys und zukunftsorientiertem schulischem Lernen einschließlich des Wissens um die lange Ausbildungszeit bis zum endgültigen „Erwachsensein". Letzteres erscheint dann manchen im frühen Erwachsenenalter (Studentenzeit) auch gar nicht mehr attraktiv („spießig", „Tretmühle") und wird so lange wie möglich hinausgeschoben.

Ein letzter Aspekt, der uns bei den zwei Umwelten des Jugendlichen beschäftigen sollte, sind Geschlechtsunterschiede. Wiederum kann man vermuten, daß die berufliche Umwelt sich gravierend auf Mädchen auswirkt und ihre Anpassung an das Erwachsenendasein beschleunigt. Während die Mädchen der fünfziger Jahre den Beruf noch als Nebensache oder gar als zu vermeidendes Übel ansahen (Douvan & Adelson 1966), ist heute die Berufswahl und die berufliche Tätigkeit für Mädchen genauso selbstverständlich wie für Jungen (Ripple et al. 1982).

In der oben beschriebenen Untersuchung des Verfassers traten hinsichtlich des Verständnisses von Arbeit und Beruf und des Interesses an beruflicher Tätigkeit keine Geschlechtsunterschiede auf. Anders verhält es sich mit den beruflichen Interessen. Sie sind nach wie vor geschlechtsspezifisch und kanalisieren frühzeitig die Berufswünsche der Mädchen und Jungen (...). Die Mädchen an Gymnasien sind demgegenüber bezüglich ihrer beruflichen und gesamten Umweltorientierung wohl den männlichen Gymnasiasten ähnlicher als den berufstätigen weiblichen Jugendlichen. So darf man zu Recht vermuten, daß die Scheidung der Jugendlichen in zwei Gruppen nicht nur eine periphere Wirkung hat, sondern die Entwicklung während eines wichtigen Lebensabschnittes in zwei verschiedene Richtungen lenkt. Ob dann die späteren Erwachsenen wirklich in „zwei Welten" leben, hängt von der einigenden (oder auch gleichmachenden) Wirkung der späteren Umwelt ab.

Oerter/Montada 1987, S. 337 f.

Worterklärung zu 6.4

peripher: am Rande

Arbeitsanregungen zu 6.4

1. Welche Unterschiede in der Identitätsgewinnung bei berufstätigen Jugendlichen einerseits und Jugendlichen an weiterführenden Schulen andererseits werden im Text genannt?
2. In welchem Bereich gibt es offenbar auch heute noch geschlechtsspezifische Unterschiede in der Entwicklung des Selbstbildes?
3. Entspricht es Ihrer Erfahrung, daß Mädchen an weiterführenden Schulen in ihrer beruflichen und sonstigen Umweltorientierung den Jungen an eben solchen Schulen ähnlicher sind als den berufstätigen weiblichen Jugendlichen?

PERSÖNLICHKEITSPSYCHOLOGIE

Der Steppenwolf – Hermann Hesse

Hermann Hesse 1929

Hier muß ich eine psychologische Anmerkung einfügen. Obgleich ich über das Leben des Steppenwolfes sehr wenig weiß, habe ich doch allen Grund zu vermuten, daß er von liebevollen, aber strengen und sehr frommen Eltern und Lehrern in jenem Sinne erzogen wurde, der das „Brechen des Willens" zur Grundlage der Erziehung macht. Dieses Vernichten der Persönlichkeit und Brechen des Willens nun war bei diesem Schüler nicht gelungen, dazu war er viel zu stark und hart, viel zu stolz und geistig. Statt seine Persönlichkeit zu vernichten, war es nur gelungen, ihn sich selbst hassen zu lehren. Gegen sich selber, gegen dies unschuldige und edle Objekt richtete er nun zeitlebens die ganze Genialität seiner Phantasie, die ganze Stärke seines Denkvermögens. Denn darin war er, trotz allem, durch und durch Christ und durch und durch Märtyrer, daß er jede Schärfe, jede Kritik, jede Bosheit, jeden Haß, dessen er fähig war, vor allem und zuerst auf sich selbst losließ. Was die anderen, was die Umwelt betraf, so machte er beständig die heldenhaftesten und ernstesten Versuche, sie zu lieben, ihnen gerecht zu werden, ihnen nicht weh zu tun, denn das „Liebe deinen Nächsten" war ihm ebenso tief eingebläut wie das Hassen seiner selbst, und so war sein ganzes Leben ein Beispiel dafür, daß ohne Liebe zu sich selbst auch die Nächstenliebe unmöglich ist, daß der Selbsthaß genau dasselbe ist und am Ende genau dieselbe grausige Isoliertheit und Verzweiflung erzeugt wie der grelle Egoismus.

Hesse, Hermann: Der Steppenwolf. Frankfurt a. M.: Suhrkamp 1972, S. 15f.

Hermann Hesse beschreibt Verhalten und Einstellungen des Steppenwolfs, und er sieht, wie diese (in der Kindheit) erworben wurden; damit verfolgt er zwei Hauptziele der Persönlichkeitsforschung (vgl. 1).
Inhaltlich lehnt er sich an psychoanalytische Erklärungsmuster an: Die normale Aufgabe des Ich ist nach Freud die Selbstbehauptung (vgl. 2.1); sie ist hier nur in pathologischer Art und Weise gelungen.
Der Destruktionstrieb wendet sich unter normalen Umständen nach außen. Dies ist nach Freud „eine Notwendigkeit für die Erhaltung des Individuums" (s. 2.2). Bei der strengen Erziehung war Abfuhr nach außen nicht möglich.
So demonstriert Hesses Steppenwolf geradezu „den Übergang von verhinderter Aggression in Selbstzerstörung durch Wendung der Aggression gegen die eigene Person" (s. 2.2).
Eine solche Sichtweise menschlichen Verhaltens wird in den folgenden Texten dargelegt.

1 Das Ziel der Persönlichkeitsforschung – J. B. Rotter/ D. J. Hochreich

Durch die ganze Geschichte hindurch hat jede Kultur Möglichkeiten entwickelt, Menschen zu beschreiben – mitzuteilen, wie jemand ist. Dieser Ansatz, nämlich die Beschreibung von Menschen, ist gleichzeitig das erste der vier Ziele der Beschäftigung mit der Persönlichkeit. Eine naheliegende Art der Personen-Beschreibung wäre, die physischen Eigenarten zu erwähnen: Jemand ist groß oder klein, massig oder schlank, imposant oder eher so, daß er unbemerkt in der Menge untergeht. Das alles sind äußerliche Eigenarten, die leicht wahrzunehmen und zu überprüfen sind. Aber im allgemeinen gehen wir über das Aufstellen von äußerlichen Merkmalen hinaus und erheben noch andere Merkmale, auf die wir nur schließen oder die wir nur erraten können. Wir tun dies aufgrund von Handlungen oder Äußerungen, die uns von jemandem bekannt sind. So kann jemand über seinen besten Freund sagen, er sei warmherzig, ziemlich ehrgeizig, zuvorkommend, er habe Verständnis für die Gefühle anderer Leute und er sei oft nervös. Alle diese Attribute haben für den Zuhörer vermutlich eine bestimmte Bedeutung; er kennt auch Personen, die er mit ähnlichen Worten beschreiben würde. Wahrscheinlich, aber nicht notwendig, haben die Begriffe „warmherzig“, „ehrgeizig“ und „nervös“ für den Sprecher und den Zuhörer mehr oder minder die gleiche Bedeutung, so daß die Kommunikation ihren Zweck erfüllt. Die Liste der Attribute, die zur Beschreibung von dem, was im allgemeinen als Persönlichkeitsmerkmale bezeichnet wird, ist vielfältig, umfangreich und in ständigem Wandel begriffen. (Der „brave Junge“ aus der Jugendzeit Ihres Vaters wurde von Ihrem älteren Bruder vielleicht schon als „Musterknabe“ bezeichnet, während Sie ihn jetzt „teilnahmslos“ oder „verschlossen“ nennen würden.) Jeder von uns empfindet eine gewisse Befriedigung, wenn es gelingt, eigene Eindrücke über eine Person einem Dritten mitzuteilen, zumal wir diese Eindrücke auch verwenden, wenn wir versuchen, unsere eigenen Verhaltens- und Reaktionsweisen in verschiedenen Situationen zu erklären. Darüber hinaus scheint es noch drei weitere Ziele zu geben, denen durch solche Beschreibungen aus dem Alltag entgegengearbeitet wird.

Nehmen Sie an, Sie hätten mehrere Vorlesungen über Literatur zur Auswahl, von denen Sie glauben, daß alle für Sie interessant sein könnten, von denen Sie aber nur eine besuchen können. Ihre Freundin hat bei allen Professoren dieses Instituts schon Vorlesungen gehört, Sie fragen sie also, was sie von jedem einzelnen hält. Sie beschreibt daraufhin einen als „streng“, einen anderen als „selbstgefällig“, einen dritten als „ständig bestrebt, sich bei den Studenten beliebt zu machen“. In welcher Weise verwenden Sie diese Information für Ihre Entscheidung? Angenommen, Sie vertrauen dem Urteil Ihrer Freundin in solchen Angelegenheiten, dann werden Sie versuchen, vorherzusagen, wie jeder der Professoren seine Veranstaltung abhalten wird und wie und ob sein persönlicher Stil dazu beitragen kann, daß Ihnen die Vorlesung Spaß macht. Sie könnten wie folgt denken: „Ein strenger Lehrer wie Professor X verlangt wahrscheinlich viel, hält Abstand zu den Studenten, ist sicher nur nach vorheriger Anmeldung für sie zu sprechen und hat nicht viel Sinn für Humor. Für Professor Y, der als selbstgefällig beschrieben wird, ist bestimmt nur seine eigene Meinung von Bedeutung, er wird von den Studenten verlangen, daß sie bei Prüfungen lediglich seinen Vorlesungsstoff herunterbeten, ohne die eigene Meinung zu äußern, und er wird wahrscheinlich Zwischenfragen mißbilligen oder sie sogar als Bedrohung ansehen. Und Professor Z, der so darauf bedacht ist, den Studenten zu gefallen, könnte zu „schwammig“ sein, seine Vorlesung ist wahrscheinlich wenig strukturiert; er erzählt vielleicht pausenlos Witze, versucht, sich jünger zu geben, als er ist und gibt jedes Mal nach, wenn auch nur ein einziger Student andere Vorstellungen hat als er. Alles in allem kann man in seiner Vorlesung nicht viel lernen." Nachdem Sie die Sache so durchdacht haben, werden Sie dazu übergehen, eine Veranstaltung auszusuchen, und zwar auf der Basis Ihrer Vorhersagen über das Verhalten, das Sie von jedem dieser Professoren erwarten, Vorhersagen aufgrund der Darstellungen, die Ihre Freundin zur Beschreibung dieser Herren benutzte. Psychologen, die sich mit Persönlichkeitsforschung befassen, versuchen, wenn auch in einer mehr formalen und wissenschaftlichen Vorgehensweise, genau das gleiche: nämlich individuelle Unterschiede im Verhalten von Personen unter ähnlichen Bedingungen oder in vergleichbaren Situationen vorherzusagen.

Um das dritte Ziel zu verdeutlichen, wollen wir annehmen, Sie seien seit gut einem Jahr verheiratet und erwarten das erste Kind. Wie die meisten „werdenden Eltern" werden Sie und Ihr Partner viel darüber nachdenken, wie Ihr Sohn oder Ihre Tochter am besten erzogen werden soll. Wenn Sie auf Ihre eigene Kindheit und Jugend zurückblicken, fallen Ihnen viele Situationen ein, in denen Sie verwirrt oder wütend waren, in denen Sie nicht wußten, was Sie tun sollten oder wem Sie Glauben schenken sollten und in denen Sie schließlich leichtsinnig oder unklug handelten. Beim Versuch, zu erklären, warum Sie sich so verhielten, denken Sie über Ihr Verhältnis zu Ihren Eltern nach. Zu deren Verhalten Ihnen gegenüber über die Jahre fällt Ihnen als erstes ihre Uneinigkeit ein, wenn es um Fragen der Erziehung ging, ihre Meinungsverschiedenheiten, wenn eine Entscheidung, die Sie betraf, anstand. Wenn Sie um Erlaubnis baten, etwas zu tun, etwas zu kaufen oder irgendwohin gehen zu dürfen, konnten Sie fast damit rechnen, daß Ihre Mutter „ja" und Ihr Vater „nein" sagen würde oder umgekehrt. Wenn Sie jetzt Ihre häufige Verstimmtheit und Ihren Ärger auf dieses elterliche Verhalten zurückführen (unabhängig davon, ob dies der „wahre" oder einzige Grund dafür war), dann machen Sie damit eine Art Vorhersage über die Vergangenheit, nämlich darüber, wie solche unangenehmen Gefühle und die entsprechenden Verhaltensweisen, mit denen die Gefühle ausgedrückt oder von denen sie begleitet werden, entstehen. Aufgrund dieser post-hoc-Analyse Ihrer Kindheit und Jugend werden Sie nun eine Vorhersage wagen: Je übereinstimmender sich Sie und Ihr Partner Ihrem Kind gegenüber verhalten, desto unwahrscheinlicher ist es, daß Ihr Kind mit Ärger und Verwirrung aufwächst. Sie werden sich geloben, dieser Annahme entsprechend zu handeln – zum Beispiel immer zu versuchen, Probleme gemeinsam zu diskutieren, bevor Entscheidungen getroffen und dem Kind mitgeteilt werden. So läßt sich auch das dritte große Ziel der Persönlichkeitspsychologen umschreiben, nämlich als ein Versuch, zu verstehen oder genau vorherzusagen, wie bestimmte charakteristische Verhaltensweisen und Einstellungen im Laufe der Entwicklung gelernt wurden.

Das vierte Ziel der Lehre von der Persönlichkeit ist, festzustellen, wie menschliches Verhalten verändert werden kann. Dazu muß man zunächst verstehen, warum ein bestimmtes Verhalten auftritt. Stellen Sie sich vor, Sie wohnen mit zwei Mädchen zusammen im Studentenheim, die sich beide nicht gut verstehen, obwohl Sie selbst mit beiden eng befreundet sind. Die Situation macht Ihnen zu schaffen, Sie haben das Bestreben, sie zusammenzubringen. Sie erinnern sich an deren erstes Zusammentreffen und überlegen, was sich bei dieser Gelegenheit abgespielt hat: Marlene, die sehr attraktiv und selbstbewußt ist, redete über ihr umfangreiches Gesellschaftsleben, zwar ohne damit anzugeben, aber doch so, daß ihre verständliche Freude über all die Aufmerksamkeit, die ihr zuteil wird, deutlich zum Ausdruck kam. Barbara, die weniger in der Gesellschaft aufgeht, schien zu merken, daß sie zu dieser Unterhaltung nichts beisteuern konnte und verschwand ohne ein Wort. Auch in den folgenden Zusammenkünften blieb Barbara still, solange Marlene anwesend war, trotz Ihrer Bemühungen, sie in die Unterhaltung einzubeziehen. Obwohl Marlene nichts zu merken schien von der Wirkung, die sie ausübte, hatten Sie den Eindruck, daß Barbara dachte, daß jemand, der so beliebt wie Marlene ist, sich nicht für sie interessiere. Nehmen wir an, daß Sie die Situation richtig eingeschätzt haben, dann wäre Ihre nächste Aufgabe jetzt, zu überlegen, wie Sie Verhaltensweisen ändern können, die Ihrer Meinung nach der Grund sein könnten, einen möglichen Freundeskreis zu gefährden: Marlenes Tendenz, sich in ihre eigene Konversation so hineinzusteigern, daß sie, ohne es zu wollen, Barbara ignoriert, und Barbaras Rückzug, wenn sie mit Marlene zusammen ist. Da Ihnen klar ist, daß Marlenes Verhalten die Ursache für Barbaras Rückzug ist, erklären Sie dies Marlene und schlagen ihr vor, Barbara direkt anzusprechen, wenn sie sie das nächste Mal trifft, oder einen gemeinsamen Einkaufsbummel zu verabreden, mit anderen Worten: Barbara als eine Person anzusehen und nicht nur als einen stillen Zuhörer. Ihr Ziel wäre hier, zu verstehen und vorherzusagen, nicht nur, wie bestimmte Verhaltensweisen (wie z. B. Barbaras Rückzug) erworben werden, sondern auch, wie sich menschliches Verhalten ändern kann. Dieses Anliegen, nämlich die Erklärung von Verhaltensänderungen, ist das vierte Ziel, das Psychologen mit der Persönlichkeitsforschung verfolgen.

Zusammenfassend hier noch einmal die vier Hauptziele einer Persönlichkeitstheorie:

1. Vorgehensweisen für eine möglichst zuverlässige und lebensnahe Beschreibung von Individuen zu liefern;
2. individuelle Unterschiede des menschlichen Verhaltens oder der Einstellungen in vergleichbaren Situationen verstehen und Vorhersagen darüber machen zu können;
3. zu verstehen und vorherzusagen, wie oder unter welchen Bedingungen Individuen ihre charakteristischen Verhaltensweisen und Einstellungen lernen oder erwerben und
4. zu verstehen, wie oder unter welchen Bedingungen sich solche Verhaltensweisen und Einstellungen verändern.

Sollten die Psychologen diese Ziele erreichen und in der Lage sein, vernünftige und präzise Vorhersagen abzugeben, dann könnte dieser Erfolg als neues Wissen vermittelt werden, welches nutzbringend angewendet werden könnte zur Verbesserung unserer Erziehungs- und Sozialisationsmethoden, zur Einführung neuer und erfolgreicher Psychotherapie-Techniken für ein glücklicheres und produktiveres Leben und zur Schaffung oder Veränderung sozialer Institutionen, deren Arbeitsweise besser auf menschliche Bedürfnisse zugeschnitten werden könnte.

Rotter, J. B./Hochreich, D. J.: Persönlichkeit. Berlin, Heidelberg: Springer 1979 (1975), S. 1 ff.

Worterklärungen zu 1

Attribut: Merkmal
post hoc: im Nachhinein
Konversation: Unterhaltung
ignorieren: nicht zur Kenntnis nehmen

Arbeitsanregungen zu 1

1. Wir versuchen – (so S. 208, Z. 22 f., Rotter/Hochreich) – unsere eigenen Verhaltens- und Reaktionsweisen in verschiedenen Situationen (durch bestimmte Eindrücke) zu erklären. Welche Komponente des Selbstkonzepts (s. S. 201 f.) sind hiermit angesprochen?
2. Welche Attribute verwenden Sie, wenn Sie z. B. das Persönlichkeitsmerkmal „ängstlich“ genauer bestimmen wollen?
3. Suchen Sie für jedes der vier Ziele je einen Begriff.

2 Die psychodynamische Persönlichkeitstheorie (nach Freud)*

2.1 Die Struktur der Persönlichkeit: Es, Ich, Über-Ich* – Sigmund Freud

(...) Zur Kenntnis dieses psychischen Apparates sind wir durch das Studium der individuellen Entwicklung des menschlichen Wesens gekommen. Die älteste dieser psychischen Provinzen oder Instanzen nennen wir das *Es*; sein Inhalt ist alles, was ererbt, bei Geburt mitgebracht, konstitutionell festgelegt ist, vor allem also die aus der Körperorganisation stammenden Triebe, die hier einen ersten uns in seinen Formen unbekannten psychischen Ausdruck finden.

Unter dem Einfluß der uns umgebenden realen Außenwelt hat ein Teil des Es eine besondere Entwicklung erfahren. Ursprünglich als Rindenschicht mit den Organen zur Reizaufnahme und den Einrichtungen zum Reizschutz ausgestattet, hat sich eine besondere Organisation hergestellt, die von nun an zwischen Es und Außenwelt vermittelt. Diesem Bezirk unseres Seelenlebens lassen wir den Namen des *Ichs*.

Die hauptsächlichen Charaktere des Ich. Infolge der vorgebildeten Beziehung zwischen Sinneswahrnehmung und Muskelaktion hat das Ich die Verfügung über die willkürlichen Bewegungen. Es hat die Aufgabe der Selbstbehauptung, erfüllt sie, indem es nach außen die Reize kennenlernt, Erfahrungen über sie aufspeichert (im Gedächtnis), überstarke Reize vermeidet (durch Flucht), mäßigen Reizen begegnet (durch Anpassung) und endlich lernt, die Außenwelt in zweckmäßiger Weise zu seinem Vorteil zu verändern (Aktivität); nach innen gegen das Es, indem es die Herrschaft über die Triebansprüche gewinnt, entscheidet, ob sie zur Befriedigung zugelassen werden sollen, diese Befriedigung auf die in der Außenwelt günstigen Zeiten und Umstände verschiebt oder ihre Erregungen überhaupt unterdrückt. In seiner Tätigkeit wird es durch die Beachtungen der in ihm vorhandenen oder in dasselbe eingetragenen Reizspannungen geleitet. Deren Erhöhung wird allgemein als *Unlust*, deren Herabsetzung als *Lust* empfunden. Wahrscheinlich sind es aber nicht die absoluten Höhen dieser Reizspannung, sondern etwas im Rhythmus ihrer Veränderung, was als Lust und Unlust empfunden wird. Das Ich strebt nach Lust, will der Unlust ausweichen. Eine erwartete, vorausgesehene Unluststeigerung wird mit dem *Angstsignal* beantwortet, ihr Anlaß, ob er von außen oder innen droht, heißt eine *Gefahr*. Von Zeit zu Zeit löst das Ich seine Verbindung mit der Außenwelt und zieht sich in den Schlafzustand zurück, in dem es seine Organisation weitgehend verändert. Aus dem Schlafzustand ist zu schließen, daß diese Organisation in einer besonderen Verteilung der seelischen Energie besteht.

Als Niederschlag der langen Kindheitsperiode, während der der werdende Mensch in Abhängigkeit von seinen Eltern lebt, bildet sich in seinem Ich eine besondere Instanz heraus, in der sich dieser elterliche Einfluß fortsetzt. Sie hat den Namen des *Über-Ichs* erhalten. Insoweit dieses Über-Ich sich vom Ich sondert und sich ihm entgegenstellt, ist es eine dritte Macht, der das Ich Rechnung tragen muß.

Eine Handlung des Ichs ist dann korrekt, wenn sie gleichzeitig den Anforderungen des Es, des Über-Ichs und der Realität genügt, also deren Ansprüche miteinander zu versöhnen weiß. Die Einzelheiten der Beziehung zwischen Ich und Über-Ich werden durchwegs aus der Zurückführung auf das Verhältnis des Kindes zu seinen Eltern verständlich. Im Elterneinfluß wirkt natürlich nicht nur das persönliche Wesen der Eltern, sondern auch der durch sie fortgepflanzte Einfluß von Familien-, Rassen- und Volkstradition, sowie die von ihnen vertretenen Anforderungen des jeweiligen sozialen Milieus. Ebenso nimmt das Über-Ich im Laufe der individuellen Entwicklung Beiträge von seiten späterer Fortsetzer und Ersatzpersonen der Eltern auf, wie Erzieher, öffentlicher Vorbilder, in der Gesellschaft verehrter Ideale. Man sieht, daß Es und Über-Ich bei all ihrer fundamentalen Verschiedenheit die eine Übereinstimmung zeigen, daß sie die Einflüsse der Vergangenheit repräsentieren, das Es den der ererbten, das Über-Ich im wesentlichen den der von anderen übernommen, während das Ich hauptsächlich durch das selbst Erlebte, also Akzidentelle und Aktuelle bestimmt wird. (...)

Freud, Sigmund: Abriß der Psychoanalyse. Das Unbehagen in der Kultur. Frankfurt: Fischer 1974, S. 6–9 (Auszüge, ohne Anmerkungen)

Worterklärungen zu 2.1

repräsentieren: darstellen, vertreten
akzidentell: zufällig

Arbeitsanregungen zu 2.1

1. Es und Über-Ich stellen Einflüsse der Vergangenheit dar, jedoch in unterschiedlicher Weise. Erläutern Sie diesen Unterschied.
2. Welches ist die Aufgabe des Ich?
3. Wodurch entsteht im Ich Angst?
4. Wodurch wird das Ich fähig, die Außenwelt zu seinen Gunsten zu verändern?
5. Suchen Sie nach einem Beispiel aus Ihrem eigenen Leben für das, was Freud hier als „korrekte Handlung des Ich" bezeichnet.

2.2 Die Dynamik der Persönlichkeit: Trieblehre* – Sigmund Freud

(...) Die Kräfte, die wir hinter den Bedürfnisspannungen des Es annehmen, heißen wir *Triebe*. Sie repräsentieren die körperlichen Anforderungen an das Seelenleben. Obwohl letzte Ursache jeder Aktivität, sind sie konservativer Natur; aus jedem Zustand, den ein Wesen erreicht hat, geht ein Bestreben hervor, diesen Zustand wiederherzustellen, sobald er verlassen worden ist. Man kann also eine unbestimmte Anzahl von Trieben unterscheiden, tut es auch in der gewöhnlichen Übung. Für uns ist die Möglichkeit bedeutsam, ob man nicht all diese vielfachen Triebe auf einige wenige Grundtriebe zurückführen könne.

Wir haben erfahren, daß die Triebe ihr Ziel verändern können (durch Verschiebung), auch daß sie einander ersetzen können, indem die Energie des einen Triebs auf einen anderen übergeht. Der letztere Vorgang ist noch weniger gut verstanden. Nach langem Zögern und Schwanken haben wir uns entschlossen, nur zwei Grundtriebe anzunehmen, den *Eros* und den *Destruktionstrieb*. (Der Gegensatz von Selbsterhaltungs- und Arterhaltungstrieb sowie der andere von

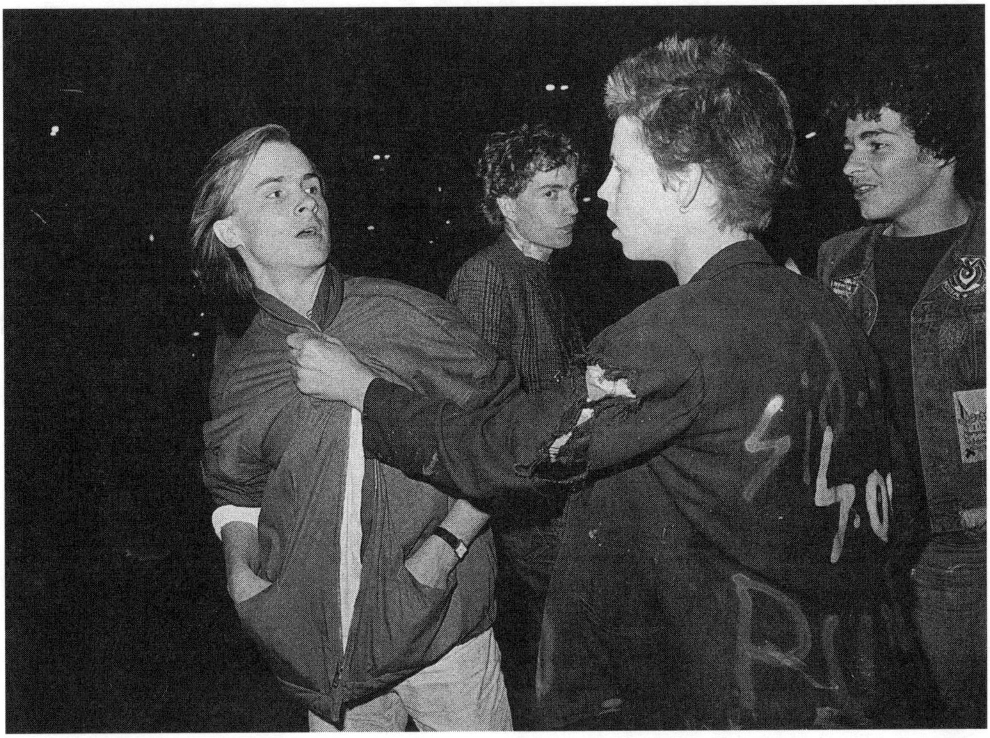

Ichliebe und Objektliebe fällt noch innerhalb des Eros.) Das Ziel des ersten ist, immer größere Einheiten herzustellen und so zu erhalten, also Bindung, das Ziel des anderen im Gegenteil, Zusammenhänge aufzulösen und so die Dinge zu zerstören. Beim Destruktionstrieb können wir daran denken, daß als sein letztes Ziel erscheint, das Lebende in den anorganischen Zustand zu überführen. Wir heißen ihn darum auch *Todestrieb*. Wenn wir annehmen, daß das Leben später als das Leblose gekommen und aus ihm entstanden ist, so fügt sich der Todestrieb der erwähnten Formel, daß ein Trieb die Rückkehr zu einem früheren Zustand anstrebt. Für den Eros (oder Liebestrieb) können wir eine solche Anwendung nicht durchführen. Es würde voraussetzen, daß die lebende Substanz einmal eine Einheit war, die dann zerrissen wurde und die nun die Wiedervereinigung anstrebt.

In den biologischen Funktionen wirken die beiden Grundtriebe gegeneinander oder kombinieren sich miteinander. So ist der Akt des Essens eine Zerstörung des Objekts mit dem Endziel der Einverleibung, der Sexualakt eine Aggression mit der Absicht der innigsten Vereinigung. Dieses Mit- und Gegeneinanderwirken der beiden Grundtriebe ergibt die ganze Buntheit der Lebenserscheinungen. Über den Bereich des Lebenden hinaus führt die Analogie unserer beiden Grundtriebe zu dem im Anorganischen herrschenden Gegensatzpaar von Anziehung und Abstoßung.

Es kann keine Rede davon sein, den einen oder anderen der Grundtriebe auf eine der seelischen Provinzen einzuschränken. Sie müssen überall anzutreffen sein. Einen Anfangszustand stellen wir uns in der Art vor, daß die gesamte verfügbare Energie des Eros, die wir von nun ab *Libido* heißen werden, im noch undifferenzierten Ich-Es vorhanden ist und dazu dient, die gleichzeitig vorhandenen Destruktionsneigungen zu neutralisieren. (Für die Energie des

Destruktionstriebes fehlt uns ein der Libido analoger Terminus.) Späterhin wird es uns verhältnismäßig leicht, die Schicksale der Libido zu verfolgen, beim Destruktionstrieb ist es schwerer. Solange dieser Trieb als Todestrieb im Inneren wirkt, bleibt er stumm, er stellt sich uns erst, wenn er als Destruktionstrieb nach außen gewendet wird. Daß dies geschehe, scheint eine Notwendigkeit für die Erhaltung des Individuums. Das Muskelsystem dient dieser Ableitung. Mit der Einsetzung des Über-Ichs werden ansehnliche Beträge des Aggressionstriebes im Innern des Ichs fixiert und wirken dort selbstzerstörend. Es ist eine der hygienischen Gefahren, die der Mensch auf seinem Weg zur Kulturentwicklung auf sich nimmt. Zurückhaltung von Aggression ist überhaupt ungesund, wirkt krankmachend (Kränkung). Den Übergang von verhinderter Aggression in Selbstzerstörung durch Wendung der Aggression gegen die eigene Person demonstriert oft eine Person im Wutanfall, wenn sie sich die Haare rauft, mit den Fäusten ihr Gesicht bearbeitet, wobei sie offenbar diese Behandlung lieber einem anderen zugedacht hätte. Ein Anteil von Selbstzerstörung verbleibt unter allen Umständen im Inneren, bis es ihm endlich gelingt, das Individuum zu töten, vielleicht erst, wenn dessen Libido aufgebraucht oder unvorteilhaft fixiert ist. So kann man allgemein vermuten, das Individuum stirbt an seinen inneren Konflikten, die Art hingegen an ihrem erfolglosen Kampf gegen die Außenwelt, wenn diese sich in einer Weise geändert hat, für die die von der Art erworbenen Anpassungen nicht zureichen.

Es ist schwer, etwas über das Verhalten der Libido im Es und im Über-Ich auszusagen. Alles, was wir darüber wissen, bezieht sich auf das Ich, in dem anfänglich der ganze verfügbare Betrag von Libido aufgespeichert ist. Wir nennen diesen Zustand den absoluten primären *Narzißmus*. Er hält solange an, bis das Ich beginnt, die Vorstellungen von Objekten mit Libido zu besetzen, narzißtische Libido in *Objektlibido* umzusetzen. Über das ganze Leben bleibt das Ich das große Reservoir, aus dem Libidobesetzungen an Objekte ausgeschickt und in das sie auch wieder zurückgezogen werden ... Nur im Zustand einer vollen Verliebtheit wird der Hauptbetrag der Libido auf das Objekt übertragen, setzt sich das Objekt gewissermaßen an die Stelle des Ichs. Ein im Leben wichtiger Charakter ist die *Beweglichkeit* der Libido, die Leichtigkeit, mit der sie von einem Objekt auf andere Objekte übergeht. Im Gegensatz hierzu steht die *Fixierung* der Libido an bestimmte Objekte, die oft durchs Leben anhält.

Es ist unverkennbar, daß die Libido somatische Quellen hat, daß sie von verschiedenen Organen und Körperstellen her dem Ich zuströmt. Man sieht das am deutlichsten an jenem Anteil der Libido, der nach seinem Triebziel als Sexualerregung bezeichnet wird. Die hervorragendsten Körperstellen, von denen diese Libido ausgeht, zeichnet man durch den Namen *erogene Zonen* aus, aber eigentlich ist der ganze Körper eine solche erogene Zone. Das Beste, was wir vom Eros, also von seinem Exponenten, der Libido, wissen, ist durch das Studium der Sexualfunktion gewonnen worden, die sich ja in der landläufigen Auffassung, wenn auch nicht in unserer Theorie, mit dem Eros deckt. Wir konnten uns ein Bild davon machen, wie das Sexualstreben, das dazu bestimmt ist, unser Leben entscheidend zu beeinflussen, sich allmählich entwickelt aus den aufeinanderfolgenden Beiträgen von mehreren Partialtrieben, die bestimmte erogene Zonen vertreten. (...)

Freud, Sigmund: Abriß der Psychoanalyse. Das Unbehagen in der Kultur. In: Gesammelte Werke. Bd. XIII und XIV. Frankfurt: Fischer 1974, S. 11–14 (ohne Anmerkungen)

Worterklärungen zu 2.2

repräsentieren: darstellen
Narzißmus: Selbstliebe
somatisch: körperlich
Reservoir: Behältnis, Behälter
Exponent: Vertreter
erogen: Lust verursachend

Arbeitsanregungen zu 2.2

1. Was meint Freud mit der Bemerkung, Triebe seien konservativer Natur?
2. Wie begründet der Autor den konservativen Charakter des Todestriebes?
3. „Zurückhaltung von Aggression ist ungesund“: Wie ist diese Äußerung Freuds zu verstehen?
4. Formulieren Sie den Unterschied zwischen primärem Narzißmus und Objektlibido.

2.3 Die Phasen der Persönlichkeitsentwicklung: Das infantile Triebleben* – Anna Freud

(...) In den ersten Lebenswochen spielt die Ernährung des Kindes die wichtigste Rolle in seinem Leben: zu dieser Zeit ist der Mund und die ihn umgebende Zone für ihn der wichtigste Teil seines Körpers. Das Saugen an der Mutterbrust und das Einfließen der Nahrung in den Mund ist dem Kind angenehm, und der Wunsch nach der Fortsetzung und Wiederholung dieser lustvollen Empfindung bleibt in ihm bestehen, auch wenn es gesättigt ist. Es versteht bald, sie sich unabhängig von der Nahrungsaufnahme, auch unabhängig von der es Nährenden durch Saugen am eigenen Finger wieder zu verschaffen. Wir sagen, das Kind „lutscht“. Sein Gesicht zeigt bei dieser Beschäftigung den gleichen befriedigten Ausdruck wie beim Saugen an der Brust, so daß man sich über das Motiv dieser Lutschtätigkeit niemals im Unklaren war. Man sieht: das Kind lutscht zum Vergnügen. Der Lustgewinn am Saugen, der früher nur ein Nebengewinn bei der Nahrungsaufnahme war, hat sich selbständig gemacht und ist zu einer vom Kind bevorzugten, von den Erwachsenen beanstandeten Tätigkeit, einer Unart des Kindes, geworden. Dabei beschränkt sich die lustbringende Tätigkeit des Mundes zu dieser Zeit gar nicht auf die Nahrungsaufnahme und das Lutschen. Das Kind benimmt sich, als wollte es die ganze ihm erreichbare Welt mit dem Mund kennen lernen. Es beißt, beleckt und kostet alle ihm erreichbaren Gegenstände, was die erwachsene Umwelt wegen der schwierigen Reinhaltung und der daraus entstehenden Gefahren für die Gesundheit des Kindes gewiß nicht zu seinen wünschenswerten Eigenschaften rechnet. Diese bevorzugte Rolle des Mundes als Quelle lustvoller Empfindungen erhält sich ungefähr das ganze erste Lebensjahr. (...)

Anna Freud

Auch die nächste Körperzone, die in den Vordergrund tritt, um den Mund in seiner Bedeutung abzulösen, wird durch Erlebnisse von außen her mitbestimmt. Bisher hatte die erwachsene Welt sich dem Kind gegenüber sehr tolerant verhalten, sich tatsächlich fast ganz auf seine Pflege beschränkt und als einzige Ausnahme nur eine gewisse Gewöhnung an Ordnung und Regelmäßigkeit in Nahrungsaufnahme und Schlafzeiten gefordert. Jetzt tritt allmählich ein sehr wichtiger Faktor in das Leben des Kindes ein: die Erziehung zur Reinlichkeit. Die Mutter oder Pflegerin des Kindes bemüht sich, ihm das Nässen und Beschmutzen abzugewöhnen. Das Kind ist nicht leicht zu einer Beherrschung dieser Funktionen zu bringen, man könnte sagen, das ganze zweite Lebensjahr steht unter dem Zeichen dieser oft sehr energischen Bemühungen von seiten der Erziehung.

Aber Sie meinen, man hätte wirklich kein Recht, dem Kind die lange Zeitdauer, die das Reinwerden in Anspruch nimmt, als Unart vorzuhalten. Seine Schließmuskeln seien eben noch nicht so weit entwickelt, daß es seinen Harn zurückhalten und seinen Stuhlgang regulieren kann. Das stimmt sicher für die erste Zeit der Reinlichkeitserziehung. Später wird der Eindruck ein anderer. Bei näherem Zusehen kommt man auf die Vermutung, daß das Kind nicht mehr unfähig ist, sich sauber zu halten, sondern daß es nur sein Recht darauf verteidigt, seinen Stuhl eben dann abzusetzen, wenn es ihm selber gefällt, und daß es sich überhaupt sein Besitzerrecht an diesem Erzeugnis seines eigenen Körpers nicht nehmen lassen will. Es zeigt ein auffälliges Interesse für seinen eigenen Kot; es versucht, ihn zu berühren, mit ihm zu spielen, ja, wenn es nicht rechtzeitig daran gehindert wird, ihn sogar in den Mund zu stecken. Auch hier können wir wieder aus seinem Gesichtsausdruck und dem Eifer, den es bei solcher Beschäftigung zeigt, ohne Schwierigkeit das Motiv der Tätigkeit erraten. Sie macht dem Kind offenbares Vergnügen, ist lustvoll. Diese Lust aber hat nichts mehr mit der Schwäche oder Stärkung der Schließmuskeln von Blase oder After zu tun. So wie der Säugling bei seiner Nahrungsaufnahme als Nebengewinn eine Lust an der Mundgegend verspürt hat, so zeigt sich hier als Nebengewinn bei der Exkretionstätigkeit eine Lust, die das Kind am After empfindet. Die Gegend um den After wird ihm zu dieser Zeit zur wichtigsten Körperzone. Wie es sich im

Lutschen die Mundlust unabhängig von der Ernährung immer wieder selbst zu verschaffen versuchte, so versucht es hier durch das Zurückhalten des Kotes und durch Spielen an dieser Körpergegend das gleiche. Und wenn es von der Erziehung ganz energisch daran gehindert wird, so gelingt es ihm doch wenigstens, in dem erlaubten Spiel mit Sand, Wasser, Straßenkot oder in dem späteren „Schmieren“ mit Farben die Erinnerung an das einmal sehr hoch geschätzte Vergnügen festzuhalten.

Die Anklagen der Erwachsenen gegen das Kind behaupten, daß es zu dieser Zeit schmutzig und unappetitlich ist. Gleichzeitig mit diesen Klagen aber war man immer geneigt, das Kind zu entschuldigen: es sei eben noch klein und dumm, sein ästhetisches Gefühl eben noch nicht so fein ausgebildet, daß es den Unterschied zwischen sauber und schmutzig richtig verstehen könne, oder sein Geruchsinn noch zu ungeübt, um die richtigen Unterscheidungen zwischen Duft und Gestank zu treffen. Ich meine, die Beobachter des Kindes haben sich hier in einem von Vorurteilen bedingten Irrtum befunden. Wer immer ein kleines Kind, etwa um das zweite Lebensjahr, aufmerksam beobachtet, wird merken müssen, daß seine Unterscheidung für Gerüche durchaus korrekt ist. Der Unterschied gegen den Erwachsenen liegt hier nur in der Wertung. Der Duft irgendeiner Blume, der den Erwachsenen begeistert, läßt das Kind gleichgültig, wenn man es nicht durch längere Zeit hindurch daran gewöhnt, an einer Blume riechend Ah! zu sagen. Was uns aber schlecht riecht, riecht dem Kind gut. Man kann es, wenn man will, zu seinen Unarten rechnen, daß Gestank ihm Vergnügen macht.

Eine Wiederholung dieser Verhältnisse finden wir auch noch bei anderen kindlichen Eigenheiten. Man spricht seit Jahrhunderten von der Grausamkeit des Kindes, ohne eine andere Erklärung dafür gefunden zu haben als den kindlichen Unverstand. Wenn ein Kind Käfern oder Fliegen die Beine und Flügel ausreißt, Vögel tötet oder martert, oder seine Zerstörungswut an Spielzeug oder Gebrauchsgegenständen ausläßt, pflegte man das mit seinem Mangel an Einfühlungsvermögen in andere Lebewesen oder seinem geringen Verständnis für den Geldwert von Dingen zu entschuldigen. Auch hier lehrt unsere Beobachtung etwas anderes. Wir meinen, das Kind quält Tiere nicht darum, weil es nicht versteht, daß es ihnen einen Schmerz zufügt, sondern eben darum, weil es Schmerzen zufügen will und kleine, wehrlose Käfer dafür das geeignetste und ungefährlichste Objekt sind. Es zerstört Gegenstände, weil der praktische Wert eines solchen Dinges gegen die Lust, die es bei der Zerstörung empfindet, überhaupt nicht in Betracht kommt. Das Motiv seines Handelns aber erraten wir wie beim Lutschen und wie bei der Beschäftigung mit Schmutzigem wieder aus seinem Gesichtsausdruck und dem Feuereifer, mit dem es seine Arbeit verfolgt. Es handelt auch hier zum Vergnügen. Nachdem die Reinlichkeitserziehung ihr Ziel vollkommen erreicht und das Kind trotz seines Widerstandes zur Beherrschung seiner Exkretionsvorgänge gebracht hat, verliert auch die Zone um den After an Bedeutung für den Lusterwerb. An ihre Stelle tritt eine andere, noch wichtigere. Das Kind fängt an, mit seinen Geschlechtsteilen zu spielen. Sein Wissensdrang richtet sich zu dieser Zeit auf die Entdeckung der Unterschiede zwischen seinem eigenen Körper und dem seiner Brüder, Schwestern oder Gespielen. Es hat Freude daran, gerade die Geschlechtsgegend anderen Kindern nackt zu zeigen und verlangt dann, zum Entgelt auch sie zu sehen. Seine Fragelust, über die sich die Erwachsenen beklagen, hat im Grunde gerade diese Probleme, den Unterschied zwischen den Geschlechtern und die damit irgendwie dunkel in Zusammenhang gebrachte Herkunft der Kinder zum Inhalt. Aber der Höhepunkt, den die kindliche Entwicklung in vielen Beziehungen gerade zu dieser Zeit, dem vierten oder fünften Lebensjahr, erreicht, erscheint den erziehenden Erwachsenen auch als der Höhepunkt des Verdammenswerten.

Wir wissen, das Kind benimmt sich die ganze geschilderte Entwicklungszeit so, als gäbe es nichts Wichtigeres als die Ausnützung seiner Lustquellen und die Durchsetzung seiner Triebwünsche – die Erziehung so, als sei die Verhinderung dieser Absichten ihre wichtigste Aufgabe. Daraus entsteht ein unaufhörlicher, nie zur Ruhe kommender Kleinkampf zwischen Erziehung und Kind. Die Erziehung will die Freude am Schmutz durch den Ekel ersetzen, die Schamlosigkeit durch die Scham, die Grausamkeit durch das Mitleid, die Zerstörungswut durch Schonung der Dinge. Die Neugier und das Hantieren am eigenen Körper sollen durch Verbote beseitigt werden, die Rücksichtslosigkeit in die Rücksicht, der Egoismus in den Altruismus verwandelt. Schritt für Schritt will die Erziehung das genaue Gegenteil von dem, was das Kind will, zu jedem Zeitpunkt erscheint ihr der Gegensatz zu der beim Kind vorgefundenen Triebregung als das Erwünschte. Für das Kind ist, wie wir gesehen haben, die Erwerbung von Lust das Hauptziel des Lebens; der Erwachsene will es lehren, die Anforderungen der Außenwelt wichtiger zu nehmen als diese innere Triebforderung. Das Kind ist ungeduldig, verträgt keinen Aufschub und arbeitet nur für den Augenblick; der Erwachsene lehrt, seine Triebbefriedigungen hinauszuschieben und für die Zukunft zu sorgen.

Es wird Ihnen aufgefallen sein, daß meine Schilderung keinen Wesensunterschied zwischen dem Lustgewinn etwa aus dem Lutschen und dem Spielen an den Geschlechtsteilen, also der Onanie, gemacht hat. Tatsächlich besteht für die Auffassung der Psychoanalyse ein solcher Unterschied nicht. Alle Lusthandlungen, die wir hier beschrieben haben, erstreben die Befriedigung von kindlichen Triebregungen. Die Psychoanalyse umschließt sie alle mit dem Begriff des Sexuellen, gleichgültig, ob sie sich an den eigentlichen Geschlechtsteilen, am Mund oder am After abspielen. Die Rolle, welche die Genitalgegend im vierten oder fünften Lebensjahr des Kindes spielt, ist keine andere als die des Mundes im ersten oder die des Afters im zweiten Lebensjahr. Die Genitalzone erscheint uns erst im Rückblick so unendlich bedeutungsvoller, wenn wir sie vom erwachsenen Geschlechtsleben aus betrachten, in dem sie zum ausführenden Organ des Sexuallebens geworden ist. Aber selbst dann behalten die Lustzonen der frühen Kindheit noch ein Stückchen Bedeutung. Die Lustgewinnung an ihnen dient der Vorbereitung und Einleitung des eigentlichen Geschlechtsaktes.

Daß die Körpergegenden, an denen das kleine Kind seine erste Lust gewinnt, eine wenn auch untergeordnete Rolle im erwachsenen Geschlechtsleben spielen, scheint Ihnen vielleicht nicht Grund genug, diese Zonen und die lustsuchende Tätigkeit des Kindes an ihnen genau so wie das Genitale und die Genitalbetätigung als sexuelle zu bezeichnen. Aber die Psychoanalyse rechtfertigt diese Einreihung auch noch durch einen anderen Umstand. Es gibt abnorme Fälle, in denen irgendeine der aufgezählten infantilen Triebbefriedigungen der Unterwerfung unter die genitale Zone widerstrebt und sich ins erwachsene Leben als die beherrschende fortsetzt. Sie macht also der Genitalzone ihre Rolle streitig und hält die Gewinnung von Sexuallust ausschließlich an sich geknüpft. Man bezeichnet solche Menschen als Perverse. Sie sind dadurch gekennzeichnet, daß sie in einer sehr wichtigen Seite ihres Lebens, in ihrer Sexualität, auf der Stufe des kleinen Kindes stecken geblieben oder möglicherweise irgendwann dorthin zurückgekehrt sind.

Sie können aber den beiden bisherigen Vorträgen noch mehr entnehmen als die Definition einiger Grundbegriffe der Psychoanalyse. Sie haben erfahren, daß es bestimmte Zusammenhänge von Vorstellungen, Vorstellungskreise oder -komplexe gibt, die im Gefühlsleben des Kindes eine hervorragende Rolle spielen. Sie beherrschen gewisse Lebensjahre, verfallen dann der Verdrängung und sind im Bewußtsein des Erwachsenen nicht mehr ohne weiteres aufzufinden. Ein solcher Vorstellungskreis ist die Beziehung des kleinen Kindes zu den Elternpersonen. Die Psychoanalyse hat, wie Sie gehört haben, hinter dieser Beziehung dieselben Motive und Wünsche entdeckt, die den Taten des Königs Ödipus zugrunde liegen, und ihm den Namen *Ödipuskomplex* gegeben. Ein anderer solcher Vorstellungskreis ist die Wirkung der Drohungen, mit denen die Erziehung das Kind ihren Wünschen gefügig macht. Da es der – wenn auch oft nur angedeutete – Inhalt dieser Drohungen ist, dem Kind einen wichtigen Körperteil, die Hand, die Zunge, das Glied abzuschneiden, hat dieser Komplex in der Psychoanalyse die Bezeichnung *Kastrationskomplex* bekommen.

Freud, Anna: Psychoanalyse für Pädagogen. Eine Einführung. Bern, Stuttgart, Wien: Hans Huber 1935, S. 30 ff.

Worterklärung zu 2.3

infantil: kindlich

Arbeitsanregungen zu 2.3

1. Finden Sie für die beiden zunächst beschriebenen Phasen eine geeignete Bezeichnung!
2. Der Text stammt aus dem Jahre 1935. Ist Ihrer Ansicht nach der Widerspruch zwischen Erziehung und Wunsch des Kindes heute ähnlich ausgeprägt? Begründen Sie.
3. Welche Rolle sollte nach A. Freud die Genitalzone in der Sexualität Erwachsener spielen?
4. Bestimmen Sie im Sinne der Autorin, aber in eigenen Worten den Begriff Perversion.
5. Beschreiben Sie die Struktur des Ödipuskomplexes, gegebenenfalls unter Zuhilfenahme von Literatur oder eines Lexikons.

2.4 Psychisch bedingte Lernstörungen im Kindes- und Jugendalter* – Kurt Singer

2.4.1 Allgemeine psychodynamische Erklärung der Lernhemmung

Die Lernhemmung kann als eine Unordnung zwischen Ich und Es sowie zwischen Ich und Über-Ich bezeichnet werden. Zum Lernen sind vor allem die Ich-Leistungen des Wahrnehmens, Denkens und Erinnerns erforderlich. Das Ich muß in der Lage sein, diese realitätsprüfenden Maßnahmen zu vollziehen, ohne von den Triebbedürfnissen des Es und den moralischen Forderungen des Über-Ich gestört zu werden.

Beim bereitwilligen oder gar lustvollen Lernen gelingt es dem Ich, die Energien des Es für Lernzwecke zu binden. „Ein Mensch, der sich mit ‚Leidenschaft' oder dauerndem Interesse auch an schwierigen Aufgaben versucht und der zugleich die Realität angemessen einzuschätzen lernt, kann Lust aus diesen Tätigkeiten gewinnen – und zwar ausgesprochene ‚Ich-Lust'. Er wird die momentane Unlust aus dem Es, die nicht zu vermeiden ist, wo Befriedigungsaufschub verlangt wird, besser hinnehmen" (Mitscherlich 1973, S. 154).

Kindern mit Lernschwierigkeiten gelingt es nicht, Interesse aufzubringen. Sie können also das aus dem Es stammende Neugierverhalten nicht so im Ich organisieren, daß sie über die Klippen der Unlust des Lernens hinwegkommen. Auf der einen Seite sind die Es-Wünsche, die sofort befriedigt werden wollen; auf der anderen die Über-Ich-Forderungen, die den Verzicht und die Unlust des Lernens verlangen. Bei lerngestörten Kindern ist die Kluft zwischen den Es-Wünschen und den Über-Ich-Forderungen zu breit. Das Ich kann zwischen den beiden seelischen Bereichen nicht vermitteln.

„Im Tagträumen, Trödeln, im zerstreuten Verlieren des Zieles kann man diese Lustlosigkeit für ‚Arbeit' bei Kindern sehr unmittelbar beobachten. Die Motivation dazu liegt entweder in einem diktatorischen Über-Ich, das aber nicht verinnerlicht ist, sondern als reale Befehlsperson außen bleibt und nur so lange wirkt, als diese Person Aufsicht ausübt, oder in einer Verwahrlosung, in der nie so viel libidinöse Zuwendung erfahren wurde, daß das Kind hätte lernen können, einem anderen zuliebe Unlust auf sich zu nehmen, was die Vorstufe eines toleranten oder zuverlässigen ‚Über-Ich-Aufbaus' ist. Sehr oft wirken beide schädigende Momente zusammen" (Mitscherlich 1973, S. 155).

Singer, Kurt: Die Psychologie des 20. Jahrhunderts. Bd. 12, München: Kindler 1980, S. 423

Worterklärungen und Arbeitsanregungen s. S. 226f.

2.4.2 Psychisch bedingte Ursachen der Lernstörung: Phasenspezifisch

Wir fragen nun, aus welchen unbewußten seelischen Konflikten heraus neurotische Lernhemmungen entstehen. Bei der Darstellung verursachender Faktoren sollen jene Beiträge berücksichtigt werden, die die psychoanalytische Forschung erbrachte. Die Psychoanalyse hat entdeckt, daß neurotische Erkrankungen ihre Ursache in frühkindlichen Erlebnissen und Erfahrungen haben.

Störung der frühen Objektbeziehung als Hintergrund der Lernhemmung
Die Mutter-Kind-Beziehung der ersten Lebensmonate und des ersten Jahres sind der Keim aller höheren sozialen Entwicklung. Dieser Lebensabschnitt – die sensorische Phase – ist zwar als Ansatzstelle für die neurotische Lernhemmung am wenigsten spezifisch. Sie ist jedoch insofern bedeutsam, als die in ihr begründeten Entwicklungsstörungen so schwer sind, daß in jedem Fall auch das Lernen davon betroffen wird.
Diese Zeit ist eine Vorstufe des Sprachkontaktes. Ein Neugeborenes begreift instinktiv vom ersten Lebenstag an die Signale seiner Mutter. Wenn es zum Beispiel nach der Mutter „ruft" und diese nicht kommt, fängt es an zu brüllen. Kommt die Mutter dann, hat das Kind gelernt, daß nur lautes Brüllen die Mutter herbeieilen läßt. Für den späteren Sprachkontakt ist entscheidend, ob die Mutter einfühlsam die ersten „Mitteilungen" des Kindes versteht: Weinen, Lächeln, suchender Blick, aufmerksames Ansehen, Greifen, Festhalten und vieles mehr.
Neuere Forschungen belegen, daß bereits die ersten Lebenstage für die intellektuelle Entwicklung bedeutsam sind. „Selbst die intellektuelle Entwicklung", schreibt K. E. Grossmann, „scheint in den ersten Lebenstagen ihren Ausgang zu nehmen, denn wenn die Sicherheit der ‚Bindung' an eine Mutterfigur fehlt, ist häufig eine Abwendung auch von anderen Aspekten der Umwelt zu beobachten. Sprachentwicklung, moralische Entwicklung, Gewissensbildung und intellektuelles Angeregtsein geschehen in ständiger Wechselbeziehung, zuerst mit der Mutter, dann mit beiden Elternteilen und in zunehmendem Maße auch mit anderen Personen" (in: Dröscher 1975).
Bei Kindern, die unter Mutismus – dem seelisch bedingten Schweigen – leiden, entdeckt man, daß diese ausgedehnte Sprachscheu auf Mangelerlebnisse in der frühesten Lebenszeit zurückgeht. Ihnen fehlte der freundliche Zuspruch und die gefühlvolle Verbindung zur Mutter.
„Wenn ein Kind trotz Rufen und trotz Weinen allein und einsam bleibt, wird die vertrauensvolle Gefühlszuwendung zur Welt gestört, und die ersten und frühesten Impulse zum sprachlichen Kontakt werden lahmgelegt. Die Vorläufer der beschreibenden Sprache, die dem Partner gedankliche Inhalte vermitteln kann, sind ja beim kleinen Kind Ruf und Schrei und das affektive freundliche behagliche Entgegenlallen. Die Lücken und Gehemmtheiten, die unter ungünstigen Bedingungen hier entstehen, machen sich unweigerlich bemerkbar bei der späteren Möglichkeit, gedankliche Inhalte mitzuteilen, denn jede Form der Mitteilung setzt ein

Minimum an Gefühlsbeziehungen und Vertrauenshaltung zum anderen Menschen voraus" (Dührssen 1962, 186).

Eine wichtige Voraussetzung für die spätere Lernbereitschaft ist, daß sich die Welt dem Kind interessant und anziehend darbietet, daß sie „Aufforderungscharakter" hat. Frühe Lernprozesse werden dadurch bestimmt, daß die Erfahrungseindrücke mit neu erworbenen Empfindungsqualitäten gekoppelt werden. Wenn der Säugling die Gegenstände seiner Umwelt wahrnimmt, sind mit dieser Weltwahrnehmung Gefühle und Empfindungen gekoppelt. Je nachdem, wie das Kind von der Welt angemutet wird, besitzen diese „Gefühlstönungen" Aufforderungscharakter oder erwecken den Wunsch nach Vermeidung.

Kinder mit früh gestörten Objektbeziehungen können lange Zeit unauffällige, ja sogar gute Schüler sein. In isoliertem Bezug zu „Sachen" erweisen sie sich manchmal als besonders intelligent: Aus den frühen Bedrohungen heraus entwickelten sie ein Mißtrauen, das zu gesteigerter Gefahrenwahrnehmung, zu scharfer Entwicklung der Sinne und der Intelligenz führte. Bei solchen Schülern kommt es zum Durchbruch der Lernstörung an Stellen, an denen der menschliche Kontakt nicht mehr zu umgehen ist.

Störungen im oralen Bereich als Bedingungsfaktoren der Lernhemmung

Im ersten Lebensjahr – in der oralen Phase – ist der Mund die bevorzugte Lustquelle des Säuglings. Mit ihm trinkt er an der Brust der Mutter oder an der Flasche. Mit dem Mund entdeckt er seinen Körper: indem er zum Beispiel an den Fingern lutscht und Dinge in den Mund steckt, um sie zu erforschen.

Der Zusammenhang zwischen Essen und Lernen. Für das spätere Lernen ist es mit entscheidend, ob eine Mutter ihrem Kind ständig verwehrt, Dinge in den Mund zu stecken – oder ob sie es unbehindert mit dem Mund forschen und seine Zubeiß-Impulse entfalten läßt. – Es ist bedeutsam, ob die Mutter die Milch einflößt, ohne daß sich der Säugling anstrengen muß – oder ob das Kind beim Saugen aktiv sein muß. Im ersten Fall kann der Keim für eine Bequemlichkeitshaltung gelegt werden, im zweiten zur Aktivität.

Die Bereitschaft, Nahrung aufzunehmen, kann mit der Bereitschaft, Wissen aufzunehmen, verglichen werden. Wir sprechen davon, daß jemand Bücher „verschlingt", wissens-„durstig", von Stoff-„Hunger" erfüllt und wiß-„begierig" ist. Manche Menschen „fressen" Romane in sich hinein, andere sind erkenntnis-„hungrig". Wir nehmen Wissen in uns auf und müssen uns durch einen schwierigen Stoff „durchbeißen"; manchmal können wir einen Lernstoff nicht „schlucken" oder nicht „verdauen".

Alle diese Beziehungen und Redewendungen stammen aus dem Bereich des Essens und haben mit dem Lernen zu tun. In ihnen drückt sich die Tatsache aus, daß Essen und Lernen eng miteinander verbunden sind.

Lernunlust und Lernpassivität durch verwöhnend-überfütternde Mütter. Es gibt Mütter, die – meist aus unbewußten Schuldgefühlen heraus – ihren Säugling überfüttern. Sie übergehen ständig den Punkt, an dem das Kind aufhören würde, zu saugen oder zu essen, und regen es weiter zur Nahrungsaufnahme an. Aber nicht nur zur Essenszeit wird gefüttert. Jede Unlust, die der Säugling kundtut, beantworten diese Mütter mit Stillen. Schreit das Kind, weil es vielleicht schlecht liegt, deutet dies die Mutter als Hunger und kommt mit der Flasche. Sind diese Kinder größer, werden ihnen die Eßmengen vorgeschrieben – und natürlich immer zu große. Sie dürfen nicht selbst aus der Schüssel herausnehmen und ihre Eßmenge bestimmen; daher müssen sie ständig angehalten werden, den Teller leer zu essen.

So wird das Essen zur Pflicht, der man nachkommen muß, wenn man die Liebe der Mutter nicht verlieren will. Für die Entwicklung des Lernens ist es bedeutsam, täglich zu erleben, daß man eine „Leistung" nicht bewältigt. Dem Kind, das bei jeder Mahlzeit etwas auf dem Teller läßt, weil es schon vollgestopft ist, bleibt die Erfahrung zurück: Ich werde mit nichts fertig. Dieses Erlebnis wirkt sich auf das Arbeits- und Lernverhalten bestimmend aus. (...)

Mangelnder Lernwillen durch orale Versagung. Im entgegengesetzten Fall – bei stark vernachlässigenden Müttern – kommt es auf andere Weise zur Lernhemmung. Hier geraten die Säuglinge durch übermäßige Versagung in eine Urverzweiflung, die sie apathisch macht gegenüber der Welt und damit gegenüber dem Lernen: Sie können nicht mehr hoffen, etwas zu bekommen, also fehlt ihnen der Antrieb zum aktiven Zupacken.

Werden einem Kind früh orale Befriedigungserlebnisse vorenthalten, entwickeln sich Fehlhaltungen, die sich beim Lernen hemmend auswirken können. „Kinder, die niemals sicher sind, daß ihre intensiven Bedürfnisse wirklich gestillt und befriedigt werden, beantworten diese Tatsache häufig so, daß sie versuchen, mit Hast und Ungeduld vom jeweiligen Augenblick das zu erreichen, was sie in der späteren Zukunft nicht mehr erhoffen können. Man sagt, daß solche Kinder einen zu geringen Spannungsbogen haben. Die so entstehenden neurotischen Ungeduldshaltungen können im späteren Leben das Spiel- und Arbeitsverhalten eines Kindes weitgehend beeinflussen. Wenn nicht sofort ein Erfolg eintritt, wird aufgegeben ... Das Kind baut eben auf zu wenig Vorerfahrung auf, die ihm das Gefühl vermittelt, ‚das, was ich erhofft habe, kommt schießlich doch'. Diese Kinder können im Hinblick auf ihre Vorgeschichte nicht warten, daher auch nicht vorausschauend planen und noch weniger mit einiger Stetigkeit bei einer begonnenen Arbeit ausharren. Die Notwendigkeit, Mißerfolge zu ertragen, die ja bei Lernleistungen immer gegeben ist, stellt für solche Kinder eine nicht mehr tragbare Überforderung dar" (Dührssen 1962, 131). Hier handelt es sich also um Schüler, die rasch ungeduldig werden, die eine begonnene Arbeit beim geringsten Widerstand resigniert abbrechen.

Lernstörungen durch die teilweise symbiotische Beziehung zwischen Mutter und Kind

Die erste Verbundenheit zwischen Mutter und Kind ist sehr innig. Mit zunehmender Verselbständigung des Kindes wird diese Beziehung lockerer und nimmt neue Formen an. Nun gibt es Mütter, die die anfängliche Einheit mit dem Kind nicht aufgeben können. Sie „brauchen" das unselbständige Kind – meist als Ersatzobjekt – und können nicht zulassen, daß es sich zu einem eigenständigen Menschen entfaltet. Das Kind lernt nicht, seine Eigenimpulse zu entwickeln, und braucht die Mutter. So kommt es zu einer Art Symbiose, bei der sich die beiden gegenseitig „unterstützen".

Bei Müttern, die ihrem Kind alles von den Augen ablesen, verspürt das Kind keine Notwendigkeit, sich sprachlich auszudrücken. Diese Kinder tun nur noch durch Gesten und spärliche Worte kund, was sie wünschen. Sie bleiben lange Zeit der Babysprache verhaftet, die gleichsam eine Geheimsprache zwischen Mutter und Kind darstellt. So wird die gegenseitige Abhängigkeit auf dem Gebiet der Sprache erhalten.

Diese Mütter lassen ihre Kinder keinen Schritt weggehen, so daß sie nicht lernen, sich örtlich zu orientieren. Sie schreiben ihnen genau vor, zu welcher Zeit sie bestimmte Dinge tun müssen; so lernen die Kinder nicht, mit der Zeit umzugehen. Sie lassen meist auch nicht so viel Spielraum, daß die Kinder mit anderen Menschen ausreichend Kontakt aufnehmen können; so bleiben diese unsicher im Umgang mit Gleichaltrigen und Erwachsenen.

Verunsichert und verunselbständigt wird das Kind ängstlich, wenn es vor einer neuen Situation steht. Es stellt sich einer Schwierigkeit erst gar nicht, sondern erwartet die Hilfe der Mutter. In der Schule merkt es nicht richtig auf, weil es damit rechnet, daß sich zu Hause die Mutter zu ihm setzt und ihm alles erklärt. In Gegenwart der Mutter gewinnt das Kind die Ansicht, es könne schon alles. So lernt es seine wirklichen Fähigkeiten nicht richtig einschätzen, weil ihm die Maßstäbe fehlen.

Störungen in der analen Phase als Verursachungsmomente der Lernhemmung

Sein erstes Leisten und Machen erlebt das Kind bei der Stuhlentleerung. In der Psychoanalyse nennt man die Entwicklungsspanne, in der für das kindliche Erleben die Ausscheidungsvorgänge und der After eine wichtige Rolle spielen, die anale Phase; es ist dies der Zeitraum vom Ende des ersten bis zum Ende des zweiten Lebensjahres.

Der Zusammenhang zwischen erster „Leistung" und Lernen. Die Erfahrungen, die in diesem Entwicklungsabschnitt das spätere Lernen und Arbeiten prägen, formuliert Elhardt so: Das Kind hat ein „erstes deutlicheres Erleben, aus sich heraus produzieren und ‚machen' zu können: Der Leistungsstolz des aktiven Kraftgefühls bei der Defäkation spiegelt sich in den Augen der lobenden Mutter und vermittelt dem Kind das Gefühl des Produktiv-Schöpferischen, ein Urbild des Gebärens. Dazu kommt, daß das Kind mit dieser Substanz wiederum formen und gestalten könnte, was bald durch feuchte Sandklumpen, Plastilin, Ton usw. abgelöst wird. Wie ein kleiner mythologischer Schöpfergott kann das Kind nun Dinge und Menschen ‚aus Lehm' erschaffen und sie (in der Spielphantasie) beleben. Insofern liegt im analen Bereich ein Ursprung schöpferischen Gestaltens und späterer Produktionen" (Elhardt 1971, 76).

Mangelndes Selbstvertrauen durch gestörte Reinlichkeitserziehung. Ein tiefes Mißtrauen in die eigene Leistung kann entstehen, wenn Mütter die Stuhlentleerung als etwas Ekelhaftes hinstellen. Für das Kind bleibt das sich wiederholende Erlebnis zurück: Was ich mache, ist schlecht. Oder – bei strenger Reinlichkeitserziehung –: Was ich mache, ist böse. Damit ist der Ansatz zu einem gestörten Selbstvertrauen geschaffen. Für diese Kinder ist jede schöpferische Leistung schlecht und verdient nichts anderes, als weggeworfen zu werden. Sie erfahren dann auch, daß es verboten ist, mit der formbaren Masse umzugehen: mit Kot, dann mit Wasser und Sand, mit Dreck, mit knetbaren Stoffen. Das ist alles schmutzig und darf nicht berührt werden.

Aus diesem Erlebnis heraus lernt das Kind nicht, mit den Dingen unbefangen zu hantieren. Es faßt lieber nichts mehr an; jedenfalls ist es gehemmt, sich spielerisch mit Gegenständen zu befassen. So kann es zu einer Spielhemmung kommen, die in vielen Fällen die Grundlage für eine Lernhemmung bildet. Selbst wenn spielgehemmte Kinder gute Schüler werden, versagen sie oft dort, wo zum Lernen Spontaneität notwendig ist.

Wegen der ablehnenden Haltung der Mutter gegenüber den Ausscheidungsvorgängen beginnt das Kind an sich selbst zu zweifeln. Im späteren Arbeitsverhalten kommt es daher zu dem für Lernstörungen typischen Zaudern und Aufschieben. An die Stelle des Tuns tritt ein Grübeln; spontanes Handeln ist nicht mehr möglich. Das Bestreben, alles sauber und ordentlich zu machen, kann zum immer erneuten Aufschieben des Lernens führen.

Gestörte motorische Entfaltung als Ursache der Lernhemmung

Das Bewegungserleben des Kindes ist für seine Entwicklung wichtig. Die Zeitspanne, in der die Bewegungsimpulse besonders hervortreten, wurde in der psychoanalytischen Entwicklungslehre als motorisch-aggressive Phase bezeichnet; sie wird etwa vom zweiten bis vierten Lebensjahr angesetzt.

Der Zusammenhang zwischen Bewegungsimpulsen und Lernen. In der motorisch-aggressiven Phase lernt das Kind aus eigener Kraft den Raum überwinden; es ist nicht mehr darauf angewiesen, daß ihm Dinge zugetragen werden: Es kann nun selbst darauf zugehen. So erfährt es seine Umwelt neu, kann vieles kennenlernen und erobern. Dadurch wächst sein Kraftgefühl und sein Selbstvertrauen.

Das Kind setzt sich jetzt, da es sich auf die Welt zubewegen kann, stärker mit der Wirklichkeit auseinander. Das ist für das gesamte zukünftige Lernen entscheidend. Sich-bewegen-Können ist von Gefühlen der Freude und Freiheit begleitet, während motorische Einengung als quälend empfunden wird. Bewegung ist für das Kind ein existentielles Bedürfnis. „Es gibt ein zu jedem Kind gehöriges optimales Maß des motorischen Sich-Entfaltens. Wird hier durch Drohungen und Strafe, durch Lieblosigkeit und Liebesentzug ein Druck ausgeübt, so kann die Welt des motorischen Strebens so weit gelähmt werden, daß von den entsprechenden Haltungen nur noch Spuren übrigbleiben“ (Schultz-Hencke [2]1965, 31).

Störungen der Lernfähigkeit durch die Einschränkung des Bewegungsdranges. Ein achtjähriger Junge kam in psychotherapeutische Behandlung, weil er wegen Lernunfähigkeit von der Schule verwiesen werden sollte. Er litt unter mannigfaltigen Tics – unwillkürlichen Muskelzuckungen – am ganzen Körper und im Gesicht. Diese behinderten ihn schließlich so, daß er nicht mehr lernen und schreiben konnte.

Die tiefenpsychologische Untersuchung und nachfolgende psychotherapeutische Behandlung zeigten, daß es sich um eine Erkrankung handelte, die eine Hauptursache in der starken Behinderung der Bewegungsimpulse hatte. Das Kind wurde von früh an auf engstem Raum eingesperrt, damit es nicht soviel „anstellen“ kann. Bei seinen Versuchen, sich die Umwelt zu erobern, wurde es ständig bestraft: Die bewegungsfeindliche Mutter paßte auf, daß das Kind nichts anfaßte und nirgends anstieß. Beengte Wohnverhältnisse brachten mit sich, daß der Junge permanent zum Ruhigsein und Stillsitzen angehalten wurde. Diese Einengung führte zur Störung des ganzen motorischen Apparates. Wegen der daraus resultierenden umfassenden Lernhemmung kam der Junge in Psychotherapie. (...)

Ein Kind, das sich nicht unbefangen bewegen darf, kann seelisch und körperlich erkranken. Indem sein Bewegungsdrang eingeengt wird, erfährt es eine Einschränkung seiner Eigenbewegung: Nicht nur im körperlichen Bereich darf es sich nicht mehr bewegen, sondern auch im gefühlsmäßigen und intellektuellen Bereich. So kann frühe motorische Behinderung zu seelischer Fehlentwicklung, zu Lern- und Arbeitsstörungen und zu seelisch bedingten körperlichen Erkrankungen führen.

Mißglücken des sexuellen Neugierverhaltens als Hintergrund der Lernhemmung

In der Zeit zwischen vier und sechs Jahren – der ödipalen Phase – wird das Fragen und Forschen durch die sexuelle Neugier angetrieben. Das Kind will herausfinden, worin sich Mann und Frau unterscheiden, es interessiert sich für die Beschaffenheit der Geschlechtsteile; es fragt nach Zeugung, Schwangerschaft und Geburt. Dieser sexuelle Forschungsdrang ist eingebettet in alle anderen Fragen, die das Kind an die Welt richtet.

Schädigung des Wissenstriebes durch Unterdrückung des sexuellen Interesses. Fragen nach sexuellen Vorgängen werden dem Kind oft nicht zur rechten Zeit beantwortet, oder sie gelten als verboten. Das Kind erlebt dann, daß es besser ist, sie zu unterlassen. In solch einem Fall endet der Forschungsdrang des Kindes in einem Verzicht, der den gesamten Wissenstrieb beeinträchtigen kann. Indem diese Kinder erfahren, daß Fragen gefährlich ist, werden sie vom Denken abgeschreckt. Daß man zu einem so wichtigen, interessierenden Thema nichts fragen und denken darf, führt zu dem Erleben, nicht nur im sexuellen Bereich sei Denken verboten, sondern überhaupt. So kann die Unterdrückung des sexuellen Forschens dazu führen, daß auch das Denken gehemmt wird. „Freilich, wenn es die Absicht der Erzieher ist, die Fähigkeit der Kinder zum selbständigen Denken möglichst frühzeitig zugunsten der so hochgeschätzten ‚Bravheit‘ zu ersticken, so kann dies nicht besser als durch Irreführung auf sexuellem und durch Einschüchterung auf religiösem Gebiet versucht werden“ (Freud VII, 25).

Wenn das kindliche Forschen und Fragen in diesem Bereich mißglückt, gibt es drei Möglichkeiten des Reagierens:

Erstens: das kindliche Forschen teilt das Schicksal der Sexualität, „die Wißbegierde bleibt von da an gehemmt und die freie Betätigung der Intelligenz vielleicht für Lebenszeit eingeschränkt". Es kommt zur Denkhemmung.

Zweitens: „... die unterdrückte Sexualforschung kehrt als Grübelzwang aus dem Unbewußten zurück, allerdings entstellt und unfrei, aber mächtig genug, um das Denken selbst zu sexualisieren und die intellektuellen Operationen mit der Lust und der Angst der eigentlichen Sexualvorgänge zu betonen" (Freud VII, 147). In diesem Fall kann es zum neurotischen Denkzwang kommen.

Drittens: Die Libido entzieht sich dem Schicksal der Verdrängung, „indem sie sich von Anfang an in Wißbegierde sublimiert und sich zu dem kräftigen Forschertrieb als Verstärkung schlägt" (a. a. O.).

Die erste und zweite Möglichkeit können also Ursache für eine Lernhemmung sein. Im ersten Fall werden die Neugierimpulse verdrängt. Das Nicht-denken-Dürfen im Sexuellen weitet sich aus auf andere Bereiche; das Kind wagt nirgends mehr, zu forschen und zu fragen. Das Ergebnis kann Naivität bis zur Pseudodebilität sein. Im zweiten Fall kann die Lernstörung verursacht werden durch die Grübel- und Zweifelsucht, die die Denkarbeit lähmt und zu Mißerfolgen führt.

Behinderung des Lernens durch Einschränkung der Schaulustimpulse. Für die Entwicklung der Wißbegierde sind die Schaulustimpulse wichtig. Erfährt das Kind, daß man nicht überall hinschauen darf, können die Schaulustimpulse stark eingeschränkt werden: etwa wenn es getadelt wird, weil es andersgeschlechtliche Genitalien betrachtet hat, oder wenn es wegen des „Doktorspiels" bestraft wird, mit dem die Kinder in die genitalen Geheimnisse der Erwachsenen eindringen möchten. Lernen durch Hinschauen wird für solche Kinder zu etwas „Schlechtem".

Das Kind will mit den Augen alles einfangen – auch das Sexuelle. Dieser kräftige Impuls des Hinschauen-Wollens wird durch Verbot oder Strafe der Erziehungsperson behindert. Das Kind bekommt Angst vor der Strafe, im weitesten Sinn vor Liebesverlust. Um diese Angst zu vermeiden, muß die gegenwärtige seelische Regung – der Wunsch, Geschlechtliches anzuschauen – aus dem Bewußtsein beseitigt werden. So kommt es zur Verdrängung, jenem „beabsichtigten Vergessen", das den Impuls nicht wirklich erledigt, sondern ihn im Unbewußtsein weiterwirken läßt. Solche Kinder nehmen nur noch lückenhaft wahr. Bestimmte Bereiche sind der Beobachtung nicht mehr zugänglich. Später laufen sie wie mit Scheuklappen umher; sie gehen blind durchs Leben, unfähig, selbständig zu beobachten. (...)

Ödipale Konflikte als Ursache für die Lernhemmung

Die Beziehung zwischen Sohn und Mutter sowie Tochter und Vater nimmt in der psychischen Entwicklung des Kindes einen wichtigen Platz ein. Die emotionalen Spannungen, die Gefühle für den andersgeschlechtlichen und den gleichgeschlechtlichen Elternteil konstellieren sich in der ödipalen (phallischen) Phase (etwa viertes bis sechstes Lebensjahr), spielen aber während der gesamten kindlichen Entwicklung eine bedeutsame Rolle.

Die ödipale Problematik wirkt sich in besonderer Weise auf das schulische Lernen aus. Rivalitätserleben, Überrunden-Wollen des Vaters, Anstreben der väterlichen Macht, Kampf um die Liebe des gegengeschlechtlichen Elternteils, Haßgefühle gegen Vater oder Mutter, Angst vor Bedrohung durch den Vater: Diese emotionalen Probleme können sich negativ auf das Lernen auswirken, zum Beispiel in Form der „Erkrankung am Erfolg".

Freud weist in seiner Arbeit „einige Charaktertypen aus der psychoanalytischen Arbeit – die am Erfolge scheitern" (1915) auf die gegensätzlich anmutende Tatsache hin, „daß Menschen gelegentlich gerade dann erkranken, wenn ihnen ein tief begründeter und lange gehegter Wunsch in Erfüllung gegangen ist. Es sieht dann so aus, als ob sie ihr Glück nicht vertragen

würden, denn an dem ursächlichen Zusammenhang zwischen dem Erfolge und der Erkrankung kann man nicht zweifeln“ (X, 370f.). Bei solchen Menschen tritt die Erkrankung auf die Wunscherfüllung hin auf; damit wird der Genuß des lange Ersehnten zunichte gemacht. Bei der Analyse dieses Konfliktes zeigt sich, daß das Gewissen es dem Menschen verwehrt, sich am erreichten Erfolg zu freuen und ihn wirklich auszukosten.
Das Streben nach Erfolg kann sich unbewußt auf das Liebesobjekt der ödipalen Phase – beim Jungen auf die Mutter – richten. Damit gerät der Junge in die gefährlich erlebte rivalisierende Haltung zum Vater. Mit dem Eintreten des Erfolges bietet sich die Möglichkeit, die Mutter doch noch zu gewinnen. Aus der Verwirklichung dieser Möglichkeit erwächst die Angst vor der Strafe des für allmächtig gehaltenen Vaters. Der Junge erlebt den Erfolg als aggressives Vorgehen gegen den Vater. „Die Wiedergutmachung für so ein vermessenes Vorgehen kann nur durch den Verzicht auf den Erfolg, durch den Weg in die Krankheit oder durch die Demonstration des eigenen Unvermögens geleistet werden“ (Lüders 1967, 922).
Erfolgsneurosen können durch unbewußte Konflikte der Väter mitbedingt werden. Es sind dies nicht sehr erfolgreiche Väter, denen nun ihre Söhne als gefährliche Konkurrenten erscheinen. Sie erleben ihre Söhne so bedrohlich, wie sie in ihrer eigenen Kindheit den Vater erlebten. Damit bedeutet für sie das Versagen der Söhne einen schießlich doch noch errungenen Sieg über den eigenen Vater.

Konflikte mit dem Über-Ich als lernhemmender Faktor
Eine Über-Ich-Problematik liegt vor bei Selbstbestrafungstendenzen, die zu Mißerfolgen im Lernen führen. Die Psychoanalyse konnte aufdecken, daß sich manche Neurosen in Selbstbestrafungstendenzen äußern. Diese Mechanismen wirken behindernd auf die Entfaltung der Intelligenz und der Aktivität des Kindes. Ein solches Kind hat dann nicht vor den Eltern Angst, sondern vor den von ihnen innerlich übernommenen Verbots- und Gebotsschranken. Diese übernommenen elterlichen Maßstäbe verfolgen es als strenges Über-Ich, was sich in einem schlechten Gewissen äußert. Schlechtes Gewissen haben bedeutet für das Kind, Strafe verdient zu haben. Diese Strafe muß es sich selbst auferlegen, um zeitweilig vom Gewissensdruck befreit zu werden. So kann es vorkommen, daß ein Schüler Situationen provoziert, durch die ihm Strafen widerfahren: Er leistet bei Prüfungen Schlechtes oder fällt durch; er läßt sich von Mitschülern quälen; er setzt sich dem Lehrer gegenüber ständig ins Unrecht. Unbewußtes Ziel ist das seelische oder körperliche Leiden, das durch sein Verhalten ausgelöst wird.

Singer 1980, S. 423ff.

Worterklärungen zu 2.4.1–2.4.2

symbiotisch: hier: einseitige Form von Zusammenleben
symbiotische Mutter: eine Mutter, die ihr Kind nicht loslassen kann
intellektuelle Operationen: gedankliche Handlungen
Pseudodebilität: unechter Schwachsinn

Arbeitsanregungen zu 2.4.1–2.4.2

1. Wiederholen Sie in eigenen Worten die psychodynamische Bestimmung von Lernhemmungen.
2. Welche Erfahrungen im ersten Lebensjahr begünstigen (bzw. erschweren) die Entstehung eines positiven Aufforderungscharakters der Welt für das Kind?

3. Worin besteht psychonanalytisch gesehen der Zusammenhang zwischen Essen und Lernen?
4. Auf welche Weise kann die Mutter in der oralen Phase Lernhemmungen beim Kind hervorrufen?
5. Welche Lernhemmung kann eine symbiotische Mutter erzeugen?
6. Welche erzieherischen Haltungen fördern Leistungsstolz und Produktivität?
7. „Exzessives Fernsehen wirkt auf Kinder wie Bewegungsverbot." Diskutieren Sie diese Behauptung auf dem Hintergrund des Abschnittes „Gestörte motorische Entfaltung als Ursache der Lernhemmung".
8. Die Unterdrückung des sexuellen Interesses kann den Wissenstrieb insgesamt schädigen. Geben Sie die zwei kindlichen Reaktionsformen wieder, die für Lernhemmungen mitverantwortlich sein können.
9. Wie funktioniert der Mechanismus der Verdrängung des Schaulustimpulses? Beschreiben Sie ihn.
10. Wie erklärt Freud aus der ödipalen Struktur heraus, daß Erfolg krank machen kann?
11. Wie kann ein strenges Über-Ich Lernhemmung bewirken?

KOMMUNIKATION UND INTERAKTION

Die kahle Sängerin – Eugène Ionesco

ERSTE SZENE

Ein gutbürgerliches englisches Interieur mit englischen Fauteuils. Eine englische Abendunterhaltung. Mr. Smith, ein Engländer, mit seinen englischen Pantoffeln, sitzt in seinem englischen Fauteuil, raucht eine englische Pfeife und liest eine englische Zeitung an einem englischen Kaminfeuer. Er trägt eine englische Brille, einen kleinen grauen englischen Schnauz. – Neben ihm, in einem zweiten englischen Fauteuil, seine Frau – eine Engländerin, die englische Socken strickt. – Ein langes englisches Schweigen. – Die englische Wanduhr schlägt siebzehn englische Schläge.

Mrs. Smith ... Sieh mal an, es ist neun Uhr. Wir haben Suppe, Fisch, Kartoffeln mit Speck und englischen Salat gegessen. Die Kinder haben englisches Wasser getrunken. Wir haben gut gegessen heute abend, weil wir in der Umgebung von London wohnen und weil unser Name Smith ist.

Mr. Smith *schnalzt mit der Zunge, ohne die Lektüre zu unterbrechen.*

Mrs. Smith Die Kartoffeln sind sehr gut mit Speck, das Salatöl war nicht ranzig. Das Öl vom Händler an der Ecke ist viel, viel besser als das Öl vom Händler vis-à-vis, es ist sogar besser als das Öl vom Händler unten am Strand. Aber ich will damit nicht sagen, daß *ihr* Öl schlecht wäre.

Mr. Smith *schnalzt mit der Zunge, ohne die Lektüre zu unterbrechen.*

Mrs. Smith Doch das Öl vom Händler an der Ecke ist immer noch das beste ...

Mr. Smith *schnalzt mit der Zunge, ohne die Lektüre zu unterbrechen.*

Mrs. Smith Mary hat diesmal die Kartoffeln gut gekocht. Das letzte Mal hat sie sie nicht genügend kochen lassen. Nur wenn sie genügend gekocht sind, habe ich sie gerne.

Mr. Smith *schnalzt mit der Zunge, ohne die Lektüre zu unterbrechen.*

Mrs. Smith Die Fische waren frisch. Ich habe mir die Lippen geleckt. Zweimal habe ich herausgenommen. Nein, dreimal. Davon muß ich aufs Häuschen gehen. Du hast auch dreimal herausgenommen. Doch beim drittenmal hast du weniger genommen als bei den zwei ersten, während ich viel mehr genommen habe. Ich habe heute besser gegessen als du. Wie kommt das? Gewöhnlich bist dus, der am meisten ißt. An Appetit fehlt es dir nicht.

Mr. Smith *schnalzt mit der Zunge.*

Mrs. Smith Die Suppe war vielleicht ein bißchen versalzen. Sie hatte mehr Salz als du, ha, ha, ha. Sie hatte auch zuviel Lauch und zuwenig Zwiebeln. Schade, daß ich Mary nicht empfohlen habe, ein Nelkenköpfchen beizugeben. Das muß ich mir merken für's nächste Mal.

Mr. Smith *schnalzt mit der Zunge, ohne die Lektüre zu unterbrechen.*

Mrs. Smith Unser Junge hätte gerne Bier getrunken; bald wird er es lieben, sich damit vollzupatzen – er gleicht dir. Hast du gesehen, wie er bei Tisch auf die Flasche schielte? Ich habe aber sein Glas mit Wasser aus dem Krug gefüllt. Er hatte Durst, und er hat getrunken. Helen gleicht mir: sie ist eine gute Hausfrau, sparsam, und spielt Klavier. Sie verlangt nicht, englisches Bier zu trinken. Genau wie unsere kleine Tochter, die immer nur Milch trinkt und Müschen ißt. Man merkt es ihr an, daß sie erst zwei Jahre alt ist. Sie heißt Peggy. Die Bohnen- und Quittentorte war ausgezeichnet. Wir hätten vielleicht gut getan, zum Nachtisch ein Gläschen australischen Burgunder zu trinken. Aber den Wein habe ich extra nicht aufgetischt, um den Kindern kein schlechtes Beispiel zu geben. Man muß sie lehren, im Leben maßvoll und nüchtern zu bleiben.

Mr. Smith *schnalzt mit der Zunge, ohne die Lektüre zu unterbrechen.*

Ionesco, Eugène: Die kahle Sängerin. Übersetzt von Serge Stauffer. Neuwied/Darmstadt: Luchterhand 1959

Eine gespenstische Form von Kommunikation: dennoch teilen sowohl die Frau als auch der Mann einiges mit: über ihr jeweiliges Verständnis der Situation, über sich selbst, über ihre Beziehung zum Partner. Offensichtlich ist Mr. Smith nicht bereit, seiner Frau zuzuhören und sie verstehen zu wollen. Dazu müßte er als Hörer die Perspektive der Sprecherin einnehmen. Dies versucht er jedoch (möglicherweise schon lange) nicht (mehr; vgl. 1.2). Er definiert die Situation gleichbleibend als eine, in der er lesen will, seine – immer gleichen – „Antworten“ werden von Mal zu Mal aufschlußreicher. Mrs. Smith dagegen definiert durch ihr Verhalten die Situation anhaltend als eine, in der „ich alles, was mir gerade einfällt, rausplappere“. Somit offenbaren beide von sich, daß sie hochgradig ichbezogen sind und ihre Beziehung in dieser Situation als „gegen Null tendierend“ verstehen (vgl. 2.2 und 2.3).
Die folgenden Texte tragen einiges dazu bei, unsere alltägliche ge- und mißlungene Kommunikation umfassender zu verstehen. Nur so können wir an einer Verbesserung unserer kommunikativen Fähigkeiten arbeiten.

1 Das Konzept der Perspektivenübernahme in Theorie und Praxis[*]

1.1 Die Entstehung von Bedeutung[*] – George H. Mead

Wir beschäftigen uns besonders mit der Intelligenz beim Menschen, d. h. mit der gegenseitigen Anpassung der Handlungen verschiedener menschlicher Individuen im sozialen Prozeß. Diese Anpassung vollzieht sich durch Kommunikation – auf den niederen Entwicklungsstufen der Menschheit durch Gesten und auf den höheren Entwicklungsstufen durch signifikante Symbole (durch Gesten, die Bedeutungen haben und daher mehr sind als Reizsubstitute). (. . .)

Bedeutung im Prozeß der sozialen Erfahrung bedarf nicht notwendig der Bewußtheit oder des Bewußtseins. Eine Geste ruft bei einem Organismus eine Reaktion hervor, die sich direkt auf die Handlung und das Ergebnis der Handlung des ersten Organismus bezieht; eine Geste ist ein Symbol für das Ergebnis der betreffenden Handlung des einen Organismus (des Organismus, der die Geste macht), soweit diese Handlung von einem anderen Organismus (der sich an dieser Handlung beteiligt) beantwortet wird, weil sie dieses Ergebnis indiziert. Der Mechanismus der Bedeutung liegt also in der sozialen Handlung, noch ehe Bewußtsein entsteht oder man dieser Bedeutung gewahr wird. Die Handlung oder Anpassungsreaktion des zweiten Organismus gibt der Geste des ersten Organismus ihre Bedeutung.

Die Symbolisierung[1] läßt Objekte entstehen, die es vorher nicht gab; Objekte, die es auch nicht gäbe, es sei denn im Zusammenhang der sozialen Beziehung, innerhalb deren es zur Symbolisierung kommt. Sprache symbolisiert nicht einfach eine Situation oder ein Objekt, das es schon im voraus gibt; durch sie kommt Situation oder Objekt erst zustande, denn sie ist Teil des Mechanismus, durch welchen Situation oder Objekt erst entstehen. Der soziale Prozeß stellt eine Beziehung zwischen den Reaktionen des einen Individuums und den Reaktionen des anderen als Bedeutung der letzteren her; er ist damit für das Auftreten und die Existenz neuer Objekte in der sozialen Situation verantwortlich, wobei diese Objekte von den Bedeutungsgehalten abhängen und durch sie konstituiert werden. Bedeutung ist also in erster Linie nicht als ein Bewußtseinszustand oder eine Reihe von Beziehungen zu sehen, die geistig außerhalb des Erfahrungsbereiches lägen, in den sie eingehen; im Gegenteil: man sollte Bedeutung objektiv als etwas betrachten, das unmittelbar in diesem Bereich selbst existiert.[2] (...)

Genauso wie beim Fechten die Parade eine Interpretation des Gegenstoßes ist, so ist bei der sozialen Handlung die Anpassungsreaktion des einen Organismus auf die Geste des anderen die Interpretation dieser Geste durch diesen Organismus. Tatsächlich ist es die Bedeutung dieser Geste.

Auf der Ebene des Bewußtseins des Selbst wird diese Geste zu einem Symbol, zu einem signifikanten Symbol.

Gesten können entweder bewußt (signifikant) oder unbewußt (nichtsignifikant) sein. Die Verständigung durch Gesten auf vormenschlicher Stufe ist nicht signifikant, weil nicht bewußt, d.h. ohne *Selbst*-Bewußtsein (wenngleich sie in dem Sinne bewußt ist, daß Gefühle oder Wahrnehmungen daran beteiligt sind). Wenn ein Tier einem anderen etwas indiziert oder eine Bedeutung signalisiert, dann indiziert es im Gegensatz zum Menschen nicht den gleichen Sachverhalt oder die gleiche Bedeutung auch sich selbst; denn ein Tier hat kein Bewußtsein, kein Denkvermögen; daher gibt es bei ihm auch keine Bedeutung im Sinne von signifikanter oder selbstbe-

[1] [Mead definiert an früherer Stelle wie folgt:] Die Bedeutungen von Dingen oder Objekten sind Eigenschaften oder Qualitäten, die diesen tatsächlich anhaften; die Basis jeder gegebenen Bedeutung liegt in dem Gegenstand, der, wie wir sagen, „diese Bedeutung hat". Wenn wir ein Symbol gebrauchen, beziehen wir uns damit auf die Bedeutung einer Sache. Symbole stehen anstelle der Bedeutung solcher Dinge oder Objekte, die eine Bedeutung haben; Symbole sind Bruchstücke von Erfahrung; sie indizieren, repräsentieren und verweisen auf andere Erfahrungsbruchstücke, die zur Zeit oder in der Situation, in der irgendeines von diesen Bruchstücken gegenwärtig ist (unmittelbar erfahren wird), nicht derart unmittelbar gegenwärtig oder vorhanden sind. Das Symbol ist also mehr als ein bloßes Reizsubstitut – mehr als ein bloßer Auslöser für einen bedingten Reflex. Denn der bedingte Reflex – die Reaktion auf ein bloßes Reizsubstitut – setzt kein Bewußtsein voraus und bedarf nicht dieser Voraussetzung. Bedingte Reflexe und das Bewußtsein der damit verbundenen Haltungen und Bedeutungen machen zusammen erst Sprache aus und geben damit die Grundlage für die Mechanismen des Denkens und intelligenten Verhaltens.

[2] Die Natur hat Bedeutungen und Implikationen; sie indiziert jedoch nichts mit Symbolen. Denn das Symbol läßt sich von der Bedeutung unterscheiden, auf die es sich bezieht. Zwar gibt es in der Natur Bedeutungen, Symbole gibt es jedoch erst beim Menschen (...).

wußter Bedeutung. Eine Geste ist nicht signifikant, wenn sie dem ersten Organismus nicht das indiziert, worauf der zweite reagiert.[3] (...)

Mead, George H.: Sozialpsychologie. Neuwied: Luchterhand 1969, S. 218 ff.

Worterklärungen zu 1.1

signifikant: bedeutsam, wichtig
Substitut: Ersatz
Symbol: Zeichen, das über sich hinausweist, einen Sinn veranschaulicht
Symbolisation/Symbolisierung: Symbolbildung
indizieren: anzeigen
repräsentieren: darstellen
konstituieren: (er)schaffen, gründen
Implikation: Verflechtung
Interpretation: Auslegung

Arbeitsanregungen zu 1.1

1. Geben Sie Meads Definition von Kommunikation wieder.
2. Fertigen Sie eine Skizze für die Zeilen 7–11 auf S. 230 („Eine Geste [...] Ergebnis indiziert.") an.
3. Wodurch werden nach Mead soziale Objekte geschaffen?
4. Wieso müssen Bedeutungen nicht zwangsläufig bewußt sein? Begründen Sie.
5. Die Bedeutung entsteht durch den „2. Organismus" (Mead; wir würden sagen: durch den Empfänger). Ergänzen Sie Ihre Skizze zu Frage 2 entsprechend.
6. Vergewissern Sie sich noch einmal unter Hinzuziehen der entsprechenden Textstellen des Unterschiedes zwischen Bedeutung und Symbol. Berücksichtigen Sie dabei auch die Anmerkung 1.
7. Worin besteht der Unterschied zwischen bedeutsamen und nicht bedeutsamen Gesten?
8. Wie definiert Mead „Bewußtsein"?

[3] Das, was wir „Bedeutung" nennen, wird durch zweierlei charakterisiert: einmal durch Beteiligung und zum anderen durch Kommunizierbarkeit. Bedeutung kann nur dann entstehen, wenn eine Phase der Handlung, die das Individuum beim anderen provoziert, auch in ihm selbst hervorgerufen werden kann. Insofern gibt es also immer Beteiligung. Das Ergebnis dieser Beteiligung ist Kommunizierbarkeit, d. h., das Individuum kann sich selbst indizieren, was es anderen indiziert. Nicht-signifikante Kommunikation liegt dann vor, wenn die Geste eines Individuums beim anderen eine Reaktion hervorruft, ohne dieselbe Reaktion, zumindest tendenziell, bei ihm selbst hervorzurufen. Vom Standpunkt des Betrachters aus kann eine Geste durchaus signifikant sein, wenn sie innerhalb einer kooperativen Handlung, bei dem anderen oder anderen, eine passende Reaktion hervorruft, aber die Geste wird für die Individuen, die an dieser Handlung beteiligt sind, erst dann signifikant, wenn beim Individuum, das die Geste macht, die Neigung geweckt wird, zu handeln und wenn das Individuum, das von der Geste direkt betroffen ist, sich in die Lage des Individuums versetzt, das die Geste macht. (...)

1.2 Perspektivenübernahme und soziales Handeln – Dieter Geulen

1.2.1 Grundlagen der Theorie der Perspektivenübernahme*

Die Teorie nimmt als grundlegenden Prozeß an, daß ein Subjekt (Ego) innerhalb einer gegebenen Situation bzw. eines Bezugssystems, in dem es mit einem anderen Subjekt (Alter) bzw. mit mehreren Subjekten steht, sich virtuell in die Position des bzw. der anderen versetzt und die dieser Position entsprechende spezifische Perspektive von der Situation einschließlich von ihm selbst rekonstruiert. (...)
Der Sachverhalt sei an folgendem einfachen Beispiel verdeutlicht. Ich bin im Begriff, durch eine Glastür in ein Gebäude zu gehen, und sehe, daß auf der anderen Seite ein Mensch, der mit beiden Händen ein offensichtlich schweres Paket trägt, auf die gleiche Tür zugeht. Der Prozeß läuft nun etwa so ab: Meine Handlungsorientierung ist, durch die Tür in das Gebäude zu gelangen; innerhalb meines Handlungsfeldes nehme ich die andere Person wahr. Objektiv befinden sich beide Personen in einer gemeinsamen Situation, folgen verschiedenen Zielen (Betreten bzw. Verlassen des Gebäudes) und haben eine zunächst unvereinbare Mittelwahl (zum selben Zeitpunkt kann nur einer durch die Türe gehen). Ich versetze mich virtuell in die Position des anderen und stelle fest, (1) daß er nach draußen, und zwar durch die gleiche Tür gehen will (Erkennen seiner Handlungsorientierung), (2) daß er die Tür nicht öffnen kann, ohne die Last abzusetzen; dies würde ihn einige Mühe kosten. Auf das Verhältnis zu meiner Handlungsorientierung bezogen stelle ich fest, (3) daß es zu einem Zusammenstoß mit für beide unangenehmen Folgen kommen kann und (4) daß es mir in meiner Position ein leichtes wäre, die Tür zu öffnen. Aus alldem ergibt sich die nichttriviale Einsicht, daß es am besten wäre, wenn ich die Tür öffne, aber dem anderen den Vortritt lasse.
Der Prozeß der Perspektivenübernahme (...) bietet bereits auf dieser Stufe im Prinzip eine Erklärung des Zugangs zur situationsspezifischen Handlungsorientierung eines anderen. Sie beruht wesentlich auf drei Annahmen. Die erste, vergleichsweise unproblematische Annahme ist, daß das Subjekt die ganze Situation wahrnimmt bzw. „kennt", also über entsprechende Informationen und ihren systematischen Zusammenhang verfügt.
Die zweite, zentrale Annahme ist, daß menschliche Subjekte eine mentale Operation vollziehen können, durch die *die zunächst gegebene Wahrnehmung der Situation bzw. die gegebenen Informationen so umstrukturiert werden, daß sie der Perspektive von genau der Position entsprechen, die ein bestimmtes anderes Subjekt einnimmt.* (...)
Die dritte Annahme schließlich ist, daß sich aus der Rekonstruktion der Perspektive des anderen von der Situation seine *Handlungsorientierung* in dieser ableiten läßt. Diese Annahme ist zweifellos in vielen Fällen zutreffend und ausreichend. Es kann sich jedoch das Problem ergeben, daß die Perspektive oder „Interpretation" des anderen von der aktuellen Situation durch Gegebenheiten mitbestimmt wird, die außerhalb ihrer selbst liegen und daher von Ego nicht unmittelbar berücksichtigt werden können. So wäre in unserem obigen Beispiel denkbar, daß die auf die Tür zugehende Person ihr Paket unmittelbar vor der Tür absetzen, also gar nicht nach draußen gehen will, etwa weil das Paket dort von jemand anderem abgeholt werden soll. Man sieht daran übrigens wieder, daß das overte Verhalten des anderen zwar ein Hinweis auf seine Handlungsorientierung sein kann, aber als solcher nicht eindeutig ist.

Dies läßt sich auch so formulieren, daß die Perspektive, die ein Subjekt von einer partikularen Situation hat, auch von seiner Position in einem *allgemeineren und umfassenderen Bezugssystem*, letztlich in der historisch gegebenen Wirklichkeit selbst, abhängt. Die Erschließung dieser Position ist aber nun prinzipiell durch die gleiche Operation der Perspektivenübernahme möglich wie im einfachen Fall. Hätten wir im obigen Beispiel das umfassendere Kooperationssystem des anderen gekannt, so hätten wir ihm entsprechend die andere Handlungsorientierung zugeschrieben und uns anders verhalten. Das Problem besteht lediglich darin, daß Ego ausreichende Informationen über das betreffende Bezugssystem haben bzw. erlangen muß. Im Alltagshandeln wird dieses Problem häufig dadurch gelöst, daß man dem Interaktionspartner in direkter Kommunikation „die eigene Situation darlegt".

Geulen, Dieter: Perspektivenübernahme und soziales Handeln. Frankfurt a. M.: Suhrkamp 1982, S. 53 ff.

Worterklärungen zu 1.2.1

virtuell: der Möglichkeit nach vorhanden
rekonstruieren: gedanklich wieder aufbauen, nachbilden
explizit: ausdrücklich
nichttrivial: nicht allgemein bekannt, nicht abgedroschen
mentale Operation: geistige Handlung
overt: offen
partikular: einzeln, einen Teil betreffend

Arbeitsanregungen zu 1.2.1

1. Welches ist die Grundannahme der Theorie der Perspektivenübernahme?
2. Unter welcher Bedingung kann sich Ego die Handlungsorientierung des anderen vorstellen?
3. Worin bestehen in dem Glastürenbeispiel die verschiedenen Ziele und die zunächst unvereinbaren Mittel?
4. Welche Handlungskonsequenzen ergeben sich für Ego aus seiner vollzogenen Perspektivenübernahme?
5. Geben Sie in eigenen Worten die drei Annahmen wieder, deren Realisierung es einem Menschen erlaubt, die Handlungsorientierung eines anderen Menschen zu verstehen.
6. Vor welcher Aufgabe steht Ego, wenn es feststellt, daß die Handlungsorientierung des anderen nicht nur aus der gegenwärtigen Situation zu verstehen ist?

1.2.2 Die Hauptmomente sozialen Handelns*

(...) *Welche Momente konstituieren eine Interaktion zwischen Subjekten, die in einem tätige Verwirklichung ihrer Ziele ist?*
Ich unterscheide zunächst zwischen den Momenten, die eher als Bedingungen für eine Interaktion im engeren Sinne aufzufassen sind, und dieser Interaktion selbst, die für die Beteiligten dann zu einem bestimmten Ergebnis in bezug auf ihre Zielorientierung führt. Zu den ersten gehört (1) die konsensuelle Definition der Situation sowie (2) Kommunikation. (3) Interaktion (i.e.S.) wird auf zwei idealtypische Grundformen zurückgeführt, die auch gemischt auftreten können, nämlich Kooperation und Austragung eines Konfliktes; diese lassen sich beliebig

Jean Jacques Rousseau über die Fähigkeit zur Perspektivenübernahme

Mitleid

Um mitfühlend und mitleidig zu werden, braucht ein Kind nur zu wissen, daß es andere Menschen gibt, die leiden, was es gelitten hat, die Schmerzen fühlen, die es gefühlt hat, und andere Schmerzen, von denen es sich vorstellen kann, daß sie daran leiden. Wie sollen wir in der Tat vom Mitleid bewegt werden, wenn wir uns nicht selbst vergessen und mit dem leidenden Tier identifizieren, indem wir sozusagen unser Ich verlassen und seines annehmen? Wir leiden nur so viel, als es nach unserer Meinung leidet. Wir leiden nicht in uns, wir leiden in ihm. Man wird nur dann empfindsam, wenn sich die Phantasie regt und beginnt, uns aus uns selbst heraustreten zu lassen. (...)

Erste Grundregel

Der Mensch kann sich nicht in die Lage derer versetzen, die glücklicher sind, nur in die Lage derer, die unglücklicher sind. Findet man bei dieser Regel Ausnahmen, so sind sie eher scheinbare als wirkliche Ausnahmen. (...)

Daraus folgt, daß man einen jungen Mann, wenn man ihn zur Menschlichkeit erziehen will, keineswegs das glänzende Los eines anderen bewundern lassen soll, sondern daß man ihm des Menschen Los von seiner traurigen Seite zeigt. Man muß es ihn fürchten lehren. Dann muß er sich, das ist eine eindeutige Folgerung, einen Weg zum Glück bahnen, den niemand vor ihm betreten hat.

Zweite Grundregel

Man beklagt bei anderen die Leiden, vor denen man selbst nicht sicher zu sein glaubt.

„Non ignora mali, miseris succurrere disco.“
(Nicht unkundig des Leids, lernte ich Unglücklichen beistehen. VERGIL, Aeneide I, 630)

Ich kenne nichts, was so schön, so tief gedacht, so ergreifend und so wahr ist wie dieser Vers. Warum haben Könige kein Mitleid mit ihren Untertanen? Weil sie nie damit rechnen, jemals nur Mensch zu sein. Warum sind die Reichen so hart gegen die Armen? Weil sie keine Angst haben, jemals arm zu werden. Warum verachtet der Adel so sehr das Volk? Weil ein Adliger niemals Gemeiner werden kann. Warum sind die Türken im allgemeinen menschlicher und gastfreundlicher als wir? Weil bei ihrer ganz willkürlichen Regierung die Größe und das Glück des einzelnen stets unsicher und schwankend sind. Sie sehen daher Erniedrigung und Unglück nicht als etwas Fremdes an[1]. Jeder kann morgen das sein, was heute derjenige ist, dem man Hilfe leistet. Dieser Gedanke, der in morgenländischen Romanen immer wiederkehrt, gibt ihnen etwas Rührendes, das in unserer trockenen Moral nicht vorhanden ist.

Gewöhnt also euren Zögling nicht daran, von der Höhe seines Glücks auf die Leiden der Unglücklichen und die Mühen der Elenden hinabzuschauen. Hofft nicht, ihm Bedauern einzuflößen, wenn er sie als Fremde ansieht. Macht ihm begreiflich, daß ihr Los auch seines sein kann, daß ihm ihr Leid auf den Fersen ist, daß ihn tausend unvorhergesehene und unvermeidbare Ereignisse von einem Augenblick zum anderen ins Unglück stürzen können. Lehrt ihn, daß man sich weder auf Geburt noch auf Gesundheit oder Reichtum verlassen kann. Zeigt ihm alle Wechselfälle des Glücks, und zeigt ihm die allzu häufigen Beispiele von Leuten, die hoch über ihm standen und noch unter diese Unglücklichen herabgesunken sind. Dabei steht nicht in Frage, ob es ihre Schuld war oder nicht. Weiß er denn überhaupt, was Schuld ist? Stört nie die Ordnung seiner Kenntnisse und klärt ihn nur mit Einsichten auf, die er erfassen kann. Er braucht kein großer Gelehrter zu sein, um zu wissen, daß ihm die gesamte menschliche Weisheit nicht verbürgen kann, ob er in einer Stunde noch leben oder schon tot sein wird; ob er nicht noch vor Einbruch der Nacht vor Nierenschmerzen mit den Zähnen knirschen wird; ob er in einem Monat arm oder reich ist, oder ob er nicht vielleicht in einem Jahr unter Ochsenziemern auf algerischen Galeeren rudert.

Rousseau, Jean Jacques: Emile oder Über die Erziehung. Übersetzt von Ludwig Schmitds. Paderborn: Ferdinand Schöningh [9]1989. © Ferdinand Schöningh, Paderborn 1971

[1] Das scheint sich ein wenig geändert zu haben: die Stände scheinen dauerhafter zu werden; die Menschen werden also auch grausamer.

weiter ausdifferenzieren und kombinieren. Es wird angenommen, daß diese Momente analytisch voneinander unabhängig, wenn auch empirisch interdependent sind, und daß sich soziales Handeln angemessen durch sie beschreiben läßt. Im folgenden sollen sie ausführlicher dargestellt werden; das Schema diene als Überblick.

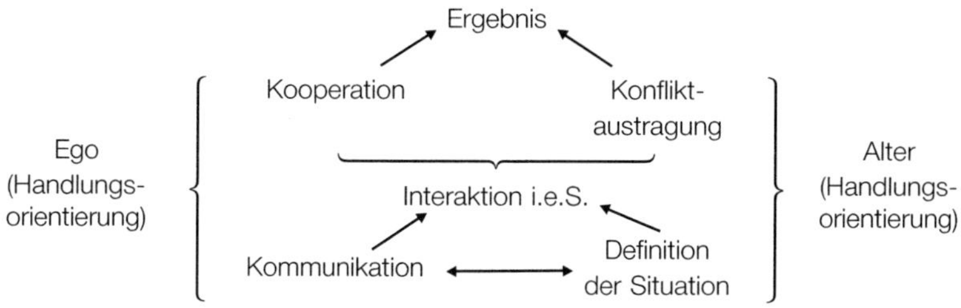

Abb. 1 *Die Hauptmomente sozialen Handelns*

Die Definition der Situation

Als „Definition der Situation" wird hier das Sinnverständnis der Beteiligten von den relevanten aktuellen Gegebenheiten, insbesondere von sich selbst und den anderen bzw. von ihren Rollen sowie von der Art ihrer zu entwickelnden Interaktion bezeichnet. Die Situationsdefinition ist nicht bereits durch die jeweiligen objektiven, z. B. physikalischen Gegebenheiten (äußere Situation) festgelegt, obwohl diese für sie in jeweils bestimmter Weise relevant sind. Vielmehr sind innerhalb des gegebenen äußeren Rahmens typischerweise verschiedene Rollen- bzw. Interaktionssysteme möglich. Für letztere habe ich an anderer Stelle den Ausdruck *„Interaktionsspiele"* vorgeschlagen (...); relativ allgemeine Typen von Interaktionsspielen sind z. B. „Zusammen eine Arbeit verrichten" oder „Öffentliche Diskussion", konkretere Typen sind z. B. „Kauf", „Über etwas verhandeln", „Jemanden auf den Arm nehmen" usw. Ein wesentlicher Bestandteil der Situationsdefinition sind die jeweils als relevant bzw. geltend angesehenen Verhaltensnormen; die Kategorie der sozialen Norm, die im soziologischen Ansatz der Rollentheorie im Mittelpunkt steht (...), hat hier also ihren systematischen Platz.

Es muß angenommen werden, daß eine notwendige Voraussetzung einer funktionierenden Interaktion der intersubjektive *Konsens* zwischen den Beteiligten über die Situationsdefinition ist, denn erst dann können sie sich über die zu spielenden Rollen im klaren sein und aus der sonst beliebigen Vielfalt möglichen Verhaltens eine relativ kleine Auswahl als relevant und in Gestalt begründeter gegenseitiger Erwartungen herausheben. Das gilt auch für Interaktionen vom Konflikttypus. Im anderen Falle – wenn z. B. der eine Partner sich an der Definition „Zusammen eine bestimmte Arbeit verrichten", der andere an der Definition „Jemanden auf den Arm nehmen" orientiert – herrschten typischerweise Mißverständnis, Enttäuschung und Unsicherheit.

Die klassische Rollentheorie hatte den Konsens über die Situationsdefinition als von vornherein gegeben unterstellt, was wiederum mit ihrer Annahme zusammenhängt, daß Rollen im Sozialisationsprozeß schon früh verinnerlicht worden seien. Unter bestimmten gesellschaftlichen und historischen Bedingungen, wie sie vor allem in traditionalen Gesellschaftssystemen herrschen, mag diese Unterstellung zutreffen. Im gegenwärtigen Stadium zumindest der hochzivilisierten Gesellschaften, das durch Verfall tradierter Normen und durch Veränderung und Erweiterung der Möglichkeiten sozialer Interaktion gekennzeichnet ist, reicht die Annahme zur Erklärung jedoch nicht mehr aus. Vielmehr müssen wir davon ausgehen, daß der Konsens über die

Situationsdefinition erst ad hoc von den Beteiligten selber geschaffen, „ausgehandelt" werden muß, und erst dabei stellt sich genauer heraus, welche Art von Interaktion möglich ist und welche Bedeutung diese für die Zielorientierung der Beteiligten hat. (...)

Für eine moderne Theorie des sozialen Handelns bedeutet dies, daß sie die Kategorie der Situationsdefinition explizit aufnehmen und die Prozesse erklären muß, durch die handelnde Subjekte zu ihrem Konsens über die Situationsdefinition kommen. Wir nehmen an, daß hierzu hauptsächlich Kommunikation erforderlich ist, außerdem und im Zusammenhang damit aber auch die Fähigkeit, die zunächst ja von meiner Situationsdefinition abweichende Situationsdefinition des anderen zu *verstehen* und zu meiner in Beziehung zu setzen, was wiederum Voraussetzung einer Konsensbildung ist.

Dieser Verstehensprozeß hat die Struktur der Perspektivenübernahme, wie sich an dem folgenden kleinen Beispiel ablesen läßt. Ich gehe in einer mir fremden Stadt auf der Straße und werde von einem Menschen nach dem Weg zum Bahnhof gefragt (den ich nicht kenne). Ich antworte: „Es tut mir leid, ich kenne den Weg dahin nicht. Ich bin selber fremd hier". Hier liegen zunächst unterschiedliche Situationsdefinitionen, und zwar in bezug auf meine Rolle vor. Der andere unterstellt, daß ich ein Bewohner der Stadt und daher ortskundig sei. Diese Situationsdefinition ist tatsächlich jedoch falsch bzw. stimmt nicht mit meiner überein. Dennoch kann ich sie verstehend nachvollziehen, wenn ich mich an die Stelle des anderen versetze. Da ich mich in der Stadt befinde und in den äußerlich sichtbaren Merkmalen von den Bewohnern der Stadt nicht unterscheide, muß er annehmen, daß ich ein Bewohner der Stadt bin; ich selber würde an seiner Stelle dasselbe annehmen. In meiner Antwort werde ich ihn, wenn ich ihn nicht als Subjekt ignorieren will, über den Grund aufklären, weshalb ich die gewünschte Auskunft nicht geben kann, nämlich daß eine entsprechende Voraussetzung in seiner Situationsdefinition nicht erfüllt ist. Ich teile ihm also meine von ihm abweichende Situationsdefinition mit, die er wiederum verstehend nachvollziehen kann, zumal er ja ebenfalls fremd in der Stadt ist. Wir erreichen so einen intersubjektiven Konsens, d. h. die gleiche Situationsdefinition, nämlich: daß er den Weg zum Bahnhof erfahren möchte, wir aber beide den Weg nicht kennen. Im vorliegenden Beispiel führt dies inhaltlich wohl zu der Konsequenz, die Interaktion abzubrechen. In einer anderen Variante des Beispiels – etwa wenn ich ebenfalls den Bahnhof suche – wäre aber auch eine kooperative Fortsetzung der Interaktion (gemeinsames Suchen) auf der Grundlage der neuen Situationsdefinition denkbar.

Kommunikation

Das zweite Moment im sozialen Handeln ist Kommunikation. Damit sei hier die in einem weiten Sinne sprachliche Mitteilung von Sachverhalten und Intentionen zwischen Subjekten gemeint. Kommunikation ist ebenfalls eine Bedingung für Interaktion in dem systematischen Sinne, daß sie – wie wir eben sahen – schon zur Herstellung eines Konsenses über eine konkrete Situationsdefinition, darüber hinaus und hauptsächlich über Inhalte von Handlungsorientierungen (Tatsachen, Ziele, Mittel, Möglichkeiten, Absichten, Handlungen usw.) als ein *Mittel zur Realisierung, Gestaltung und Lenkung der Interaktion selbst* notwendig ist. Eine Interaktion ohne wenigstens ein Minimum an Kommunikation ist kaum vorstellbar. Dennoch sollten beide Begriffe analytisch auseinandergehalten werden, da sie offenbar nicht identisch sind, sondern eine unterschiedliche Struktur aufweisen. (...)

Die Analyse kann von der Tatsache ausgehen, daß Kommunikation eine sprachlich vermittelte Relation zwischen zwei Subjekten und einem gemeinten Sachverhalt ist: Ego teilt Alter etwas mit. Ein Hauptproblem entsteht nun dadurch, daß die Beziehung zwischen gemeintem Sachverhalt und dem sprachlichen Medium, dessen wir uns notwendig bedienen müssen, *nicht eindeutig* ist.

Diese Gruppe bildet einen Gesprächskreis, in dem alle einander zugewandt sind.

Dies läßt sich schon auf der Ebene der Bedeutung einzelner Wörter (Semantik) zeigen, die z. B. aufgrund ihrer Stellung in der lexikalischen und semantischen Struktur der betreffenden Sprache konnotative Bedeutungen mit sich führen, die im konkreten Fall gar nicht gemeint waren. Wichtiger noch ist der besonders von der Pragmalinguistik untersuchte Tatbestand, daß die Bedeutung einer Äußerung, wie sie die Beteiligten verstehen, vom *situativen Kontext* abhängig ist; eine sprachlich identische Äußerung kann in unterschiedlichen Kontexten etwas völlig Verschiedenes, ja Gegenteiliges bedeuten (...). Daher ist übrigens ein Konsens über die Situationsdefinition auch eine notwendige Vorbedingung für Kommunikation. Auch der *biographische Kontext* jedes Beteiligten, z. B. Informationsstand und spezielle Erfahrungen, bestimmt in erheblichem Ausmaß sein Vorverständnis von dem thematisierten Sachverhalt und insofern wiederum sein Verständnis eines darauf bezogenen sprachlichen Ausdrucks.

Für das Gelingen von Kommunikation, d. h. die möglichst getreue Übermittlung des gemeinten Sachverhalts bzw. der Intention, ist es also im Prinzip erforderlich, daß einerseits der Sprecher den bedeutungsbestimmenden Kontext des Hörers im vorhinein *„berücksichtigt"* und seine Äußerung so abfaßt, daß der Hörer sie in seinem Kontext in der intendierten Weise versteht. Andererseits gilt auch reziprok, daß der Hörer bei seiner Interpretation der Äußerung den Kontext des Sprechers aus dessen Sicht berücksichtigen muß. Dieses notwendige Eingehen auf den Kommunikationspartner fängt schon damit an, daß ich darauf achte, daß der andere mich überhaupt hören kann, daß er meine Sprache spricht, daß er zuhört usw. Auch individuelle Merkmale, die seine Fähigkeit zu kommunizieren einschränken (z. B. Schwerhörigkeit), sind selbstverständlich relevant. Vor allem bezieht es sich auf die Inhalte meiner Rede und den Kontext der sozialen Situationsdefinition und, so weit möglich, seinen biographischen Kontext. Wenn ich dem anderen beispielsweise ein Lob oder eine Kritik aussprechen möchte, so werde ich die sprachliche Form meiner Äußerung auch davon abhängig machen, wie der andere wohl unser Verhältnis sieht bzw. wie wir es konsensuell definiert haben. Oder wenn ich dem anderen einen Sachverhalt berichten möchte, so werde ich berücksichtigen, was er davon schon weiß, über welche besonderen Kenntnisse er verfügt, was ihn besonders interessiert usw.

Es dürfte klargeworden sein, daß die Operation, die wir hier vollziehen und die für das Gelingen von Kommunikation eine notwendige Bedingung ist, wiederum eine Perspektivenübernahme ist. (...)

Interaktion im engeren Sinne: Kooperation und Konfliktaustragung

Situationsdefinition und Kommunikation waren als Momente bezeichnet worden, die Interaktion im engeren Sinne erst ermöglichen. Diese Abgrenzung ist in folgendem Sinne zu verstehen. Sicher sind das Aushandeln einer Situationsdefinition oder Kommunikation auch „Interaktion" in einem weiteren Sinne. Doch ist ebenso sicher, daß soziales Handeln sich nicht damit erschöpft, nur Situationen zu definieren oder zu reden. Vielmehr ist es im wesentlichen eben auch *tätige Verwirklichung von Zielen, die als solche außerhalb des gegebenen Interaktionssystems der Subjekte selbst liegen.* Es ist Handeln in einem konkret-materiellen Sinne, ist Inter-*Aktion,* und hat die Struktur der Orientierung an Zielen und Mitteln usw., nicht die von „Kommunikation". Diese Struktur ist unabhängig vom Gegenstandsbereich; sie tritt zwar besonders deutlich im Bereich der materiellen Realität hervor (z. B. „Gemeinsames Transportieren eines schweren Gegenstandes"), gilt aber auch im gesellschaftlichen Feld selbst (z. B. „eine Mehrheit von einem bestimmten Projekt überzeugen") oder im Ideellen (z. B. „Lösen eines intellektuellen Problems"). Interaktion im engeren Sinne ist hier also zu verstehen als soziales Handeln mehrerer Subjekte, das auf Ziele gerichtet ist, die nicht in der Interaktion der Subjekte selbst liegen. Ich glaube, daß diese These gegen die Position im Recht ist, die soziales Handeln überhaupt auf sprachliche Kommunikation (etwa in Gestalt der Sprechakttheorie) zurückzuführen versucht (...).

Ausgehend von den logischen Möglichkeiten der Kongruenz bzw. der Unvereinbarkeit im Verhältnis der Handlungsorientierungen der Beteiligten gibt es zwei idealtypische Grundformen der Interaktion, die im Alltagshandeln oft gemischt oder nebeneinander auftreten: Kooperation und Konfliktaustragung.

Kooperation kann als Handeln mehrerer Subjekte unter einer gemeinsamen (konsensuellen) Handlungsorientierung bezeichnet werden. Dazu ist nicht erforderlich, daß ihre gesamten individuellen Handlungsorientierungen identisch sein müßten, sondern nur, daß sie in wenigstens einem Ziel – das für die einzelnen nur ein Zwischenziel zu sein braucht – und der Strategie des entsprechenden Mitteleinsatzes konsensuell übereinstimmen. Dies wäre dann der Kern ihrer Situationsdefinition im oben bezeichneten Sinne. Kooperation bedeutet nicht, daß mehrere Subjekte für sich einfach nur das gleiche tun. Das Spezifikum und die anthropologische Bedeutung der Kooperation liegt vielmehr darin, daß sie die Möglichkeit bietet, Handlungsziele bzw. Handlungsabläufe zu realisieren, die so umfangreich oder komplex sind, daß einzelne Subjekte für sich sie gar nicht bewältigen könnten; durch Kooperation wird also der Bereich der Handlungsmöglichkeiten enorm erweitert. (...) Formal lassen sich dabei drei Typen von Strukturen bzw. Strukturelementen unterscheiden, nämlich (1) eine kumulative Struktur, bei der das Ziel durch Kumulierung mehrerer gleichartiger Einzelhandlungen erreicht wird (z. B. Sammeln eines Spendenbetrages), (2) eine sequenzielle Struktur, bei der eine Einzelhandlung an eine andere, vorhergehende anknüpft und ihrerseits Voraussetzung einer anschließenden Handlung ist (z. B. eine Stafette), und (3) eine multikonditionale Struktur, bei der qualitativ verschiedene Beiträge gleichzeitig vorliegen müssen (z. B. Montage eines Automobils). Wirkliche Kooperationszusammenhänge enthalten alle diese Komponenten in mehr oder weniger komplexen Verbindungen.

Ein notwendig zu lösendes Problem jeder Kooperation ist der möglichst genaue Anschluß der Einzelhandlungen der Beteiligten aneinander in bezug auf zeitliche und räumliche (genauer Zeitpunkt und Ort des Einsatzes) sowie qualitative (Art der Ausführung) und quantitative (Dosierung) Momente. Man vergegenwärtige sich die Präzision im Zusammenspiel etwa einer Yachtmannschaft, eines Operationsteams oder eines Streichquartetts! Diese Genauigkeit beruht darauf, daß nicht nur jeder Beteiligte seinen eigenen Part beherrscht, sondern daß er ihn auch mit Bezug auf einerseits den Gesamtzusammenhang der Ziel-Mittel- bzw. Kooperationsstruktur, andererseits die konkreten Beiträge der anderen vergegenwärtigt und im Hinblick darauf seinen Einsatz antizipieren kann. In vielen Fällen muß er mit seiner Handlung bereits anfangen, bevor die vorangehende ganz abgeschlossen ist, damit sie in der richtigen Phase an diese anschließt bzw. mit parallelen Handlungen genau zusammentrifft. Diese Operation ist – wie schon G. H. Mead in seinen Ausführungen über kooperative Spiele gezeigt hat (...) – durch eine Perspektivenübernahme mit den anderen Beteiligten im Kontext des jeweiligen Kooperationssystems weit angemessener zu erklären als beispielsweise durch das behavioristische S-R-Schema.

Die zweite idealtypische Form der Interaktion – sie entspricht dem Fall, daß die Handlungsorientierungen der Beteiligten im selben Feld miteinander unvereinbar sind – ist die *Konfliktaustragung*. Ein Konflikt liegt insbesondere dann vor, wenn die Zielorientierung der Beteiligten unvereinbar, d. h. eine Zielverwirklichung des einen nur auf Kosten der Zielverwirklichung des anderen möglich ist (...)

Wir unterscheiden zunächst den Fall, daß die Beteiligten ihre ursprüngliche Handlungsorientierung so modifizieren, daß der Konflikt nicht mehr besteht; wir sprechen dann von einer *Beilegung* des Konfliktes. Sie kann erstens dadurch herbeigeführt werden, daß beide ihre Zielorientierung so weit voneinander entfernen, daß sie sich nicht mehr widersprechen, aber ein Teil der ursprünglichen Zieldefinition dennoch festgehalten werden kann *(Kompromiß)*. Unter Umständen ist sogar umgekehrt eine Annäherung der Zielorientierungen möglich, so daß eine Kooperation entstehen kann (z. B. wenn zwei Parteien sich um ein Taxi streiten und – vorausgesetzt, ihre Ziele liegen in derselben Richtung – schließlich gemeinsam fahren). Eine weitere Möglichkeit wäre, daß wenigstens einer der Beteiligten seine Zielorientierung aufgibt.

Bleiben die Beteiligten bei ihrer Handlungsorientierung und kommen die genannten Möglichkeiten nicht in Betracht, so nimmt die Interaktion im Prinzip die Form des *Kampfes* an. Handlungstheoretisch kann Kampf definiert werden als ein soziales Handeln, das darauf gerichtet ist, die eigene Handlungsorientierung gegenüber der des Gegners durchzusetzen bzw. ihre Realisierungschancen im Vergleich zu der des Gegners zu erhöhen. Unter der Annahme der Reziprozität der Situationsdefiniton bei beiden Beteiligten impliziert Kampf sowohl offensives wie defensives Handeln, d. h., beide Beteiligten versuchen einerseits, eine Realisierung der Handlungsorientierung des Gegners zu verhindern, andererseits müssen sie sich dagegen wehren, daß der Gegner eine Realisierung ihrer Handlungsorientierung zu verhindern trachtet.

Ich habe an anderer Stelle den Versuch unternommen, unter Ausschluß des Falles der Gewaltanwendung taktische Handlungsweisen dieser Art näher zu analysieren und auf elementare Schemata zurückzuführen. Es lassen sich mindestens drei Arten taktischer Handlungsschemata unterscheiden (...)

(1) Durch *Informationspolitik* – d. h. durch Geben von Informationen, Vorenthalten von Informationen, Geben falscher Informationen und Entwerten von Informationen über die Realität und besonders über die eigene Handlungsorientierung – läßt sich direkt die Handlungsorientierung eines anderen zumindest auf der kognitiven Ebene beeinflussen. (2) Durch Etablieren oder Beeinflussen der konkreten sozialen Situationsdefinition können die jeweils zu spielenden Rollen der Beteiligten definiert werden *(Rollenmanöver)*. Damit wird über die in

jeder sozialen Situations- bzw. Rollendefinition implizierten Verhaltensnormen indirekt ihr Handeln festgelegt, zumindest bestimmte Handlungsmöglichkeiten ausgeschlossen. Eben dies kann taktisch zur Durchsetzung der eigenen Handlungsorientierung eingesetzt werden. (3) Ein weiteres Schema taktischen Handelns ist schließlich die *Einbeziehung Dritter,* sei es als „Publikum" zur Stützung der eigenen Situationsdefinition. oder sei es als nicht eingeweihte Erfüllungsgehilfen oder als geheime oder offene Koalitionspartner zur Verstärkung der eigenen Position.

Es bedarf wohl kaum eines besonderen Beleges, daß auch die konfliktuöse Form der Interaktion notwendig die Fähigkeit zur Perspektivenübernahme voraussetzt, vielleicht sogar in höherem Maße. Denn in kaum einer anderen Situation setzt man sich so gründlich mit der Orientierung eines anderen Subjekts auseinander und versucht, sein Handeln zu antizipieren, wie in einem Konflikt, und vielleicht sind manche dabei nur deshalb erfolgreicher, weil sie die Operation der Perspektivenübernahme weitergehend und differenzierter beherrschen.

Geulen 1982, S. 56 ff.

Worterklärungen zu 1.2.2

konstituieren: (er)schaffen, gründen
konsensuell: gleichsinnig, in demselben Sinne wirkend
empirisch: erfahrungswissenschaftlich
interdependent: gegenseitig voneinander abhängig
Konsens: Übereinstimmung, Zustimmung
relevant: bedeutsam, wichtig
ignorieren: nicht beachten, absichtlich übersehen
Intention: Absicht
Semantik/semantisch: Bedeutungslehre/die Bedeutungslehre betreffend
konnotativ: mitbezeichnend
Pragmalinguistik: Wissenschaft von der Wechselwirkung von Handeln und Sprache
identisch: völlig gleich, wesensgleich
reziprok: wechselseitig
anthropologisch: die Wissenschaft vom Menschen betreffend
realisieren: verwirklichen
komplex: vielschichtig, vieles umfassend
kompetent: sachkundig, fähig
Kumulierung/kumulativ: Anhäufung/die Anhäufung betreffend
sequentiell: aufeinander folgend
multikonditional: vielfach bedingt
antizipieren: geistig vorwegnehmen
modifizieren: ändern
Reziprozität: Wechselseitigkeit
implizieren: beinhalten

Arbeitsanregungen zu 1.2.2

1. Welche Bedingungen sozialen Handelns nennt Geulen?
2. Die Situationsdefinition ist nicht schon durch die äußere Situation gegeben.
   a) Wie belegt der Autor dies?
   c) Wieso ist es wichtig, dies in der heutigen Zeit besonders zu beachten?
3. Ego muß die von seiner eigenen abweichenden Situationsdefinition des anderen verstehen, wenn er mit ihm kommunizieren will.
   Welches Beispiel steht im Text für solch einen Vorgang?
4. Entnehmen Sie den Ausführungen von Geulen, wozu wir Kommunikation benötigen.

5. Die Beziehung zwischen gemeintem Sachverhalt und dem dafür stehenden sprachlichen Ausdruck ist grundsätzlich nicht eindeutig.
   Mit welchen beiden Gedankengängen belegt Geulen dies?
6. Was müssen Sprecher *und* Hörer berücksichtigen, wenn Kommunikation glücken soll?
7. Wie unterscheidet der Autor Interaktion im engeren und im weiteren Sinn?
8. Welche Minimaldefinition von „Kooperation" können Sie dem Text entnehmen?
9. Worin liegt die Bedeutung der Kooperation für den Menschen?
10. Welche Strukturtypen von Kooperation werden unterschieden?
11. Ordnen Sie Kooperationen, die Sie alltäglich ausführen, in die genannten Strukturtypen ein!
12. Wieso bedarf es zur Kooperation der Perspektivenübernahme?
13. Wie lautet die Definition des Konfliktes?
14. Welche prinzipiellen Möglichkeiten zur Beilegung eines Konfliktes nennt der Text?
15. Welche Implikationen enthält „Kampf"?
16. Entwerfen Sie ein eigenes Beispiel einer Kampfsituation, und gehen Sie dabei auf die drei erwähnten taktischen Handlungsschemata ein, die Geulen erwähnt.
17. Konflikt und Kampf erfordern die Fähigkeit der Perspektivenübernahme. Begründen Sie diese Aussage.
18. Entwerfen Sie ein graphisches Schema für Geulens Beispiel der Entdeckung und Analyse latenter Kooperationsmöglichkeiten und Konflikte (s. Kasten).

Entdeckung und Analyse latenter Kooperationsmöglichkeiten und Konflikte

Als kognitive Operation zur Erfassung der Handlungsorientierungen anderer leistet Perspektivenübernahme darüber hinaus noch etwas, das keine andere Art der sozialen Wahrnehmung bieten kann, nämlich die Entdekkung und Analyse *latenter Kooperationsmöglichkeiten und Konflikte.* Damit sind Vereinbarkeiten bzw. Unvereinbarkeiten der Handlungsorientierungen mehrerer Subjekte gemeint, die sich in deren manifestem Verhalten noch gar nicht niedergeschlagen haben, die ihnen womöglich noch gar nicht bewußt geworden sind oder die sie in ihrem Selbstverständnis fälschlich an eine andere Stelle des Systems verlegt haben. Die Übernahme der Perspektive aller Beteiligten in ihrem Kontext kann zu Einsichten über das Verhältnis ihrer Handlungsorientierung führen, die aus der Perspektive nur einer Position gar nicht möglich wären. Dies sei durch folgendes Beispiel illustriert (...).

In einer bestimmten Organisation sieht die formelle Kompetenzverteilung vor, daß der Abteilungsleiter L Entscheidungen erst nach Rücksprache mit den Mitgliedern M trifft. Der Neuling N stellt nun fest, daß L keine Rücksprache mit M nimmt und unverständliche Entscheidungen trifft, die er außerdem innerhalb kurzer Zeit mehrfach umstößt. N macht sein Recht, gehört zu werden, gegenüber L deutlich, gerät deshalb in einen Konflikt mit L und wird von den übrigen M isoliert.

Es stellt sich heraus, daß L dem starken Einfluß der formell untergeordneten Grauen Eminenz E unterliegt; diese Beziehung beruht darauf, daß E, der noch an einem anderen System partizipiert, einerseits dem L sonst nicht zugängliche Informationen gibt und andererseits von diesem bestimmte Entscheidungen verlangt, die für E in dem anderen System wichtig sind, aber den Interessen der M im ersten System widersprechen.

Die Analyse der Handlungsorientierungen in ihrem Zusammenhang zeigt, daß der wirkliche Konflikt nicht zwischen N und L bzw. den übrigen M besteht, sondern zwischen M und E, und daß zwischen N und M tatsächlich eine Kooperationsmöglichkeit, speziell gegenüber E, gegeben ist.

Geulen 1982, S. 56ff.

1.3 Perspektivenübernahme in Pädagogik und Therapie* – Anne Schützenberger

Wir wollen anhand einiger einfacher Beispiele einige Grundtechniken des Psychodramas und des Rollenspiels kennzeichnen.

Ein Jugendlicher A (in der Gruppe) hat Schwierigkeiten mit seinem Lehrer B (der nicht mit in derselben Gruppe ist). A kommt in die Psychodramasitzung mit einem Problem im „Dort-und-damals“, an das er „hier und jetzt“ in der Gruppe denken muß, weil etwas in der Gruppe ihn daran erinnert oder weil das Problem ihn so sehr beschäftigt, daß er darüber sprechen, es geklärt oder behandelt sehen möchte.

Er bringt das Problem in der Gruppe zur Sprache. Der Leiter beschließt, das Problem psychodramatisch zu erkunden.

Es wird nun eine schwierige Alltagssituation zwischen A und B dargestellt. A (der Protagonist) spielt die Szene mehr oder weniger so, wie sie sich tatsächlich abgespielt hat (sofern er einen wirklichen Vorfall nachspielt; man kann die Situation auch ausweiten, andere Elemente einführen oder der Szene einen anderen Schluß geben); jemand anders, ein Hilfs-Ich (der Kotherapeut, ein geschulter Therapie-Assistent oder auch ein anderes Gruppenmitglied) übernimmt die Rolle des B.

A (der Protagonist) beschreibt die schwierige Situation mit B (dem Antagonisten). A wählt in der Gruppe denjenigen aus, der B darstellen soll (wir kennzeichnen diesen als B*). Der Psychodramaleiter inszeniert nun die Situation, nachdem er den Protagonisten A und das Hilfs-Ich B*, das den Antagonisten spielen soll, „angewärmt“ oder aktiviert hat, soweit nötig auch noch andere Mitspieler (C, D), die Rollen übernehmen müssen. Der Psychodramaleiter versetzt die Mitspieler in die Situation; er vergegenwärtigt nach der Beschreibung des Protagonisten, wann, wo und wie die Szene stattgefunden hat, wer die beteiligten Personen sind, ihr Alter, ihre Haltung, Gestik, Kleidung, Wetter, Tageszeit, Werktag oder Sonntag, wie es an dem betreffenden Ort aussah (Atmosphäre, Möbel, Türen und Fenster), welches die näheren Umstände waren (dies sehr kurz). Wie in der Commedia dell'Arte spielt man nach einem allgemeinen Szenario, das im Verlauf des Spiels näher bestimmt wird.

Die Szene beginnt oft mit einem *direkten Spiel,* in dem sich der Protagonist A die Situation neu vergegenwärtigen soll. Der Leiter versucht zu erfahren, ob das Spiel dem wirklichen Erlebnis nahekommt, z. B. indem er den Protagonisten fragt, ob es so oder so gewesen sei, indem er ihn anregt, wie im Theater „beiseite“ zu sprechen, was er empfindet und nicht sagen will, oder indem er ihm einen „Doppelgänger“ beigesellt, der hinter ihn tritt und an seiner Stelle ausspricht, was er sich nicht zu sagen getraut, z. B. daß er befangen oder anderer Meinung ist oder daß er Angst hat.

Wenn der Protagonist meint, daß das Spiel „nicht stimmt“ – es geht um eine vergegenwärtigte Realität, in der nur die Verhältnisse stimmen müssen, nicht um die peinlich genaue Rekonstruktion einer durch die Erinnerung ohnehin verschobenen Vergangenheit –, so wird meist ein *Rollentausch* vorgenommen. Nur A kennt die (für ihn) wirkliche Situation, den Ort und die Menschen und seine Beziehung zu B; indem er B spielt, kann er also präzisieren, wie B sich verhält oder was er sagt.

Den Rollentausch nehmen wir auch in bestimmten Schlüsselmomenten vor. A übernimmt die Rolle von B und seinen Platz (z. B. indem er mit dem Hilfs-Ich die Plätze tauscht) und setzt die Interaktion fort, während B* die Rolle (und den Platz) von A übernimmt (als sein Stellvertreter A').

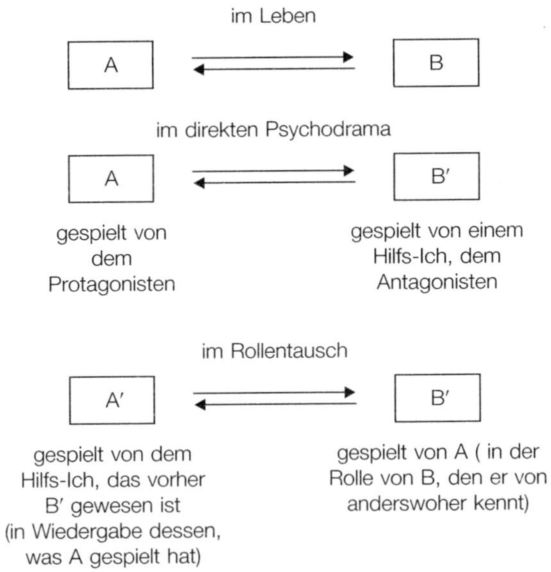

Abb. 2

In einer einfachen Psychodramaszene werden im allgemeinen mehrfach die Rollen getauscht, teils um dem Hilfs-Ich die Situation zu verdeutlichen, teils damit der Protagonist „von innen" sehen kann, was der andere etwa empfinden könnte. Im täglichen Leben sagt man oft: „Ich an Ihrer Stelle, ich würde ..." oder: „Ich hab' Recht, und Sie haben Unrecht". Im Rollentausch erlebt der Protagonist, was der andere in einer bestimmten Situation ihm gegenüber empfinden könnte, und das gewährt ihm eine erweiterte und oft auch veränderte Ansicht der Situation. (Er dezentriert sich und sieht die Dinge anders, könnte Ortega y Gasset sagen.)

Im Verlauf des Spiels erlebt der Protagonist oftmals eine Katharsis – manchmal unter Tränen, Zittern, Veränderungen der Stimme oder der Körperhaltung – und eine Bewußtwerdung, die ihn auf ein früheres und manchmal archaisches Erlebnis zurückverweist. Der Schüler A z. B., der Schwierigkeiten mit seinem Lehrer B hat, begreift vielleicht plötzlich, daß es sich um die Übertragung aus einer Konfliktsituation mit seinem Vater handelt, und man spielt anschließend Familienszenen aus seiner frühen Kindheit und aus seiner Jugend. In einem günstigen Augenblick, einem Höhepunkt der Katharsis oder Bewußtwerdung, halten wir das Spiel an. Später werden diese Situationen durchgearbeitet, was zu weiterem kathartischem Abreagieren führt.

An das Spiel schließt ein Gruppengespräch an („sharing"), in dem die Eindrücke und Empfindungen aller mitgeteilt werden, des Protagonisten, der Mitspieler und der anderen Gruppenmitglieder. Dabei geht es darum, Gefühle mitzuteilen, nicht das Spiel zu beurteilen oder Ratschläge zu erteilen. Es gibt jedoch auch Fälle, wo Ratschläge angebracht sind, besonders im *pädagogischen Rollenspiel,* wenn etwa ein Teilnehmer sich darauf vorbereitet, sich in einer bestimmten Situation von seiner besten Seite zu zeigen (z. B. Stellenbewerbung). Die Gruppe kann hier das Spiel kritisch analysieren und dem Protagonisten helfen, die Situation mehrfach von vorn zu proben, so lange bis er sich darin zu Hause fühlt; jeder steuert seine Kniffe bei, die helfen könnten, das Gewünschte zu erreichen. Wenn es z. B. darum geht, eine Fremdsprache zu lernen, so spielt man zunächst einfach, um zu spielen und sich zu üben, aber auch, um sich mit den Gebräuchen des fremden Landes vertraut zu machen. Während des Gruppengesprächs wird man also bestimmte nähere Umstände angeben, z. B. daß man in England schon gegen 18 Uhr zu Abend ißt und nicht erst um 19 Uhr 30 wie in Frankreich und daß also die Abende in London früher anfangen ... bzw. andere Einzelheiten, die es gestatten, die fremde Sprache und Kultur besser zu assimilieren.

Schützenberger, Anne: Einführung in das Rollenspiel. Stuttgart: Klett. 1976, S. 45 ff.

Worterklärungen zu 1.3

dezentrieren: hier: von sich selbst absehen können
Katharsis: Läuterung der Seele; das Sich-Befreien von inneren Spannungen (ursprünglich nach der Tragödie)
Protagonist: Vorkämpfer, Hauptdarsteller
Antagonist: Gegenspieler

Arbeitsanregungen zu 1.3

1. Wie erklären Sie die beiden Hauptrollen?
2. Wer wählt B aus?
   Welchen Vorteil könnte es haben, daß B auf diese Weise ausgewählt wird?
3. Wie werden die Mitspieler eingeweiht?
4. Welchen Zweck verfolgt der Leiter
   a) mit dem „beiseite sprechen“?
   b) mit dem „Doppelgänger“?
5. Was bringt der Rollentausch, wenn also A die Rolle von B übernimmt?
6. Was sagt/tut B in der Rolle von A?
7. Worin kann u. U. die Katharsis bestehen?
8. Erläutern Sie Inhalt und Bedeutung des „sharing“.

1.4 Entwicklung der Fähigkeit, Perspektiven zu übernehmen* – John H. Flavell

(...) Die Erwerbungen des Kindes in diesem sozial kognitiven Bereich scheinen sehr mannigfaltig zu sein, und wir sind weit von einer vollständigen und genauen Beschreibung der ganzen Entwicklungssequenz entfernt. Den interessantesten und detailliertesten Versuch einer Charakterisierung finden wir in einem neueren theoretischen Modell von Selman und seinem Mitarbeiter D. F. Byrne (...).
Gemäß dem Modell von Selman und Byrne gibt es sechs Hauptstufen oder -niveaus (0–5), die in festgesetzter Reihenfolge zwischen ungefähr vier Jahren und der kognitiven Reife auftreten. Nur die Stufen 0–2 werden hier ausführlich beschrieben.

Stufe 0: Egozentrische Übernahme von Perspektiven oder Gesichtspunkten (ungefähr die Lebensjahre 4–6). Am Anfang dieser Stufe erkennt das Kind bereits, daß es selber (I) und die anderen (A) verschiedene Wesenheiten sind, aber es stellt beide noch nicht eindeutig als wahre *Subjekte* dar. Das heißt, weder I noch A werden begrifflich als *Person* erfaßt, als ein denkendes evaluierendes Wesen, das Urteile über Situationen und Handlungen fällt und im Lichte dieser Urteile handelt. I repräsentiert die offenen Handlungen von A sowie die relativ „offenen" inneren Zustände wie deutlich ausgedrückte Emotionen; aber es repräsentiert keine kognitiven Perspektiven, weder die eigenen noch die von A. Am Ende dieser Stufe beginnt es zwar, allerdings noch undeutlich, zwischen der Sichtweise einer Person und der einer anderen zu unterscheiden. Das typische Kind auf Stufe 0 denkt nicht von sich selbst, daß es annimmt, Spielzeug sei lustig (Perspektive von I) und daß die Mutter das auch animmt (Perspektive von A). Mit anderen Worten, es repräsentiert nicht bewußt die beiden Perspektiven und entscheidet dann bewußt, daß sie identisch sein müssen. Vielmehr handelt es sich hier um eine unreflektierte, egozentrische Annahme, wie Piaget sie beschreiben würde, daß „Spielzeuge herrlich sind" und daß die Mutter natürlich auch dieser Meinung ist. In seinem Geist gibt es nur *die* Realität; noch keine persönliche Konstruktion oder Interpretation der Realität.

Stufe 1: Subjektive Übernahme von Perspektiven (ungefähr die Lebensjahre 6–8). Das Kind weiß nun um die grundlegende Subjektivität der Menschen und erkennt, daß sie individuelle, kognitive Perspektiven haben. Sowohl I als auch A werden als aktive Verarbeiter und Beurteiler von Daten betrachtet. Es erkennt, daß verschiedene Menschen verschieden denken und verschiedene Haltungen einnehmen können – sogar über die genau gleichen Dinge – und zwar auf Grund der Information, die ihnen zur Verfügung steht, über individuelle Motive und Ziele usw. Während das Kind auf Stufe 0 fühlt, daß die Menschen soziale Ereignisse wahrnehmen und daraus Informationen entnehmen, weiß das Kind auf Stufe 1 auch, daß sie diese Ereignisse interpretieren und Urteile darüber fällen. Es unterscheidet jetzt zwischen beabsichtigtem und unbeabsichtigtem Verhalten und hat den Begriff „persönliche Gründe" als subjektive Ursache der Handlungswahl eines Menschen erworben.

Stufe 2: Selbst-reflexive Übernahme von Perspektiven (ungefähr die Lebensjahre 8–10, möglicherweise später). Gegen das Ende der Stufe 1 beginnt das Kind zu verstehen, daß die Menschen nicht nur kognitive Perspektiven haben, sondern daß sie auch Schlüsse über die Perspektiven der anderen ziehen können. Ursprünglich nimmt es an, daß das eine A Schlußfolgerungen über ein anderes A vornimmt (I nimmt an, A1 denke, daß A2 dies oder jenes glaubt). Zu Beginn der Stufe 2 erkennt es, daß es selbst der Gegenstand von A's Betrachtungsweise sein kann, genau so wie A ein Objekt seiner eigenen oder eines anderen A's Schlußfolgerung sein kann. Darüber hinaus beginnt es (I) auch zu verstehen, daß die Übernahme der Perspektive von I durch A wichtige Implikationen für das Verhalten von I gegenüber A haben kann. Zum Beispiel mag sich Ihre Ansicht über eine Person, deren Gedanken Sie zu erraten suchen, ändern, wenn Sie spüren, daß auch die andere Person vesucht, Ihre Gedanken zu lesen. Gegen das Ende der Stufe 2 hin hat das Kind noch eine weitere Einsicht, nämlich, daß A sich bewußt sein kann, daß I versteht, daß A die Gedanken von I folgern kann. Schließlich mag es fühlen, daß die Kette „Ich denke, daß er denkt, daß ich denke ..." endlos fortgesetzt werden kann – jedenfalls im Prinzip.

Eine Aufgabe, die ursprünglich von Flavell et al. (...) ausgedacht worden ist, illustriert dieses komplexe Gefüge (...). Das Kind sitzt an einem Tisch, auf dem zwei umgekehrte Becher stehen. Auf den einen umgedrehten Becherboden ist ein Zehnpfennigstück geklebt, zum Zeichen dafür, daß im Becher zehn Pfennige verborgen sind; der andere Becher ist auf gleiche

Art außen mit zwei Zehnpfennigstücken gekennzeichnet, weil er zwei solche Geldstücke enthält. Dem Kind wird erklärt, daß bald jemand ins Zimmer käme, einen Becher auswähle und das Geld, das darunter versteckt ist, behalten dürfe. Die Aufgabe des Kindes besteht nun darin, die Person zu erwischen, indem es das Geld aus einem der Becher nimmt, womöglich aus demjenigen, von dem es annimmt, daß die Person ihn auswählen wird. Man sagt dem Kind auch, daß die Person wohl weiß, daß es versucht, sie auf diese Art zu erwischen. Das Kind wird aufgefordert, scharf zu überlegen, dann das Geld aus einem der Becher wegzunehmen und zu erklären, weshalb es annimmt, daß die Person diesen Becher wählen wird. Gemäß dem Modell von Selman-Byrne, hätte das Kind der Stufe 0 keine Möglichkeit eine überlegte Wahl zu treffen, weil es dem andern (A) keine Gedanken und Motive zuerkennt. Das Kind der Stufe 1 könnte annehmen, daß A den Becher mit den zwei Geldstücken wählen wird (d. h. I folgert, daß A aus Geldgründen diese spezielle Wahl trifft). Das noch weniger fortgeschrittene Kind der Stufe 2 würde erkennen, daß A annimmt, I würde ihm dieses Motiv und diese Wahl unterstellen und folgert, daß A deshalb den Becher mit dem einen Geldstück wählen wird, um I zu überlisten; dem wirkt es entgegen, indem es das Geld aus diesem Becher entfernt. Anders ausgedrückt, I errät, daß A eine Folgerung über die Schlüsse von I macht und I weiß, daß eine solche Aktivität der gegenseitigen Rollenzuweisung von A's Seite wichtige Implikationen für das hat, was I in Beziehung zu A tun sollte. Ein auf Stufe 2 weiter fortgeschrittenes Kind mag noch weitergehen mit seinen Folgerungen und annehmen, daß A ihm, dem I, diese ganze Gedankenkette unterstellen könnte und vermutet, daß I den Becher mit dem einen Geldstück leeren würde, und folglich entscheidet es sich dann, den mit den 2 Geldstücken zu wählen. Wiederum realisiert das Kind die Implikationen von A's Folgerungen über I für sein eigenes Verhalten: Es sollte den Becher mit den beiden Geldstücken leeren.
Der eben beschriebene Denkprozeß ist natürlich extrem gewunden und mag in der Praxis ernsthafte Verarbeitungsprobleme (Schlußfolgerungen) mit sich bringen, auch für einen intelligenten Heranwachsenden oder einen Erwachsenen. Dennoch mögen jüngere Versuchspersonen zumindest spüren, daß sich solche Ketten von sozialer Kognition ereignen (Existenz), weil sie entdeckt haben, daß das Denken eines Menschen das eines andern als Gegenstand miteinschließen kann. Die fundamentale Einheit der Stufe 2 könnte man folgendermaßen definieren: Ich weiß, daß ich verstandesmäßig in deine kognitive Perspektive eingreifen kann, weil wir Subjekte oder Personen sind und keine Objekte; ich weiß auch, daß auch du dasselbe aus dem nämlichen Grund tun kannst; dazu kommt, daß du das in diesem Moment tun kannst und daß dein Eingreifen das meinige aufnehmen kann. Eine solche Einsicht, wann auch immer sie stattfindet, muß einen Riesenschritt in der Entwicklung der sozialen Kognition darstellen.

Stufe 3, 4 und 5 (Voradoleszenz und später). Auf diesen höheren Niveaus werden die I und die A und ihre kognitiven Perspektiven nach und nach weniger konkret, individualisiert und auf das Hier und Jetzt begrenzt. Auf Stufe 3 versteht I, daß er und die anderen eine Drittperson annehmen können, eine unparteiische Zuschauerperspektive in bezug auf eine Interaktion zwischen zwei Menschen, selbst wenn er selbst mitbeteiligt ist. Er wird fähig, sich selbst, A und das gegenseitige Übernehmen von Perspektiven zu beobachten, beides kann simultan geschehen auf ziemlich unbeteiligte und objektive Art, wie wenn er zwei Schauspieler beobachten würde, die ihre Rollen spielen (...). Auf Stufe 4 werden die in Betracht gezogenen Perspektiven diejenigen ganzer Gruppen und nicht mehr einzelner Individuen (z. B. der Überlegung wird Beachtung geschenkt, was „man“ über eine gewisse Handlung denken würde). Auf Stufe 5 erkennt das Individuum die essentielle Relativität aller kognitiven Perspektiven, z. B. daß verschiedene Kulturen den gleichen sozialen Akt verschieden auslegen und werten können. Wie oben angedeutet, gelten diese elaborierten Formen der Übernahme von Perspektiven für die Adoleszenz und das Erwachsenenalter. Versuchspersonen der mittleren Kindheit mögen versuchen, sich in A's Schuhen zu bewegen, aber wahrscheinlich sind weder A noch seine Schuhe sehr abstrakt:

„Tom (10;0): Du solltest die Meinung der anderen Person übernehmen. Es ist ähnlich, wie wenn du daran wärest, eine Ameise zu zertreten, aber dann würdest du in den Schuhen der Ameise stecken und möchtest nicht getötet werden oder so etwas; deshalb würde ich keine Ameise zertreten“ (Selman, Damon & Gordon ...).

Flavell, John H.: Kognitive Entwicklung. Stuttgart: Klett-Cotta 1979 (1977), S. 163 ff.

Worterklärungen zu 1.4

evaluieren: bewerten
repräsentieren: darstellen
komplex: vielfältig, verwickelt
Implikation: das Einbezogen-/Einbegriffen-sein
kognitiv: erkenntnismäßig
simultan: gleichzeitig

Arbeitsanregungen zu 1.4

1. Charakterisieren Sie die Stufen 0, 1 und 2 der Perspektivenübernahmefähigkeit.
2. Geben Sie das Experiment Flavells mit den Bechern und den 10-Pfennig-Stücken bis zum Anfang der Stufe 2 wieder.
3. Geben Sie ein Beispiel für die Fähigkeit, gleichzeitig-gegenseitige Perspektivenübernahme zu beobachten.
4. „Stufe 4 der Perspektivenübernahmefähigkeit erreicht wohl die große Mehrheit der Menschen, die Stufe 5 wohl kaum.“
   Mit welchen Geschehnissen aus der Geschichte des 20. Jahrhunderts läßt sich obiger Satz belegen?

2 Kommunizieren lernen – Friedemann Schulz von Thun

2.1 Die vier Seiten der Nachricht: Grundlagen*

Abb. 3 *Die vier Seiten (Aspekte) der Nachricht – ein psychologisches Modell der zwischenmenschlichen Kommunikation*

Vierseitig kommunizieren lernen

(...) Da alle vier Seiten [der Nachricht] immer gleichzeitig im Spiel sind, muß der kommunikationsfähige Sender sie sozusagen alle beherrschen. Einseitige Beherrschung stiftet Kommunikationsstörungen. So nützt es z. B. wenig, sachlich (auf der ersten Seite der Nachricht) recht zu haben, wenn man gleichzeitig auf der Beziehungsseite Unheil stiftet. Genausowenig nützt es, auf der Selbstoffenbarungsseite eine gute Figur zu machen, z. B. sich als geistreich und gelehrsam zu präsentieren, und dabei unverständlich in der Sach-Botschaft zu bleiben.

Betrachten wir das Quadrat aus der Sicht des Empfängers. Je nachdem, auf welche Seite er besonders hört, ist seine Empfangstätigkeit eine andere: Den Sachinhalt sucht er zu verstehen. Sobald er die Nachricht auf die Selbstoffenbarungsseite hin „abklopft", ist er personaldiagnostisch tätig („Was ist das für einer?" bzw. „Was ist im Augenblick los mit ihm?"). Durch die Beziehungsseite ist der Empfänger persönlich betroffen („Wie steht der Sender zu mir? Wie fühle ich mich behandelt durch die Art, wie er mit mir spricht?"). Die Auswertung der Appell-Seite schließlich geschieht unter der Fragestellung „Wo will er mich hinhaben?" bzw. in Hinblick auf die Informationsnutzung („Was sollte ich am besten tun, nachdem ich dies nun weiß?").

Der Empfänger ist mit seinen zwei Ohren biologisch schlecht ausgerüstet: Im Grunde braucht er „vier Ohren" – ein Ohr für jede Seite. Denn nur wenn er erfaßt, welche Botschaften auf allen vier Seiten der Nachricht enthalten sind, kann er bewußt darauf reagieren. (...)

Verständnisse und Mißverständnisse

Wir haben gesehen, daß in ein- und derselben Nachricht viele Botschaften gleichzeitig enthalten sind – manche explizit und offen, manche implizit und verdeckt. Der Empfänger hat nun ganze Arbeit zu leisten: Er hat die ankommende Nachricht, die ja für ihn zunächst nichts als ein Schallgebilde ist, in einen Bedeutungsträger zu verwandeln. Dabei helfen ihm seine Vorkenntnisse, Erwartungen, überhaupt sein ganzer Erfahrungsschatz. Diese Hilfen enthalten aber auch gleichzeitig die Gefahr von Umdeutungen, Verzerrungen und Projektionen. Das Empfangsprodukt kann sich nun in vielerlei Hinsicht von der gesendeten Nachricht unterscheiden. Sie ist zu einem guten Teil das eigene Werk des Empfängers. Wirkliche Verständigung ist nur dann erreicht, wenn die Botschaften aller vier Seiten der gesendeten und empfangenen Nachricht leidlich übereinstimmen.

Ein Beispiel: Der Mann fragt beim Mittagessen: „Was ist denn das Grüne hier in der Soße?" Die Frau: „Mein Gott, wenn es Dir hier nicht schmeckt, kannst Du ja woanders essen gehen!" Nehmen wir an, der Mann habe eine reine Informationsfrage stellen wollen (Kapern sind ihm unbekannt). Wir können dann den geschilderten Vorfall analysieren, indem wir die *gesendete* und die *empfangene* Nachricht einander gegenüberstellen:

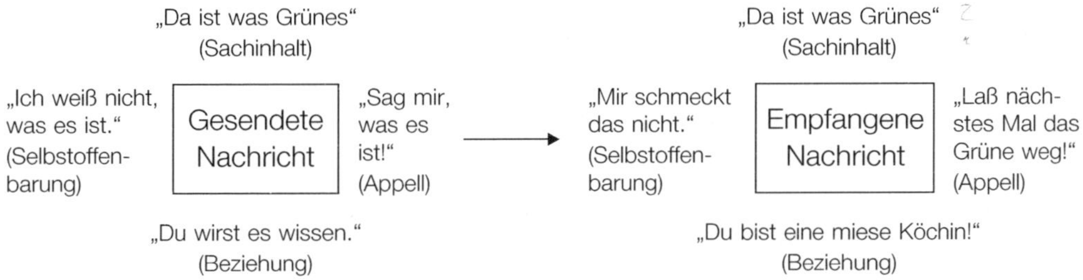

Abb. 4 *Die 4 Seiten der gesendeten und der empfangenen Nachricht in einer Gegenüberstellung (...)*

Reagieren konnte die Frau natürlich nur auf die *empfangene* Nachricht. Da ihre Antwort auf den Beziehungsteil der Nachricht gerichtet war, wird das Mißverständnis sofort offenbar und damit auch prinzipiell reparabel. Anders wäre es gewesen, wenn die Frau – innerlich wütend und verletzt, aber dennoch bemüht, *sachlich* zu bleiben – knapp geantwortet hätte: „Das sind Kapern". Weder für den Mann noch für die Frau noch für einen Außenstehenden wäre offenkundig, daß sich hier ein Mißverständnis ereignet hat. Vielleicht wird der Mann nach einiger Zeit merken, daß seine Frau verstimmt ist. Dann wird er vielleicht fragen: „Ist irgendwas?", und es besteht noch eine Chance zur nachträglichen Metakommunikation. Vielfach aber bleiben solche *verdeckten Mißverständnisse* unaufgeklärt und stören künftig die Beziehung aus dem Verborgenen. Verdeckte Mißverständnisse entstehen durch *einseitige* (anstelle von vierseitiger) Kommunikation.

Feed back

Bisher haben wir die Kommunikation nur in die eine Richtung vom Sender zum Empfänger betrachtet. Aber es kommt ja auch etwas zurück, jedenfalls wenn die Kommunikationspartner beisammen sind. An dieser Stelle ist der Begriff *Feed back* (Rückmeldung) einzuführen. Damit ist gemeint: Derjenige Anteil aus der Rückantwort des Empfängers, aus dem der Sender entnehmen kann, wie seine Nachricht angekommen ist. Der Begriff des Feed backs ist von großer Wichtigkeit, denn an dieser Stelle liegen viele Chancen, die Kommunikation zu verbessern. Gemeint ist sowohl eine Verbesserung im Augenblick durch rechtzeitiges Offenlegen von Störungen und Mißverständnissen, als auch eine langfristige Verbesserung durch *Lernen*. (...)

Bereits an dieser Stelle sei darauf hingewiesen: Das Feed back hat – wie jede Nachricht – seinerseits vier Seiten: Der Empfänger (= Feed back-Spender) weist auf Sachverhalte hin (1. Seite); gibt manches von sich selbst kund, nämlich wie *er* auf die Nachricht reagiert, was *er* hineinlegt und was sie bei *ihm* auslöst (Selbstoffenbarung); er drückt aus, wie er zum Sender steht – die Beziehungs-Seite des Feed backs ist oft besonders betont, der Sender reagiert nicht

zuletzt darauf manchmal empfindlich; – und oft hat das Feed back deutlichen Appellcharakter (4. Seite), indem es die Aufforderung enthält, etwas zu ändern oder beizubehalten.
Wir können nun das Kommunikationsschema (...) vervollständigen, indem wir das Feed back mit hinzunehmen:

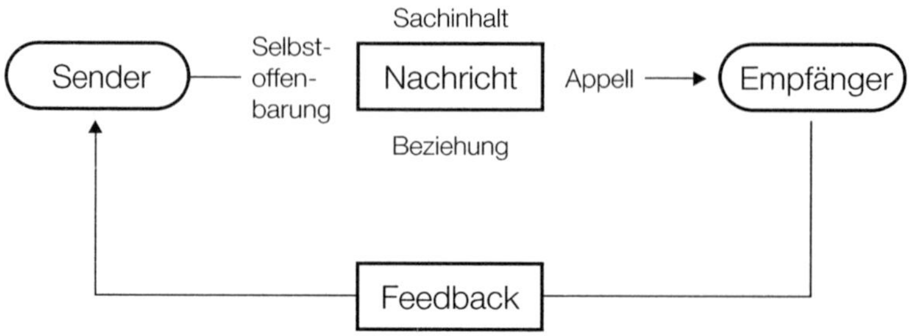

Abb. 5 *Psychologisches Modell der zwischenmenschlichen Kommunikation (...)*

Schulz von Thun, Friedemann. In: Fittkau, B. u.a.: Kommunizieren lernen (und umlernen). Aachen-Hahn: Hahner-Verlagsgesellschaft/Westermann 1987, S. 20ff.

Worterklärungen zu 2.1

explizit: ausdrücklich
implizit: darin enthalten
Projektion: Übertragung
reparabel: wiederherstellbar
Metakommunikation: Mitteilung über eine Mitteilung

Arbeitsanregungen zu 2.1

1. Prüfen Sie die eingängige Behauptung, die 4 Seiten einer Nachricht seien immer gleichzeitig im Spiel, indem sie sie
   a) zu belegen und
   b) zu wiederlegen versuchen.
2. Finden (oder erfinden) Sie ein eigenes Beispiel für die freie Auswahl des Empfängers.
3. Begründen Sie einem Fachfremden die Notwendigkeit vierseitigen Sendens und Empfangens.
4. Woraus erklärt Schulz prinzipiell gesehen Mißverständnisse?
5. Verdeckte Mißverständnisse:
   a) Erinnern Sie sich eines solchen aus Ihrem Alltag?
   b) Wieso sind die verdeckten Mißverständnisse noch konfliktträchtiger als die offenen?
6. Wie definiert Schulz „Feed back"?

2.2 Die vier Seiten der Nachricht im einzelnen

2.2.1 Sachinhalt*

(...) Zu jeder Seite der Nachricht folgen nun einige Überlegungen, die mir persönlich in Zusammenhang mit einem Kommunikationstraining wichtig erscheinen. Ich starte meine Überlegungen jeweils mit der Frage: „Was kann hier schiefgehen?“ – „Mit welchen Kommunikationsstörungen ist zu rechnen, und welche Möglichkeiten gibt es, daran zu arbeiten?“
Von den Problemen, die sich mit der ersten Seite der Nachricht (Übermittlung und Austausch von Sachinformationen) verbinden, möchte ich zwei herausgreifen: Erstens, Gespräche und Auseinandersetzungen verlaufen häufig „unsachlich“; zweitens, übermittelte Sachinformationen kommen beim Empfänger aufgrund von Schwerverständlichkeit nicht an. Somit ergeben sich zwei Trainingsziele: *Sachlichkeit* und *Verständlichkeit.*

Sachlichkeit

„Mir geht es nur um die Sache!“ hören wir manchen Sender eifrig versichern. „Jetzt wirst Du aber unsachlich!“ – dieser Vorwurf eines Empfängers ist ebensooft zu hören. Über den Wert von Sachlichkeit in der zwischenmenschlichen Kommunikation besteht Einigkeit. Gemeint ist: Der auf ein Sachziel bezogene Austausch von Informationen und Argumenten, das Abwägen und Entscheiden, frei von menschlichen Gefühlen und Strebungen wie: Das Gesicht wahren und recht behalten wollen, sich produzieren, rächen und rehabilitieren, sich *lieb Kind machen oder es den anderen zeigen* wollen usw. (...)
Der Kommunikationspsychologe empfiehlt, Abschied zu nehmen von der obenerwähnten Sach-Norm (Sprich nicht von Dir selbst, werde nicht persönlich, Gefühle und Empfindungen haben in einem Sachgespräch nichts zu suchen!). Er empfiehlt stattdessen den Mut zur gelegentlichen Metakommunikation mit starker Betonung der Selbstoffenbarungs- und Beziehungs-Seite der Nachrichten: Wie stehen wir zueinander? Was bewegt mich, Ihnen immer gleich zu widersprechen? Warum habe ich Angst, meinen wirklichen Standpunkt zu sagen? Wie fühle ich mich in dieser Gruppe (diesem Gremium usw.)?
In Trainingskursen mit Arbeitsgruppen versuchen wir als Kommunikations-Psychologen, eine solche Metakommunikation einzuführen. Wohlgemerkt, mit dem Ziel, die sachliche Arbeit auf der ersten Seite der Nachricht zu verbessern. Die Teilnehmer solcher Trainungskurse konnten sich meist mit der neuen Form gut anfreunden, nachdem die erste Angst, es werde dabei bestimmt viel „Porzellan zerschlagen“, sich als unbegründet erwiesen hat. Im Gegenteil erfuhren die Teilnehmer nach einiger Übung meist am eigenen Leibe, daß das Arbeiten im Bereich von Selbstoffenbarung und Beziehung zu mehr menschlicher Nähe und echter Verständigung beiträgt. Es ist eine alte Erfahrung: Sachprobleme lassen sich oft schnell lösen, wenn die Beziehung stimmt. Und häufig stimmt sie nur, wenn man an ihr arbeitet.
Natürlich gilt es, der Gefahr entgegenzuwirken, daß die Arbeitsgruppe dabei ihre Sachziele aus dem Auge verliert und sich nun überwiegend der Pflege ihrer Beziehungen und der therapeutischen Aufarbeitung persönlicher Probleme widmet. So geschah es vor einigen Jahren in einigen studentischen Gruppen, als die gruppendynamischen Lernverfahren aufkamen. Die durch den ständigen Sachappell jahrelang unterdrückte Emotionalität brach nun auf und ließ das Pendel ganz auf die andere Seite schwingen. Wir müssen nun sehen, daß wir uns in der Mitte einpendeln – und d. h.: Klärung von Beziehungen und Aufarbeitung individueller Arbeitshemmnisse nur soweit, wie zur ungestörten Sacharbeit erforderlich. Oft reicht dazu ein kurzer metakommunikatorischer Einschub von wenigen Sekunden, manchmal wird es nötig sein, sich etwas mehr Zeit zu nehmen; meist spart man diese Zeit später wieder ein.

Verständlichkeit
(...)
Schwerverständlichkeit bei der Übermittlung von Sachinhalten ist eine weitverbreitete Krankheit, nicht nur in Texten, sondern auch etwa in Fernsehdiskussionen, in Interviews, politischen Kommentaren, Nachrichten, überhaupt auf Veranstaltungen aller Art, die der Information dienen. Dies hat zur Folge, daß weite Kreise der Bevölkerung, insbesondere sprachlich benachteiligte Gruppen mit Volksschulbildung, ständig Mißerfolgserlebnissen ausgesetzt sind: „Sie verstehen wenig, werden mutlos und lassen schließlich die Finger davon"; d. h., sie geben den Wunsch, sich zu informieren, allmählich auf.
Diese Erscheinung paßt nicht in die Demokratie. Mündig ist nur, wer sich informieren kann. Hinzu kommt, daß die Empfänger meist sich selbst für dumm halten, so daß schwer verständliche Information nicht nur nicht informiert, sondern darüber hinaus das Selbstwertgefühl des Empfängers beschädigt.
Was kann getan werden? Sender und Empfänger müssen beide lernen. Der Empfänger muß lernen, die Ehrfurcht zu verweigern; etwa in dem Sinne: „Ich verstehe kein Wort, was muß das für ein kluger Kopf sein!" Solange diese Haltung besteht, kann der Sender auf der Seite der *Selbstoffenbarung* einen Prestigegewinn für seine Person erzielen. Stattdessen muß der Empfänger lernen, ein Feed back zu geben: „So verstehe ich das nicht!" Dieses Feed back ist ebenfalls aus Gründen der Selbstoffenbarung so selten: Die anderen könnten mich für dumm halten: „Das ist jemand, der zu dumm ist, um es zu verstehen." Sie sehen, wie hier Kommunikationsverbesserungen auf der einen Seite der Nachricht (Sachinhalt) wegen einer anderen Seite der Nachricht (Selbstoffenbarung) nicht stattfinden. (...)

Schulz von Thun 1987, S. 29 ff.

Worterklärung zu 2.2.1

Metakommunikation: Mitteilung über eine Mitteilung

Arbeitsanregungen zu 2.2.1

1. Wann haben Sie (z. B. von einem Dozenten) zuletzt gehört: „Mir geht es nur um die Sache"?
2. Aus welchen Gründen empfiehlt der Kommunikationspsychologe, Abschied zu nehmen von der (nur-)Sach-Norm?
3. Was teilt ein Lehrer/Dozent auf den vier Seiten mit, wenn er nur-sachlich sein will?
4. Hörer wagen oft nicht darzulegen, daß sie Gesagtes nicht verstanden haben. Woher rührt diese Zurückhaltung?

2.2.2 Selbstoffenbarung*

(...) Ich erlebe es wieder und wieder, daß allein das Wort „Selbstoffenbarung" Unruhe und Abwehr auslöst: „Soll hier etwa ein ‚seelischer Striptease' stattfinden?" – Die Affektgeladenheit dieser Seite zeigt sich am deutlichsten in Situationen, in denen eigens um der Selbstoffenbarung willen kommuniziert wird.
Paradebeispiel: die Prüfung. Zwar übermittelt der Prüfling auch Sachinhalte (erste Seite der Nachricht) – etwa wenn ein Biologiestudent über die verschiedenen Stadien der Ei-Entwicklung in der Gebärmutter spricht. Jedoch interessieren nicht die Sachinhalte als solche, – sie sind

dem Prüfer hinlänglich bekannt. Die eigentliche Information gibt der Sender über sich selbst: über sein Wissen, über seine Qualifikation. – *Die Nachricht als Kostprobe der Persönlichkeit des Senders:* Das ist das Thema dieses Unterkapitels. Der Empfänger ist hier diagnostisch tätig und hat Gelegenheit, viele Fehler zu machen. Jedoch beschränke ich mich hier darauf, die Probleme des Senders zu beschreiben.

Selbstoffenbarungsangst
In der Prüfung steht der Sender einem Empfänger gegenüber, von dem er weiß, daß dieser über ihn aufgrund dessen, was er von sich gibt, ein Urteil fällen wird. Der Sender hat Angst: Prüfungsangst. „Werde ich vor seinem Urteil bestehen, oder werde ich versagen?" Die Prüfung ist gleichsam der „reine" Fall der Selbstoffenbarung; auch Bewerbungsgespräche, psychologische Tests usw. sind gekennzeichnet durch besonderes Schwergewicht auf der Selbstoffenbarungsseite. Aber auch in allen anderen zwischenmenschlichen Begegnungen enthalten Nachrichten ein Stück Selbstoffenbarung. Ob der Sender will oder nicht: Immer empfängt und analysiert der Empfänger die Nachricht *auch* unter dem Gesichtspunkt: *Was sagt mir das über Dich?"*
Dies ist der Grund, warum in fast jeder zwischenmenschlichen Kommunikation immer ein bißchen „Prüfungsangst" mit im Spiele ist: „Wie stehe ich in den Augen des oder der anderen da?" Teilweise spüren wir diese Angst sehr deutlich, etwa am Herzklopfen, bevor wir uns in einer größeren Gruppe zu Wort melden. (. . .)

Techniken der Selbstdarstellung: Imponier- und Fassadentechniken
(. . .) Imponiertechniken sind solche, die darauf abzielen, die eigene „Schokoladenseite" vorzuzeigen und Pluspunkte zu sammeln. Dieser durch *Hoffnung auf Erfolg* gekennzeichneten

Selbstdarstellung

Teiltendenz stehen die durch *Furcht vor Mißerfolg* motivierten Fassadentechniken zur Seite: damit sind solche gemeint, die geeignet sind, den „unansehnlichen“ Teil der eigenen Person geheimzuhalten. [Vgl. auch S. 256f.] (...)

Auswirkungen der Selbstdarstellungstechniken auf die zwischenmenschliche Kommunikation
Imponiergehabe und Angstabwehrfassade wirken sich schädlich aus, und zwar in mindestens dreierlei Hinsicht:
1) *Gefahr für den sachlichen Ertrag.* Natürlich: Wo die beteiligten Gesprächspartner sehr stark um ihre Geltung besorgt sind, wo die Angst vor der Mißbilligung und der Wunsch, eine gute Figur zu machen, das Verhalten allzusehr bestimmen, dort kann der Sachertrag nicht optimal sein. Vieles geht verloren, weil der Sender sich nicht traut, seinen Standpunkt offenzulegen oder weil die Selbstdarstellung Überhand gewinnt. Vieles geht auch verloren, weil der Empfänger nur *mit halbem Ohr zuhört.* Denn er ist vor allem damit beschäftigt, seinen eigenen „Auftritt“ zu proben.
2) *Barriere für zwischenmenschliche Solidarität (...).* Das Voreinandergeheimhalten von Schwächen, Ängsten, Problemen, sowie Streben nach Überlegenheit lassen die Distanzen nicht überwinden, die Menschen voneinander trennt. Solidarität setzt voraus: Das offene Eingestehen der ganzen Person mitsamt ihrer Schwächen und sogenannter Minderwertigkeiten. So erfahre ich, daß auch die anderen leiden, sich unsicher fühlen, Probleme haben, manchmal nicht ein noch aus wissen. Ich sehe: Ich bin gar nicht so allein mit meinen Problemen. Die anderen sind gar nicht so fabelhaft fit, so souverän, für wie ich sie gehalten habe, und ich kann mir all die Kraftanstrengungen sparen, die notwendig waren, um meine Unterlegenheitsgefühle zu verdecken. In der Regel aber wird alles getan, um solche Erlebnisse zu vermeiden. In gemeinsamer Kraftanstrengung schaffen wir die Isoliertheit, an der wir leiden.
3) *Gefahr für seelische Gesundheit.* Die (teilweise eingebildete) Notwendigkeit, sich nach außen anders zu geben als einem innerlich zumute ist, führt zu einer dauernden inneren Spannung. Es kostet viel psychische Kraft und bringt stets eine latente Angst vor Entlarvung mit sich. Dies ist seelisch unhygienisch und damit auch mit dem Risiko körperlicher Krankheiten verbunden (z.B. Herzinfarktgefährdung, ...).

Konsequenzen für das Lernziel „Kommunikationsfähigkeit“
Zunächst: Was ist überhaupt die Alternative zu dem bisher geschilderten Fassaden-Verhalten? Von klinischer Psychologie kommt der Appell: Versuche Du selbst zu sein! Versuche Dich nach außen so zu geben, wie Dir innerlich zumute ist! Und als Voraussetzung dafür: Versuche Dir selbst klarzuwerden, wie Dir innerlich zumute ist! Unterschiedliche Therapieformen haben das gemeinsame Ziel, dem Klienten den verschütteten Zugang zu dem eigenen inneren Erleben wieder zu ermöglichen. In der Gesprächspsychotherapie nach *Carl Rogers* (...) ist der Therapeut u.a. ständig dabei, die in Sachaussagen verborgenen Gefühlsinhalte einfühlend zu entdecken und gleichsam rückzuübersetzen:
Klientin: „... Und mein Mann kann sich auch nicht darum kümmern – der kommt meistens erst sehr spät nach Hause ...“
Therapeut: „Sie fühlen sich ziemlich alleingelassen mit den ganzen Problemen?“
Klientin: „Ja – nun, er hat wirklich viel zu tun und muß ja auch vorankommen.“
Therapeut: „Sie versuchen sich selbst zu sagen: ‚Du mußt dafür Verständnis haben, daß er sich nicht kümmert‘?“ usw. (...)
Das Ziel, das hinter all diesen therapeutischen Bemühungen steckt, heißt bei *C. Rogers Kongruenz* (im Deutschen auch mit *Echtheit* übersetzt ...). Damit ist die Übereinstimmung zwischen drei Bereichen der Persönlichkeit gemeint: Inneres Erleben (= was ich fühle, was sich in

mir regt), Bewußtsein (was ich davon bewußt mitkriege) und Kommunikation (was ich davon mitteile, nach außen hin sichtbar werden lasse). (...)

Über die Bedeutung des Verhaltensmerkmals Kongruenz für die zwischenmenschliche Kommunikation macht *C. Rogers* (sinngemäß) folgende Aussagen:

- Je kongruenter der Sender kommuniziert, desto klarer und eindeutiger ist die Nachricht für den Empfänger zu verstehen. Inkongruente Nachrichten dagegen bewirken leicht Mißtrauen und Unsicherheit; der Empfänger weiß nicht recht, „woran er ist".
- Je weniger der Sender sich in positiver Selbstdarstellung übt und je offener er seine Gefühle und Gedanken „preisgibt", desto weniger braucht der Empfänger selbst auf der Hut zu sein. Und wer nicht auf der Hut sein muß, kann *zuhören,* wirklich intensiv zuhören.
- Je mehr aber der Empfänger wirklich zuhört, um so mehr wird sich der Sender verstanden fühlen. Und wenn er sich verstanden fühlt, wird er dem Empfänger *positive Wertschätzung* (auf der Beziehungsseite der Nachricht) entgegenbringen.
- Dies wiederum merkt der Empfänger, fühlt sich akzeptiert und kann seinerseits kongruenter kommunizieren. – So verstärken sich die positiven Gesprächsmerkmale gegenseitig, und der zwischenmenschliche Dialog nimmt therapeutische Qualitäten an, charakterisiert durch die drei Grundmerkmale *Kongruenz, positive Wertschätzung* und *einfühlendes Verständnis.* (...)

Fassadenfreie Kommunikation setzt ein Mindestmaß an *Selbstwertgefühl* voraus. Wer insgeheim überzeugt ist, daß er mit sich selbst „keinen Staat machen" könne, der wird sich nicht ungeschminkt zeigen mögen, und in vielen Fällen wird er durch ein *verstärktes Geltungsstreben* seine Minderwertigkeitsgefühle zu kompensieren trachten *(A. Adler)*. Es zeigt sich hier: Das *Lernziel Kommunikationsfähigkeit* braucht ein Curriculum, das die seelische Gesundheit der Gesamtpersönlichkeit fördert. Weiterhin setzt kongruentes Verhalten voraus, daß in der Gruppe ein Mindestmaß an *Vertrauen* und psychischer Sicherheit herrscht. Der Sender muß das Gefühl haben: Ich kann es mir leisten, „ganz ich selbst" zu sein, es wird nicht gegen mich ausgenutzt; ich brauche mich nicht zu verstellen, um anerkannt zu werden. (...)

Schulz von Thun 1987, S. 37 ff.

Arbeitsanregungen zu 2.2.2

1. Inwiefern kann man sagen, daß die Prüfung der „reine" Fall von Selbstoffenbarung ist?
2. Das Minderwertigkeitsgefühl spielt bei der Entstehung von Selbstoffenbarungsangst eine wichtige Rolle.
   Erläutern Sie diesen Zusammenhang.
3. Selbstdarstellungstechniken:
   a) Führen Sie Ihnen geläufige Imponier- und Fassadentechniken an.
   b) Welche schädlichen Auswirkungen auf die zwischenmenschliche Kommunikation können diese Techniken (nach Schulz) haben?
4. Welches hauptsächliche Ziel streben Psychologen und Therapeuten im Anschluß an C. Rogers an, um die schädlichen Wirkungen der erwähnten Techniken zu beseitigen bzw. gar nicht erst aufkommen zu lassen?
5. Schulz spricht von Inkongruenz erster und zweiter Art.
   Was meint er damit?
6. Erläutern Sie – im Sinne von C. Rogers – den Zusammenhang von kongruentem Verhalten und geglückter Kommunikation.

Versteckspiel aus Angst vor Blamage

Warum Menschen in der Menge oft gegen besseres Wissen handeln

„Gibt es noch Unklarheiten?" fragt der Lehrer seine Klasse, nachdem er einen äußerst komplizierten Lernstoff durchgenommen hat. Obwohl kein einziger Schüler die Lektion begriffen hat, läßt sich niemand etwas anmerken. Aber jeder schließt aus dem kollektiven Schweigen, daß er als einziger keinen Schimmer verstanden hat. Die Beteiligten sind einer illusionären Verkennung auf den Leim gegangen, über die Psychologen in jüngster Zeit Näheres herausgefunden haben.

Mit dem Fachterminus „pluralistische Ignoranz" bezeichnen die Seelenforscher die falsche Annahme von Menschen, daß ihre Empfindungen sich von denen der anderen unterscheiden, obwohl alle das gleiche Verhalten zeigen. Unter extremen Bedingungen kann dieser Fehlschluß soziale Normen zementieren, die keiner haben will, die aber jeder befolgt, weil man glaubt, daß sie den anderen am Herzen liegen. Wahrscheinlich hat sich auch das Publikum in dem Märchen des dänischen Autoren Hans Christian Andersen „Des Kaisers neue Kleider" von einer solchen trügerischen Folgerung verleiten lassen, erläutern die beiden amerikanischen Psychologen Dale T. Miller und Cathy McFarland in dem von Jerry Suls und Thomas A. Wills herausgegebenen Buch „Social Comparison" (Erlbaum Verlag, Hillsdale).

Kaschierte Verwirrung

Mit dem Begriff „pluralistische Ignoranz" bezeichnen Experten auch das Verhalten von Augenzeugen bei Unfällen oder in anderen Notsituationen, die, wenn sie in einer Gruppe sind, häufig keinen Beistand leisten. Keiner weiß so recht, wie brenzlig die Situation ist, aber jeder schließt aus der Zurückhaltung der anderen, daß diese den Vorfall für ungefährlich halten. Allen gemeinsam ist, daß sie ihre wahren Gefühle verbergen und unaufrichtig handeln. Die Schüler kaschieren ihre Verwirrung, und die Augenzeugen halten ihre Besorgtheit zurück. „In beiden Situationen stellen die Teilnehmer eine Fassade zur Schau, weil sie Angst haben, sich mit ihren wahren Gefühlen zu kompromittieren", schreiben die amerikanischen Psychologen. Die Fassaden sind jedoch so überzeugend, daß die anderen sie akzeptieren. (...)

Die anderen sind härter

(...) Das Rätsel der pluralistischen Ignoranz besteht darin, daß Menschen sich bewußt hinter einer Fassade verbergen, ohne Versteckspiele bei anderen Menschen zuebensolche durchschauen. Vielleicht, so spekulieren die beiden amerikanischen Psychologen, liegt dies an der Illusion, die eigenen Antriebskräfte unterschieden sich von denen der anderen. So glauben nicht wenige, daß eine Blamage anderen wenig zu schaffen macht, während sie selbst oft aus Furcht vor einer Beschämung ihre Meinung nicht äußern.

Zu diesem Ergebnis kamen Wissenschaftler, die unter einem Vorwand voneinander isolierten Versuchspersonen einen nahezu unverständlichen Fachtext zur Begutachtung vorlegten. Mit der Maßgabe, sie könnten nachhaken, falls sie wider Erwarten etwas nicht kapierten, machten sie sich ans Werk. Am Ende sollten die Probanden schätzen, wie viele andere Teilnehmer „Nachhilfe" eingeholt hatten und wie schwierig der Text gewesen sei.

Ganz im Sinne der Hypothese überschätzten die Probanden die Bereitschaft anderer, sich peinlichen Situationen auszusetzen. Sie veranschlagten den Anteil der Fragesteller auf fast 40 Prozent, obwohl sich de facto niemand mit einem Problem gemeldet hatte. Nichtsdestoweniger gaben alle zu Protokoll, daß der Text sehr schwierig gewesen sei.

Vermutlich unterliegen Menschen der Täuschung, daß sie selbst mehr soziale Hemmungen haben als die anderen, folgern die Autoren. Zur Prüfung dieser These ließen sie über 100 Versuchspersonen beurteilen, in welchem Ausmaß 20 psychologische Eigenschaftswörter auf sie selbst und auf „den Durchschnitt" zutrafen. Die Begriffe bezogen sich jeweils zur Hälfte auf Aspekte der Verhaltenshemmung (zum Beispiel sensibel, zögerlich, unentschieden) und auf enthemmte Wesenszüge (wagemutig, aggressiv, sarkastisch). Wie vermutet, dichteten die Probanden sich überdurchschnittlich viele Hemmungen an, während sie anderen mehr enthemmte Züge zugestanden.

Möglicherweise ist es einfacher, Verhaltensbarrieren bei sich selbst wahrzunehmen als bei anderen. Man beurteilt andere Menschen meist nach ihrem Handeln; Hemmungen „äußern" sich jedoch gewöhnlich im Nicht-Handeln und sind so nur der inneren Selbstschau (Introspektion) zugänglich.
Die Furcht vor peinlichen und blamablen Auftritten ist beim sozialen Wesen Mensch offenbar sehr stark ausgeprägt. „Menschen tolerieren ungerechte soziale Bedingungen, dulden schlechte Entscheidungen und unterlassen das Drängen auf Reformen, weil sie annehmen, daß die Mehrheit ihre Meinung nicht teilt, und weil sie glauben, daß die Enthüllung der Wahrheit ihnen außer Beschämung nichts bringen wird", schreiben Miller und McFarland. (...)

Rolf Degen. In: Süddeutsche Zeitung, 22. 2. 1992. S. 46

2.2.3 Beziehung*

(...) „Wie redet der eigentlich mit mir?" mag jemand denken, der sich – sagen wir – herablassend behandelt fühlt. Dieser Jemand reagiert damit nicht auf den Sachinhalt der Nachricht. Dem mag er zustimmen. Sondern er reagiert auf die Art, *wie* der Sender ihn anspricht. In diesem *Wie* kommt zum Ausdruck: „So stehe ich zu Dir, so sehe ich Dich." Dieses Wie wird durch die *Art der Formulierung* und durch den *Tonfall,* auch durch *Mimik* und *Gestik* zum Ausdruck gebracht.
Diese dritte Seite der Nachricht ist von außerordentlich großer Bedeutung in der zwischenmenschlichen Kommunikation. Ich kann nicht Sachinhalte vermitteln (erste Seite der Nachricht), ohne gleichzeitig den anderen als Menschen in irgendeiner Weise zu behandeln. Allein dadurch, daß ich überhaupt das Wort an ihn richte, zeige ich ihm, daß er für mich nicht „Luft" ist!
Der Empfänger hat für diese Seite der Nachricht meist besonders feine Antennen ausgefahren. Besonders wenn sich Menschen zum ersten Mal begegnen, oder auch wenn die Beziehung „gespannt" ist, bekommt die Beziehungsseite der Nachricht großes Gewicht (Ehetherapeuten wissen ein Lied davon zu singen).

Zwei Dimensionen auf der Beziehungsseite
(...) Empirische Untersuchungen zum Vorgesetzten- und Erzieher-Verhalten (...) legen nahe, daß es vor allem zwei „Techniken" gibt, den Empfänger auf der Beziehungsseite zu mißhandeln: *Herabsetzung* und *Bevormundung.*
Etwas ausführlicher gesagt: In der Art, ihre unterstellten Mitarbeiter bzw. Jugendliche zu behandeln, unterscheiden sich die Vorgesetzten / Erzieher vor allem in zwei Hauptmerkmalen: (1) Wertschätzung gegenüber Geringschätzung und (2) Lenkung / Bevormundung gegenüber Einräumen von Entscheidungsfreiheit.
Im folgenden sollen diese beiden Hauptmerkmale näher beschrieben werden:
1) *Wertschätzung:* Damit ist gemeint: In dem, was der Sender sagt, bringt er zum Ausdruck, daß er den Empfänger als achtenswerte, vollwertige, gleichberechtigte Person ansieht und daß er ihm Zuneigung entgegenbringt. Dazu gehören Höflichkeit und Takt, freundliche Ermutigung und *Reversibilität* im Sprachverhalten (...). Reversibilität heißt soviel wie „Umkehrbarkeit". Damit ist gemeint: Der Sender spricht zum Empfänger in einer Weise, wie der Empfänger auch umgekehrt zum Sender sprechen dürfte, ohne die Beziehung zu gefährden. Dieses

Untermerkmal ist besonders in hierarchischen Beziehungen von Bedeutung, so in der Beziehung Eltern–Kind, Lehrer–Schüler, Vorgesetzter–Untergebener.

Weil hier viele Mißverständnisse entstehen, möchte ich auch darauf hinweisen, was mit „Wertschätzung" *nicht* gemeint ist: nämlich gleichbleibende Freundlichkeit und In-Watte-Packen. Wertschätzung ist keine „warme Milch", sondern eine respektierende Art, den anderen als vollwertigen Partner bei Konflikten und harten Auseinandersetzungen zu achten.

Mit *Geringschätzung* ist gemeint: Der Sender behandelt den Empfänger als eine Art minderwertige Person: abweisend, herabsetzend, demütigend, emotional kalt, von oben herab. Weiter gehören dazu: nicht ernst nehmen, lächerlich machen, beschämen, Abneigung zeigen. Dann auch „Irreversibilität": Der Sender verhält sich dem (meist untergeordneten) Empfänger gegenüber in einer Weise, wie es sich dieser ihm gegenüber nicht „erlauben" dürfte (...).

Bei dem Merkmal Wertschätzung gegenüber Geringschätzung spricht man auch von der *emotionalen Dimension* der Kommunikation. Denn es spielen sich bei Sender und Empfänger hier vor allem gefühlsmäßige Vorgänge ab. Untersuchungen von *Tausch* und *Tausch* in Hamburg haben die Bedeutung dieser Dimension im Erziehungsgeschehen unterstrichen: Die Entwicklung des *Selbstgefühls* dürfte davon abhängig sein, ob ein Kind, das im Laufe seiner Entwicklung viele Millionen „Nachrichten" empfängt, überwiegend wertschätzende oder überwiegend geringschätzige Äußerungen erhält.

2) *Lenkung / Bevormundung:* Damit ist ein Verhaltensstil gemeint, der darauf angelegt ist, den Empfänger in seinem Denken und Handeln weitgehend unter den eigenen Einfluß zu bringen, z. B. durch Anweisungen, Vorschriften, Fragen, Verbote usw.

Wenig Lenkung und Bevormundung liegt vor, wenn der Sender dem Empfänger durch seine Nachricht zu verstehen gibt, daß er ihm weitgehend eigene Entscheidungen und selbständige Aktivität einräumt.

Ein hohes Ausmaß an Lenkung und Kontrolle löst beim Empfänger vielfach inneren Widerstand aus: „Ich hab' keine Lust, mir dauernd Vorschriften machen oder über die Schulter gucken zu lassen!" In solchen Äußerungen drückt sich der Wunsch nach Selbstbestimmung, Eigeninitiative und freier Entfaltung aus. In der Erziehung verhindert hohes Ausmaß an Lenkung die Entwicklung von Selbständigkeit und Lernen von sinnvollem Gebrauch der Freiheit. Mancher Trotz im Kindesalter und manche jugendliche Auflehnung wird als Protest gegen eine übertriebene Gängelung verständlich. (...)

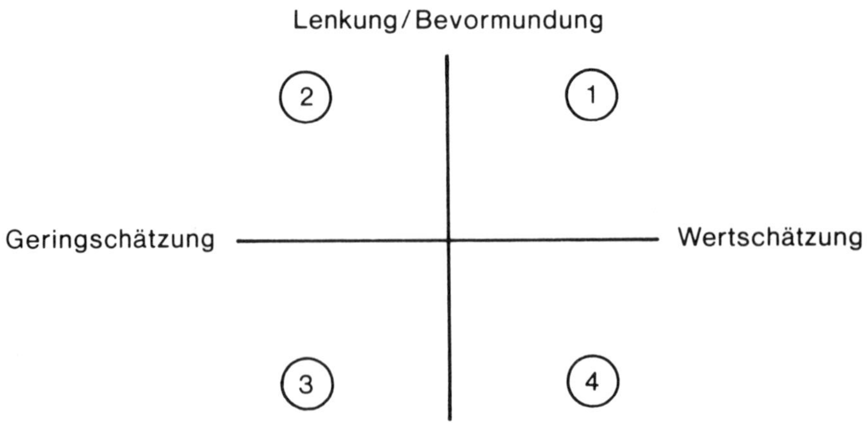

Abb. 8 *Zwei wichtige Dimensionen auf der Beziehungsseite der Nachricht: Die emotionale und die Lenkungsdimension. Die eingekreisten Zahlen stehen für das Verhalten (gedachter) Personen, s. nachfolgenden Text.*

Natürlich gibt es viele Mischformen. Eingetragen in vorstehende Abbildung sind 4 „reine" Vertreter. Nr. 1 ist ein Sender, der in seiner Art zu kommunizieren dem anderen viel Wertschätzung ausdrückt, gleichzeitig aber lenkend, bevormundend und kontrollierend. Nr. 2 – wie man so sagt – ein „autoritärer Knochen": Stark dominierend, einengend, gleichzeitig geringschätzende und herabsetzende Behandlung des Empfängers. Nr. 3 ist jemand, der den anderen nicht sehr achtet und ihm Abneigung ausdrückt, der gleichzeitig wenig lenkt, kontrolliert und bevormundet. Eine Art *laisser faire* nach dem Motto: „Mach was Du willst!". Nr. 4 schließlich ist jemand, der den anderen als vollwertigen Partner behandelt, ohne zu bevormunden und durch dauernde Vorschriften einzuengen.
Das Optimum dürfte – je nach Situationsumständen und Aufgabenerfordernis – etwa in der Mitte zwischen Nr. 1 und Nr. 4 liegen. (...)

Der Umgang mit Kommunikationsstörungen
Es läßt sich denken, daß die Beziehungsseite der Nachricht Ursprung so mancher Kommunikationsstörung ist. Denn in dem Augenblick, wo der Sender dem Empfänger zu verstehen gibt, daß er nicht viel von ihm hält oder ihm nicht viel zutraut oder sonst in irgendeiner Weise Unterlegenheitsgefühle hervorruft, in dem Augenblick ist der Empfänger persönlich getroffen und nimmt innerlich eine Kampfstellung ein. Das große Unglück besteht nun darin, daß die Störung vom Empfänger meist nicht dort angesprochen wird, wo sie entstanden ist, nämlich auf der Beziehungsseite. Vielmehr wird sich der Streit in den meisten Fällen auf der Seite des Sachinhaltes austoben. (...)
Dies ist einer der Kardinalfehler in der zwischenmenschlichen Kommunikation: *Beziehungs-Streit auf der Seite des Sachinhaltes austragen.* Dies ist so wichtig, daß es an einem Beispiel ausführlich besprochen werden soll:

Die Mutter und die Tochter. Tochter, 16 Jahre, schickt sich an, die Wohnung zu verlassen, um sich mit Freunden zu treffen. Es ergibt sich folgender Dialog:
Mutter: „Und zieh Dir 'ne Jacke über, ja! – Es ist kalt draußen."
Tochter: (in etwas „patzigem" Tonfall): „Warum denn? Ist doch nicht kalt!"
Die Mutter ist nun ein bißchen ärgerlich; nicht nur über den patzigen Ton, sondern auch über soviel Unvernunft der Tochter, und sie ist mehr denn je davon überzeugt, daß sie dafür sorgen muß, daß sich die Tochter vernünftig verhält:
Mutter: „Aber Moni, wir haben nicht einmal 10 Grad, und windig ist es auch."
Tochter: (heftig): „Wenn Du mal' aufs Thermometer geguckt hättest, dann wüßtest Du, daß es sehr wohl 10 Grad sind – es sind sogar 11 1/2!"
Neben der sachlichen Korrektur steckt in dieser Nachricht auf der Beziehungsseite ein Gegenangriff. Die Mutter ist denn auch sehr verärgert über den „unverschämten" Ton und über den „Trotz" und über die kleinliche Rechthaberei der Tochter. Sie beschließt, der „unfruchtbaren Diskussion" ein Ende zu setzen:
Mutter: „Du hörst ja, was ich Dir sage: Du ziehst jetzt die Jacke an!"
Tochter: (Ist stark empört über einen derartigen Befehlston und verläßt in hochgradigem Zorn die Wohnung – natürlich ohne die Jacke).

Warum ist diese Kommunikation gescheitert? Warum konnte sich in so kurzer Zeit eine derartige Klimavergiftung einstellen? Analysieren wir den kleinen Vorfall mit Hilfe unseres Kommunikationsmodells (vgl. Abb. 3 [S. 248]). Die erste Äußerung der Mutter, von der das Gespräch seinen Ausgang nimmt, enthält auf den vier Seiten etwa folgende Botschaften: [siehe S. 260]
Wie reagiert nun die Tochter auf dieses Nachrichten-„Paket"? Wir kommen hier zu einem sehr entscheidenden Punkt. Die Tochter fühlt sich „wie ein kleines Kind" behandelt und reagiert

Abb. 9 *Die erste Äußerung der Mutter im Lichte des 4-Seiten-Modells (s. Text)*

sehr allergisch auf die „wertschätzende Bevormundung" (...) der Mutter. Wichtig ist: Die Ablehnung der Tochter richtet sich gegen die Botschaft auf der *Beziehungs*-Seite, gar nicht einmal gegen den Sachinhalt und vielleicht auch gar nicht einmal gegen den Appell (möglicherweise hatte sie selbst vor, die Jacke anzuziehen). *Reagieren* aber tut die Tochter auf den *Sachinhalt* – hier widerspricht sie („ist doch gar nicht kalt"). Nun wurde der Konflikt dort ausgetragen, wo er überhaupt nicht vorhanden war, nämlich auf der Seite der Sachinhalte. Es wurde über Temperaturen verhandelt, während es doch in Wahrheit um die Beziehung zwischen Mutter und Tochter ging. Eine *metakommunikatorisch trainierte* Tochter hätte in ihrer ersten Reaktion geantwortet:
„Ich finde Deinen Vorschlag nicht verkehrt, aber ich mag nicht solche Anweisungen kriegen; ich fühle mich dann so bevormundet!"
(...)

Schulz von Thun 1987, S. 47 ff.

Arbeitsanregungen zu 2.2.3

1. Wodurch kommt der Beziehungsaspekt der Nachricht vor allem zum Ausdruck?
2. Erläutern Sie die beiden Dimensionen der Beziehungsseite einem fachlichen Laien unter Verwendung eigener Beispiele.
3. Was meint „Reversibilität im Sprachverhalten"?
4. Geben Sie möglichst realistische Beispiele für jede der 4 „reinen" Dimensionskombinationen.
5. Formulieren Sie selber realistische Reaktionen von Müttern, und tragen Sie diese in ein Koordinatennetz wie das von Tausch ein.
6. Erinnern Sie sich einer Auseinandersetzung, bei der eine konfliktreiche Beziehung auf der Inhaltsseite ausgefochten wurde?
   Wenn ja, rekonstruieren Sie den Fall in seinen Einzelheiten.
   Wenn nein, erfinden Sie einen solchen Fall, und malen ihn für einen eventuellen Leser in seinen Feinheiten aus.

7. Die Beziehung zwischen Menschen zu verbessern ist desto schwieriger, je geringer das Selbstwertgefühl beim Sender und beim Empfänger ist.
   a) Ist unter solchen Bedingungen eine kurzfristige Besserung überhaupt denkbar? Begründen Sie.
   b) Unter welcher Voraussetzung würden Sie die Einschaltung eines unbeteiligten Dritten (z. B. Berater, Therapeut) empfehlen?
8. Was können Sie empfehlen, wenn offenkundige Beziehungsschwierigkeiten zumindest *auch* aus mangelndem Wissen (z. B. über die vier Seiten einer Nachricht) herrühren?

2.2.4 Appell*

Offenkundig für den Empfänger sind explizite Appelle, z. B. Befehle, Anleitungen, Gebote und Verbote. (...)
In diesem Abschnitt soll es nun um Nachrichten und Handlungen gehen, deren Appellcharakter nicht so offensichtlich zutageliegt und vom Empfänger übersehen werden kann. Damit entgeht ihm aber vielleicht die Hauptbotschaft, das *Eigentliche.* Noch etwas anderes kann passieren: Der Empfänger unterliegt dem Einfluß der Appell-Seite, ohne es zu merken: Er wird *manipuliert.* Daher das Lernziel für den Empfänger: Mache Dir bewußt, was an Appell-Anteilen in der Nachricht steckt, um dann entscheiden zu können, ob Du diesen Appellen nachkommen willst.

Geheime Appelle im täglichen zwischenmenschlichen Umgang: Die „finale Blickrichtung"

Greifen wir zurück auf ein (...) Beispiel (...): Jemand weint. Zunächst sind wir geneigt, dieses Weinen als Ausdruck von Traurigkeit zu nehmen. Das heißt: Wir empfangen das Weinen auf der Selbstoffenbarungsseite. Möglicherweise haben wir damit aber nicht die ganze psychologische Bedeutung des Weinens verstanden. Was geschieht mit mir, wenn der andere anfängt zu weinen? Ich bin getroffen, mein Zorn von eben ist verraucht, ich habe Mitleid, ich gebe nach, „mein Herz schmilzt", ich wende mich dem Weinenden zu, um ihn zu beruhigen und zu trösten, höre auf, ihn mit meinen Ansprüchen und „Wahrheiten" zu quälen. *Und wenn dies Sinn und Zweck des Weinens gewesen wäre?* Der Weinende würde diese Unterstellung entrüstet von sich weisen: Das Weinen sei einfach über ihn gekommen, mitnichten handele es sich um eine von ihm benutzte Strategie, auf den anderen Einfluß zu nehmen. Der Weinende lügt nicht wider besseres Wissen. Ihm ist die Strategie, die er benutzt, nicht bewußt. Vermutlich hat ihm diese Strategie in seiner Kindheit genützt: In bedrohlichen Situationen hat sie ihm das Schlimmste erspart. Man nennt das: „Lernen am Erfolg". (...)

Appellwidriges Reagieren des Empfängers

Wie soll nun der Empfänger auf die geheimen Appelle reagieren? Es ist schon mehrfach angedeutet worden: Durch ein appellgemäßes Verhalten läuft der Empfänger Gefahr, ein problematisches Verhalten zu stabilisieren. Ungewollt trägt er zum Lernen am Erfolg bei. Es ist oft eine schmerzliche Einsicht für die Eltern von *gestörten Kindern* und für die Lebenspartner neurotischer Menschen, daß sie durch ihr eigenes Verhalten die Störung wenn nicht hervorbringen, so doch zumindest stärken und zur Aufrechterhaltung der Symptome beitragen. Das neue Lernziel für den Empfänger lautet in bestimmten Fällen: *Appellwidrig reagieren.* Dies ist gar nicht so einfach, denn unsere Antworten auf geheime Appelle erfolgen fast automatisch: Jemand weint – ich spüre den Impuls, ihn (sie) in den Arm zu nehmen; jemand „stellt sich dämlich an" – ich spüre den Impuls zu sagen: „Gib her, laß mich das machen!"; ein Kind fällt mir mit ständigen Provokationen auf den Wecker – mir „platzt der Kragen" und ich lasse ein „Donnerwetter" los; (...)

In allen Fällen spielen die Empfänger das Spiel mit und leisten dadurch ihren Beitrag zur Wehleidigkeit, zur Inkompetenz, zum Tyrannisieren, zum Petzen ihrer Mitmenschen. Wie sieht die Alternative aus? Was bedeutet es, appellwidrig zu reagieren bzw. „das Spiel nicht mitzuspielen"? Eine von Psychologen an Pädagogen häufig gegebene Empfehlung lautet: Ignoriere störendes und sonstwie problematisches Verhalten – gehe nicht darauf ein. Dies ist jedoch nur eine Möglichkeit, das Spiel nicht mitzuspielen. *Dreikurs* (1971) empfiehlt dem Lehrer in bestimmten Fällen die *psychologische Enthüllung.* Damit ist ein behutsames Ansprechen desjenigen Zieles gemeint, auf das das Verhalten des Kindes gerichtet zu sein scheint („Kann es sein, daß Du möchtest, daß ich mich mit Dir mehr beschäftige?"). Eine weitere – häufig sinnvolle – Möglichkeit, appellwidrig zu reagieren, besteht im metakommunikatorischen Ansprechen der eigenen Gefühle und Probleme. Erwähnt sei letztlich auch die Möglichkeit zu verwirrenden „Gegen-Spielen": So wurde mir von einem Mann berichtet, der auf die vielfältigen Zipperlein seiner Frau mit der sehr ausführlichen Darstellung noch größerer Leiden reagierte; etwa wenn sie Zahnweh bekundete, so „übertrumpfte" er sie mit höllischen Schmerzen im ganzen Gebiß (...)

Schulz von Thun 1987, S. 60

Worterklärungen zu 2.2.4

explizit: ausdrücklich
Impuls: Antrieb, Anstoß
Inkompetenz: Unfähigkeit
metakommunikatorisch: über Kommunikation kommunizierend

Arbeitsanregungen zu 2.2.4

1. Begründen Sie, warum geheime Appelle häufig erfolgreich sind.
2. Geben Sie möglichst typische geheime Appelle
   a) von Eltern an Kinder und
   b) von Kindern an Eltern
   wieder.
3. Worin besteht die „finale Blickrichtung" bei geheimen Appellen, und woran kann man diese am besten erkennen?
4. Beurteilen Sie unter dem Appellgesichtspunkt
   a) Selbstmordversuche,
   b) extrem auffälliges, den Lehrer störendes Verhalten eines Schülers,
   c) Bettnässen eines Erstgeborenen nach der Geburt des Geschwisters,
   d) Demonstrationen von Schwäche und/oder Hilflosigkeit,
   e) Ausstrahlen besonderer Empfindlichkeiten.
5. Begründen Sie, wieso es häufig angemessen ist, appellwidrig zu reagieren?
6. Erläutern Sie einige Methoden des appellwidrigen Verhaltens.
7. Begründen Sie aus eigener Erfahrung, wieso Appelle kaum etwas Positives bewirken, sofern der Empfänger Probleme mit sich hat.
8. Es gibt eine Reihe von erfolgreichen Methoden, unerwünschtes Verhalten zu ändern. Welche kennen Sie?

EINSTELLUNG UND VORURTEIL

Andorra – Max Frisch

Vordergrund

Der Doktor tritt an die Zeugenschranke.
DOKTOR Ich möchte mich kurz fassen, obschon vieles zu berichtigen wäre, was heute geredet wird. Nachher ist es immer leicht zu wissen, wie man sich hätte verhalten sollen, abgesehen davon, daß ich, was meine Person betrifft, wirklich nicht weiß, warum ich mich anders hätte verhalten sollen. Was hat unsereiner denn eigentlich getan? Überhaupt nichts. Ich war Amtsarzt, was ich heute noch bin. Was ich damals gesagt haben soll, ich erinnere mich nicht mehr, es ist nun einmal meine Art, ein Andorraner sagt, was er denkt – aber ich will mich kurz fassen ... Ich gebe zu: Wir haben uns damals alle getäuscht, was ich selbstverständlich nur bedauern kann. Wie oft soll ich das noch sagen? Ich bin nicht für Greuel, ich bin es nie gewesen. Ich habe den jungen Mann übrigens nur zwei- oder dreimal gesehen. Die Schlägerei, die später stattgefunden haben soll, habe ich nicht gesehen. Trotzdem verurteile ich sie selbstverständlich. Ich kann nur sagen, daß es nicht meine Schuld ist, einmal abgesehen davon, daß sein Benehmen (was man leider nicht verschweigen kann) mehr und mehr (sagen wir es offen) etwas Jüdisches hatte, obschon der junge Mann, mag sein, ein Andorraner war wie unsereiner. Ich bestreite keineswegs, daß wir sozusagen einer gewissen Aktualität erlegen sind. Es war, vergessen wir nicht, eine aufgeregte Zeit. Was meine Person betrifft, habe ich nie an Mißhandlungen teilgenommen oder irgend jemand dazu aufgefordert. Das darf ich wohl vor aller Öffentlichkeit betonen. Eine tragische Geschichte, kein Zweifel. Ich bin nicht schuld, daß es dazu gekommen ist. Ich glaube im Namen aller zu sprechen, wenn ich, um zum Schluß zu kommen, nochmals wiederhole, daß wir den Lauf der Dinge – damals – nur bedauern können.

Frisch, Max: Andorra. Frankfurt a. M.: Suhrkamp 1975. S. 104f.

Max Frischs Figur des Doktors spricht über eigene Einstellungen zu Andorra, Juden und zu sich selbst; d. h., die Figur weist uns auf grundlegende Triebfedern ihres Handelns hin (vgl. 1.2), die ihr Verhalten bestimmen (vgl. 1.3). Der Widerstand gegen eine Änderung dieser Einstellung (vgl. 1.4) ist bei ihm sehr hoch: Als Andorraner und Amtsarzt, der er damals war und heute ist (vgl. 1.6: Identitätsfunktion), verteidigt er seine früheren Handlungen (vgl. 1.6: Abwehrfunktion). Inwieweit er am Ausagieren von Vorurteilen (vgl. 2.2) ehedem beteiligt war, wird in diesem Sumpf von Dementis nicht ganz deutlich, immerhin verleumdet er einen jungen

Mann, den er zwei- bis dreimal gesehen hatte, mit der Aussage, er „habe mehr und mehr etwas Jüdisches“ gehabt.
Frischs Amtsarzt aus „Andorra“ führt so den klassischen Fall des ethnischen Vorurteils vor. Laut Definition handelt es sich dabei nämlich um eine Antipathie, die sich auf eine fehlerhafte und starre Verallgemeinerung gründet gegenüber einer Gruppe oder einem einzelnen als Mitglied dieser Gruppe (vgl. 2.1).
Wie Einstellungen und Vorurteile psychologisch verstanden werden, wie sie entstehen und welche Folgen sie haben können, zeigen die folgenden Texte.

1 Einstellung*

1.1 Warum Einstellungsforschung?* – Ernst F. Mueller/Alexander Thomas

(...) Auch der Erwachsene muß sich mit neuen Lebensbedingungen und neuen gesellschaftlichen Gegebenheiten auseinandersetzen. Man wechselt den Wohnort, mancher wechselt den Beruf oder den Ehepartner. Aber auch die Gesellschaft als Ganzes ändert sich. Der Kalte Krieg wird zur Koexistenz, das Vereinigte Europa wird zum Europa der Vaterländer. All das sind Inhalte, die der einzelne verarbeiten muß, zu denen er Stellung beziehen soll. Besonders die Schnelligkeit des sozialen Wandels ist ein Grund für die Notwendigkeit einer fortlaufenden Sozialisierung auch im Erwachsenenalter. Der Prozeß, mit dessen Hilfe Gruppen der Gesellschaft oder die Gesellschaft als Ganzes den Erwachsenen diesen veränderten Bedingungen anzupassen sucht, ist vorwiegend der der Einstellungsänderung.
Aber das ist nur der eine Grund, der Einstellungsforschung so wichtig macht. Hier wird Einstellungsforschung unter dem Aspekt gesehen, was sie für den einzelnen leistet, wie sie dem einzelnen helfen kann. Der andere Grund für die intensive Beschäftigung mit Fragen der Einstellungsänderung ist mehr gesamtgesellschaftlicher Art. Es ist die Erkenntnis, daß sich viele unserer Probleme wie Überbevölkerung, Umweltverschmutzung, Raubbau an den Ressourcen der Welt allein technisch nicht rechtzeitig werden lösen lassen, sondern daß es für das Überleben unserer Zivilisation unerläßlich ist, daß Menschen ihre Verhaltensweisen ändern. Im Prinzip ist es zwar möglich, die Verhaltensweisen der Menschen dadurch zu ändern, daß man ihre Umwelt so umstrukturiert, daß sie sich gar nicht anders als gewünscht verhalten können. Gefängnisse sind dafür ein grobes Beispiel. Praktisch allerdings wäre der Kontrollapparat, der mit solchen Versuchen verbunden wäre, volkswirtschaftlich kaum zu bezahlen. Im Rahmen unserer heutigen Denkmöglichkeiten ist Einstellungsänderung eine unerläßliche Bedingung für die Lösung unserer weltweiten Probleme. Von daher gesehen gehört es heute zur Allgemeinbildung, daß man mit dem Begriff der Einstellung und den Möglichkeiten von Einstellungsänderung ebenso vertraut ist wie mit den Möglichkeiten, Versuchen der Beeinflussung von Einstellungen zu widerstehen.

Mueller, Ernst F. / Thomas, Alexander: Einführung in die Sozialpsychologie. Göttingen, Toronto, Zürich: Hogrefe ^{2}1976, S. 227

Worterklärungen zu 1.1

Koexistenz: Nebeneinanderbestehen
Sozialisierung: Prozeß der Einordnung des einzelnen in die Gesellschaft

Arbeitsanregung zu 1.1

Welche zwei Gründe für die Beschäftigung mit Fragen der Einstellungsänderung führen die Verfasser an? Stimmen Sie dieser Argumentation zu?

1.2 Die Entwicklung des Begriffes „Einstellung" – Ernst F. Mueller / Alexander Thomas

Der vorwissenschaftliche Gebrauch

Der Begriff der Einstellung bezog sich im 17. Jahrhundert auf die Art und Weise, in der ein Künstler sein Modell in Position brachte. Während der folgenden Jahrhunderte fand dann eine Bedeutungserweiterung statt. Auch die geistige Position einer Person hinsichtlich eines Sachverhaltes wurde als „Einstellung" bezeichnet. Das ging so weit, daß auch die allgemeine Haltung des Menschen zur Welt als „Einstellung" angesprochen wurde. Wissenschaftlich war der Begriff in einer so umfassenden und im einzelnen wenig spezifizierten Form nicht brauchbar.

Einstellung als wissenschaftlicher Begriff

Diese Situation änderte sich, als sich in der zweiten Hälfte des 19. Jahrhunderts die experimentelle Psychologie entwickelte. (...) In Reaktionszeit-Versuchen beschäftigte man sich z. B. mit der Frage, wie schnell und genau Menschen auf die Reize ihrer Umgebung reagieren können. Mit dem Fortschreiten dieser Experimente wurde klar, daß Versuchspersonen schneller auf Signale reagieren konnten, wenn man sie vorher eingestimmt, in einen Zustand der Bereitschaft versetzt hatte. Külpe (1893) sprach von dem Einfluß der Aufgabenhaltung auf die Reaktionsgeschwindigkeit.
Weiterhin fanden die frühen Experimentatoren aber auch, daß den Versuchspersonen diese Einstimmungen und Haltungen, mit denen sie an Aufgaben herangingen, sehr oft gar nicht bewußt waren. Das aber war den Psychologen nun wieder gar nicht recht, denn mit unbewußten Haltungen konnte man zu der Zeit noch nicht umgehen. Besonders der frühe Behaviorismus hatte für solche nicht direkt meßbaren Ereignisse und Einflüsse nichts übrig. Folglich verlor der Begriff der „Einstellung" an Bedeutung für die Forschung.
Das änderte sich erst wieder unter dem wachsenden Einfluß der Psychoanalyse. Durch die Arbeiten von Freud bekam der Begriff eine völlig neue Bedeutung, indem er ihn mit solchen Erlebnissen wie Liebe, Haß, Leidenschaft, Vorurteil, Konflikt und Frustration verband. Von da an hatte es der Begriff „Einstellung" nicht nur mit irgendwelchen lebensfernen Experimenten zu tun, sondern mit den grundlegenden Triebfedern unseres Handelns. Ohne die mühsame Kleinarbeit der frühen Experimentatoren gäbe es heute vielleicht keinen wissenschaftlichen Begriff der Einstellung, und ohne den Einfluß der psychoanalytischen Theorie wäre der Begriff wirkungslos geblieben.

(...) Zwei Soziologen, Thomas und Znaniecki (1918), waren vermutlich die ersten, die den Begriff der Einstellung in einer sozialwissenschaftlichen Untersuchung verwandten. In ihrer Arbeit über die Lebensgewohnheiten der polnischen Bauern in Polen und in Amerika ist „Einstellung" die wesentliche Variable, die zur Erklärung der Unterschiede in den Lebensgewohnheiten herangezogen wird. Ihr Buch wurde 1918 veröffentlicht, und seitdem ist „Einstellung" ein fester Bestandteil des sozialwissenschaftlichen Begriffsapparates. Für Thomas und Znaniecki ist Sozialpsychologie geradezu als das Studium menschlicher Einstellungen und ihrer Bedeutung für das Handeln definiert. (...)

Mueller/Thomas 1976, S. 228f.

Worterklärungen zu 1.2

Experimentator: jemand, der Experimente macht
Frustration: Erlebnis der Enttäuschung
Variable: veränderliche Größe

Arbeitsanregungen zu 1.2

1. Geben Sie die vorwissenschaftlichen Bedeutungsvarianten von „Einstellung" wieder.
2. Begründen Sie unter Bezugnahme auf den Text die Aussage: ‚Ohne die Arbeit der frühen Experimentatoren gäbe es heute vielleicht keinen wissenschaftlichen Begriff der Einstellung, und ohne den Einfluß der psychoanalytischen Theorie wäre der Begriff wirkungslos geblieben.'
3. Wer verwendete mit welcher Fragestellung zuerst „Einstellung" als erklärenden Begriff?

1.3 Definition des Begriffes „Einstellung" – Ernst F. Mueller/Alexander Thomas

(...) [Wir halten] uns an die Definition von Allport (1935), der Einstellung (...) als innerpsychischen Mechanismus versteht. Nach seiner Definition hat Einstellung wenigstens folgende Aspekte: Sie ist ein cerebraler Zustand, der eine Antwortbereitschaft ausdrückt. Einstellungen sind organisierte cerebrale Zuständlichkeiten, die durch Erfahrung erworben sind, und die einen dirigierenden und dynamisierenden Einfluß auf das Verhalten ausüben. Diese Bestimmungsstücke sollen jetzt etwas näher betrachtet werden.

Cerebraler Zustand

Hierin drückt sich die Tatsache aus, daß sehr viele Forscher auf diesem Gebiet dazu neigen, Einstellung nicht als etwas direkt Beobachtbares zu definieren, sondern als ein Konstrukt im Sinne wie „Motivation" oder „Intelligenz". Der Begriff der Einstellung ist eine Abstraktion, die wir dadurch zu konkretisieren suchen, daß wir angeben, welche Bedingungen dem Erwerb bestimmter Einstellungen vorausgehen, und welches Verhalten als Konsequenz von bestimmten Einstellungen zu erwarten ist.
Es wird weiterhin angenommen, daß dieser cerebrale Zustand sich in bestimmten Indizes ausdrückt, z. B. in der Beantwortung von Fragebogen oder in den Messungen physiologischer Reaktionen oder auch im Verhalten in Testsituationen. Man wird sagen müssen, daß es den

einen „besten“ Index für den Begriff der Einstellung nicht gibt, und daß wir das Gesamt der Bemühungen als den Versuch ansehen müssen, den Begriff und die Bedeutung von „Einstellung“ allmählich einzugrenzen.

Antwortbereitschaft

Wenn Allport Einstellung als eine Antwort*bereitschaft* bezeichnet, dann bezieht er Stellung, denn es gibt (...) auch Theoretiker, die versuchen, Einstellung völlig behavioristisch als Antwort und nicht als Antwort-Bereitschaft zu verstehen. Die behavioristische Haltung würde im Extremfall darauf hinauslaufen, Einstellungen als das zu definieren, was Einstellungs-Fragebogen messen. Demgegenüber sieht Allport Einstellung als ein theoretisches Konstrukt, das nur indirekt erschlossen werden kann. Auch der natürlichen Selbstbeobachtung scheint es besser zu entsprechen, eine Trennung von Einstellung und Verhalten anzunehmen. Nicht immer, aber in einer großen Anzahl von Fällen sind wir durchaus in der Lage, zwischen unserer Einstellung zu einer Sache und unseren Handlungen hinsichtlich dieser Sache zu unterscheiden.

Organisiert und durch Erfahrung erworben

Bei Einstellungen handelt es sich um Sachverhalte mit Systemcharakter, d.h. um cerebrale Zustände, die aus mehreren Bestimmungsstücken bestehen. Wenn das eine sich ändert, kovariieren die anderen. In anderen Worten, Einstellungen haben Gestaltcharakter. Darüber hinaus werden sie als gelernt angenommen, und die Möglichkeit angeborener Einstellungen wird kaum erwogen. (...)

Dirigierend und dynamisierend

Die hier wesentliche theoretische Diskussion bezieht sich auf die Frage, ob Einstellungen lediglich eine dirigierende und weichenstellende Funktion haben, oder ob sie auch antreibend wirken. Wären Einstellungen dirigierend, dann würden sie lediglich das jeweils vorhandene Maß an Energie in den einen oder anderen Ausfluß kanalisieren oder auf das eine oder andere Ziel richten. Sind Einstellungen aber auch dynamisierend, dann würde sich unter ihrem Einfluß auch das Gesamtniveau des Energieausstoßes heben.
Alle Forscher sind sich darin einig, daß Einstellungen dirigierend wirken. Aber diese dirigierende Richtungsweisung läßt sich ja auf zwei verschiedenen Wegen denken. Einmal kann die Einstellung die Wahrnehmung so beeinflussen, daß nur eine bestimmte Richtung überhaupt wahrgenommen wird. Zum anderen aber könnte die Einstellung auch dadurch dirigierend wirken, daß sie an den Entscheidungspunkten, die auftreten, bei klarer Sicht der Alternativen die Wahl bestimmt, die Entscheidung für oder gegen mögliche Handlungsweisen. Über diesen zweiten Punkt ist man sich nicht einig. Allgemein wird angenommen, daß unter dem Einfluß von Einstellungen nur bestimmte Blickweisen eines Objektes möglich sind, daß Einstellungen also selegierend auf unsere Wahrnehmung wirken.

Mueller/Thomas 1976, S. 229ff.

Worterklärungen zu 1.3

cerebral: das Gehirn betreffend
dirigieren: leiten
dynamisieren: vorantreiben

Konsequenz: Folge, Nachwirkung
Index (Plural: Indizes): Anzeiger
kovariieren: sich gemeinsam ändern
selegieren: auswählen

Arbeitsanregungen zu 1.3

1. Geben Sie in eigenen Worten Allports Definition von Einstellung wieder.
2. Welches Argument spricht für „Einstellung" als Antwort*bereitschaft* (statt als Antwort)?
3. Diskutieren Sie, ob es möglicherweise angeborene Einstellungen geben könnte.
4. In welchen Situationen haben Sie selbst erlebt, daß Einstellungen
   a) selektiv wirken, also die Wahrnehmung dirigieren und
   b) Ihre persönliche Tatkraft beflügeln können?

1.4 Die Entstehung von Einstellungen – Theodore M. Newcomb

(...) Wie der Vorgang, in dessen Verlauf Kleinkinder und Kinder Einstellungen erwerben, genau aussieht, ist noch nicht genügend untersucht worden, die Grundzüge lassen sich etwa wie folgt darstellen: In ihren frühen Stadien sind Einstellungen nicht scharf differenziert. Das heißt, die einzelnen positiven Einstellungen gleichen sich. Dasselbe gilt für negative Einstellungen. Die positiven Einstellungen stellen etwas undifferenziert „Gutes" dar, wovon man soviel wie möglich haben muß; die negativen stellen das undifferenziert „Böse" dar, das unter allen Umständen vermieden werden muß. Eine spezifische positive oder negative Einstellung entsteht erst durch Differenzierung und Integration. In derselben Reihenfolge wie das motorische Verhalten und die Wahrnehmung, fortschreitend von Nicht-Differenzierung durch Differenzierung zur Integration, entwickeln sich im Verlauf eines Lebens auch die Einstellungen.
Als Ergebnis dieses Vorganges differenzieren sich besondere Einstellungen verschiedenen Gegenständen gegenüber. Jeder Gegenstand weckt charakteristische Motive. Ein zehnjähriger Junge hat vielleicht positive Einstellungen seiner Mutter, seinem Hund und seinem Fußballhelden gegenüber. Er neigt aber dazu, sich von diesen Gegenständen in völlig verschiedener Weise motivieren zu lassen: Von seiner Mutter erwartet er Erfüllung seiner Wünsche, seinen Hund beschützt er, seinen Fußballhelden verehrt er. In diesem Sinne differenziert sich eine Einstellung von der anderen. Jede Einstellung wird darüber hinaus auch mehr und mehr integriert, d. h., durch verschiedene Situationen, an denen das Objekt der Einstellung beteiligt ist, werden ähnliche Motive geweckt.
Aufbau umfassender Systeme: Ein Säugling macht zuerst zwischen verschiedenen Personen keinen Unterschied, er nimmt sie eventuell als Urheber der Befriedigung seiner Bedürfnisse wahr und hat ohne irgendeinen Unterschied allen gegenüber eine positive Einstellung. Einige Monate später unterscheidet er vielleicht nur seine Mutter von anderen Personen und hat ihr gegenüber eine Einstellung der Abhängigkeit. Noch ein wenig später unterscheidet er andere Familienangehörige und entwickelt jedem gegenüber eine andere Einstellung. Einige Jahre darauf hat das Kind all diese Personen säuberlich eingeteilt in: groß oder klein, schwarz oder weiß, autoritätsgebietend oder nachgiebig. Den Angehörigen jeder dieser Kategorien gegenüber hat es vielleicht mehr oder weniger unterschiedliche Einstellungen. Das Kind wird allerdings einige Jahre brauchen, um alle diese Einstellungen in einige umgreifende Systeme zu integrieren.

Im Verlauf dieses Integrationsprozesses werden einige Einstellungen zu gewissen Gegenständen von anderen Einstellungen zu anderen, verwandten Gegenständen gewissermaßen „verschluckt“. Die sogenannten „Raubritter“ aus der Frühzeit der amerikanischen Industrie ordneten – wenn man einigen ihrer Biographen Glauben schenken darf – ihre Einstellung zu vielen Dingen, z. B. zu den Rechten anderer Menschen, ihrer Einstellung gegenüber Eigentum und Macht unter. Fanatiker religiös-einseitiger Erlösungs- und wirtschaftlicher Aufstiegsideen geben ein gutes Beispiel für die manchmal sehr extreme Integration von Einstellungen ab. Ein wenig von diesem Fanatismus haben wir alle in uns. Das heißt, gewisse unserer positiven Einstellungen – z. B. gegenüber dem Sport, der Demokratie, dem „Vorwärtskommen im Leben“ – beherrschen viele unserer Einstellungen anderen Dingen gegenüber.
Wie kommt es, daß gerade diese und keine andere Einstellung eine solche beherrschende Rolle spielt? Diese Frage ist gar nicht einfach zu beantworten. Ein Geizhals z. B. ordnet seine Einstellungen der Familie, den Nachbarn, der Religion, kurz allem gegenüber seiner Einstellung zum Reichtum unter. Sein Bruder – vielleicht gar sein Zwillingsbruder – stellt alles unter seine Einstellung, überall beliebt sein zu wollen, und wird auf diese Weise zum Verschwender.
Wie kommt es zu dieser verschiedenen Zentrierung von Einstellungen? (...) Für den Augenblick mag der Hinweis genügen, daß die sozusagen imperialistische Einverleibung vieler Einstellungen durch eine einzige in gewissem Grade für jeden Menschen charakteristisch ist. Der Grund, warum gerade diese und keine andere Einstellung eine beherrschende Rolle spielt, ist bei den Grundbedürfnissen der Persönlichkeit zu suchen. (...)

Newcomb 1959, S. 104 ff.

Worterklärungen zu 1.4

differenzieren: unterscheiden
spezifisch: kennzeichnend
Integration: Verbindung zu einer Einheit
Zentrierung: Anordnung nach der Bedeutsamkeit

Arbeitsanregungen zu 1.4

1. Können Sie durch Ihre eigenen Beobachtungen bestätigen, daß sich der Einstellungserwerb in der Kindheit von der Undifferenziertheit zur Differenziertheit entwickelt?
2. Legen Sie sich Rechenschaft ab, wie Ihre Einstellungen der Bedeutsamkeit nach geordnet (zentriert) sind.

1.5 Die Struktur von Einstellungen (nach Rosenberg): Kognitive, affektive und Handlungskomponenten* – Ernst F. Mueller/Alexander Thomas

(...) die kognitive Komponente [bezieht sich] auf den begrifflichen Rahmen der Einstellung. Was für Gedanken verbinden sich z. B. mit dem Einstellungsobjekt „Student“? Eine typische Methode zur Erfassung dieser Komponente ist z. B. die Eigenschaftsliste, an Hand derer man Stereotypen zu entdecken sucht. Die affektive Komponente bezeichnet das Gefühl des Mögens oder Nicht-Mögens, das die Personen mit dem Einstellungsobjekt verbindet. (...) Die Handlungs-Komponente drückt die Verhaltenstendenzen aus, die die Person dem Einstellungsobjekt gegenüber zeigt.

Mueller/Thomas 1976, S. 234

Worterklärungen zu 1.5

kognitiv: erkenntnismäßig
Stereotyp: eingebürgertes Vorurteil
affektiv: gefühlsbetont

Arbeitsanregung zu 1.5

Vergegenwärtigen Sie sich eine bestimmte persönliche Einstellung gegenüber einem bestimmten Objekt (wie z. B. der Schule): Wie sind dabei die drei Komponenten beschaffen?

1.6 Einstellungsänderung*

1.6.1 Die Funktion von Einstellungen für den einzelnen – Ernst F. Mueller/Alexander Thomas

Es ist jetzt Zeit zu fragen, welche Funktionen Einstellungen für den einzelnen haben. Diese Frage ist auch deshalb so wichtig, weil von der Funktion der Einstellung auch die Methoden (...) der Änderung mitbeeinflußt werden. Es gibt verschiedene Kategorisierungen von Einstellungen nach ihrer Funktion. Wir referieren im folgenden den Ansatz von Katz (1960).

Die Nützlichkeitsfunktion

Die Funktion einer Einstellung kann in ihrem sozialen Anpassungswert, ihrer „Nützlichkeit" liegen. Zum Beispiel kann man sich fragen, ob all die Studenten und auch Professoren, die den „linken" Jargon im Munde führen, aus Überzeugung so reden oder auch deshalb, weil es ihnen hilft, in einer eher linksorientierten Umwelt besser zurecht zu kommen. Wir haben hier das bekannte Mitläufer-Problem: Man vertritt eine Meinung nicht, weil man wirklich davon überzeugt ist, sondern weil man auf diese Weise seine Beziehungen zu anderen, die einem wesentlich sind, besser gestalten kann. Im Sprichwort ausgedrückt: Wes' Brot ich esse, des' Lied ich singe.

Die Ökonomiefunktion

Eine weitere Funktion von Einstellungen ist es, das Handeln zu erleichtern. (...) Die Probleme, denen wir begegnen, sind gewöhnlich so komplex und vielgesichtig, daß wir ihnen kaum gerecht werden können. Indem „Einstellungen" diese Komplexität vereinfachen und oft auf ein einfaches „gut" oder „schlecht" reduzieren, geben sie uns das Gefühl der Handlungsfähigkeit, d. h. der Kompetenz und der Sicherheit. Beides ist für die persönliche Handlungsfähigkeit überaus wichtig. Einstellung hat in gewisser Hinsicht die gleiche erkenntnisleitende Funktion, die eine Theorie für den Wissenschaftler hat. Dementsprechend sollte eine Einstellung, die diese Funktion erfüllt, Änderungsbemühungen durch Hinzufügen neuer Informationen durch-

aus zugänglich sein. Und in der Tat sind Hovland und seine Mitarbeiter, eine der produktivsten Arbeitsgruppen in der Einstellungsforschung, von der Meinung ausgegangen, Einstellungen seien durch gezielte Kommunikation zu verändern.
Zusätzlich ist zu überlegen, ob das Bedürfnis zu wissen, das Bedürfnis nach kognitiver Ordnung in der Welt nicht ein Grundbedürfnis ist, das sich auch schon beim Tier nachweisen läßt.

Die Identitätsfunktion

Ein ganz wesentlicher Weg der Identitätsfindung liegt darin, daß man „einen Standpunkt entwickelt". Wer bin ich? Ich bin der, dessen Standpunkt es ist, nie in einem Examen abzuschreiben. Auf diese Weise werden Einstellungen zum Instrument der Selbstbestimmung.
So verstanden sind Einstellungen aber nicht nur ein Mittel der Selbstbestimmung, sondern auch der Selbstrechtfertigung. Wer die Einstellung hat, daß das Privateigentum abgeschafft werden muß, für den müßte es eigentlich ganz „richtig" sein, Bücher zu klauen. Wer der Meinung ist, daß bereits kleine Kinder auf den Lebenskampf vorbereitet werden müssen, der wird sich auf die Härte und Lieblosigkeit seiner Erziehungsmethoden sogar noch etwas einbilden. (...)

Die Abwehrfunktion

In vielen Fällen scheint es so zu sein, daß wir unsere Einstellungen so gestalten, daß sie uns helfen, mit unseren persönlichen Problemen fertig zu werden. Die Einstellung charakterisiert dann viel mehr uns selber als das Objekt, auf das sie gerichtet ist. Das klassische Beispiel ist hier der Gedanke, daß Anti-Semitismus nicht auf irgendwelchen Erfahrungen mit Juden beruht, sondern einen Abwehrmechanismus darstellt, um mit den eigenen verdrängten Haßgefühlen gegen den Vater fertig zu werden (Adorno u. a., 1950). Oder aber wir bekämpfen die „Unmoral" der heutigen Jugend nicht, weil diese Jugend tatsächlich so unmoralisch ist, sondern damit wir mit unserer eigenen verdrängten Sexualität und unseren Neidgefühlen besser fertig werden. Dieses Argument findet man u. a. bei Mitscherlich in seinem Buch *Auf dem Weg zur vaterlosen Gesellschaft* (1963) oder auch bei Arthur Miller (1970).
Die oben genannten Funktionen der Einstellung schließen sich gegenseitig keineswegs aus. Es handelt sich vielmehr wieder um eine analytische Unterscheidung. Im konkreten Fall kann die eine Einstellung der einen Funktion dienen, die andere Einstellung einer anderen Funktion. Es ist auch denkbar, daß die gleiche Einstellung mehrere Funktionen erfüllt. Aber auch, wenn sich die Funktionen im konkreten Fall mischen, ist es nützlich, diese Unterscheidung zu treffen.

Mueller/Thomas 1976, S. 230 ff.

Worterklärungen zu 1.6.1

komplex: vielschichtig, (vieles) umfassend
reduzieren: vermindern, auf das Wesentliche zurückführen
Identität: das Selbst
Anti-Semitismus: Judenfeindlichkeit
analytisch: zergliedernd, auf seine Einzelteile untersuchend

Arbeitsanregungen zu 1.6.1

1. Wiederholen Sie in eigenen Worten die vier Funktionen der Einstellung für den einzelnen.
2. Erinnern Sie sich an Gegebenheiten, in denen eine Ihrer Einstellungen offensichtlich jeweils eine a) Nützlichkeits-, b) Ökonomie- und c) Identitätsfunktion erfüllte?

3. Sie wollen mit dazu beitragen, daß in Ihrem Bekanntenkreis sich die Einstellung gegenüber Fremden zum Positiven hin entwickelt.
   a) Unter welchen Bedingungen können Sie dabei die Ökonomiefunktion ausnützen?
   b) Was müssen Sie beachten, falls eine Abwehrfunktion vorliegen sollte?

1.6.2 Einstellungsänderung durch Kommunikation nach Petty u.a.* – Wolfgang Stroebe/ K. Jonas

*Das Zweifaktorenmodell der Überredung**

(...) Nach diesem (...) Modell ist die Wahrscheinlichkeit dafür, daß eine Kommunikation zur Änderung einer Einstellung beziehungsweise Meinung führt, gleich dem Produkt aus den Wahrscheinlichkeiten von *Rezeption* und *Akzeptierung.* Dieses Zweifaktorenmodell stellt einen unter Forschern weit verbreiteten theoretischen Rahmen zur Analyse von Überredungsphänomenen dar (siehe Eagly & Chaiken, 1984), da die Überredungswirkung der meisten in der Kommunikationsforschung thematisierten Variablen von ihrer Wirkung auf Rezeption und/ oder Akzeptierung abhängt. (...) Wir werden deshalb im folgenden die Determinanten der Rezeption und der Akzeptierung erörtern.

Determinanten der Rezeption. In einem mittlerweile zum Klassiker gewordenen Aufsatz warf Hovland (1959) eine Frage auf, die Einstellungsforschern Kopfzerbrechen bereitet hatte. Es war die Frage, weshalb Forscher in laborexperimentellen Untersuchungen für gewöhnlich bei ihren Einstellungsänderungsversuchen erfolgreich waren, während sich bei der Bewertung von Effekten der Massenkommunikation herausstellte, daß durch Kampagnen in Massenmedien nur wenige Individuen überredet werden konnten (siehe auch McGuire, 1985). Einer der Gründe für diese Diskrepanz liegt nach Ansicht von Hovland in dem Umstand, daß Versuchspersonen eines Laborexperiments ein „gefangengehaltenes" Publikum („captive audience") darstellen, das nichts anderes zu tun hat als der persuasiven Kommunikation zuzuhören. Unter natürlichen Bedingungen jedoch beschränkt sich die Zuhörerschaft auf diejenigen, die von sich aus der Kommunikation zuhören. Die *Motivation,* der Kommunikation zuzuhören, stellt also eine wichtige Determinante der Rezeption dar. Diese Motivation ist zum Beispiel dann gegeben, wenn man die in der Kommunikation enthaltene Information interessant oder nützlich findet. (...)
Doch selbst wenn Personen motiviert sind, einer Kommunikation Aufmerksamkeit zu schenken, sind sie möglicherweise *nicht fähig,* aufmerksam zu sein, oder nicht fähig, die Botschaft zu verstehen. In dieser Situation befindet sich zum Beispiel jemand, der beim Autofahren einer Radiosendung über die Sicherheit von Atomkraftwerken zuhören möchte, aber dazu nicht in der Lage ist, weil die Rezeption aufgrund schlechter Straßenverhältnisse erschwert wird, die Mitfahrer sich zu laut unterhalten oder weil der Betreffende nicht genug Physikkenntnisse besitzt, um die Argumente zu verstehen.

Determinanten der Akzeptierung. Sind Personen einer Kommunikation ausgesetzt und müssen sie sich entscheiden, ob sie die darin vertretene Ansicht akzeptieren oder ablehnen, dann werden sie versuchen, sich ein Urteil über die Validität der Argumente der Botschaft zu bilden. Zu einem solchen Urteil kann man auf zwei verschiedenen „Routen" beziehungsweise zweierlei Art und Weise der Informationsverarbeitung gelangen. Schlagen die Rezipienten den Weg ein, den Petty & Cacioppo (1986a, 1986b) die *zentrale Route der Überredung* nennen, dann wenden sie ein beträchtliches Maß an Zeit und Anstrengung für eine kritische Analyse des Botschaftsinhalts auf. Sie prüfen die Botschaft sorgfältig, versuchen sich an das zu erinnern, was sie bereits über das Thema wissen und bringen dann dieses Wissen in Bezug zu den in der Botschaft enthaltenen Argumenten. Manchmal sind Rezipienten jedoch nicht willens oder nicht fähig, sich auf die gedankliche Prüfung der Botschaft einzulassen, da dies zuviel Zeit und Anstrengung erfordert. Anstatt die Argumentation zu verarbeiten, stützen sie sich dann bei ihrer Entscheidung für die Akzeptierung der Botschaft auf einen peripheren Aspekt wie zum Beispiel die Glaubwürdigkeit des Kommunikators oder auf andere nicht mit dem Botschaftsinhalt zusammenhängende Hinweise. Dieses Vorgehen wurde von Chaiken *heuristische Informationsverarbeitung* genannt (Chaiken, 1980; siehe auch Eagly & Chaiken, 1984). Nach dem heuristischen Modell verwenden Rezipienten häufig einfache Schemata oder Entscheidungsregeln (sogenannte kognitive Heuristiken) zur Einschätzung der Validität einer Argumentation, bevor sie sie akzeptieren. Beispielsweise haben Rezipienten möglicherweise aus früherer Erfahrung hinsichtlich der Sachkenntnis von Kommunikatoren den Eindruck gewonnen, daß Behauptungen von Experten zumeist eher der Wahrheit entsprechen als Behauptungen von Nicht-Fachleuten. Möglicherweise verwenden sie deswegen die Faustregel „Aussagen von Experten kann man trauen", wenn es Anzeichen dafür gibt, daß der Kommunikator ein Fachmann ist (Eagly & Chaiken, 1984). Oder sie haben es sich angewöhnt, Personen zu vertrauen, die ihnen sympathisch sind und wenden bei sympathischen Kommunikatoren eine Faustregel an, die man wie folgt formulieren könnte: „Man stimmt überein mit jemandem, den man sympathisch findet" oder: „Leute, die mir sympathisch sind, haben für gewöhnlich bei Sachthemen zutreffende Meinungen" (Eagly & Chaiken, 1984).

Nach Petty & Cacioppo (1981, 1986a, 1986b) ist heuristische Informationsverarbeitung eine der Strategien, die die *periphere Route der Überredung* ausmachen. Die periphere Route umfaßt solche Überredungsprozesse, die nicht auf inhaltsbezogenem Nachdenken beruhen (neben heuristischer Informationsverarbeitung zum Beispiel klassische Konditionierung und Identifikation). Im Falle von Einstellungswandel, der über die periphere Route entsteht, ist mit einer weniger lang anhaltenden Wirkung zu rechnen, und darauf bezogenes Verhalten läßt sich daraus weniger genau vorhersagen als im Fall von Einstellungsänderung, die durch die zentrale Route zustandekommt (Petty & Cacioppo, 1986a, 1986b).

Petty & Cacioppo verwenden den Begriff *Elaboration,* um das Ausmaß zu bezeichnen, in dem eine Person über die themenrelevanten Argumente nachdenkt, die eine Botschaft enthält. Der eine Pol des Elaborationskontinuums trifft auf Rezipienten zu, deren Informationsverarbeitungsstrategien entlang der peripheren Route der Überredung verlaufen. Der entgegengesetzte Pol ist dadurch gekennzeichnet, daß Rezipienten ein hohes Maß an gedanklicher Prüfung der Argumente und an themenrelevantem Denken investieren (zentrale Route der Überredung). Die Wahrscheinlichkeit, daß ein Rezipient die in einer Botschaft enthaltenen Argumente einer kritischen Prüfung unterzieht (die sogenannte Elaborationswahrscheinlichkeit), hängt von seiner Motivation und Fähigkeit ab. Motivation ist bedeutsam, da eine solche Elaboration Zeit und Ausdauer erfordert. Fähigkeit ist wichtig, weil ein bestimmtes Maß an Intelligenz, spezifischem Wissen oder auch Zeit nötig ist, um die Validität der in einer Botschaft enthaltenen Argumente einzuschätzen.

Das *Modell der Elaborationswahrscheinlichkeit* („elaboration likelihood model", abgekürzt ELM) von Petty & Cacioppo (1986a, 1986b) ist eine Theorie über die Faktoren, die die Akzeptierung einer Kommunikation beeinflussen. Das Modell nimmt an, daß das Ausmaß und die Richtung des durch eine Botschaft erzielten Einstellungswandels davon abhängen, welche „dominante kognitive Reaktion" durch eine Kommunikation bei den Rezipienten ausgelöst wird: Löst eine Kommunikation überwiegend positive (zustimmende) Gedanken aus (zum

Beispiel weil die Qualität der Argumente hoch ist), so wird die Überredungswirkung gesteigert. Dominieren dagegen negative (kritische) Gedanken als Reaktion auf die Botschaft, wird die persuasive Wirkung vermindert, beziehungsweise es tritt sogar ein „Bumerangeffekt" auf (das heißt Einstellungswandel entgegen der vom Kommunikator beabsichtigten Richtung). Da außerdem angenommen wird, daß die Rezipienten einen unterschiedlichen kognitiven Aufwand hinsichtlich der Elaboration der Botschaft betreiben, hängt die Überredungswirkung vom Ausmaß des botschaftsrelevanten Nachdenkens ab sowie auch davon, ob diese Gedanken positiv oder negativ sind. Im Falle von Botschaften, die positive Gedanken auslösen, sollte gesteigerte Elaboration die Überredungswirkung erhöhen. Dagegen sollte gesteigerte Elaboration im Fall von Botschaften, die überwiegend negative Gedanken auslösen, die Überredungswirkung verringern. Besteht eine Botschaft zum Beispiel aus logischen, gut strukturierten überzeugenden Argumenten, dann wird die persuasive Wirkung um so größer sein, je mehr die Rezipienten motiviert und fähig sind, über diese Argumente nachzudenken. (...)

Zur Überprüfung von Persuasionstheorien: Einige empirische Befunde

Die Wahrscheinlichkeit für erfolgreiche Rezeption beziehungsweise für Akzeptierung hängt nach den erwähnten Annahmen von Faktoren ab, die die Motivation und die Fähigkeit betreffen. In der Forschung wurden deshalb Hypothesen des Zweifaktorenmodells und des Modells der Elaborationswahrscheinlichkeit überprüft, indem Fähigkeit und/oder Motivation der Versuchspersonen variiert beziehungsweise manipuliert wurden. Im folgenden werden wir einige Befunde aus diesem Forschungsbereich darstellen.

Die Wirkung der Fähigkeit auf Rezeption und Akzeptierung. Die Wirkung unterschiedlicher Fähigkeit auf Rezeption und Akzeptierung wurde in Studien untersucht, die die Beziehung zwischen Intelligenz und Überredung erforschten. Nach McGuire (1969) hat Intelligenz gegensätzliche Auswirkungen auf die beiden für den Überredungserfolg bedeutsamen Prozesse Rezeption und Akzeptierung. Ein höheres Maß an Intelligenz sollte zu einem besseren Verstehen des Botschaftsinhalts führen. Dagegen sollten Rezipienten mit höherer Intelligenz eher in der Lage sein, die in der Botschaft enthaltenen Argumente zu widerlegen. Aus diesen Gründen sollte Intelligenz in positiver Beziehung zur Rezeption stehen und in negativer zur Akzeptierung.

Diese Vorhersagen wurden von Eagly & Warren (1976) überprüft, die Schüler unterschiedlicher verbaler Intelligenz mit zwei persuasiven Kommunikationen konfrontierten, die entweder mit oder ohne komplexe unterstützende Argumente dargeboten wurden. In Kommunikationen ohne unterstützende Argumente wurde lediglich eine Empfehlung ausgesprochen (zum Beispiel „Die Verwendung von Penizillin sollte unterbunden werden"). Im Fall von Botschaften mit unterstützenden Argumenten folgte auf eine kurze Einführung, in der die Empfehlung ausgesprochen wurde, eine Reihe persuasiver Argumente. Diese Argumente waren komplex und nur mit geringer Wahrscheinlichkeit für Personen mit niedriger verbaler Intelligenz verständlich. Für Rezipienten, die diese Argumente verstanden, beinhalteten sie jedoch eine überzeugende Stützung der abgegebenen Empfehlung. Auf der Grundlage des Zweifaktorenmodells (...) machten Eagly & Warren folgende Vorhersagen: Da intelligente Schüler die komplexen Argumente besser verstehen sollten als unintelligente, sollte im Fall der argumentgestützten Kommunikationen eine positive Beziehung zwischen Intelligenz und Einstellungswandel auftreten. Im Falle von Botschaften ohne stützende Argumente sollte dagegen der Einstellungswandel lediglich von der Bereitschaft der Versuchspersonen abhängen, eine Botschaft zu akzeptieren. Daher ist für diese Bedingungen eine negative Beziehung zwischen

Intelligenz und Einstellungswandel zu erwarten. Die Befunde der Studie liefern eine deutliche Bestätigung dieser Vorhersagen. (...)

Die Wirkung der Motivation auf Rezeption und Akzeptierung

(...) Der Einfluß der Motivation auf die Akzeptierung wurde in Experimenten untersucht, die sich mit der Frage beschäftigten, welche Wirkung es für die Akzeptierung einer Botschaft hat, wenn das Thema die Rezipienten persönlich betrifft (das heißt, wenn es für sie „involvierend" ist). Nur bei hoher Involviertheit sollten die Rezipienten einer Kommunikation motiviert sein, die Validität der vertretenen Position zu bewerten, indem sie kritisch die in der Botschaft enthaltenen Argumente abwägen. Bei geringer Involviertheit, das heißt, wenn das Thema der Kommunikation für den Rezipienten von geringer Relevanz ist, sollte er sich bei der Überprüfung der vom Kommunikator vertretenen Position auf periphere Hinweise verlassen. Diese Vorhersagen wurden in einem Experiment von Petty, Cacioppo & Goldman (1981) überprüft, in dem die Autoren Collegestudenten mit einer einstellungskonträren Kommunikation konfrontierten (in der eine Veränderung des gängigen Prüfungsverfahrens befürwortet wurde). Diese Kommunikation zu einem Thema, über das die Studenten gut informiert waren, enthielt entweder starke oder schwache Argumente und wurde entweder einer Quelle mit großer oder einer Quelle mit geringer Sachkenntnis zugeschrieben (einer mit Fachleuten besetzten Kommission beziehungsweise der Klasse einer örtlichen High School). Die Involviertheit der Versuchspersonen wurde manipuliert, indem man ihnen entweder die Information gab, die in der Botschaft befürworteten Änderungen würden im darauf folgenden Jahr in Kraft treten und würden deshalb die Versuchspersonen selbst betreffen (hohe Involviertheit), oder die Information, sie würden erst in zehn Jahren gelten (geringe Involviertheit). Petty et al. (1981) sagten vorher, daß die Qualität der Argumente bei hoher Involviertheit eine stärkere Wirkung auf die Versuchspersonen haben werde als bei geringer Involviertheit. Dagegen sollte die Glaubwürdigkeit der Quelle – ein peripherer Hinweisreiz – bei geringer Involviertheit stärkeren Einstellungswandel bewirken als bei hoher. Wenn also die Versuchspersonen annahmen, daß die Veränderungen ihre eigene Zukunft betreffen würden, sollten sie motiviert sein, die Argumente sorgfältig zu analysieren und über das Thema nachzudenken. Für diese Versuchspersonen sollte die Qualität der Argumente einen bedeutsamen Faktor für die Überredungswirkung darstellen. Dagegen sollten Studenten, die annahmen, daß diese Veränderungen erst lange nach Abschluß ihres Studiums in Kraft treten würden, kaum beziehungsweise nur wenig motiviert sein, viel über die Kommunikation nachzudenken. Sie sollten die Validität der befürworteten Position unter Zuhilfenahme heuristischer Regeln einschätzen wie zum Beispiel „die Fachleute werden es am besten wissen". Die Ergebnisse liefern eine deutliche Bestätigung für diese Vorhersagen (...).

*Zur relativen Wirksamkeit der Einstellungsänderung durch Kommunikation**

Da zumeist Einstellungswandel weniger als Selbstzweck, sondern eher als Mittel zur Verhaltensänderung von Interesse ist, scheint die Verhaltensbeeinflussung durch finanzielle Anreize oder juristische Sanktionen die wirksamste von den in diesem Kapitel erörterten Strategien zu sein. Und tatsächlich gibt es Anhaltspunkte, die für diesen Eindruck sprechen. Nachdem beispielsweise Informationskampagnen, die auf den hohen Sicherheitsvorteil bei der Benutzung von Sicherheitsgurten hinweisen, in der Bundesrepublik und in Schweden relativ erfolglos blieben, erließen beide Länder Gesetze, die das Anlegen von Gurten zur Pflicht machten. Innerhalb weniger Monate stieg die Häufigkeit der Gurtbenutzung beträchtlich an. Außerdem zeigte eine Einstellungserhebung an einer Stichprobe von schwedischen Kfz-Benutzern vor und nach Inkrafttreten des Gesetzes, daß das Gesetz positivere Meinungen über die Benutzung von Sicherheitsgurten mit sich gebracht hatte. Dies galt zumindest für diejenigen, die sich an das Gesetz hielten (Fhanér & Hane, 1979). Angesichts dieses überwältigenden Erfolgs von Strategien der direkten Einflußnahme fragt man sich, warum sich so viele Organisationen und Institutionen immer noch auf Kampagnen in den Massenmedien verlassen.

Dabei sind jedoch mehrere Überlegungen zu berücksichtigen. Die offensichtlichste ist fehlende Macht. Nur staatliche Instanzen haben die Macht, Gesetze zu erlassen, und selbst sie sind in der Ausübung dieser Macht eingeschränkt. Obwohl zum Beispiel die Verhaltensgewohnheiten, die zu Herz-Kreislauf-Erkrankungen beitragen (zum Beispiel Rauchen, sehr fettreiche Ernährung, zu hoher Alkoholkonsum, Bewegungsmangel, Streß) genau bekannt sind, geben Regierungen in bezug auf Verhaltensänderung der Strategie der Überredung den Vorzug vor juristischen Maßnahmen. Ein Gesetz, das den Konsum von Tabak oder Alkohol verbieten würde, wäre so unpopulär, daß es bei der nächsten Wahl einen Regierungswechsel bewirken könnte. Außerdem erkennen die meisten Regierungen an, daß eine Verhaltensbeeinflussung, die darauf zielt, Menschen zu überzeugen, anstatt sie zu zwingen oder zu bestechen, eher mit den Idealen der Selbstbestimmung und Demokratie übereinstimmt.

Eine zusätzliche Einschränkung bei Strategien der Einflußnahme, die auf der Verwendung von finanziellen Anreizen oder juristischen Sanktionen basieren, besteht darin, daß diese Strategien nur bei Verhalten angewendet werden können, das sich überwachen läßt. Während sie bei öffentlich zu beobachtenden Verhaltensweisen, wie der Benutzung von Sitzgurten, dem Einhalten von Geschwindigkeitsbeschränkungen oder dem Einbau von Katalysatoren, wirksam sind, lassen sich positive beziehungsweise negative Anreize kaum einsetzen, wenn das Verhalten, das man beeinflussen möchte, nur schwer objektiv zu überwachen ist. Auf dem Gebiet der Rassenbeziehungen beispielsweise können staatliche Stellen einige der objektiv kontrollierbaren Fälle von Diskriminierung beseitigen (indem zum Beispiel Quoten für die Beschäftigung von Angehörigen aus Minderheiten eingeführt werden). Sie können jedoch niemanden dazu zwingen, nett zu Mitgliedern einer Fremdgruppe zu sein, sie nach Hause einzuladen oder der Heirat zwischen einem der eigenen Kinder und einem Mitglied der Fremdgruppe zuzustimmen. Dies ist einer der Gründe, weshalb das US-amerikanische Oberste Bundesgericht die Aufhebung des nach Hautfarbe getrennten Schulunterrichts verfügte. Da die Bundesrichter Rassenvorurteile nicht einfach für ungesetzlich erklären konnten, versuchten sie, diese durch vermehrten Kontakt zwischen den Rassen zu reduzieren.

Ein weiterer Nachteil, der mit der Verwendung juristischer Sanktionen als Mittel der Verhaltensbeeinflussung verbunden ist, ergibt sich aus der Tatsache, daß Verhalten, das unter extrinsischer Kontrolle steht, nicht nur ständig überwacht werden muß, sondern es auch nur noch schwer oder überhaupt nicht mehr möglich ist, zu internaler Kontrolle zurückzukehren. Beispielsweise werden Geschwindigkeitsbeschränkungen wirkungslos, wenn nicht ständig ihre Einhaltung überwacht wird und wenn nicht bekannt ist, daß Kontrollen durchgeführt werden. Obwohl Gesetze wie die Pflicht, sich anzugurten, zu Einstellungswandel zu führen scheinen, fragt man sich, was geschähe, wenn solche Gesetze aufgehoben würden. Bezieht man die Annahmen der Selbstwahrnehmungstheorie hierauf, so ist zu erwarten, daß die Kfz-Benutzer ihr vergangenes Verhalten nunmehr auf das Gesetz zurückführen würden. Es ist deshalb wahrscheinlich, daß sie nach einer Gesetzesänderung auch ihr Verhalten ändern würden.

Insofern besteht der große Vorteil der Verhaltensbeeinflussung durch Überredung darin, daß das Verhalten unter intrinsischer Kontrolle bleibt und daher keiner Überwachung bedarf. Außerdem sollte zumindest Einstellungswandel, der über die zentrale Route zustandegekommen ist, von relativer Beständigkeit sein. (...)

Abschließend ist schließlich hervorzuheben, daß die Veränderung der Anreizbedingungen und die Verwendung persuasiver Kommunikationen nicht als konkurrierende Strategien der Einstellungs- und Verhaltensänderung zu sehen sind. Das Gegenteil ist der Fall: Wenn niemand bemerkt, daß finanzielle Anreize oder juristische Sanktionen eingeführt wurden, um ein bestimmtes Verhalten herbeizuführen, können Veränderungen in den Anreizbedingungen wohl kaum zu einer Verhaltensänderung führen. Aus diesem Grund entscheiden sich staatliche Einrichtungen häufig für Kampagnen in Massenmedien, um die Bevölkerung über diese Veränderungen zu informieren.

Stroebe, Wolfgang/Jonas, K.: Strategien der Einstellungsänderung. In: W. Stroebe u. a. (Hg.): Sozialpsychologie. Eine Einführung. Berlin/Heidelberg: Springer 1990, S. 181 ff., 201 ff.

Worterklärungen zu 1.6.2

Rezeption. Aufnahme
Akzeptierung: Billigung, Annahme
Determinante: Bestimmungsgrund, Bestimmungsfaktor
persuasiv: überredend
Validität: Gültigkeit
heuristisch: vorläufig annehmend
Heuristik: Lehre von den Methoden, Neues zu finden
peripher: am Rande
Elaboration: Ausarbeitung
Kontinuum: Zusammenhängendes
dominant: vorherrschend
Relevanz: Wichtigkeit
Sanktion: Maßnahme
extrinsisch: von außen her angeregt
internal: innerlich
intrinsisch: aus eigenem Antrieb
involviert: beteiligt

Arbeitsanregungen zu 1.6.2

1. Welche Bestimmungsgründe werden für die Aufnahme und Billigung von Überredungskommunikation genannt?
2. Beschreiben Sie unter Verwendung von Beispielen in eigenen Worten die „zentrale" und die „periphere Route der Überredung".
3. Welche Konsequenz ziehen Sie aus der Erkenntnis, daß die zentrale Route der Überredung wesentlich dauerhaftere Einstellungs- und Verhaltensänderung bewirkt?
4. Fertigen Sie ein Schema für die Bestimmungsgründe der Annahme von Überredungskommunikation an, das folgende Faktoren enthält: zentrale und periphere Route, das Ausmaß der Elaboration, die angeführten Voraussetzungen für hohe (geringe) Elaboration.
5. Wovon hängt die Richtung des durch eine Botschaft erzielten Einstellungswandels ab?
6. Verdeutlichen Sie in einem Schema den Zusammenhang der folgenden Faktoren:
   a) Botschaft
   b) subjektiv positive Gedanken, Richtung der Überredungswirkung, gesteigerte Elaboration, gesteigerte Überredungswirkung
   c) subjektiv negative Gedanken, Richtung der Überredungswirkung
   gesteigerte Elaboration, Ausmaß der Überredungswirkung
   geringe Elaboration, Ausmaß der Überredungswirkung.

7. Schildern Sie das Experiment, mit dem der Zusammenhang von Intelligenz mit Aufnahme und Billigung von Überredungskommunikation belegt wurde.
8. Wie wird im Text der Zusammenhang von
   a) Involviertheit,
   b) Qualität der Argumente und
   c) periphere Route (Glaubwürdigkeit der Quelle)
   dargelegt?
   Machen Sie diesen Zusammenhang einem Fachfremden klar!
9. Diskutieren Sie die Bedeutung und die (nur) relative Wirksamkeit von Einstellungsänderung durch Kommunikation.

Übersicht zu den Ergebnissen der Erforschung von Wirkungen persuasiver Kommunikation
(nach Ronis, Baumgardner, Leippe, Cacioppo & Greenwald 1977, 548 f.)

Für welche Variablen sind Persuasionseffekte hinreichend belegt?
Glaubwürdigkeit der Quelle (stärkere Persuasion bei kompetenten und vertrauenswürdigen Quellen)
Involviertheit (geringere Persuasion bei Rezipienten, für die der Gegenstand hoch-bedeutsam ist)
Zeitintervall zur Kommunikation (Abnahme der Persuasion mit der Zeitdauer, nach welcher die Einstellung nach einer effektiven Kommunikation erhoben wird)
Sozialer Druck (stärkere Persuasion, je mehr Mitglieder von Bezugsgruppen für die diskrepante Einstellung eintreten)
Diskrepanz der Einstellung (stärkere Persuasion, je weiter die kommunizierte Einstellung von der Ausgangseinstellung des Rezipienten entfernt ist, allerdings nur im Falle hoher Glaubwürdigkeit der Quelle)
Abwehrtypen (geringere Persuasion, wenn die Rezipienten hinreichendes Wissen zur Rückweisung von attackierenden Argumenten haben, im Vergleich zu Kenntnissen, die die attackierte Auffassung stützen)

In: Six, Bernd/Schäfer, Bernd: Einstellungsänderung. Stuttgart: Kohlhammer 1985, S. 35

2 Vorurteil* – Gordon W. Allport

2.1 Definition

Das (englische) Wort *prejudice* ist von dem lateinischen Substantiv *praejudicium* abgeleitet und hat seit der Antike wie die meisten Wörter einen Bedeutungswandel erfahren, der in drei Schritten vor sich ging.

1. Für die Alten bedeutete *praejudicium* das, was *vorausgeht* (praecedens), ein Urteil, das auf vorangegangenen Erfahrungen und Entscheidungen basiert.

2. Später nahm, im Englischen, das Wort die Bedeutung eines Urteils an, das vor genauer Prüfung und Berücksichtigung der Tatsachen gefällt wird – ein vorschnelles oder hastiges Urteil.

3. Schließlich gewann der Begriff noch die gegenwärtige gefühlsbetonte Bedeutung des Günstigen oder Ungünstigen dazu, die das vorschnelle und unbegründete Urteil begleitet. (...)

Es ist sicher wichtig zu berücksichtigen, daß Voreingenommenheit sowohl *für* wie *gegen* etwas sein kann, aber das *ethnische* Vorurteil ist zumeist negativ (...). Eine Gruppe von Studenten wurde aufgefordert, ihre Einstellungen zu bestimmten ethnischen Gruppen zu beschreiben. Dabei wurde keinerlei Hinweis gegeben, der sie zu negativen Äußerungen veranlassen konnte. Trotzdem gaben die Studenten achtmal soviel negative Einstellungen zu Protokoll wie positive. Entsprechend werden wir uns in diesem Buch mehr mit Voreingenommenheit *gegen* ethnische Gruppen beschäftigen als mit begünstigenden Vorurteilen. (...)

Ein witziger Kopf definierte Vorurteile als „etwas heruntermachen, über das man nicht auf der Höhe ist".

Nun ist es nicht leicht zu sagen, wie viele Tatsachen nötig sind, um ein Urteil zu rechtfertigen. Ein voreingenommener Mensch wird fast immer behaupten, daß er genügend Beweise für seine Ansichten hat. Er wird von den schlechten Erfahrungen berichten, die er mit Flüchtlingen, Katholiken oder Orientalen gemacht hat. Aber in den meisten Fällen sind die Tatsachen dürftig und an den Haaren herbeigezogen. Der Voreingenommene bedient sich einer Auswahl von wenigen eigenen Erinnerungen, mischt sie mit dem, was er nur gehört hat, und verallgemeinert beides sehr großzügig. Niemand kann alle Flüchtlinge, Katholiken oder Orientalen kennen. Insofern ist jedes negative Urteil über diese Gruppe *als ganze* – strenggenommen – immer ein Beispiel für schlecht über jemand denken ohne ausreichende Begründung. (...)

Wir kümmern uns wenig oder gar nicht um individuelle Unterschiede, und wir übersehen die wichtige Tatsache, daß der Neger X, unser Nachbar, nicht der Neger Y ist, den wir aus guten und hinreichenden Gründen ablehnen. (...)

So allgemein ist dieser Vorgang, daß wir Vorurteil auch so definieren könnten:

eine ablehnende oder feindselige Haltung gegen eine Person, die zu einer Gruppe gehört, einfach deswegen, weil sie zu dieser Gruppe gehört und deshalb dieselben zu beanstandenden Eigenschaften haben soll, die man dieser Gruppe zuschreibt.

Diese Definition betont die Tatsache, daß das ethnische Vorurteil, wenn es auch im alltäglichen Umgang mit einzelnen Leuten eine Rolle spielt, doch immer auch eine unbegründete Vorstellung von einer Gruppe als ganzer umfaßt. (...)

Nur selten haben unsere Urteile über Nationen oder ethnische Gruppen eine Fundierung hoher Wahrscheinlichkeit.

Nehmen wir die feindselige Einstellung gegen Nazi-Führer, die die meisten Amerikaner während des Zweiten Weltkrieges hatten. War das ein Vorurteil? Die Antwort lautet nein; denn es gab genügend verfügbares Beweismaterial über die üble Politik und üblen Maßnahmen, die von der Partei als offizielles Programm angenommen worden waren. Sicher mögen auch in der Partei gute einzelne gewesen sein, die das abscheuliche Programm ablehnten; aber die Wahrscheinlichkeit war so hoch, daß die Gruppe der Nazis tatsächlich eine Bedrohung des Weltfriedens und der menschlichen Werte darstellte, daß ein realistischer und berechtigter Konflikt entstand. Die hohe Wahrscheinlichkeit einer Gefahr verwandelt einen Antagonismus von einem Vorurteil in einen realistischen sozialen Konflikt. (...)

Jemanden abzulehnen, weil er vorbestraft ist, hat eine gewisse Wahrscheinlichkeit für sich, denn manche Kriminelle werden nie wirklich resozialisiert; aber es liegt auch ein Element unbegründeter Voreingenommenheit darin. Wir haben hier einen echten Grenzfall.

Es besteht gar keine Hoffnung, daß es uns gelingt, eine scharfe Trennungslinie zwischen „ausreichender" und „unzureichender" Begründung zu ziehen. Deshalb können wir auch nie völlig sicher sein, ob wir es mit einem Fall von Vorurteil oder Nichtvorurteil zu tun haben. Aber keiner wird leugnen, daß wir oft Urteile bilden, die auf nur dürftigen oder nichtexistierenden Wahrscheinlichkeiten gründen.

Überkategorisierung ist ein weitverbreiteter Trick des menschlichen Geistes. Aus einem Fingerhut voll Tatsachen machen wir eilig eine Verallgemeinerung, so groß wie eine Badewanne. Ein kleiner Junge entwickelte die feste Vorstellung, daß alle Norweger Riesen seien, weil ihn die riesige Gestalt des Ymir aus der Saga so beeindruckt hatte, und jahrelang fürchtete er sich, einen lebendigen Norweger zu treffen. Ein anderer Mann lernte drei Engländer kennen und erklärte alsbald, daß alle Engländer bestimmte gemeinsame Eigenschaften hätten, die er an diesen dreien beobachtet hatte.

Diese Neigung hat eine natürliche Begründung. Unser Leben ist so kurz, und die Forderung nach angepaßtem Handeln ist so groß, daß wir uns im täglichen Umgang nicht durch unsere Unwissenheit stören lassen dürfen. Wir müssen nach Klassen entscheiden, was für uns gut oder schlecht ist. Wir können nicht jeden Gegenstand dieser Welt im einzelnen prüfen. Grobe und handliche Einteilungen müssen genügen, so roh und vage sie auch sein mögen.

Nicht jede übertriebene Verallgemeinerung ist ein Vorurteil. (...)

Wenn ein Mensch in der Lage ist, unter dem Eindruck von neuen Beweisen seine irrigen Urteile zu berichtigen, dann hatte er keine echten Vorurteile. *Voreingenommenheiten sind nur dann Vorurteile, wenn sie angesichts neuer Informationen nicht geändert werden können.* Anders als ein einfaches Mißverständnis widersteht ein Vorurteil hartnäckig allem Beweismaterial, das es widerlegen kann. Wenn einem Vorurteil Widerlegung droht, neigen wir dazu, mit Affekten zu reagieren. So besteht der Unterschied zwischen einer einfachen Voreingenommenheit und einem Vorurteil darin, daß man eine Voreingenommenheit ohne gefühlsmäßigen Widerstand diskutieren und berichtigen kann.

Wenn wir all diese verschiedenen Überlegungen zusammennehmen, so können wir jetzt eine endgültige Definition des ethnischen Vorurteils formulieren (...):

Ein ethnisches Vorurteil ist eine Antipathie, die sich auf eine fehlerhafte und starre Verallgemeinerung gründet. Sie kann ausgedrückt oder auch nur gefühlt werden. Sie kann sich gegen eine Gruppe als ganze richten oder gegen ein Individuum, weil es Mitglied einer solchen Gruppe ist.

Die Wirkung eines so definierten Vorurteils besteht darin, daß es den Gegenstand des Vorurteils in eine ungünstige Situation bringt, die es sich nicht durch sein eigenes schlechtes Verhalten verdient hat. (...)

Allport, Gordon W.: Die Natur des Vorurteils. Köln: Kiepenheuer und Witsch 1971, S. 20ff.

Arbeitsanregungen zu 2.1

1. Erläutern Sie den wesentlichen Unterschied zwischen dem „präjudicium" der Alten und unserem heutigen Begriff des Vorurteils.
2. Wie bestimmt Allport das ethnische Vorurteil?
3. Aus welchem Grund brauchen wir Kategorisierungen?
4. Worin sieht der Autor den Unterschied zwischen übertriebener Verallgemeinerung und dem Vorurteil bzw. zwischen einfacher Voreingenommenheit und Vorurteil?

2.2 Ausagieren von Vorurteilen

(...) Jede negative Einstellung neigt dazu, sich irgendwann und irgendwo auch in Handlung auszudrücken. Nur wenige Menschen behalten ihre Abneigung vollständig für sich. Und je größer die Abneigung ist, desto heftiger wird sie sich auch in feindselige Handlungen umsetzen.

Versuchen wir zwischen verschiedenen Graden des feindseligen Handelns zu unterscheiden, und zwar von der schwächsten bis zur stärksten Stufe.

1. *Verleumdung.* Die meisten Menschen mit Vorurteilen reden auch darüber. Gleichgesinnten und gelegentlich auch Fremden gegenüber lassen sie ihren feindseligen Gefühlen freien Lauf. Aber viele Menschen gehen nie weiter als bis zu diesem relativ milden Grad von Feindseligkeit.

2. *Vermeidung.* Wenn das Vorurteil bei einem stärker ist, so wird der die Berührung mit Mitgliedern der abgelehnten Gruppe vermeiden, sogar wenn er dafür beachtliche Unbequemlichkeiten in Kauf nehmen muß. In diesem Fall fügt der mit Vorurteil Behaftete der abgelehnten Gruppe keinen direkten Schaden zu. Er trägt die Last der Anpassung, des Rückzugs alleine.

3. *Diskriminierung.* Hier macht der Voreingenommene beeinträchtigende Unterscheidungen in einer aktiven Weise. Er möchte alle Mitglieder der abgelehnten Gruppe von bestimmten Berufen, von bestimmten Wohngegenden, von politischen Rechten, Erziehungs- und Erholungsmöglichkeiten, Kirchen, Krankenhäusern und anderen sozialen Einrichtungen fernhalten. Rassentrennung ist die institutionalisierte Form der Rassendiskriminierung, die entweder gesetzlich erzwungen wird oder sich aus dem allgemeinen Brauchtum ergibt.

4. *Körperliche Gewaltanwendung.* Unter der Bedingung von gesteigerter Emotion führt Vorurteil zu verschiedenen Arten von Gewaltanwendung. Eine unerwünschte Negerfamilie wird durch körperliche Gewaltanwendung aus der Nachbarschaft verjagt oder so schrecklich bedroht, daß sie aus Angst von selber geht. Grabsteine auf jüdischen Friedhöfen werden geschändet. Die italienische Gang aus dem Nordviertel liegt auf der Lauer, um die irische Gang aus dem Südviertel zu überfallen.

5. *Vernichtung.* Lynchjustiz, Pogrome, Massenmorde und das Hitler-Programm des Völkermordes kennzeichnen den höchsten Grad von Gewalt, durch den sich Vorurteil ausdrückt.

Diese Fünf-Stufen-Skala ist nicht mathematisch gewonnen; sie soll die Aufmerksamkeit auf die aus voreingenommenen Einstellungen und Überzeugungen hervorgehenden Handlungen lenken. Sicher mögen viele Menschen nicht weiter gehen als bis zur Verleumdung und zur Vermeidung oder vielleicht von der Vermeidung bis zur Diskriminierung, aber nicht weiter; doch es ist so, daß Aktivität auf einer Stufe den Übergang zur nächsthöheren sehr erleichtert. Hitlers Verleumdung veranlaßte die Deutschen, ihre jüdischen Nachbarn und ehemaligen Freunde zu vermeiden. Durch diese Vorbereitung war es dann leichter, die Nürnberger Gesetze und damit die Diskriminierung durchzusetzen; danach wiederum erschien das Verbrennen der Synagogen und die Verhaftung von Juden auf der Straße ganz natürlich. Die letzte Stufe dieser fürchterlichen Progression waren dann die Gaskammern in Auschwitz.

Allport 1971, S. 28f.

Arbeitsanregungen zu 2.2

1. Welche fünf Stufen des Ausagierens von Vorurteilen führt der Autor an?
2. Bis zu welchem Grad und bei welcher Gelegenheit haben Sie das Ausagieren von Vorurteilen schon persönlich miterlebt?

2.3 Erwerb von Vorurteilen*

2.3.1 Kindererziehung

Wir wollen jetzt die Art der Kindererziehung betrachten, die bekanntlich zur *Entwicklung* von Vorurteilen hinführt. (Wir wollen dabei vom Erlernen bestimmter Vorurteile gegen bestimmte Minderheiten absehen.)

Einen Nachweis, daß kindliche Vorurteilshaftigkeit mit Erziehungsstilen zusammenhängt, lieferte die Untersuchung von Harris, Gough und Martin. Die Untersucher prüften zuerst, in welchem Ausmaß 240 Kinder im vierten, fünften und sechsten Schuljahr Vorurteile gegen Minderheiten äußerten. Dann sandten sie Fragebögen an die Mütter der Kinder, in denen nach ihren Ansichten über Kindererziehung gefragt wurde. Die meisten wurden ausgefüllt zurückgesandt. Die Ergebnisse sind sehr aufschlußreich. Mütter von vorurteilshaften Kindern sind *viel häufiger* als die Mütter von unvorurteilshaften Kindern überzeugt, daß

> Gehorsam das Wichtigste ist, was ein Kind lernen kann.
> Ein Kind niemals seinen Willen gegen den der Eltern stellen darf.
> Ein Kind vor seinen Eltern kein Geheimnis haben darf.
> „Ich habe lieber ein leises Kind als ein lautes."
> (Im Fall von Wutanfällen) „Zeige dem Kind, daß zwei dies Spiel spielen können, indem du auch zornig wirst."

Bei geschlechtlichen Spielereien (Masturbation) glaubt die Mutter des vorurteilshaften Kindes eher, daß sie strafen sollte, die Mutter des unvorurteilshaften Kindes übersieht es lieber.

Zusammengenommen zeigen die Ergebnisse, daß eine strenge Familienatmosphäre das Kind entschieden in eine bestimmte Richtung drängt. Besonders harte, unterdrückende und kritische

Elternhäuser – wo das Wort der Eltern Gesetz ist – schaffen die Voraussetzungen für Vorurteilshaftigkeit.

Man kann wohl annehmen, daß die Mütter ihre in den Fragebögen geäußerten Ansichten über Kindererziehung auch praktisch ausführen. Wenn das stimmt, dann ist eindeutig erwiesen, daß Kinder wahrscheinlich vorurteilshafter sind, wenn sie von Müttern erzogen wurden, die auf Gehorsam bestehen, die die Impulse des Kindes unterdrücken und die streng auf Wohlverhalten achten.

Was bedeutet diese Art von Kindererziehung für das Kind? Es macht das Kind erstens vorsichtig. Es muß seine Impulse sorgfältig überwachen. Wenn sie den Absichten und Regeln der Eltern entgegen sind (was häufig der Fall ist), wird es nicht nur bestraft, es fühlt bei diesen Anlässen auch den Entzug ihrer Liebe. Ohne Liebe ist es allein, hilflos, verzweifelt. So wird es wachsam für die Zeichen elterlicher Billigung und Mißbilligung. Sie haben die Macht und gewähren oder entziehen ihre von Bedingungen abhängige Liebe. Ihre Macht und ihr Wille sind die entscheidenden Kräfte im Leben des Kindes.

Was entsteht daraus? Zunächst lernt das Kind, daß Macht und Autorität über menschliche Beziehungen bestimmen – und nicht Vertrauen und Toleranz. So ist die Szene bereit für eine hierarchisch geordnete Ansicht von der Gesellschaft. Gleichberechtigung gibt es in Wirklichkeit eigentlich nicht. Die Wirkung geht sogar noch tiefer. Das Kind mißtraut seinen eigenen Impulsen: es darf keine Wutanfälle haben, es darf nicht ungehorsam sein, es darf nicht mit seinen Geschlechtsteilen spielen. Es muß dieses Böse in sich selbst bekämpfen. Durch einen einfachen Akt der Projektion (...) beginnt das Kind, böse Impulse in anderen zu fürchten. Sie haben finstere Absichten; ihre Impulse bedrohen das Kind, man kann ihnen nicht vertrauen.

Wenn dieser Erziehungsstil den Grund für Vorurteilshaftigkeit bereitet, so scheint der entgegengesetzte Erziehungsstil eine Bereitschaft zur Toleranz vorzubereiten. Fühlt sich das Kind bei allem, was es tut, geliebt und sicher, läßt man es die elterliche Macht nicht betont fühlen (straft eher durch Beschämung als durch Schläge), so entwickelt das Kind grundlegende Vorstellungen von Gleichberechtigung und Vertrauen. Da von ihm nicht verlangt wird, seine eigenen Impulse zu unterdrücken, neigt es nicht dazu, sie auf andere zu projizieren, neigt es nicht dazu, Mißtrauen, Angst und eine hierarchische Ansicht der menschlichen Gesellschaft zu entwickeln.

(...)

Allport 1971, S. 304f.

Arbeitsanregungen s. S. 286

2.3.2 Lernen der instrumentellen Funktion

(...)

Das Gesetz der instrumentellen Funktion kann etwa folgendermaßen formuliert werden: *Es besteht eine Tendenz zum Erwerb von ethnischen Einstellungen, die mit dem Hauptzwecksystem des Individuums übereinstimmen.* Da Werte eine sehr persönliche Sache sind, die zum Kern der Ich-Struktur gehören, könnte man das Gesetz auch so aufstellen: *Es besteht eine Tendenz zum Erwerb von ethnischen Einstellungen, die mit dem wie immer gearteten Selbstbild des Individuums übereinstimmen.*

Das Gesetz behauptet, daß der Prozeß des Erlernens von Vorurteilen nicht ausschließlich (und auch nicht in erster Linie) ein Produkt der äußeren Einflüsse ist. Vorurteil ist nicht nur eine Sache der Propaganda, der Übergabe von fertigen Einstellungen an eine junge Person, der Einwirkungen von Filmen, Comics oder des Radios. Es ist auch nicht nur eine Sache der

besonderen Lehren der Eltern noch der Begründung aller Vorkommnisse durch „Vervollständigung". Es ist keine Sache der blinden Nachahmung oder Widerspiegelung der umgebenden Kultur. Es ist alles dieses zusammen, vorausgesetzt, es hat eine funktionelle Funktion für die werdende Lebensphilosophie des Kindes. Wenn sie in sein eigenes Selbstbild zu passen scheinen, wenn sie ihm Status verleihen und „seelische Bedeutsamkeit", für es haben, dann wird es die gegebenen Lehren gern lernen. (...)
Die Natur verlangt, daß jedes Einzelwesen ein sich selbst erhaltender biologischer Organismus ist. Es muß seinen Lebenslauf der Erhaltung seiner physischen und geistigen Integrität widmen. So muß alles, was es tut, in einem gewissen Sinne selbstzentriert sein. Wenn es nicht für seine eigene Erhaltung lebt und arbeitet, geht es zugrunde – wenn nicht jemand anders diese Last übernimmt. Im Laufe dieses Prozesses kann der Mensch nicht umhin, ein starkes, lebhaftes Gefühl für sein eigenes Ich zu entwickeln. Es bildet den Brennpunkt seiner Existenz. Wenn sein Gefühl der Integrität und der Selbstbestimmung gestört werden, besitzt er die Fähigkeit des Zorns. Genauso hat er die Fähigkeit der Aggresivität, der Rache, des Hasses, des Neides und anderer Normen des sich selber Rechtgebens. Diese das Selbst schützende Mechanismen setzen wohl immer dann ein, wenn das Selbstwertgefühl bedroht wird.
Im Augenblick übersehen wir die andere Seite der Bildung des menschlichen Wesens. Es gibt auch Fähigkeiten, die das egoistische Bedürfnis nach Status weitgehend ändern oder aufheben können. Das Leben beginnt mit einer liebevollen symbiotischen Beziehung zwischen Mutter und Kind. Das Kind ist unendlich vertrauensvoll und entwickelt normalerweise eine starke freundschaftliche Beziehung zu seiner Umwelt – den Dingen und den Menschen. Wegen dieser Anlage zur Zuneigung sind die konstruktiven Werte der menschlichen Zusammenarbeit möglich. Und deshalb ist auch das Vorurteil (so natürlich es vom Egoismus her gesehen ist) nicht eine unvermeidliche Entwicklung in der Persönlichkeit.

Allport 1971, S. 322

Arbeitsanregungen s. S. 286

2.3.3 Frustration und Vorurteil*

Die Reichen greifen zu Opium und Haschisch. Wer sich das nicht leisten kann, wird Antisemit. Antisemitismus ist das Morphium der kleinen Leute ... Da sie die Ekstase der Liebe nicht erlangen, suchen sie die Ekstase des Hasses. Es kommt nicht darauf an, wen sie hassen. Die Juden sind ein so bequemes Ziel ... Wenn es keine Juden gäbe, die Antisemiten würden sie erfinden.

Der Verfasser dieser Passage ist Hermann Bahr, ein deutscher Sozialdemokrat (...), er schrieb sie mehr als vierzig Jahre vor Hitlers Machtergreifung. Er lenkt die Aufmerksamkeit auf die Fluchtfunktion der Aggressivität, auf ihre drogenartige Fähigkeit, Enttäuschungen und Entbehrungen des Lebens zu mildern.
Es ist wohl unleugbar wahr, daß des Menschen instinktive Antwort auf Frustration aggressive Selbstbehauptung in irgendeiner Weise ist. Ein enttäuschtes Kind trampelt und schreit. Im Zorn kann es keine Liebe und Freundschaft zeigen; seine Reaktionen sind wild und ziellos. Das Kleinkind greift nicht die Quelle der Frustration an, sondern jede Person oder jedes Ding, das ihm in den Weg kommt.
Das ganze Leben hindurch tendiert Zorn dazu, sich eher gegen ein erreichbares als gegen ein logisches Ziel zu richten. Die Redensarten der Alltagssprache nehmen diese *Verschiebung* in

einer Vielfalt von Phrasen auf: Er läßt seinen Zorn an ihm aus, Prügelknabe, Sündenbock. (...)
Aber durch Lernprozesse erwerben das Kind und später der Erwachsene ein erhebliches Ausmaß von Frustrationstoleranz und lernen, die anfängliche Tendenz zum Zorn durch Beharrlichkeit, Pläne und vernünftige Lösungen zu ersetzen. (...)
Neben dem variablen Faktor der Frustrationstoleranz und der verschieden ausgeprägten Tendenz, entweder aggressiv (zornig) oder planend (bewältigend) an Frustrationen heranzugehen, gibt es noch einen weiteren charakteristischen Unterschied zwischen Menschen. Angenommen, daß wir alle zeitweise Ärger und aggressive Impulse fühlen, wohin richten wir sie? (...) können wir sagen, daß manche frustrierten Menschen die Schuld für die Frustrierung gern bei sich selbst suchen, sie sind von *intropunitiver* Art. Manche haben sich gegen die Frustrierung des Lebens so philosophisch abgeschirmt, daß sie niemandem die Schuld geben, sie sind *impunitiv*. Wieder andere sehen (und suchen) die Schuld charakteristischerweise bei Kräften außerhalb ihrer selbst. Diese *extropunitive* Reaktion kann realistisch sein (wenn der Ursprung der Frustration erkannt wurde), oder sie ist unrealistisch, wenn die Schuld verschoben wurde. (...)

Allport 1971, S. 347 ff.

Arbeitsanregungen zu 2.3.1 – 2.3.3

1. Geben Sie einige typische Überzeugungen von Müttern mit vorurteilshaften Kindern wieder.
2. Was setzt unterdrückende Erziehung im Innern der Kinder in Gang,
   a) in Beziehung zu anderen Menschen?
   b) in ihrem Verhältnis zu sich selbst?
3. Worin besteht der einfache Akt der Projektion im Rahmen der Vorurteilsbildung?
4. Ein in der Gesellschaft (und vielleicht in der Familie) vorhandenes Vorurteil übernimmt das Kind besonders leicht, wenn es in seine Lebensphilosophie paßt (Allport).
   Welche im Text erwähnte Lebensphilosophie begünstigt besonders die Übernahme von Vorurteilen?
5. Welche frühkindlichen Erlebnisse erschweren erheblich (oder verhindern sogar) die Entstehung von Vorurteilen?
6. Welche Möglichkeiten, auf Frustration zu reagieren, nennt der Autor?
7. Übersetzen und erläutern Sie einem fachlich nicht vorgebildeten Bekannten die Begriffe intropunitiv, impunitiv und extropunitiv.

2.4 Eigenschaften der Opferrolle*

Selbst bei den am meisten verfolgten Gruppen zeigen nicht alle Mitglieder von Minderheiten sichtbare Abwehrhaltungen. Wenn doch, entsteht die interessante Frage, warum ein einzelner eher diese als eine andere Weise wählt, um sich zu schützen und seine Interessen zu vertreten. Die vielen Möglichkeiten scheinen zwei verschiedenen Arten anzugehören. Die erste schließt Mechanismen ein, die vor allem aggressiv nach außen gerichtet sind, die letztlich den Ursprung der Schwierigkeiten angreifen. Die zweite schließt die mehr introvertierten Weisen ein. Im ersten Fall gibt das Opfer den äußeren Umständen die Schuld für seine Behinderung; im zweiten Fall wird es, wenn es sich vielleicht auch nicht gerade die Schuld gibt, doch die

Verantwortung für die Anpassung an die Situation bei sich selbst suchen. Die erste Art können wir (nach Rosenzweig) *extropunitiv*, die zweite Art *intropunitiv* nennen. Unter Benutzung dieses Schemas, können wir in Abb. 5 zusammenfassen:

Eigenschaften der Opferrolle

Leiden durch Frustration
auf Grund von Diskriminierung und Herabsetzung
führt zu

↓

gesteigerter Empfindlichkeit und Besorgtheit, diese führen,

↓ wenn der einzelne extropunitiv ist, zu ↓	↓ wenn der einzelne intropunitiv ist, zu ↓
zwanghafte Besorgtheit und Mißtrauen	Leugnung der Zugehörigkeit zur eigenen Gruppe
hereinlegen und betrügen	Rückzug und Passivität
Verstärkung der Wir-Gruppen-Bindungen	Clownspielerei
Vorurteile gegen andere Gruppen	Selbsthaß
Aggression und Revolte	Aggression gegen die eigene Gruppe
Stehlen	Sympathie mit allen Opfern
Rivalisieren	Streben nach symbolischem Status
Auflehnung	Neurotizismus
verstärkte Strebsamkeit	

Abb. 5 *Mögliche Arten des Kompensations-Verhaltens bei Opfern von Diskriminierung*

Die Schwäche dieser Analyse läßt in unseren Köpfen möglicherweise nur eine ungeordnete Aufzählung von „Mechanismen" zurück. In Wirklichkeit hat jede Persönlichkeit ihre eigene Struktur. Ein einzelnes Opfer von Vorurteilen kann mehrere Eigenschaften haben und dabei einige der extropunitiven Seiten mit einigen der intropunitiven vermischen.
Um dies zu illustrieren, beschreiben wir eine charakteristische Verhaltensweise, die man bei vielen finden kann, die unter Diskriminierung leiden. Vor allem halten sie ihre Randsituation nicht für eine schwere Behinderung eines vollen und befriedigenden Lebens. Ihre Grundwerte sind human und universal, und sie fühlen sich im Hinblick auf diese Werte in grundsätzlicher Übereinstimmung mit Menschen in allen Gruppen. Deshalb suchen sie ihre Freunde und Mitarbeiter nicht nur in ihrer eigenen Minderheitengruppe, sondern in vielen Gruppen, in denen sie dieselben Werte finden. Begegnen sie in anderen, weniger zentralen Lebensbereichen Diskriminierung und Vorurteil, so reagieren sie mit Würde und mit weitherzigem Verständnis. Sie sagen: „Jedermann hat Schwierigkeiten, jeder leidet unter Ungerechtigkeiten. Mein Schicksal verlangt Mut und Durchhalten wie das der anderen." Sie beteiligen sich maßvoll am allgemeinen Wettbewerb, verfolgen ihre Ziele mit Intelligenz, im Bemühen, Diskriminierung in der Gesellschaft zu reduzieren und demokratisches Handeln zu unterstützen. Sie entwickeln ein starkes Mitgefühl für alle unterdrückten Menschen, wer immer sie sein mögen. Kurz gesagt: Sympathie, Mut, Durchhaltevermögen und Würde kennzeichnen solch eine Persönlichkeit. Andere Verhaltensweisen sind allerdings weit weniger reif und sozialisiert.

Aber man hat zu Recht gesagt, daß eine voll entwickelte Persönlichkeit ihre Leiden verarbeiten kann, ohne andere dafür leiden zu lassen. Da viele Opfer von Vorurteilen das gelernt haben, bewundern wir ihre bemerkenswert reichen und reifen Charaktere.

Allport 1971, S. 168 ff.

Arbeitsanregungenzu 2.4

1. Schildern Sie die Entstehung der Opferrolle und die beiden Arten des Kompensationsverhaltens.
2. Welche Möglichkeit besteht für Opfer von Vorurteilen außer Kompensation?

Anhang: Vorschläge für spielerische Handlungseinstiege in die einzelnen Kapitel

Alltagspsychologie und wissenschaftliche Psychologie

1. Vergleichen Sie drei Porträts Ihrer Wahl.
a) Beschreiben Sie möglichst genau die einzelnen Gesichtszüge der jeweiligen Person.
b) Welche Verhaltensweise unterstellen Sie der jeweiligen Person, wenn sie gerade Kinder beim Äpfelstehlen im eigenen Garten erwischt hat?
c) Begründen Sie schriftlich Ihre Aussage von b). Nehmen Sie dabei Bezug auf Ihre Beschreibung in a).
Vergleichen Sie anschließend Ihre Ergebnisse (in Partnerarbeit oder in der Gruppe), und diskutieren Sie, inwiefern verschiedenartige Aussagen in c) begründbar erscheinen.

2. Beobachtung
Die Teilnehmer finden sich in Paaren zusammen und setzen sich einander gegenüber. Dann schauen sie sich beide eine Minute lang genau an. Nach dieser Zeit dreht sich einer der beiden um, und der andere verändert etwas an seiner Kleidung. Auf sein Signal hin schaut der andere wieder auf sein Gegenüber und versucht nun, Veränderungen festzustellen.
Dieses Spiel sollte im ständigen Wechsel vor sich gehen.

Armin Krenz: Gruppendynamische Interaktionsexperimente. Spiele, die eigenes Verhalten bewußt machen und Verhaltensweisen ändern können. Wehrheim: Verlag gruppenpädagogischer Literatur 1980, S. 25

Wahrnehmung

1. Riechspiel
Die Teilnehmer bringen eine Reihe von Kosmetika mit: Parfüm, Kölnisch Wasser, Zahnpasta, Hautcreme usw.
Einige Freiwillige riechen zunächst der Reihe nach an den Fläschchen und Dosen; dann werden ihnen die Augen verbunden und in einer bestimmten (wechselnden) Reihenfolge die Kosmetika dargeboten; anschließend sollen sie raten, was sie jeweils gerochen haben.
(Voraussetzung dafür ist ein bewußtes Wahrnehmen und Differenzieren des Geruchs, ein Geruchsgedächtnis und die Fähigkeit zu vergleichen und wiederzuerkennen.)

2. Hörspiel
Es werden einige Gruppen gebildet, jede versieht sich mit einem Kassettenrekorder mit Mikrofon. Anschließend nehmen die Gruppen verschiedenartige Geräusche im Gebäude und (wenn möglich) im Garten / im Hof und auf der Straße auf.
(Achtung: Die einzelnen Geräusche dürfen nicht zu kurz aufgenommen werden!)
Abschließend spielt jede Gruppe ihre Aufnahmen vor, die anderen Gruppen versuchen zu erkennen, worum es sich bei den Geräuschen jeweils handelt.

Nach: Rudolf Seitz: Kunst in der Kniebeuge. München: Don Bosco Verlag ^{2}1980, S. 48f.

Behalten und Vergessen, Denken und Problemlösen

Jedes Gruppenmitglied erhält 2 Blätter Papier und einen Filzstift.
Zunächst bittet der Gruppenleiter alle Teilnehmer, auf dem ersten Blatt alle Aktivitäten ihres Lebensalltags aufzuführen (...)
Anschließend sollen die Teilnehmer versuchen, ihre Aktivitäten nach dem zeitlichen Umfang zu ordnen und einzuschätzen, wieviel Prozent sie ungefähr mit dieser bestimmten Aktivität – bezogen auf ihren gesamten Alltag – ausfüllen.
Danach versucht jeder Teilnehmer, einen Kreis auf das zweite Blatt Papier zu zeichnen und darauf die Anteile seiner Aktivitäten aufzuzeichnen und aufzuschreiben, um welche spezifische Aktion es sich handelt. (D. h., würde z. B. ein bestimmtes Hobby ein Viertel seines Lebensalltags einnehmen, würde dafür auch ein Viertel des Gesamtkreises damit ausgefüllt werden.)
Anschließend wird das Erarbeitete im Plenum vorgestellt und eine eigene Stellungnahme dazu abgegeben (Aufteilung wird für positiv/weniger positiv/negativ gehalten), bei einer fortgeschritteneren Gruppe sollte eine Aufteilung in Kleingruppen erfolgen und eine Diskussion über die Aufteilungen ablaufen.
Material: entsprechend der Teilnehmerzahl eine doppelte Anzahl von DIN-A4-Blättern, Filzstifte

Krenz 1980, S. 67

Gefühle, Belastungen, Einflußnahmen

Jeder der Teilnehmer sucht sich einen Partner, und beide stellen sich in kurzem Abstand voneinander gegenüber. Nun wird die Anweisung gegeben, daß (...) jeder das Gesicht zeigt, das er zeigen möchte:
- (...) Traurigkeit
- (...) Freude
- (...) Haß
- (...) Ironie
- (...) Ärger.

Anschließend werden die Teilnehmer gebeten, eine Grimasse zu ziehen, um den anderen zum Lachen zu bringen. Hat er es geschafft, übernimmt der Partner diese Aufgabe.
Im Anschluß an das Spiel sollte unbedingt darüber gesprochen werden, ob es dem einzelnen gelungen ist, ohne Worte seine Gefühle mit dem Gesicht auszudrücken. Dabei kann auf die wichtige Übereinstimmung zwischen dem Gesichtsausdruck und einer verbalen Äußerung hingewiesen werden.

Krenz 1980, S. 57

Die Entwicklung der Persönlichkeit/Persönlichkeitspsychologie

Alle Teilnehmer erhalten ein Blatt Papier, einen Filzstift und bekommen nun zwei Aufgaben. Erstens sollen sie versuchen, in wenigen Sätzen zu beschreiben, wie sie sich gerade selber sehen, welche Eigenschaften in der Gruppe zum Tragen kommen, welche Rolle der Teilnehmer in der Gruppe spielt, zweitens soll jeder Teilnehmer schriftlich fixieren, wie er glaubt, daß ihn die Gruppe sieht. Nach ca. 20 Minuten sammelt der Spielleiter alle Blätter ein, mischt sie und liest den ersten Teil des ersten Blattes vor. Die Gruppe soll nun erraten, wer der Schreiber

ist, und diskutieren, warum sie denjenigen benannt hat. Ist er richtig „erraten“, wird der zweite Teil vorgelesen und in der Gruppe recht intensiv besprochen. Dabei wird vor allem der Unterschied zwischen Selbstwahrnehmung und vorgestellter Fremdwahrnehmung/tatsächlicher Fremdwahrnehmung erarbeitet.
Material: Papier und Filzstifte

Krenz 1980, S. 62

Kommunikation und Interaktion

Der Spielleiter bittet die Teilnehmer, sich im Kreis hinzusetzen und die Augen zu schließen. Sie sollen sich dann vorstellen, er sei das „Fräulein vom Amt“ und würde laufend Telefonverbindungen zwischen 2 Leuten herstellen. Er führt kurz die Situation ein, berührt während des Namennennens zwei Personen, die die Rollen (im Sitzen und mit geschlossenen Augen) sofort nach dem Anpfiff (= Verbindung ist hergestellt) spielen.
Beispiele:
- Herr Müller beklagt sich bei der Telefonseelsorge über die Brutalität seiner Frau,
- zwei verfeindete Freunde wollen sich wieder vertragen,
- Frau Koch ruft ihre Putzfrau an, weil sie zum wiederholten Male zu spät kam, und erfährt da von den kranken Kindern,
- Herr Schmidt gratuliert seinem alten, schwerhörigen Vater zum 80jährigen Geburtstag,
- Frau Huskens hat in der Stadt einen Verkehrsunfall und ruft ihren Mann im Büro an,
- Herr Fey ruft seine Frau an, um ihr zu sagen, daß es heute abend leider später wird, obgleich beide ja zum Essen gehen wollten.

Anschließend werden die Gespräche reflektiert und diskutiert.
Material: eine Trillerpfeife

Krenz 1980, S. 43

Einstellung und Vorurteil

Jeder Teilnehmer der Gruppe sucht sich einen Partner, den er entweder besser kennenlernen möchte oder mit dem er ins Gespräch kommen will, um bestehende Vorurteile abzubauen bzw. Meinungsverschiedenheiten zu klären. Die Paare ziehen sich in eine stille Ecke des Zimmers zurück und setzen sich direkt gegenüber. Zunächst verabreden die beiden, wer zuerst der Fragende und wer der Antwortende sein soll. Ist dies geklärt, so beginnt der Frager mit einer kurzen, präzisen Frage: Danach wird eine ca. 30 Sekunden dauernde Pause eingelegt, in der sich der Frager die mögliche Antwort überlegt und der Antworter die Frage genau überlegt, bevor er seine Antwort gibt. Nach der Pause wird geantwortet, und der Frager wiederum sagt, ob er sie in der Art und Weise erwartet hat oder nicht, außerdem begründet er sein Feedback. Am Schluß der Diskussion versuchen beide die Antwort zu finden, ob das Gespräch dazu beitragen konnte, z. B. den einen besser kennenzulernen bzw. Vorurteile abzubauen oder Streitpunkte zu klären.

Krenz 1980, S. 31

Autoren

Aebli, Hans: geb. 1923 Zürich. Ab 1971 Professor für Psychologie an der Universität Bern. Gest. 1990.
Allport, Gordon W.: geb. 1897 Montezuma, Indiana (USA). Studienaufenthalte in Istanbul, Berlin, Hamburg und Cambridge. Psychologieprofessor in Harvard ab 1930. Gest. 1967.
Anderson, Gene C.: geb. 1931 Green Bay, Wisconsin (USA). Associate Professor am Department of Maternal-Child Nursing, University of Illinois.
Atteslander, Peter: geb. 1926. Professor für Soziologie und empirische Sozialforschung, Universität Augsburg.
D'Augelli, Anthony R.: tätig an der Pennsylvania State University, College of Human Development.
Bandura, Albert: geb. 1925 Atlanta, Kanada. Seit 1953 Professor für Psychologie an der Stanford University. Gilt als einer der wichtigen Mitgestalter der „Kognitiven Wende" in der internationalen Psychologie.
Bronfenbrenner, Urie: geb. 1917 Moskau. Professor am College of Human Ecology, Cornell-Universität.
Danish, Steven J.: Professor an der Pennsylvania State University, College of Human Development, Pennsylvania (USA).
Elhardt, Siegfried: geb. 1922. Ab 1964 langjähriger Lehrbeauftragter für Tiefenpsychologie an der Universität München, emeritiert; Lehranalytiker; Abteilungsvorstand der Universitätsnervenklinik für Psychosomatische Medizin und Psychotherapie.
Flavell, John H.: geb. 1928 Rockland/Mass. Seit 1960 Psychologieprofessor, seit 1965 am Institut Child Development der Universität Minnesota/Mpls.
Freud, Anna: geb. 1895. Seit der Emigration 1938 vorwiegend in Großbritannien tätig. Gründerin und Leiterin eines kinderanalytischen Ausbildungs- und Behandlungszentrums in London; 1966–1973 Herausgeberin der Werke ihres Vaters. Gest. 1982.
Freud, Sigmund: geb. 1856 Freiberg (Pribor)/Mähren. Seit 1902 außerordentlicher Professor in Wien, Begründer der Psychoanalyse als Wissenschaft und Therapie. Gest. 1939 in London.
Geulen, Dieter: geb. 1938. Professor für Erziehungs- und Unterrichtswissenschaften, Freie Universität Berlin.
Gibson, James J.: geb. 1904. Psychologieprofessor an der Universität von Berkeley und an der Cornell-Universität, Begründer der Ökologischen Wahrnehmungstheorie. Gest. 1979.
Goldfried, A. P.: Mitautorin von „Kognitive Methoden der Verhaltensänderung".
Goldfried, Marvin R.: geb. 1936. Psychology Department State University of New York.
Guski, Rainer: Psychologieprofessor an der Ruhr-Universität Bochum.
Hochreich, Dorothy J.: University of Connecticut.
Hübner, Bernd: geb. 1944. Professor für Sozialpädagogik, Fachhochschule Ostfriesland (Emden).
Jacobson, L.: zusammen mit Robert Rosenthal Autor von „Pygmalion im Unterricht".
Jonas, Klaus: Universität Tübingen.
Kanfer, Frederic H.: geb. 1925, Wien. Psychology Department University of Illinois, Champaign, Illinois (USA); Mitinitiator der „Kognitiven Verhaltenstherapie".
Kelly, John: wissenschaftlicher Journalist in New York.
Mahler, Margaret S.: 1897–1985. Psychoanalytikerin; Forschungsdirektorin am Masters Children's Center in New York.
Mead, George H.: geb. 1863 South Hadley, Massachusetts. Studium in Harvard, Leipzig und Berlin; ab 1894 Assistenzprofessor bei Dewey in Chicago. Gest. 1931. Er gilt als einer der großen Klassiker der Sozialpsychologie; mit seinem Namen verbindet man den „Symbolischen Interaktionismus": das Individuum wird nur in der Wechselwirkung mit anderen zum Selbst; dabei spielt Sprache eine entscheidende Rolle.
Metzig, Werner: Universität Köln.
Michel, Christian: Autor, zusammen mit Felix Novak, des „Kleinen Psychologischen Wörterbuchs".
Montada, Leo: geb. 1938 in Körprich/Saar. Professor für Psychologie an der Universität Trier.
Mueller, Ernst F.: Professor für Psychologie an der University of Michigan, an der Universität Münster und der Pädagogischen Hochschule Münster. Gest. 1974.
Neimark, Edith D.: geb. 1928 in Long Branch, N.J. (USA). Professorin für Psychologie, Rutgers University, New Brunswick.
Newcomb, Theodore M.: 1903–1984. U. a. tätig am Teachers College, Universität Columbia; ab 1946 Professor an der Universität Michigan.
Novak, Felix: Autor, zusammen mit Christian Michel, des „Kleinen Psychologischen Wörterbuchs".
Oerter, Rolf: geb. 1931. Professor für Psychologie an der Universität München.
Piaget, Jean: 1896–1980. 1929 Direktor des Internationalen Erziehungsbüros (später: UNESCO); 1933 Leiter

des Instituts für Erziehungswissenschaft Genf; 1940 Lehrstuhl für experimentelle Psychologie; 1952 zusätzliche Professur für Entwicklungspsychologie an der Sorbonne; ab 1956 eigenes Institut: Centre International d'Epistémologie. Er ist der Begründer der konstruktivistischen Sichtweise in der Entwicklungspsychologie.

Reinecker, Hans: Psychologieprofessor an der Universität Bamberg.

Rocholl, Georg: geb. 1944. Professor an der Fachhochschule Ostfriesland (Emden).

Rosenthal, Robert: geb. 1933 in Deutschland. Professor für Sozialpsychologie in Harvard.

Rotter, Julian B.: Professor für Psychologie an der University of Connecticut.

Schäfer, Bernhard: mit Bernd Six Autor von „Einstellungsänderung".

Schmelzer, D.: Mitautor von „Selbstmanagementtherapie".

Schützenberger, Anne: Autorin der „Einführung in das Rollenspiel".

Schulz von Thun, Friedemann: Psychologieprofessor in Hamburg.

Schuster (-Oeltzschner), Martin: geb. 1946. Akademischer Rat an der Erziehungswissenschaftlichen Abteilung der Universität Köln.

Singer, Kurt: geb. 1929. Professor für Pädagogische Psychologie an der Universität München; Dozent an der Akademie für Psychoanalyse und Psychotherapie.

Six, Bernd: Professor für Sozial- und Organisationspsychologie, Universität Wuppertal.

Straus, Florian: tätig am Institut für psychosoziale Praxisberatung, München.

Stroebe, Wolfgang: geb. 1941 Pforzheim. Professor für Psychologie an der Universität Tübingen.

Thomas, Alexander: geb. 1936 Köln. Seit 1979 Professor für Psychologie in Regensburg.

Thorndike, Edward L.: geb. 1874 Williamsburg, Massachusetts (USA). Psychologieprofessor, vor allem – von 1904 bis 1940 – am Lehrerkolleg Columbia; mitbeteiligt an der Entwicklung wissenschaftlicher Intelligenztests im Ersten Weltkrieg. Gest. 1949 in New York.

Ulich, Dieter: geb. 1940. Psychologieprofessor an der Universität Augsburg.

Verny, Thomas: geb. 1936 Tschechoslowakei. 1952 Auswanderung nach Kanada. 1974 Gründung des Zentrums für holistische Primärtherapie in Toronto.

Wertheimer, Max: geb. 1880. 1910–1916 Dozent, 1929–1933 Professor für Psychologie und Philosophie an der Universität Frankfurt a. M., 1916–1929 Professor in Berlin, ab 1933 an der Graduate Faculty of Political and Social Science der New School of Social Research New York; Mitbegründer der „Gestaltpsychologie". Gest. 1943.

Bibliographie

Alltagspsychologie und wissenschaftliche Psychologie

Ibsen, Henrik: Nora. In: ders.: Dramen. Bd. 1. München: Winkler 1973.

Aebli, Hans: Denken: Das Ordnen des Tuns. Bd. 1. Stuttgart: Klett 1980.

Atteslander, Peter: Methoden der empirischen Sozialforschung. Berlin, New York: de Gruyter 1984.

Degen, Rolf: Der erste Eindruck trügt selten. In: Süddeutsche Zeitung, 30. 4./1. 5. 1992.

Hübner, Bernd/Rocholl, Georg: Soziales Praktikum. Frankfurt a. M.: Luchterhand 1984.

Rosenthal, Robert/Jacobson, L.: Pygmalion im Unterricht. Lehrererwartungen und Intelligenzentwicklung der Schüler. Weinheim, Berlin, Basel: Beltz 1971.

Michel, Christian/Novak, Felix: Kleines Psychologisches Wörterbuch. Freiburg i. Br.: Herder 1975.

Thorndike, Eduard L.: A constant error in psychological Ratings. In: The Journal of Applied Psychology 4 (1920) S. 25–29.

Ulich, Dieter: Einführung in die Psychologie. Stuttgart, Berlin, Köln: Kohlhammer 1989.

Wahrnehmung

Nizon, Paul: Das Jahr der Liebe. Frankfurt a. M.: Suhrkamp 1981.

Flavell, John H.: Kognitive Entwicklung. Stuttgart: Klett-Cotta 1979.

Gibson, James J.: Wahrnehmung und Umwelt. Der ökologische Ansatz in der visuellen Wahrnehmung. München: Urban und Schwarzenberg 1982.
Guski, Rainer: Wahrnehmung. Stuttgart: Kohlhammer 1989.
Mead, George H.: Sozialpsychologie. Neuwied: Luchterhand 1969.
Newcomb, Theodore M.: Sozialpsychologie. Meisenheim: Hain 1959.

Behalten und Vergessen, Denken und Problemlösen

Süskind, Patrick: Amnesie in Litteris. In: Tintenfaß 20. © Diogenes Verlag AG, Zürich.
Bandura, Albert: Lernen am Modell. Ansätze zu einer sozial-kognitiven Lerntheorie. Stuttgart: Klett-Cotta 1976.
Flavell, John H.: Kognitive Entwicklung. Stuttgart: Klett-Cotta 1979.
Goldfried, M.R./Goldfried, A.P.: Kognitive Methoden der Verhaltensänderung. In: Kanfer, F. H./Goldstein, A. P. (Hg.): Möglichkeiten der Verhaltensänderung. München, Wien, Baltimore: Urban und Schwarzenberg 1977.
Kanfer, F. H./Reinecker, H./Schmelzer, D.: Selbstmanagement-Therapie. Berlin, Heidelberg, New York: Springer 1991.
Kohlrausch, Birgit: Die Leichtigkeit des Lernens. In: Süddeutsche Zeitung, 16.1.1992.
Metzig, Werner/Schuster, Martin: Lernen zu lernen. Anwendung, Begründung und Bewertung von Lernstrategien. Berlin, Heidelberg, New York: Springer 1982.
Mead, George H.: Sozialpsychologie, Neuwied: Luchterhand 1969.
Oerter, Rolf/Montada, Leo: Entwicklungspsychologie. Ein Lehrbuch. München, Weinheim: Psychologie-Verlags-Union ^{2}1987.
Wertheimer, Max: Produktives Denken. New York, London, Frankfurt a.M.: Waldemar Kramer ^{2}1964.

Gefühle, Belastungen, Einflußnahmen

Hesse, Hermann: Unterm Rad. In: ders.: Die Romane und großen Erzählungen. Bd. 1. Frankfurt a.M.: Suhrkamp 1982.
Straus, Florian: Netzwerkarbeit. Die Netzwerkperspektive in der Praxis. In: Textor, Martin R.: Hilfen für Familien. Ein Handbuch für psychosoziale Berufe. Frankfurt a.M.: Fischer 1990.
Ulich, Dieter: Das Gefühl. Eine Einführung in die Emotionspsychologie. München, Wien, Baltimore: Urban und Schwarzenberg 1982.
Wenk, Hanns H.: Streß lähmt die Abwehrkräfte. In: Frankfurter Rundschau, 27.4. 1991.

Die Entwicklung der Persönlichkeit

Canetti, Elias: Die gerettete Zunge. Geschichte einer Jugend. München, Wien: Hanser 1977.
Anderson, Gene C.: Der Ursprung der Intelligenz und die sensomotorische Entwicklung des Kindes. In: Steiner, G. (Hg.): Entwicklungspsychologie. Bd. 1. Weinheim: Beltz 1984.
Bronfenbrenner, Urie: Die Ökologie der menschlichen Entwicklung. Stuttgart: Klett 1981.
Mahler, Margaret S.: Die psychische Geburt des Menschen. Frankfurt a.M.: Fischer 1980.
Oerter, Rolf/Montada, Leo: Entwicklungspsychologie. Ein Lehrbuch. München, Weinheim: Psychologie-Verlags-Union ^{2}1987.
Piaget, Jean: Über Jean Piaget. Sein Werk aus seiner Sicht. München: Kindler 1970.
Ulich, Dieter: Krise und Entwicklung. Weinheim: Psychologie-Verlags-Union 1987.
Verny, Thomas/Kelly, John: Das Seelenleben des Ungeborenen. Frankfurt a.M.: Ullstein 1983.

Persönlichkeitspsychologie
Hesse, Hermann: Der Steppenwolf. Frankfurt a. M.: Suhrkamp 1972.
Freud, Anna: Psychoanalyse für Pädagogen. Eine Einführung. Bern, Stuttgart, Wien: Hans Huber 1935.
Freud, Sigmund: Abriß der Psychoanalyse. Das Unbehagen in der Kultur. Frankfurt a. M.: Fischer 1974.
Rotter, Julian B./Hochreich, Dorothy J.: Persönlichkeit. Berlin, Heidelberg: Springer 1979.
Singer, Kurt: Psychisch bedingte Lernstörungen im Kindes- und Jugendalter. In: Die Psychologie des 20. Jahrhunderts. Bd. 12. München: Kindler 1980.

Kommunikation und Interaktion
Ionesco, Eugène: Die kahle Sängerin. Übersetzt von Serge Stauffer. Neuwied/Darmstadt: Luchterhand 1959.
Degen, Rolf: Versteckspiel aus Angst vor Blamage. In: Süddeutsche Zeitung, 22. 2. 1992.
Flavell, John H.: Kognitive Entwicklung. Stuttgart: Klett-Cotta 1979.
Geulen, Dieter: Perspektivenübernahme und soziales Handeln. Frankfurt a. M.: Suhrkamp 1982.
Mead, George H.: Sozialpsychologie. Neuwied: Luchterhand 1969.
Rousseau, Jean Jacques: Emile oder Über die Erziehung. Übersetzt von Ludwig Schmidts. Paderborn: Ferdinand Schöningh ^{9}1989.
Schützenberger, Anne: Einführung in das Rollenspiel. Stuttgart: Klett 1976.
Schulz von Thun, Friedemann. In: Fittkau, B. u. a.: Kommunizieren lernen (und umlernen). Aachen-Hahn: Hahner Verlagsgesellschaft/Westermann 1987.

Einstellung und Vorurteil
Frisch, Max: Andorra. Frankfurt a. M.: Suhrkamp 1975.
Allport, Gordon W.: Die Natur des Vorurteils. Köln: Kiepenheuer und Witsch 1971.
Mueller, Ernst F./Thomas, Alexander: Einführung in die Sozialpsychologie. Göttingen, Toronto, Zürich: Hogrefe ^{2}1976.
Newcomb, Theodore M: Sozialpsychologie. Meisenheim: Hain 1959.
Stroebe, Wolfgang/Jonas, K.: Strategien der Einstellungsänderung. In: Stroebe, Wolfgang u. a. (Hg.): Sozialpsychologie. Eine Einführung. Berlin, Heidelberg: Springer 1990.
Six, Bernd/Schäfer, Bernhard: Einstellungsänderung. Stuttgart: Kohlhammer 1985.

Anhang
Krenz, Armin: Gruppendynamische Interaktionsexperimente. Spiele, die eigenes Verhalten bewußt machen und Verhaltensweisen ändern können. Wehrhein: Verlag gruppenpädagogischer Literatur 1980.
Seitz, Rudolf: Kunst in der Kniebeuge. München: Don Bosco Verlag ^{2}1980.

Bildnachweis

Archiv für Kunst und Geschichte, Berlin: 88, 178 – Coron Verlag, Lachen: 87 – Das Fotoarchiv, Christoph & Mayer GmbH, Essen: 282 – Jochen Fiebig, München: 163 u. – Paul Flora, Innsbruck: 68 – Prof. Dr. Dieter Geulen, Berlin: 232 – Walter Gropius, Cambridge/Mass: 53 – Gerd Grüneisl, München: 56 – Prof. Dr. Rainer Guski, Berlin: 44 – Interfoto, München: 155, 216 – Dr. Rainer Jonas, Alsfeld: 181 – Klett, Stuttgart: 242 – Klett-Cotta, Stuttgart: 17, 187 – Samy Molcho, KÖRPERSPRACHE/Mosaik Verlag, München: 58, 123, 237, 253, 261 – Isolde Ohlbaum, München: 141, 228, 264 – Pictor International, München: 133 – Winfried Rabanus, München: 9 – Schell, R. E. (Ed.): Developmental today. N.Y. Random House, 1975, S. 135: 150 – Schiller-Nationalmuseum, Deutsches Literaturarchiv, Marbach: 110, 207 – Fred Schöllborn, Augsburg: 22 – Prof. Dr. F. Schulz von Thun, Hamburg: 248 – Sehbehindertenzentrum Südbayern, Unterschleißheim: 67 – Springer Verlag, Heidelberg: 160, 168 (aus: Zimbardo, P.G.: Psychologie. Heidelberg, New York, Tokyo [4]1983) – Süddeutscher Verlag, München: 14, 42, 81, 114, 116, 128, 163 o., 175, 211, 214 – Prof. Dr. Dieter Ulich, Augsburg: 11 – Ullstein Bilderdienst, Berlin: 152, 213 – Urban & Schwarzenberg, München: 203